人文素质教育教材系列

体育与健康实践教程

（第五版）

主　编　金其荣

副主编　胡晓玲

作　者　（按撰写章节先后为序）

胡晓玲　陆　巍　周海云　吴薇薇　施丹丹

钱国海　杨　益　范玉川　何哲赟　马维平

卢明龙　金其荣　张荣华　汪亚红　干敏雷

林世行　高昌英　胡　汨　贾利娜　张怀波

北京大学出版社

PEKING UNIVERSITY PRESS

图书在版编目(CIP)数据

体育与健康·实践教程/金其荣主编. —5版. —北京:北京大学出版社, 2015.8
(人文素质教育教材系列)
ISBN 978-7-301-26133-0

Ⅰ. ①体… Ⅱ. ①金… Ⅲ. ①体育—高等学校—教材 ②健康教育—高等学校—教材 Ⅳ. ①G807.4

中国版本图书馆CIP数据核字(2015)第177875号

书　　名	体育与健康·实践教程(第五版)
著作责任者	金其荣　主编　胡晓玲　副主编
责任编辑	杨丽明　朱　彦　王业龙
标准书号	ISBN 978-7-301-26133-0
出版发行	北京大学出版社
地　　址	北京市海淀区成府路205号　100871
网　　址	http://www.pup.cn
电子信箱	sdyy_2005@126.com
新浪微博	@北京大学出版社
电　　话	邮购部62752015　发行部62750672　编辑部021-62071998
印 刷 者	三河市北燕印装有限公司
经 销 者	新华书店
	730毫米×980毫米　16开本　33印张　628千字
	2005年8月第1版　2007年7月第2版
	2009年8月第3版　2013年8月第4版
	2015年8月第5版　2017年9月第4次印刷
定　　价	58.00元

序

当代大学生是祖国的未来,培养合格的大学毕业生是高校的天职。那么,高等学校应当培养什么规格的学生才能真正适合社会发展的需要?现在,我们国家在现代化发展的道路上正面临着极大的机遇和巨大的挑战。要应对挑战,就必须使未来的建设者们具备全面的素质,不但要有自然科学的知识,同时也必须掌握人文科学的知识。只有具备这两方面知识素养的人,才能称得上是合格的人才。

一个多世纪以来,我国为了摆脱国家积贫积弱的落后局面,从提出“师夷长技以制夷”的口号起,就把技术教育当成了教育的全部——至少是重要内容。由于人文教育相对技术教育来说,立竿见影的效果不明显,所以人文学科的教育在过去没有得到应有的重视。后来的教育方针实质上大多把高等教育的目标定在了知识教育和技能教育上,这种教育模式是功能性的和功利性的,对当下的经济发展、社会发展会产生巨大的推动作用,而从长期看却会产生人文危机。

我国现有的大学教学模式在专业划分上过于细化,出现了许多专科性学校(学院),这在当时的条件下为国家培养了大批急需的专业技术人才。但是,这种教育模式忽视了学生的人文素质教育。可喜的是,在当今社会转型之际,国家已不失时机地在进行着高等教育的改革,以改变旧有的单一学科教学模式,增加人文教育的比重。许多知名的理工科院校和单一的文科院校都先后开设了人文教育类的学科和专业,以改善它们的人文教学生态环境。

人文学科的灵魂、人文精神的真谛,是对人的命运的关怀,对人的价值的肯定,以及对人生和生命意义的探寻。大学不仅是知识的殿堂、人才的摇篮,它更是“精神的家园”,是弘扬人文精神的一面旗帜,是精神培育的园地。一个民族的全体国民要想全面提高人文素质,就必须从大学教育上寻找突破口。这个突破口不在于一个大学有多少应用性、实用性的学科,而在于一个大学的学科结构中有多少可以体现人文关怀的科目。

人文学科没有直接的功利性,也不可能产生直接的经济效益,然而它却是一个大学可以成其为大学的支撑点。因为人文教育可以为大学生提供正确的价值体系和人生方向,可以帮助他们摆脱工具理性和价值理性的失衡状态,所以人文教育在素质教育中的地位是不可替代的。具有全面的人文素养的大学生,往往拥有远大的理想、宽阔的胸怀,他们既有智者的机智,也有仁者的儒雅;不但可以出色地完成某一件工作,而且可以在单一的工作中胸怀全局。能培养出有这样素质的大学生，就是一所大学的成功所在。

现在，国内外的许多著名的单科大学都十分重视对学生进行人文教育，它们的理念是：不学习人文学科，就不懂得什么是真正意义的人，就不懂得怎样尊重和实现人的价值，也就不会在工作中真正做到以人为本。我们已经意识到了学科单一对学生素质培养所造成的不利影响，正在努力改变这种局面。我校是一所以法律学科为主、其他学科兼容的高等院校，我们的学生学的是法律和经济、政治、管理、外语、知识产权、新闻等学科和知识，他们将来从事的工作或多或少都与法律有关，即使将来不能全部成为政治人，部分成为经济人或是文化人，人文素养的提高也将会使他们受用终身，获益匪浅。

我校人文学院2003年组织教师编写出版的第一套"人文素质教育教材系列"在我校及其他高校中使用，得到了较好的评价，对大学生人文素质教育起到了积极作用。人文学院教师在总结教学经验基础上，结合全国高校政治理论课改革新的课程设置及"教学大纲"要求，又出版了第二套"人文素质教育教材系列"。这套丛书包括了《马克思主义原理》《毛泽东思想、邓小平理论和"三个代表"重要思想概论》《中国近代史纲要》《思想品德修养与职业道德》《古代汉语读本》《实用写作基础》《逻辑学新编》和《体育与健康·实践教程》八种，其中包含了人文学院广大教师近年来在教学和科研中探索出的优秀成果。比如《毛泽东思想、邓小平理论和"三个代表"重要思想概论》一书，阐述了中国共产党人科学地把马克思主义与中国实际相结合，在中国革命和建设实践中继承和发展马克思主义、毛泽东思想、邓小平理论和"三个代表"重要思想是马克思主义中国化的理论成果，而且还有党的"十六大"以来，特别是十六届三中、四中全会的精神，以及党中央领导集体提出的科学发展观、和谐社会等方面的重要内容，体现了理论的时代性。再比如《古代汉语读本》一书，结合我校特点，注意学生使用的要求，在内容和文选上都作了较大的努力，探索出了一条有法学院校特点的新思路。除了这套"人文素质教育教材系列"之外，人文学院还将出版一套"人文科学研究丛书"，包括文、史、哲、艺术等方面的内容，这些完全是人文学院教师教学和科研的结晶，将用作全校公共选修课的教材，对提高学生的人文素养大有裨益。

在此第二套"人文素质教育教材系列"出版之际，我对这套教材的出版表示祝贺，同时也借这个机会对人文学院的全体教师提点希望，希望大家在科研上不断探索，多出成果，出好成果，为我校的人文素质教育作更多贡献，把我校的人文教育推上一个新的台阶。

华东政法大学校长　何勤华

2005年6月

前　言

《中共中央、国务院关于深化教育改革全面推进素质教育的决定》指出："健康体魄是青少年为祖国和人民服务的基本前提，是中华民族旺盛生命力的体现。学校教育要树立健康第一的指导思想，切实加强体育工作"。教育部2002年颁布的《全国普通高等学校体育课程教学指导纲要》又明确提出："体育课程是大学生以身体练习为主要手段，通过合理的体育教育和科学的体育锻炼过程，达到增强体质、增进健康和提高体育素养为主要目标的公共必修课程；是学校课程体系的重要组成部分；是高等学校体育工作的中心环节。"因此，在高等学校的体育教学中，应注重体育课程的实践环节和运动技术的可操作性。体育实践教学作为高等学校体育课程的主要内容，在全面贯彻党的教育方针、促进青少年身心健康方面所起的作用是不可替代的。

根据要求，《全国普通高等学校体育课程教学指导纲要》2003年新学年开始在全国所有普通高校中施行。为此，我校在教务处、人文学院的关心和支持下，决定由体育教研室的全体教师参与编写《体育与健康 · 实践教程》，作为《体育与健康 · 理论教程》的配套教材。

《体育与健康 · 实践教程》从我校实际出发，根据学生个性特点，选编的内容力求少而精，讲究实效，并注意与中学教材的连贯和衔接；紧扣体育课程的主要目标，把"健康第一"的指导思想作为选编教学内容的基本出发点，同时重视体育课的文化含量；以人为本，遵循大学生的身心发展规律和兴趣爱好，适合教学对象，充分发挥大学生的智力优势，为学生所用，便于学生课外自学、自练、自娱，充分反映和体现了《学生体质健康标准》的内容和要求。由于受体育教学时数的限制，本书尽可能简化教学内容，突出具体锻炼方法和手段的实际运用，在操作上既利于学生学，又利于教师教。

《体育与健康 · 实践教程》的整体构思由金其荣副教授负责，并对全书进行统编、定稿。参加编写的教师有（按撰写章节先后为序）：

第一章　身体素质　胡晓玲

第二章　篮球　陆巍　周海云

第三章　排球　吴薇薇　施丹丹

第四章　足球　钱国海

第五章　棒垒球　杨益

第六章　乒乓球　胡晓玲　范玉川　何哲赟

第七章　拳击　马维平

第八章　散打　卢明龙

第九章　擒拿　金其荣

第十章　健美　张荣华

第十一章　形体训练　汪亚红

第十二章　健身健美操　干敏雷

第十三章　羽毛球　周海云

第十四章　网球　金其荣　林世行

第十五章　武术　干敏雷

第十六章　游泳　马维平

第十七章　板球　高昌英

第十八章　健身瑜伽　胡汨　贾利娜

第十九章　体育游戏　张怀波

本书在编写过程中,有些地方直接或间接引用了其他著作或教材中编者的理论和方法。对此,我们表示谢意。本书的编写还得到了华东政法大学人文学院党总支书记陈重业教授,原基础部党总支副书记、副主任陈小松老师,以及华东师范大学体育与健康学院王天佩教授的指导和帮助。在此,我们也表示由衷的感谢。

由于本书编写比较仓促,水平和能力有限,难免会出现错误,希望广大教师和学生提出宝贵的意见,以便我们今后对其进行修订,并逐步完善。

编者

2005 年 5 月

目　录

第一章　身体素质

第一节　力量素质

一、概述

力量素质是指肌肉在工作中克服内外阻力的能力。人的一切动作都是通过肌肉活动实现的,这就要求各部分肌肉具有相应的力量,以克服各种阻力。因此,力量素质是人们日常生活、体育锻炼所必需的素质。

在各种身体素质中,力量素质是速度、耐力、灵敏等素质的基础,发展力量素质对增强基础身体能力有着极为重要的作用,直接影响着运动技术的掌握和运动成绩的提高,并能促进运动器官的发展,使肌肉纤维增粗、力量增大,同时可改善和健美体形。

力量有各种不同的表现,按人体表现出的力量与本人体重的关系,可分为绝对力量和相对力量;按力量的表现形式,可分为速度力量和耐力力量;按肌肉的工作方式,可分为静力性力量和动力性力量。

二、发展力量素质的原则

(一) 科学安排运动负荷

进入青年期(17—18 岁)后,是学生进行力量练习的良好时机。这时,学生的身高增长趋缓,肌肉的横断面开始逐渐增大,可以承受较大重量的力量练习。练习时,学生应根据自身的体质状况、体育基础和运动能力,科学地安排负荷重量和重复次数。女生一般以克服自身体重的练习为主,采用的负荷重量应小些。

(二) 力量练习要全面

发展力量练习,既要使大肌肉群和主要肌肉群(下肢大肌肉和腰、腹、背部的肌肉)得到锻炼,也要发展那些薄弱的肌肉群和小肌肉群的力量。大力量练习和小力量练习、缓慢力量练习和速度力量练习、局部力量练习和整体力量练习等配合练习,各种动作交替进行,以达到全面发展的效果,防止片面、畸形发展。

(三) 掌握正确的动作方法

各种力量练习,都要注意形成正确的姿势和掌握正确的动作方法。每次练习时,肌肉都应预先伸展,之后动作幅度要大,身体各部位、各种不同动作均应交替、穿插练习,使肌肉张弛结合。力量练习应以动力性练习为主,以静力性练习为辅。

另外,由于肌肉活动是在中枢神经系统的调节下进行的,因此练习时全神贯注,意念活动与练习动作紧密配合、保持一致,将有助于使肌肉力量得到更好的发展。

（四）合理安排练习的顺序和间隔时间

合理安排练习的顺序,可以防止疲劳的产生。一般应先安排大肌肉群的练习,再安排小肌肉群的练习,因小肌群比大肌群较早产生疲劳。典型的力量练习顺序模式为:(1）大腿、腰部肌肉;(2）腿部(股四头肌、大腿后部肌群、小腿三头肌);(3）躯干部(背、肩、胸部肌肉);(4）上臂(肱三头肌、肱二头肌、前臂肌肉);(5）腹部;(6）颈部。

力量练习间隔时间的安排,包括每次锻炼的时间间隔和每组动作的时间间隔,对锻炼的效果有很大影响。由于力量练习对人体的影响较大,恢复时间较长,因此开始阶段以间隔三四天练习为好,每组的间隔时间也可相应长些。随着锻炼水平的提高,练习的间隔时间可逐渐缩短,每组的间隔时间一般以2—3.5分钟为宜。

（五）做好准备活动和整理活动

进行力量练习时,准备活动一定要做充分(特别在冬季),重量由轻到重,动作速度由慢到快,注意力要集中,以防止运动损伤。在采用极限和次极限强度负重练习时,还必须注意呼吸的调节。力量练习前,可做数次深呼吸,憋气的时间不宜过长。力量练习后,肌肉常会充血,胀得很硬,这时应做些与力量练习动作相反的拉长动作,或做一些按摩、抖动,使肌肉充分放松。这样,既可加快疲劳的消除,促进肌肉恢复,又可防止关节的柔韧性因力量训练而下降,同时也有助于提高肌肉的弹性,避免肌肉僵硬。

（六）注意安全和练习极限

当进行杠铃练习时,必须有同伴帮助,以便在不能完成练习的情况下作好保护。另外,在进行负重练习时,如果感到有任何尖锐的刺痛,应立即停止练习。练习时,还应调整好呼吸,尽量避免憋气。举起时呼气,放下时吸气,可采用口和鼻呼吸。

运动要安全,很重要的一点就是要留意所出现的警告信号。这些信号往往是运动量过大或身体某部分受伤的反映。有些人为了急于奏效而竭尽全力,反而受到伤害。力量练习的警告信号一般指:锻炼后,肌肉有酸痛僵硬感,直到下次锻炼前,这种感觉仍未消失。针对性的处理方法为:延长锻炼间隔时间,让肌肉充分恢复。另外,要充分做好练习前的准备活动和练习后的放松活动。

三、发展力量素质的方法和手段

（一）静力性力量锻炼

静力性力量练习一般是以最大力量完成的,每次持续时间应为5—6秒。用力时间过长或过短，都会影响锻炼的效果。

发展静力性力量一般可采用以下方法：

（1）对抗性静力练习

根据发展某一部分肌肉力量的需要，确定一定的姿势，即身体姿势保持固定不变，用极限力量对抗固定的物体。

方法：两肩顶住固定重物，如横杠等，做半蹲向上对抗用力，坚持8—12秒，做2—3组。

（2）负重静力练习

根据发展某一部分肌肉力量的需要，确定一定的姿势，负一定重量，身体姿势保持固定不变。

方法：肩负一定重量的杠铃半蹲，固定不动，坚持6—12秒，做2—3组。

（3）慢速静力练习

动作速度很慢，不能借用反弹和惯性力，仅靠肌肉的紧张收缩完成动作。由于速度很慢，从某一角度看，就处于相对静止状态，起到了静力练习的作用，可发展绝对力量。

方法：肩负自己最大重量的80%—85%深蹲，慢慢起立，坚持2—3次，做4—6组。

（4）动静结合练习

根据发展某一部分肌肉力量的需要，开始做动力练习，然后身体保持一定的姿势，固定不变，用极限力量对抗不动的物体。

方法：拉杠铃至膝盖以上（动力练习），膝关节微屈做对抗，固定不动（静力练习），坚持5—6秒，做2—3组。

（二）动力性力量锻炼

发展动力性力量通常可采用以下两种方法：

（1）克服自身体重的各种跑、跳、引体、支撑等练习。

（2）克服外界阻力的举重、举哑铃、拉拉力器等练习。

（三）绝对力量锻炼

发展绝对力量的方法主要是克服阻力，阻力大、重复次数少的练习有利于绝对力量的增长。通常采用负加重量（增减重量）锻炼法，即以较少的次数，举接近自己最大重量（次极限重量）或最大重量（极限重量）的重物。这种练习的负荷重量与练习重复次数是成反比的，即负荷重量增大，练习重复次数应减少。

方法：用负加重量锻炼法，对提高绝对力量效果较好，应循序渐进，由轻到重，一般从自己最大重量的60%左右开始，随后不断增加，直到最大重量。开始时每组做3次左右，随着重量的增加，每组的次数逐渐减少，当接近最大重量时，只做1次，共做4—5组。然后，将重量减到80%—85%，再做3—4组，每组做3

次左右。整个练习共做8组左右。

（四）速度力量锻炼方法

超等长力量练习是发展速度力量很有效的手段。超等长练习是指肌肉在工作之前先被拉长，而后又紧接着缩短，即肌肉先离心收缩，随后又向心收缩。例如，跳跃中的踏跳和投掷中的最后发力动作等。

方法：以中等或中、小重量（即自己最大负荷量的60%—80%左右）练习，重复次数较少，以最快速度完成为宜。

（五）力量耐力锻炼

力量耐力锻炼要求有一定的重复次数和时间，甚至达到极限为止。一般采用本人所举最大重量的50%作为练习重量，每组20—30次，组数随训练水平逐步增加，每组间休息1分钟，每次练习到出现疲劳感为止。采用这种练习方法，肌肉力量和肌肉体积都不会增长，只会消耗能量，减少脂肪，发展肌肉和增强耐久力。

方法：引体向上、俯卧撑、仰卧起坐等练习是发展力量耐力的有效手段。

四、发展力量素质的运动处方

运动处方是根据不同的体质、运动能力、身体状况而制定的具有针对性的锻炼项目、锻炼方法和运动负荷。力量练习的运动处方分为三个阶段：

（一）开始阶段

在此阶段，应避免举最大重量，因过大的重量会增加肌肉和关节损伤的危险性。采用较轻的重量（最高重复次数为12—15次的负荷），不会使肌肉产生过度疲劳。此阶段的练习一般为每周2次，持续时间可根据练习者最初的力量水平确定，一般持续1—3周。

（二）慢速增长阶段

经过开始阶段的力量练习，如果肌肉已经适应练习动作，就可以增加重量（能重复举起6—8次的负荷）。当肌肉力量进一步增强时，可再增加重量，直至达到练习者预定的目标为止。此阶段的练习一般为每周3次。

（三）保持阶段

此阶段力量练习的强度可小些，负荷采用能重复举起6—8次的重量，每周1—2次。

运动处方示例一：

（1）准备活动。

（2）单杠引体向上8—10次×4组（普通握2组、宽握1组、颈后拉1组），女生为斜身引体。

（3）负重仰卧起坐10次×3组。

（4）双脚跳上平台 8 次 ×3 组。
（5）双杠臂屈伸 8—10 次 ×4 组，女生为俯卧撑。
（6）负重俯卧背屈 8 次 ×3 组。
（7）十级蛙跳 ×3 组。
（8）实心球投掷 30 次。
运动处方示例二：
（1）准备活动。
（2）哑铃弯举 10 次 ×4 组。
（3）负重下蹲起立 8 次 ×3 组。
（4）杠铃推举 8 次 ×4 组。
（5）单杠悬垂举腿 10 次 ×3 组（其中直角静力练习 1 组）。
（6）快速挺举 20 次 ×2 组。
另外，可根据自身的锻炼目的，选择不同的练习内容。
发展上肢、肩带肌群力量的练习：
（1）引体向上（正握、反握、窄握、宽握，拉至颈前或颈后）。
（2）俯卧撑（全掌、手指或抬高脚位）。
（3）双杠支撑摆动、双臂屈伸、直臂支撑移动前进。
（4）单杠屈臂静止悬垂。
（5）提拉杠铃耸肩推举、仰卧推举。
（6）两手持哑铃，上体前倾，两臂侧平举，做臂屈伸、臂内旋、臂外旋等动作。
（7）拉力器练习。
发展躯干肌群力量的练习：
（1）仰卧起坐，仰卧两头起，俯卧背屈。
（2）仰卧举腿，肋木举腿。
（3）两手持哑铃，两臂伸直做上体回环动作。
（4）负杠铃体前屈、体侧屈或转体（慢速度）。
发展下肢肌群力量的练习：
（1）立定跳远、原地纵跳、跨步跳、单足跳、多级蛙跳、深蹲跳等跳跃练习。
（2）侧踢腿，横劈腿，纵劈腿，左右压腿。
（3）负重半蹲，负重深蹲，负重纵跳，负重弓箭步走或跳。
（4）后蹬跑，高抬腿跑。
（5）负重腿屈伸。
（6）足尖行走，原地提踵，负重提踵。
发展各部分肌肉力量的练习：
可采取投掷实心球、推铅球、举重、立卧撑等练习。

五、力量素质的测定与评价

(一)静力性力量的测定

1. 握力计测量

目的:主要是测试上肢肌肉力量的发展水平。

方法:受试者两脚自然分开成直立姿势,两臂自然下垂,一手持握力计,全力紧握(此时握力计不能接触衣服和身体),记下握力计指针的刻度(或握力计所显示的数字)。用有力手握两次,取最大值,以公斤为单位,测试时保留一位小数。

评价:握力与体重的大小有关,因此采用握力体重指数进行评分。见表1-1。

握力体重指数 = 握力(公斤)÷体重(公斤)×100

表1-1 大学生握力体重指数评分标准

(单位:公斤)

分值 / 性别	优秀	良好	及格	不及格
	成绩	成绩	成绩	成绩
男生	>86 ~70	72—84 ~56	54—70	<53
女生	>67 ~52	55—66 ~40	40—53 ~29	<39

2. 引体向上

目的:测定肩臂的最大力量和力量耐力。

方法:受试者双手正握单杠呈直臂悬垂姿势,然后屈臂上拉至下颌过杠算一次,不过下颌,不计次数。

评价:见表1-2。

表1-2 大学生引体向上评分表

(单位:次)

级别 / 年龄	优	良	中	一般	差
18岁以上	>21	21—26	15—11	6—3	2以下

3. 立定跳远

目的:测试下肢肌肉爆发力及身体协调能力的发展水平。

方法:受试者两脚自然分开站立,站在起跳线后,脚尖不得踩线。两脚原地同时起跳,不得有垫步或连跳动作。丈量起跳线后缘至最近着地点后缘的垂直距离。每人试跳3次,记录其中成绩最好的一次,以厘米为单位,不记小数。

评价:见表1-3。

表 1-3 大学生立定跳远评分表

（单位:厘米）

分值 性别	优秀	良好	及格	不及格
	成绩	成绩	成绩	成绩
男生	>258 ~70	256~238 ~56	235~214	<212
女生	>199 ~52	197~179 ~40	176~158 ~29	<156

4. 掷实心球

目的:测试躯干、上肢、下肢肌肉的综合力量。

方法:用 2 公斤重的实心球,两脚前后或左右站立,面对投掷方向,双手举球至头上稍后方,原地用力把球投向前方。球出手前,两脚不得离地,不得有垫步。丈量起掷线后沿至球着地点后沿之间的垂直距离。

评价:见表 1-4。

表 1-4 实心球评价表

（单位:米）

分值 性别	优秀	良好	及格	不及格
	成绩	成绩	成绩	成绩
男生	>11,50 ~70	11.30~9.50	9.30~7.50	<7.30
女生	>7.80 ~52	7.70~7.20	7.10~6.4	<6.20

5. 举重物

目的:测试上肢、躯干肌肉群的力量。

方法:男生用 20 公斤杠铃,女生用 12.5 公斤杠铃,两脚开立,与肩同宽,两手握杠,上拉重物,翻腕上推至两臂伸直为一次,然后下放重物至触地后再开始做第二次上举,各次之间不可有间隔,上举时不得屈腿借力,计连续上举次数。如重物未触地或两臂上举未伸直,则该次不计。

评价:见表 1-5。

表 1-5 举重物评价表

（单位:次）

级别 年龄	性别	级别				
		优	良	中	一般	差
18 岁以上	男	55 以上	40—54	18—39	10—17	9 以下
	女	54 以上	41—53	15—40	7—14	6 以下

6. 纵跳摸高

目的：测试双腿垂直上跳的爆发力。

方法：把皮尺钉在墙上，受测者的手指沾上白粉，侧对墙，站在离墙20厘米处，上举近墙一侧手臂，用中指尖在墙上点一指印，然后屈膝跳起至最高点，以中指尖再在墙上点一指印。丈量上下两个指印间的垂直距离，即为纵跳高度。

评价：见表1-6。

表1-6 纵跳摸高评价表

（单位：厘米）

级别 / 年龄	性别	级别									
		100	90	80	70	60	50	40	30	20	10
18—34岁	男	66.0	63.5	61.0	58.4	48.3	40.6	33.0	22.9	20.3	5.1
	女	35.6	33.0	32.0	30.5	25.4	20.3	15.2	10.2	5.1	2.5

第二节 耐力素质

一、概述

耐力素质是指人体长时间进行肌肉活动的能力，也可看做有机体在工作过程中克服疲劳、连续工作的能力，是反映人体健康水平或体质强弱的一个重要标志。它既是耐力性运动项目如中长跑、竞走、长距离游泳、划船、自行车、滑雪等所必备的素质，也是健康人体能的重要素质之一。加强耐力素质的锻炼，能有效地提高心血管系统的功能，对其他运动素质的发展也有不可忽视的作用。

从运动生理学的角度，耐力素质可分为有氧耐力、无氧耐力和肌肉耐力。有氧耐力，是指机体在供氧充足的情况下克服疲劳的能力。无氧耐力，是指机体在供氧不足的情况下克服疲劳的能力。肌肉耐力，是指肌肉长时间忍受疲劳并继续工作的能力。

对于学生的一般体育锻炼，重点是发展肌肉耐力和有氧耐力，以促进心脏机能的发展。通过相应的锻炼，可扩增肌肉内的毛细血管，改善氧和能源的供给以及废物的排除，使肌肉内存储更多的能源物质，从而提高肌肉耐力。提高有氧耐力可采用长距离走、跑以及球类等持续时间长的运动，在发达肌肉的同时，改善呼吸器官和循环系统的功能。

二、发展耐力素质的原则

（一）掌握耐力练习的阶段性

耐力素质受遗传、年龄、性别、后天环境、心理等因素影响，耐力素质锻炼一般可分为三个阶段进行：

1. 起始阶段

在刚开始练习时，对锻炼成效的期望值不能过高，更不能操之过急，应让机体逐步适应运动。运动强度控制在中下等（不超过 70% 最大心率），当感觉不适，如有疼痛或严重的酸痛感时，应减少运动时间或停止运动。这段时间一般维持 2—6 周。

2. 渐进阶段

在这一阶段，虽然每个人设置的目标不同，但是锻炼的强度、频率及持续时间均应逐渐增加，每次练习时间不应少于 30 分钟，锻炼频率可达 3—4 次/周，运动强度控制在中下等与中上等之间（70%—90% 最大心率）。这段时间较长，一般持续 10—12 周。

3. 维持阶段

经过 12—18 周的练习，即进入维持阶段。在这个阶段，锻炼者已基本达到既定目标，因此无须再增加运动量，只需维持已有的锻炼效果即可。此时，只要运动强度和锻炼时间都维持在渐进阶段最后一周的水平，锻炼频率降至 2 次/周，或维持渐进阶段的锻炼频率和运动强度，锻炼时间减至 20—25 分钟，都可维持锻炼效果。

（二）重视和加强自我医务监督

在耐力练习中，务必要加强自我医务监督，以便控制和调节运动负荷，避免由于过度运动性疲劳的产生而影响健康。自我医务监督可从以下两个方面进行：

1. 运动感觉

运动感觉是指锻炼后的自我感觉，包括精神状态、运动心情、睡眠、食欲、排汗、锻炼欲望等。积极、愉悦、振奋的精神状态属感觉良好；精神倦怠、食欲不佳、睡眠不好、无锻炼欲望则属运动量安排不当。

2. 自我检查

自我检查的内容包括脉搏、体重、肺活量等的检查。

脉搏的检查可分为基础脉搏、运动即刻脉搏和恢复期脉搏的检查。基础脉搏是指清晨起床前的卧位心跳频率。经耐力锻炼后，基础脉搏逐渐下降，说明机能状态良好；反之，则可能是运动量安排不当所致。另外，在完成相同负荷强度的前提下，作自身比较，用运动即刻心率减去恢复期心率，所得值越大就越好，说明机能节省化，有潜力；反之，则说明机能减退，运动量过大。

（三）有氧练习是耐力训练的主要手段

有氧练习是指人体在氧供应充分的条件下，进行强度适中、持续时间较长的锻炼。由于这是在人体比较理想的状态下运动，为发展有氧耐力提供了良好的条件，因此是耐力练习的首选手段，可综合性地选择步行、骑自行车、游泳、球类活动等练习方式。

（四）掌握正确的呼吸方法

有氧耐力的成效如何与呼吸技术密切相关，尤其是耐力跑练习，如果摄取的氧量不能满足肌肉工作的需要，有氧运动就不能持续下去。长跑时的呼吸一般以腹式呼吸为主。腹式呼吸往往是通过鼻腔进行较浅的呼吸，可有效地预防肋部疼痛。随着运动负荷的逐步加大，呼吸应由浅入深，呼与吸必须均衡，并与步频协调配合，一般是每3—4步一呼，每3—4步一吸，保持相对稳定的呼吸节奏，以提高人体的摄氧量水平，调节体内氧供应状态，确保练习质量；否则，易引起呼吸不畅，甚至导致呼吸肌痉挛，阻碍或影响运动。

另外，在耐力跑过程中，如将注意力更多地集中于呼吸运动，则有助于进入“忘我”境界，减轻身体的不适感，使各机能之间更加协调。

（五）注重疲劳的消除

不间断的长时间运动容易造成能量供应不足和代谢物质堆积，使肌力减退，产生疲劳。因此，在练习前，要适当补充糖、维生素、蛋白质等；在练习后，要做好各种放松练习，或进行温水浴、局部肌肉按摩等，以加速全身血液循环，帮助人体消除疲劳，恢复体力。

三、发展耐力素质的方法

（一）一般方法

1. 综合练习

综合练习是指把几种不同的锻炼内容组合起来。例如，第一天跑步，第二天打球，第三天游泳。练习者可选择自己较感兴趣的运动项目，以提高锻炼的趣味性和自觉性，避免由于日复一日地进行同种练习而产生枯燥感或反感。综合练习有助于调节神经系统的灵活性，防止身体局部负担过重，提高锻炼效果。

2. 持续练习

持续练习是指长时间、长距离、慢节奏和中等强度（约70%最大心率）的锻炼，是一种普遍被采用、较为行之有效的耐力锻炼方法。如果不增加运动强度，锻炼者均能轻松地完成身体练习。在不受伤的前提下，一次锻炼的时间可持续40—60分钟。与较大强度的练习相比，这种方法的适应面更广，安全性更大。

3. 间隙练习

间隙练习是指重复进行强度、时间、距离和时间间隔都较固定的锻炼。间隙练习的时间一般为1—5分钟，间隔时间与练习时间相等或稍长于练习时间。这种方法比较适合有一定耐力基础及期望获得更高适应水平的锻炼者，其运动量较持续练习更大，且锻炼的方式可灵活变换。

（二）具体方法

较常用的发展耐力素质的方法有：

1. 1分钟立卧撑：由直立姿势开始，下蹲，两手撑地，腿伸直成俯撑，然后收腿成蹲撑，再还原成直立，每次做1分钟。

2. 连续半蹲跑：成半蹲姿势（大小腿成100°角左右）向前跑进。

3. 重复上坡跑：在15°斜坡道上进行上坡跑。

4. 沙滩跑：在沙滩上做快慢交替自由跑。

5. 篮球、足球等球类游戏或比赛。

四、发展耐力素质的运动处方

（一）运动处方的基本组成

发展耐力素质的运动处方包括确定锻炼目的、运动时间、运动频度和锻炼方法。练习者要根据自身的年龄、体质、健康状况、体育基础水平及兴趣爱好，力求简单易行，一般采用中等强度，以有氧耐力锻炼为主。运动处方中的每次锻炼都应包括准备活动、锻炼模式、整理活动三个部分。

1. 准备活动

准备活动的目的是加快心率、升高体温，并增加肌肉的血流量。一般是先进行5—15分钟舒缓的运动，使机体有个逐渐适应的过程。准备活动通常可按以下步骤进行：

（1）1—3分钟轻松的健身操（或类似的活动）练习。

（2）2—4分钟的拉伸练习（可任意选择）。

（3）2—5分钟的慢跑，并逐渐加速。

2. 锻炼模式

锻炼模式是运动处方中最主要的组成部分，包括锻炼方式、频率、强度和持续时间等。

（1）锻炼方式

凡是有大肌群参与的慢节奏运动都可以作为锻炼方式，如步行、慢跑、骑自行车和游泳等。在选择时，首先应选择感兴趣的运动，以便易于坚持；其次要考虑其可行性和安全性，并尽量采用综合性的锻炼方式。

（2）锻炼频率

一周进行两次锻炼就可以增强心肺功能适应能力，锻炼3—5次就可以使心肺功能达到最大适应水平，且受伤的可能性减小。

(3) 运动强度

通常用心率间接地表示运动强度。只有超过一定强度的运动才能有效地引起机体的适应,该强度所对应的心率称“目标心率”,一般为70%—90%最大心率。如年龄为20岁的大学生,其目标心率的计算方法为:

最大心率=220-20=200次/分(最大心率=220-年龄)

目标心率=200×70%—200×90%=140次/分—180次/分

(4) 持续时间

发展心肺功能适应水平最有效的一次锻炼时间是20—60分钟(不包括准备活动和整理活动的时间)。由于每个人的适应水平和运动强度不同,所以锻炼的持续时间应有区别。对于一个初练者来说,20—30分钟的锻炼就可有效,而适应水平较高的锻炼者则需要40—60分钟。另外,如以较低强度(70%最大心率)进行锻炼,就要求练习的时间稍长,约40—50分钟才有效。反之,如以较高强度(90%最大心率)进行锻炼,练习的时间仅需20—30分钟即可。

3. 整理活动

整理活动的目的是促进血液回流至心脏,以免由于血液过多分布在上肢和下肢而造成头晕和昏厥,并可减轻剧烈运动后的肌肉酸痛和心率失常。一般进行5分钟左右的小强度练习即可(如步行、柔韧性练习等)。

(二) 运动处方示例

有氧耐力的锻炼

要求:运动强度一般控制在70%—80%最大心率。

(1) 跑、走交替锻炼

男生:(400米跑+100米走)×5组。

女生:(200米跑+100米走)×4—5组。

每组间隙3—5分钟。

(2) 匀速跑

男生:1500米。跑速为6分30秒至7分30秒。

女生:1000米。跑速为5分20秒至6分。

(3) 变速跑

男生:2400米[(200米快+200米慢)×6组]。速度控制在快跑段40秒,慢跑段1分30秒。

女生:1200米[(100米快+100米慢)×6组]。速度控制在快跑段25秒,慢跑段50秒。

(4) 越野跑

男生:3000—5000米。

女生:2000—3000米。

可根据体力跑、走结合。

(5) 跳绳(单足跳或双足跳)

次数:300—500 次 ×3—4 组。

速度:平均 80—100 次/分。

间隙:每组间隙 3—5 分钟。

(6) 5 分钟运球跑

篮球场内,以单手或双手交替运球跑动 5 分钟,练习 3—5 次,每次间隙 2 分钟,强度为 45%—60% 最大心率。

其他如步行、骑自行车、游泳、健身操、健身舞、球类活动等或其组合形式也可作为有氧耐力锻炼的手段。只要在实际锻炼中次数、时间、负荷等方面达到要求,同样能收到良好的效果。

五、耐力素质的测定与评价

(一) 800/1000 跑测试

目的:评价心肺功能适应能力。这是目前我国大学最简单、最常用的评价方法,反映了全身耐力的水平。

方法:在 400 米跑道上进行,女生 800 米,男生 1000 米。

评价:见表 1-7

表 1-7　800/1000 米跑测试评分表

(单位:千米)

分值 / 性别	优秀	良好	及格	不及格
	成绩	成绩	成绩	成绩
男生	<339' ~70	3'42 ~3'58	4'05 ~4'33	>4'40
女生	<3'38	3'42 ~3'58	4'03 ~4'23	>4'30

(二) 仰卧起坐测试

目的:评价腹肌的耐力。这是目前应用最广泛的评价方法。

方法:受试者全身仰卧于垫上,两腿稍分开,屈膝成 90°左右,两手手指交叉贴于脑后,同伴帮忙压住两踝关节处,以便固定下肢。起坐时,以两肘触及两膝为完成一次;仰卧时,两肩胛必须触垫。

评价:见表 1-8。

表 1-8　大学生 1 分钟仰卧起坐评分标准

（单位：次）

分值 性别	优秀	良好	及格	不及格
	成绩	成绩	成绩	成绩
女生	≥45	44—38	37—28	≤27

（三）台阶试验

目的：测定心血管系统的功能，也可间接推断机体的耐力。

方法：台阶高度，男生为 40 厘米，女生为 35 厘米。上、下台阶的频率是 30 次/分，节拍器的节率为 120 次/分（每上、下一次是四动）。受试者按节拍器的节率完成试验。

受试者从预备姿势开始，一只脚踏在台阶上，踏台腿伸直成台上站立姿势，先踏台的脚先下地，还原成预备姿势，连续做 3 分钟。每次上、下台阶时，膝、髋关节都应伸直，如 3 次跟不上节奏，应停止测试。做完后，应立即坐下，测量运动后 1 分钟至 1 分 30 秒、2 分钟至 2 分 30 秒、3 分钟至 3 分 30 秒的 3 次脉搏数。用公式求得评定指数，取整数进行评分。

$$\text{评定指数} = \frac{\text{踏台上、下运动的持续时间(秒)} \times 100}{2 \times (\text{3 次测定脉搏数的和})}$$

评价：见表 1-9。

表 1-9　大学生台阶试验评分标准

（单位：次）

分值 性别	优秀	良好	及格	不及格
	成绩	成绩	成绩	成绩
男生	≥67	65 ~ 53	52 ~ 46	≤45
女生	≥	59 ~ 49	48 ~ 42	≤41

第三节　速度素质

一、概述

速度素质是指人体进行快速运动的一种能力，是人的基本身体素质之一。其表现形式有反应速度、动作速度和位移速度。

1. 反应速度

反应速度是指人体对外界的刺激信号发生反应的能力。例如，起跑中枪响至起动的时间，球类运动员在比赛中对瞬间变化作出的判断、反应等。它是以神经过程中的反应时为基础，反应时短，则反应速度快；反应时长，则反应速度慢。

2. 动作速度

动作速度是指人体或人体某部分快速完成某一个动作的能力。例如,投掷运动中的器械出手速度,跳远、跳高运动中的踏跳速度,拳击运动中的出拳速度等。

3. 位移速度

位移速度是指在周期性运动中,单位时间内人体快速移动的能力,以人体通过固定距离所用的时间表示。例如,跑、游泳、速滑等运动。

速度素质与神经过程的灵活性、肌肉类型、爆发力、运动技术的质量和生化机制有密切关系。

二、发展速度素质的原则

根据速度素质的生理机制和生物化学的变化,在发展速度素质时,除了应遵循运动训练的基本原则外,还应做到:

(一) 合理安排运动强度

进行速度练习时,肌肉的活动往往达到最大强度,使整个机体处在极为紧张、高度兴奋的状态中,容易使大脑皮质细胞很快疲劳,工作能力下降。因此,在练习时,高强度的练习不能重复过多。

(二) 合理安排运动顺序

由于动作的速度取决于中枢神经系统的协调性、灵活性及动作的力量和速度耐力等因素,因此发展速度素质应与发展其他素质相配合。但是,应合理安排运动顺序,使素质间能互相促进和良性转移。如速度练习中,常使用发展力量的手段促进速度的提高,力量素质要求肌肉收缩用力大,尤其是静力性力量练习,由于动作缓慢,会降低神经过程和肌肉活动的灵活性;而速度素质要求神经过程的灵活性高,兴奋与抑制转换迅速,肌肉收缩轻松协调。因此,速度练习应放在力量练习之前进行,力量练习也应以动力性练习为主。在力量练习过程中,应交替安排一些轻松、快速的跑、跳练习或一些协调性和柔韧性练习,这对发展速度素质非常有利。

(三) 合理安排运动时间

进行速度练习时,应严格掌握练习的持续时间(不应超过 20—30 秒)、间隙时间和休息方式。另外,速度练习应在体力充沛的情况下进行,以利于形成快速动作的条件反射,并防止伤害事故的发生。

(四) 通过发展力量和柔韧等素质,促进速度素质的提高

力量(特别是快速力量)和柔韧性是影响速度素质的重要因素。所以,在发展速度素质的过程中,首先要发展快速力量。如采用 40%—60% 最大心率的强度进行多次重复的快速负重练习,可使肌肉横断面和肌肉力量增大,提高肌肉活动的灵活性;如采用 75% 最大心率以上的大强度练习,可使肌肉在用力时,能最

大限度地动员更多的肌纤维同时进行收缩，提高肌肉的收缩功效。其次，柔韧性的提高可以增加力的作用范围和时间，并使主动肌、对抗肌和协同肌之间的协调性得到改善，从而减少肌肉阻力和增大肌肉合力，使运动速度得到提高。

三、发展速度素质的方法和手段

（一）发展反应速度的方法和手段

反应速度的提高具有一定难度，并与注意力有直接关系，如人体肌肉处在紧张时的反应速度比处在放松时高60%左右。所以，在锻炼反应速度时，首先要使注意力高度集中，然后通过各种信号如鸣哨、击掌、口令、手势、物体的移动等，作出迅速、准确的反应。例如：

（1）听不同信号做起跑、转身、跳跃等动作。

（2）看手势做急起、急停、跳跃、下蹲等动作。

（3）听信号追人跑（两排相距1米左右，背对站立）。

（4）听信号做专门练习：将专门练习进行编号，听号数做不同的练习。

（5）接不同方向的来球并传出。

（二）发展动作速度的方法

（1）利用外界助力。借助外力，可以帮助提高和控制练习的动作速度。例如，短跑练习中的顺风跑、下坡跑等。

（2）加大动作难度。例如，经过适时、适量的负重跑、跳、投掷练习后，再恢复正常的跑、跳、投掷练习时，就会感到轻松、有力，动作速度加快。

（3）借助信号刺激。通过练习，使学生伴随信号的节奏做出协调一致的快速动作。

（三）发展位移速度的方法

（1）短距离的重复跑。在相对固定的条件下，按照一定的要求和严格的间隙时间，反复做60—80米的冲刺练习。两次练习的间隙时间的长短可以用心率控制，一般为不低于120—140次/分。重复的次数可根据间隙时间的长短调节。随着机体水平的提高，逐渐增加重复次数。

（2）辅助练习。由于移动速度在很大程度上取决于肌肉的弹性、伸展性和关节的灵活性，因此可采用一些辅助练习，以改善、发展肌肉和关节的功能。例如，通过各种前、后、左、右的压腿和踢腿练习，以发展肌肉的伸展性和髋关节的灵活性；或采用高抬腿跑、小步跑、后蹬跑等练习，以改进跑的技术，为提高移动速度打好基础。

（3）发展爆发力量。以较快的速度重复某一负重的力量练习，有利于提高肌肉收缩的速度，改善神经系统的指挥能力，从而获得较好的速度力量，促进移动速度的提高。一般采用的负重为本人最大力量的1/2左右。练习方法有全蹲、半蹲、负重弓箭步走、负重蹲跳及各种距离的跳跃，如10—30米的单足跳、

20—40 米的双足交换跳或跨步跳等。

四、发展速度素质的运动处方

根据大学生的生理特点,制定出以下两个发展速度素质的运动处方,可根据各自性别、体质、运动基础、锻炼条件等,自行选用或增减练习的组次和距离。

(一) 运动处方示例一

(1) 准备活动:慢跑、徒手操或其他球类活动。

(2) 起跑后加速跑:20 米 ×2 组,30 米 ×3 组。

(3) 专门性练习:高抬腿跑(行进间)15 米 ×3 组,后蹬跑 20 米 ×2 组。

(4) 力量性练习:单足跳 30 米 ×3 组(男),20 米 ×3 组(女),负重全蹲跳 20 米 ×2 组(男 10 公斤,女 5 公斤)。

(5) 重复跑:50 米 ×3 组(中高速),100 米 ×2 组(中高速、全速各 ×1 组)。

(6) 整理活动:行进间做深呼吸,吸气时两臂上举,呼气时两臂自由下摆。仰卧后,两腿轻轻抖动,同时两手轻拍大腿,互相按摩。

(二) 运动处方示例二

(1) 准备活动。

(2) 加速跑:30 米 ×2 组,40 米 ×3 组。

(3) 专门性练习:小步跑 15 米 ×2 组,原地高抬腿跑 20 秒 ×3 组。

(4) 起跑后疾速跑:20 米 ×4 组。

(5) 变速跑:男 100 米 ×4 组,女 100 米 ×2 组。速度分配为快速 20 米,中高速 30 米,中速 30 米,快速 20 米。

(6) 力量性练习:跳栏架练习,男栏高 80—100 厘米,女栏高 40—60 厘米。方法为:两脚同时起跳,越过栏架落地后即起跳回越过栏架,20 次 ×2 组。

(7) 全程全速跑:50 米 ×2 组,100 米 ×1 组。

(8) 整理活动。

五、速度素质的测定和评价

(一) 选择—反应—动作测验

目的:测量对选择性刺激迅速、精确作出反应和动作的能力。

设备:秒表、皮尺。

方法:受试者面对测试者站立,离左右两条边线等距离(6.4 米),取预备姿势。测试者手握秒表上举,突然向右或左挥动,同时开表,受试者按测试者指示方向迅速跑至边线即停表。测试 10 次,两边各 5 次,每次间隔 20 秒左右。10 次测验的平均时间为测验成绩。

评价:见表 1-10。

表 1-10　选择—反应—动作测试评价表

（单位:秒）

级别/性别	优	良	中	一般	差
男	1.32 及以下	1.33—1.62	1.63—2.42	2.43—2.72	2.73 及以上
女	1.62 及以下	1.63—1.92	1.93—2.57	2.58—2.87	2.88 及以上

（二）50 米跑测验

目的:测量学生速度、灵敏素质及神经系统灵活性的发展水平。

方法:受试者站立或蹲在 50 米起点线,听到发令信号后,立即起跑,以全力冲向终点,按田径竞赛规则计时。

评价:见表 1-11。

表 1-11　大学生 50 米跑评分标准

（单位:秒）

分值/性别	优秀	良好	及格	不及格
	成绩	成绩	成绩	成绩
男生	≤6"5	6"6～7"5	7"6～8"1	≥8"2
女生	≤7"8	7"9～8"5	8"6～9"0	≥9"1

第四节　灵 敏 素 质

一、概述

灵敏素质是指在各种突然变换环境的条件下,人体迅速、准确、协调、灵活地完成动作的能力。它是人们的活动技能、神经反应和各种身体素质在活动过程中的综合表现。其表现内容是在时空急剧变化的条件下,能表现出对动作的准确判断、灵活应变,并有快速敏捷的反应速度、高度的自我操作能力以及迅速改变身体或身体某部位运动方向的能力。灵敏素质是一种综合素质,它与人对空间的定位、对时间的感觉能力,速度和力量的发展,以及身体的协调和反应能力等都有密切的关系。

灵敏素质分为一般灵敏素质和专项灵敏素质,通常把表现在运动锻炼各方面的基本身体方位、动作变化及适应能力称为"一般灵敏素质",把有关各种运动项目技术上的变化能力称为"专项灵敏素质"。

灵敏素质的发展受生理、心理及其他因素的影响。

1. 生理因素:主要指大脑皮质神经过程的灵活性、运动分析器的功能以及前庭分析器的机能。它们对灵活的、创造性的运动技术,肌肉收缩的协调性和节奏感,维持身体平衡,变换身体方向、位置的灵活性等都起着很大的作用。

2. 心理因素:主要指由于环境、情绪或其他变化,会导致过度兴奋或过度抑制,而使肌肉和神经都处于迟钝状态,造成身体失控、精神不振、动作不协调。良好的心理状态对灵敏素质的发挥能起到积极的作用。

3. 年龄和性别:儿童和少年时期是发展灵敏素质的最佳时期,青春期由于身高增长较快,灵敏素质相对有所下降,以后随着年龄增长又稳定提高,直至成人。灵敏素质在儿童期,男女相比几乎没有差别;在青春期,男子逐渐优于女子;到青春期后期,男子明显优于女子。

4. 体型和体重:一般而言,过高而瘦长、过胖而呈梨形体型的人灵敏性较差;"O"型腿、"X"型腿的人灵活性较差;而肌肉发达的中等或中等以下身高的人,往往表现得非常灵活。

5. 疲劳程度:疲劳会导致中枢神经系统灵活性与机体活动能力降低,导致反应迟钝、速度下降、动作不协调等,使灵敏性显著下降。

6. 运动经验:掌握的基本运动技术越多、越熟练,通常所表现出来的灵敏素质也就越高。

7. 气温:在阴雨潮湿、温度较低的气候中,关节的灵活性和肌肉韧带的伸展性都会降低,从而造成灵敏性下降。

二、发展灵敏素质的原则

(一) 选择多样化的练习方法和手段

灵敏素质的发展与各种分析器和运动器官功能的改善有密切关系。如果人体对某一动作技能熟练到自动化的程度,那么再用这一动作发展灵敏素质,效果就不大了。所以,要采用多种不同的练习方法,才有利于灵敏素质的不断提高。

(二) 合理安排练习时间,持之以恒

在锻炼的顺序上,一般将灵敏素质的练习安排在前半部分,因这时人的精神饱满、体力充沛、注意力集中、运动欲望强,有利于灵敏素质的提高。

灵敏素质的练习时间不宜过长,重复次数不宜过多。在练习过程中,应有足够的间隙时间,并要合理控制。间隙时间过短,易造成机体疲劳;间隙时间过长,会使中枢神经系统的兴奋性下降,从而影响灵敏素质的发展。练习时间和休息时间的比例一般控制在1∶3左右。

尽管灵敏素质发展的最佳时期是儿童期和少年期,但是20岁左右的人仍有一定的潜力,只要安排得当,持之以恒,灵敏素质也能得到提高。

(三) 综合锻炼,全面发展

灵敏素质是人的活动技能和身体素质的综合表现,丰富的运动实践经验可增加身体素质和技术动作"储备"。因此,发展灵敏素质所选择的练习内容也应

与多种素质相结合,以促进灵敏素质水平的不断提高。

(四) 区别对待,因人因项而异

不同的体育运动项目对灵敏素质有不同的要求和表现形式。因此,灵敏素质的锻炼应根据项目特点、实际需要和自身情况,选择适合自己的灵敏练习。

三、发展灵敏素质的方法和手段

灵敏素质是人体综合能力的反映,在发展灵敏素质的过程中,应从培养各种能力入手,如掌握动作能力、反应能力、观察能力、平衡能力和节奏感等。在练习中,应尽可能采用逐渐增加复杂程度的练习方式,如通过改变条件、器材等方式增加技术动作的复杂性和难度。

(一) 发展灵敏素质的主要手段

1. 跑、跳中迅速改变方向的各种练习。

2. 调整身体方位的各种练习。

3. 改变身体姿势的各种练习。如侧向或倒退跳等。

4. 改变速度的各种练习。

5. 限制完成动作的空间练习。如在缩小的球类运动场地进行练习。

6. 各种变换方向的追逐性游戏和对各种信号作出应答反应的游戏。

7. 设计各种动作和变化的组合性练习。如把“之”字跑、躲闪跑、穿梭跑、立卧撑等几项组成综合性练习。

(二) 发展灵敏素质的常用方法

1. 徒手练习方法

(1) 听口令做动作或做相反动作。

(2) 听信号或看手势急跑、急停、转身、变换方向或做各种姿势的起跑练习。

(3) 一对一面向站立,双手直臂相触,虚实结合,相互推,使对方失去平衡。

(4) 模仿动作练习。

(5) 做方式不习惯的动作。

(6) 改变动作的连接方式。

2. 器械练习方法

(1) 各种球类练习。如各种形式的运球、传接球、顶球、颠球、托球,通过信号做各种击球移动的练习,多球练习等。

(2) 绕障碍曲线转体跑。

(3) 各种跳绳练习。如单足、双足、绞花、双飞、集体跳长绳等。

(4) 各种翻滚练习。如前滚翻、后滚翻、连续滚翻等。

3. 游戏练习方法

各种应答性游戏、追逐性游戏等。如叫号追人,抢占空位,打手心、手背,贴膏药，喊数抱团等。

4. 组合练习方法

把不同的练习方法通过合理的组合，使练习更加有趣，使效果更加明显。通常，有两个动作的组合、三个动作的组合和多个动作的组合。

四、发展灵敏素质的运动处方

各种球类活动、体操、拳击、武术、田径等项目中都有大量发展灵敏素质的练习手段，练习者可以根据自己的爱好、条件等进行选择。

（一）运动处方示例一

（1）准备活动：慢跑中听口令做急停、急起、变向、转身、后退跑、侧身跑等各种动作。

（2）足球或篮球游戏：抢球练习 10 分钟。

（3）逐渐延长距离的往返跑：7 米、10 米、15 米、20 米各 ×3 组。

（4）垫上运动：前滚翻、后滚翻组合 ×4 组。

（5）整理活动：垫上的拉伸练习。

（二）运动处方示例二

（1）准备活动：游戏——贴膏药 10 分钟。

（2）羽毛球或乒乓球的多球练习 15 分钟。

（3）不同姿势跳短绳 50 次 ×6 组。

（4）篮球半场比赛 10 分钟。

（5）整理活动：慢跑 200—400 米。

（三）运动处方示例三

（1）准备活动：健美操 10 分钟。

（2）听信号做各种姿势的起跑，如站立、背向、蹲、跪撑等。

（3）间隔 50 厘米的连续横跨 20 秒 ×3 组。

（4）立卧撑 15 次 ×3 组。

（5）整理活动：放松操数节。

五、灵敏素质的测定和评价

衡量灵敏素质的标志是人体能在各种复杂变换的条件下迅速、准确、协调地做出某些相应的动作。测试可从三个方面进行，即动作协调性的难度、完成动作的准确性和完成动作所需的时间。在运动实践中，最常用的测试方法是测定完成动作的时间和次数。

（一）“象限”双脚跳

目的：测试双脚蹦跳时迅速变换身体姿势的能力。

场地：如图 1-1。

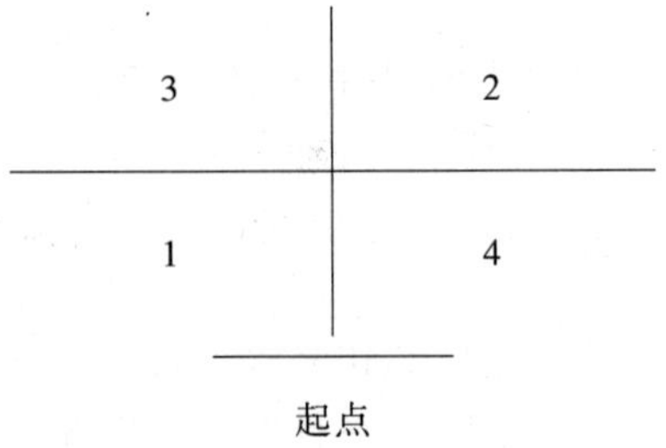

图 1-1

方法：受试者从起点开始，听到信号后迅速以双脚并跳，依次跳入 1、2、3、4“象限”，循环反复，至听到停止信号为止。在 10 秒钟内双脚准确地落在“象限”内的次数为测试成绩。若双脚踏上线或跳错“象限”，则每次从总分中扣去 0.5 分。

评价：见表 1-12。

表 1-12 “象限”双脚跳测试评价表

（单位：秒）

级别 性别	优	良	中	一般	差
男	33 及以上	27—32	14—26	8—13	7 及以下
女	31 及以上	25—30	13—24	7—12	6 及以下

（一）十字变向跑测试

目的：测定人体在快速奔跑中迅速变换方向的能力。

场地：如图 1-2。

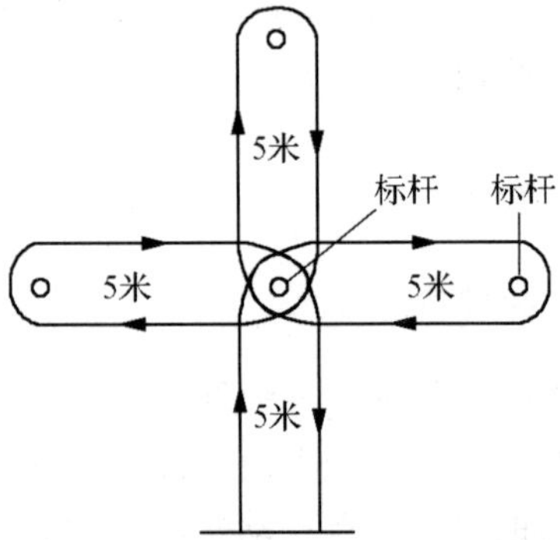

图 1-2

方法：听到起动信号后，受试者依箭头所指方向跑完全程。跑动中不可触及标杆，否则加 0.1 秒，记录跑完全程所用的时间。

评价:见表 1-13。

表 1-13　十字变向跑测试评价表

(单位:秒)

级别 性别	优	良	中	一般	差
男	16.79 及以下	11.49—16.80	11.50—12.60	12.61—13.90	13.91 及以上
女	12.60 及以下	12.61—12.90	13.00—14.59	14.60—15.99	16.00 及以上

第五节　柔韧素质

一、概述

柔韧素质是指人体各关节的活动幅度以及肌肉、肌腱、韧带等软组织跨过关节的弹性和伸展能力。其中,柔是指肌肉、韧带被拉长的幅度,韧是指肌肉、韧带保持一定长度的力量。柔韧素质主要取决于两个方面的因素:一是关节活动幅度的大小;二是跨过关节的肌肉、肌腱、韧带等软组织的伸展性。关节活动的幅度主要取决于关节本身的解剖结构。跨过关节的肌肉、肌腱、韧带等软组织的伸展性可通过合理的锻炼得到提高。

人体在运动时所发挥出来的速度、力量等其他素质都与柔韧素质有关,柔韧素质对完成技术动作的力度与幅度,以及有效地预防运动损伤都具有重要的作用。

柔韧素质分为一般柔韧素质、专项柔韧素质、静力性柔韧素质、动力性柔韧素质。

(一) 一般柔韧素质

一般柔韧素质是指为适应一般技能发展所必备的柔韧体能,是人们在日常生活中应具有的基本柔韧素质。它包括满足人体肌肉、肌腱、韧带一般性活动的幅度和伸展能力。

(二) 专项柔韧素质

专项柔韧素质是指专项锻炼所需要的特殊柔韧素质。不同的运动技术具有不同的特点,对柔韧素质的要求也不尽相同。比如,短跑、跨栏技术需要髋关节具有良好的柔韧性和灵活性;举重、游泳等项目需要肩关节的柔韧性强;足球技术对膝、踝关节的柔韧性要求较高。

(三) 静力性柔韧素质

静力性柔韧素质是指用静力性动作将肌肉、肌腱、韧带拉伸到所需要的适宜角度,并停顿一段时间,然后再恢复原位。

（四）动力性柔韧素质

动力性柔韧素质是指肌肉、肌腱、韧带根据动力性工作需求，被拉伸到解剖穴位上的最大控制范围，随即利用强有力的弹性回缩力完成动作。动力性拉伸时的长度通常会超过静力性拉伸时的长度。由于被拉伸后快速恢复原位，因此反复练习，可以使肌肉、韧带更富有弹性，从而有利于提高关节的灵活性。

二、发展柔韧素质的原则

柔韧素质的发展受骨关节结构、关节周围的组织、年龄与性别、遗传及体育锻炼等因素影响。一般而言，两个关节面的面积差越小，关节周围的肌腱、韧带越多，肌肉越大，皮下脂肪越多，关节的灵活性就越小，柔韧性就越差。由于性别的遗传因素，女子的柔韧性天生比男子好。男子的肌纤维较粗，横断面积大；女子的肌纤维细而长，横断面积较小，因此男子的关节灵活性要比女子差一些。另外，通过适宜的体育锻炼，可以使跨过关节的韧带、肌腱、肌肉等软组织的伸展性得到改善和提高。但是，在进行发展柔韧素质的练习时，应遵循以下原则：

（一）柔韧素质的发展应与力量素质的发展相适应

柔韧和肌肉力量是相辅相成的，力量练习是发展肌肉的收缩能力，柔韧练习是发展肌肉的伸展能力。因此，力量结合柔韧的练习对提高肌肉质量最为有效，既能达到力量和柔韧的同时增长，又能保证关节灵活性的稳固。柔韧的发展应是在肌力增长下的发展，所以既要提高肌力，又不能使肌肉体积过分增大而影响关节活动的幅度。

（二）循序渐进，持之以恒

发展柔韧素质也是意志力经受锻炼的过程。在进行柔韧性练习时，易产生酸痛感，同时练习的方法也比较单调、枯燥，见效慢，在练习过程中很容易因坚持不住而半途而废，一旦停止练习，便有所消退。因此，在进行柔韧性练习时，要逐步适应，逐步提高，循序渐进，持之以恒，才能见效。反之，若急于求成，则容易引起软组织的损伤。

（三）整体性锻炼

发展柔韧素质，要注意使身体各个部位都得到锻炼，尤其要重视颈、肩、腰、髋、膝等主要关节和肌群的锻炼。练习时，一般从上至下依次进行，每个部位重复4—6次练习后，再转入另一部位练习。

另外，柔韧并非柔软，如练习不当，肌肉便会消极地被动拉长，就会减少肌肉、韧带的弹性，引起柔而无力，影响力量素质的发展。因此，必须将静力性拉伸法和动力性拉伸法、主动性练习和被动性练习有机地结合起来，各种手段、方法交替使用，才能使机体达到柔而不松、韧而不僵、柔中有刚的水平。

（四）重视准备活动，预防运动损伤

柔韧性练习主要是运用各种方法，拉长人体肌肉、韧带的长度。如不采用科学的方法，很容易损伤肌肉和韧带。因此，在进行大强度肌肉伸展练习之前，必须做好充分的准备活动，使身体温度升高、出汗，减少肌肉的粘滞性。在进行肌肉伸展练习时，要保持正常的呼吸状态，不要屏气。当肌肉拉伸产生紧绷感或感觉不舒服时，应减小动作难度或停止练习。在各种柔韧性练习中，静力性拉伸法是一种简单易行、安全有效的锻炼方法。

（五）柔韧性练习后应结合放松练习

每个伸展练习之后，应做相反方向的练习，以促进被拉伸肌肉的血液循环，从而有利于伸展肌群的放松和恢复。例如，压腿之后做几次屈膝练习；体前屈练习之后做几次挺腹、挺髋动作；下完腰之后做几次体前屈或团身抱膝动作等。

三、发展柔韧素质的方法和手段

人体每一个动作都与关节、肌肉、肌腱、韧带的活动水平有关，而一个简单的动作又常常涉及各关节的肌群。因此，在进行柔韧素质的练习时，要针对人体的主要关节与肌群，采取多种手段，因人而异，因地制宜，持之以恒，才能得到良好的锻炼效果。

（一）颈部柔韧性练习

（1）低头—抬头。

（2）头右转—左转。

（3）头右倒—左倒。

（4）颈部绕环。

伸展的肌肉：斜方肌、胸锁乳头肌。

功效：增大颈部关节活动范围，促进颈部血液循环，防止颈椎病。

（二）肩关节柔韧性练习

（1）各种不同体位的压肩。如手扶肋木的体前屈压肩。

（2）各种不同体位的拉肩。如背对肋木双手上握，身体向前拉肩。

（3）各种不同方法的牵引和绕肩。如在单杠上做各种握法的悬垂，借助绳或木棍的转肩等练习。

伸展的肌肉：胸大肌、背阔肌、肩带周围肌群。

功效：增强肩带肌群的伸展力，扩大肩关节的活动范围，提高肩关节的灵活性，促进肩部血液循环，防止肩周炎。

（三）腰腹部柔韧性练习

（1）体前（或后）屈。

（2）体侧屈。

（3）体转。

伸展的肌肉：腰背及股后肌群、体侧肌群。

功效：有效地增强腰部肌力，扩大腰部关节的活动范围，提高腰部血液循环与代谢能力，防止腰脊病变。

（四）下肢柔韧性练习

（1）各种主动或被动的正、后、侧压腿。

（2）各种正、后、侧踢腿。

（3）各种摆腿、劈腿等。

伸展的肌肉：股后肌群、股四头肌、小腿三头肌、大腿内侧肌群。

功效：增加肌肉跨髋关节、膝关节的伸展力，提高髋、膝关节的灵活性。

四、发展柔韧素质的运动处方

发展柔韧素质应根据自己身体各关节的柔韧水平，制定相应的、有针对性的锻炼计划。其运动处方一般分为准备活动、锻炼模式和整理活动三个部分。

（一）准备活动

准备活动的目的是提高神经、肌肉的兴奋度，减少肌肉的粘滞性，提高跨关节韧带、肌肉、肌腱以及其他组织的弹性与伸展能力，防止运动损伤，时间为5—10分钟，一般选择与练习方式相适应的准备活动。比如，练习下肢的柔韧性，可采用如下练习步骤：

（1）1—3分钟原地小步跑。

（2）2—3分钟中等速度行走。

（3）2—4分钟慢跑。

（二）锻炼模式

锻炼模式是运动处方的主要环节，包括锻炼方式、锻炼强度、锻炼时间与次数。

1. 锻炼方式

（1）静力性拉伸法：静力性拉伸法是一种简单易行且富有成效的伸展肌肉的方法。它是通过缓慢到静止的动作过程，逐渐将肌肉、肌腱、韧带拉伸到有一定酸、胀、疼痛感的程度，使这些软组织产生适应性，并维持该动作姿势一段时间，再恢复原位。通常，在感觉酸、胀、疼痛的位置停留10—30秒，每块肌肉反复练习4—6次，是拉伸肌肉比较有效的时间和次数。

（2）动力性拉伸法：动力性拉伸法是通过快速、有节奏的动作，使幅度逐渐加大，并多次重复一个动作的拉伸方法。由于被拉伸后快速恢复原位，因此重复练习，可使肌肉、韧带更富有弹性，也有利于增大肌力。

2. 锻炼强度

在进行柔韧性练习时，锻炼强度必须适宜。强度太小，没有效果；强度太大，易受损伤。因此,要因人而异,量力而行。采用缓慢、放松、有节制、无疼痛的练习,便于调节和控制强度。在练习时,肌肉的伸展会引起不同程度的酸、胀、疼痛,而如果过分伸展,则会导致肌肉、韧带的损伤。所以,拉伸的强度应随着关节活动范围的增加而改变。随着柔韧性训练适应能力的提高,可逐渐加大强度,并遵循“酸加、痛减、麻停”的锻炼原则,随时调整锻炼强度。

3. 锻炼时间与次数

在掌握一般锻炼的强度之后,再配以合理的练习时间与次数(包括每个动作的重复次数及每周锻炼的次数),柔韧性练习就更趋科学。每个姿势的持续时间和次数都是逐渐增加的,应从最初的 10 秒起步,经过一段适应训练,增加到 30—35 秒,重复练习 3—4 次以上。如果是一般柔韧性练习,5—10 分钟即可;如果是专项柔韧性练习或运动员训练,则需 15—30 分钟。具体安排可参见表 1-14。

表 1-14　柔韧性练习的时间、次数安排样例

周次	阶段	肌肉伸展持续时间(秒)	每种练习重复次数(次)	每周锻炼次数(次)
1	起始	15	1	1
2		20	2	2
3		25	3	3
4	逐渐进步	30	4	3
5		30	4	3—4
6		30	4	4—5
7		30	4	4—5

(三) 整理活动

整理活动的目的是帮助人体消除柔韧练习时产生的酸、胀、疼痛等感觉,促使伸展肌群的放松和恢复。采用的方法是做些与练习时相反的对应动作,如压腿后做几次屈膝动作,体前屈练习后做几次挺胸、挺髋的动作等。

五、柔韧素质的测定和评价

在人体运动中,由屈、伸、旋转等动作构成的各种复杂运动,其活动范围的大小与柔韧素质密切相关。通过测试,可使练习者了解自身各关节的柔韧性程度,以便在制订锻炼计划时,有的放矢,对症下药,提高运动效果。

(一) 坐位体前屈

目的:测量学生在静止状态下的躯干、腰、髋等关节可能达到的活动幅度,主要反映这些部位关节、韧带和肌肉的伸展性和弹性及学生身体柔韧素质的发展水平。

方法:受试者两腿伸直,两脚分开约 10—15 厘米,平蹬测试纵板,坐在平地上,上体前屈,两臂伸直向前,两手的中指尖逐渐向前推动游标,直到不能前推为止。测试计的脚蹬纵板内沿平面为0点,向内为负值,向前为正值。测量两次,取最好成绩。记录以厘米为单位,保留一位小数。

评价:见表1-15。

表1-15　大学生坐位体前屈评分标准

(单位:厘米)

性别＼分值	优秀	良好	及格	不及格
	成绩	成绩	成绩	成绩
男生	≥19.8	18.9—12.5	11.3—3.0	≤2.4
女生	≥18.6	17.7—11.3	10.1—1.7	≤1.5

(二)转肩

目的:测定肩关节柔韧性。

方法:受试者直立,两手正握皮尺,要求右手虎口与尺的零端外对齐,两臂同时上抬,逐渐绕至体后,然后再由体后绕至体前。要求两臂保持在同一平面上,伸直,身体不能扭动,不得提足跟,测2—3次,记录左手虎口握尺处的读数,用两手握距的最大值减去肩宽,其差数即为最终成绩。

评价:见表1-16。

表1-16　转肩测试评价标准

(单位:厘米)

性别＼级别	优	良	中	一般	差
男	18.1及以下	18.2—29.5	29.6—37.1	37.2—50.6	50.7及以上
女	13.0及以下	13.1—25.1	25.2—33.3	33.4—45.4	45.5及以上

(三)纵(或横)劈叉

目的:测定髋关节柔韧性。

方法:受试者由站姿开始,两腿前后或左右慢慢分开,下压至最低点,然后用标尺测量两腿分叉处与地面之间的距离,可测2次,记录其中最好的成绩。在测试时,两手可以触地,以维持身体平衡。但是,两膝必须伸直,劈叉下压时不准采用上下辗转的方式。

评价:见表1-17。

表1-17　纵劈叉测试评价标准

(单位:厘米)

性别＼级别	优	良	中	一般	差
男	13.8及以下	13.9—41.5	41.6—80.0	80.1—102.5	102.6及以上
女	10.3及以下	10.4—30.0	30.1—52.5	52.6—64.0	64.1及以上

第六节 运动损伤

在体育运动中,造成人体组织或器官在解剖上的破坏和生理上的紊乱,称为运动损伤。在运动中认真防护,可以尽可能地避免运动损伤的发生,并能在损伤后得到及时、有效的治疗,减少并发症与后遗症。

一、常见的运动损伤的紧急处理方法

(一) 肌肉拉伤

肌肉拉伤是肌肉在运动中急剧收缩或过度牵拉引起的肌纤维撕裂而致的损伤。部位多为大腿后部肌群、腰背肌、小腿三头肌、腹直肌、斜方肌等。一般表现为伤处疼痛、局部肿胀、肌肉紧张或抽筋,有明显的压痛,触摸发硬。当受伤肌肉做主动收缩或被动拉长时疼痛更厉害。严重的肌肉拉伤会造成肌纤维断裂,出现局部肿胀,皮下出血,肢体活动障碍,在断裂处可摸到凹陷或两端异常膨大。

造成肌肉拉伤的主要原因一般是由于运动过度或热身不足造成。这在短跑、立定跳远、引体向上和仰卧起坐练习时容易发生。

发生肌肉拉伤,应立即停止运动,采用冷敷进行初期治疗处理,即在痛点敷上冰块或冷毛巾,保持 30 分钟,以使小血管收缩,减少局部充血、水肿,具有止血、退热、镇痛、麻醉和消肿的作用。同时放松损伤部位肌肉并抬高伤肢,切忌搓揉及热敷。24 至 48 小时后可根据伤情,外贴活血和消肿胀膏药,也可适当热敷或用较轻的手法对损伤局部进行按摩。热疗可促使局部血管扩张,改善血液和淋巴循环,促进淤血和渗出液的吸收,具有消肿、散淤、解疼、镇痛、减少粘连和促进损伤愈合的作用。常用方法是将毛巾浸透热水或热醋后放于伤部,每次敷 30 分钟左右。热敷法适用于急性闭合性软组织损伤的中期、后期和慢性损伤。

(二) 扭伤

扭伤通常是由于关节部位突然过猛扭转,造成附在关节外面的韧带撕裂所致。多发生在踝关节、膝关节、腕关节及腰部。

关节扭伤后应及时处理,可将扭伤部位垫高,先冷敷 2 至 3 天后再热敷。如扭伤部位肿胀、皮肤青紫和疼痛,可参照“肌肉拉伤”的处理。原则是制动和消肿散瘀,使损伤的组织得到良好的修复。关节积血较多者,应在无菌技术下及时抽出,以免后遗关节内粘连。韧带断裂或撕脱骨折而影响关节稳定者,需进行手术复位修补,以免引起反复扭伤、关节软骨损伤和创伤性关节炎。

运动中扭伤最为常见的是外侧韧带损伤。通常是由足部强力内翻引起。因外踝较内踝长和外侧韧带薄弱,使足内翻活动度较大,引起外侧韧带部分撕裂,表现为踝外侧疼痛、肿胀、走路跛行;有时可见皮下瘀血;外侧韧带部位有压痛;

使足内翻时,引起外侧韧带部位疼痛加剧。

处理方法:如外侧韧带损伤较轻、踝关节稳定性正常时,早期可抬高患肢,冰敷,以缓解疼痛和减少出血、肿胀。2至3天后可用理疗、封闭、外敷消肿止痛化瘀药物,适当休息,并注意保护踝部(如穿高统靴等)。如损伤较重,可用5至7条宽约2.5厘米的胶布从小腿内侧下1/3经过内、外踝粘贴于小腿外侧中部,胶布外用绷带包扎,使足保持外翻位置,使韧带松弛,以利愈合,固定约3周。如为内侧韧带损伤,包扎固定位置相反。

(三)脱臼及骨折

发生脱臼,应保持安静、不要活动,更不可揉搓脱臼部位,妥善固定后送医院治疗。

常见骨折分为两种,一种是皮肤不破,没有伤口,断骨不与外界相通,称为闭合性骨折;另一种是骨头的尖端穿过皮肤,有伤口与外界相通,称为开放性骨折。对开放性骨折,不可用手回纳,以免引起骨髓炎,应用消毒纱布对伤口作初步包扎、止血后,找木板、塑料板等将肢体骨折部位的上下两个关节固定起来。怀疑脊柱有骨折者,需卑卧在门板或担架上,躯干四周用衣服、被单等垫好,不致移动,不能抬伤者头部,这样会引起伤者脊髓损伤或发生截瘫。怀疑颈椎骨折时,需在头颈两侧置一枕头或扶持患者头颈部,不使其在运输途中发生晃动,再用平木板固定送医院处理。

(四)外出血

在开放性损伤中血管因受伤破裂,而致血液自伤口向体外流出称外出血。止血方法有:

(1)加压包扎法:小的外伤、毛细血管或小静脉出血,流出的血液易于凝结,在伤口部盖上消毒敷料,然后用三角巾或绷带加压包扎即可。

(2)指压止血法:一般用于动脉止血。即用手指将出血动脉的近心脏端,用力压向其相对的骨面,以阻断血液来源而达到临时止血的目的。

(3)止血带止血法:如四肢大动脉出血,不易用加压包扎或指压法止血时,可用止血带(橡皮带或其他代用品),缚扎于出血部的近心脏端。止血带,不能直接压在皮肤上,而先要在上止血带的部位用三角巾、毛巾等软物包垫好,将伤肢高抬,再扎上止血带,其松紧度以能压住动脉血流为原则,缚后以肢端腊色为宜;如果呈紫红色,则以能压住动脉血流为原则,如系上肢应每隔20至30分钟,如系下肢应每隔45至60分钟放松一次,凡上止血带后的伤者,必须记录上止血带的部位与时间,并应迅速送医疗单位。

(五)肌肉痉挛

“肌肉痉挛”俗称抽筋,是指肌肉不由自主地强直收缩。体育锻炼中,最容易发生痉挛的肌肉是小腿腓肠肌。发生的主要原因是:

(1) 体内失盐过多。在进行剧烈运动时,由于身体大量出汗使体内盐分失去过多,破坏了体内电解的平衡,由于体内氯化钠含量过低,引起肌肉神经的兴奋性增高而使肌肉发生痉挛。

(2) 肌肉收缩与舒张失调。运动中,由于肌肉快速连续收缩,放松的时间太短,破坏了肌肉收缩与舒张交替进行的协调关系,引起肌肉痉挛。这种强烈收缩抑制舒张的痉挛情况在肌肉疲劳时更易发生。

(3) 冷刺激。在寒冷的环境中进行体育活动时,如果没有充分的准备活动,肌肉受到寒冷刺激的时候,常引起肌肉痉挛。

发生肌肉痉挛时,局部肌肉会坚硬或隆起,剧烈疼痛,且一时不易缓解。有的缓解后,仍有不适感并易再次发生痉挛。

处理一般可通过慢慢加力、持续牵拉的方法,使痉挛的肌肉得到放松并消除疼痛。小腿抽筋时,可平躺地上,用异侧手抓住前脚掌,伸直膝关节用力拉;也可平坐或仰卧,伸直膝关节,同伴双手握其足部抵于腹,痉挛者躯干前倾适度用力,同伴用手促其脚背缓慢地背伸,同时推、揉、捏小腿肌肉,就可以使痉挛缓解。

(六) 运动中腹痛:

发生的原因大致有以下几种:(1) 肝脾淤血(慢性腹部疾病);(2) 呼吸肌痉挛(准备活动不够,肺透气低,运动与呼吸不协调);(3) 胃肠痉挛(运动前吃得过饱、饭后过早运动,空腹或喝水太多)。

处理:减慢运动速度、加深呼吸、调整运动呼吸节奏、手按疼痛部位,实在不行就停止运动。

(七) 运动性晕厥

晕厥是由于脑血流暂时降低或血中化学物质变化所致的意识短暂紊乱和意识丧失。运动可激发没有器质性心脏病的人发生心律失常,如在阵发性心动过速期间发生短暂的晕厥,主动脉瓣或瓣下狭窄的人常在运动或体力劳动时发生晕厥,先天性心脏病人运动后由于明显的动脉低氧可导致晕厥。

晕厥发生的危险性除了晕厥引起的病变,更在于晕厥发生刹那间摔倒后的骨折或外伤,如头颅外伤、溺水和窒息等。这些后果远远超过晕厥本身的危害。不同的运动项目对人体的要求不同,如长时间耐力静止状态与体位的迅速变换、胸腔压力突然增加或闭气动作等对精神和心血管系统产生强烈的应激,不仅刺激有病变的心脏,对健康的心脏也是一个巨大的冲击。

运动中或运动后发生晕厥与运动项目、训练水平、身体状态、年龄和周围环境有关。进行短距离和长距离跑步的练习者以及竞走和自行车练习者在剧烈的训练和比赛后突然停下来,血液淤积于下肢骨骼肌肉,回心血量骤减,造成重力性休克,这种晕厥常常发生在青少年练习者或训练水平差、无比赛经验的练习者中。常见的晕厥有以下几种:

（1）血管减压性晕厥也称单纯性晕厥，可以发生在正常人中，发病率占各类型晕厥的首位。发作前有情绪不稳定或强烈的精神刺激等因素，引起动脉压和全身骨骼肌肉的阻力降低，大脑血液灌注量减少而出现晕厥。

（2）练习者直立性低血压性晕厥（体位性），多发生在由水平位突然变为直立位时，由于体位的突然变动，肌肉泵和血管调节功能发生障碍，致使回心血量骤减和动脉血压下降，出现了一时性脑缺血。

（3）突发的原发性意识丧失，往往发生在激烈比赛和大强度训练后，发生原因不同于重力性血量分布和反射性血管扩张引起的晕厥，而是由于脑干部网状组织缺氧和低碳酸血症引起神经传导方向发生异常而出现晕厥。这种晕厥较多发生在长距离赛跑过程中。

（4）低血糖晕厥。前驱症状有无力、震颤、出汗、心动过速、饥饿和行为慌乱等，晕厥历时较长，补充糖后意识可恢复。长时间剧烈运动后，体内血糖消耗产生的低血糖反应，多见于长跑、马拉松、公路自行车等运动项目。有器质性或功能性低血糖病史的人进行运动时也易诱发低血糖。

（5）心原性晕厥，可发生在足球、篮球、自行车、网球、马拉松和慢跑等运动项目中。激烈运动时心肌需氧量增加，使已狭窄的冠状动脉供血不足，发生心肌缺血。此外，体育运动可激发动脉壁的敏感性增强或儿茶酚胺分泌增多，引起冠状动脉痉挛产生心肌供血不足，尤其在剧烈运动后心肌处于特殊易损期，心肌灌注不稳定，此时立刻洗澡或淋浴会造成心肌缺血，心排量减低初脑供血不足而发生晕厥。

（7）脑原性晕厥，一般发生在脑血管先天性畸形、粥样硬化和颈椎病的练习者中，运动时脑部血管可发生一时广泛缺血而出现晕厥，有高血压的人参加激烈运动可引起脑内小动脉痉挛、水肿和意识丧失，往往伴有头痛、眩晕、呕吐、抽搐，有时伴有失语、轻偏瘫、患侧视力减退或失明等。

（8）中暑昏厥：在夏季无风或湿度较高的条件下，运动时体内产热较多，此时通过蒸发、对流、传导和辐射等方式不能有效地散失体内过多的热量，使体温升高。此外，由于大量出汗，循环血容量减少，引起脑部供血减少和意识丧失，出现头昏、胸闷、口渴、恶心、呕吐和皮肤干热等症状，严重者出现昏厥；体温可高达40°C 以上，瞳孔缩小，有病理反射。有的面色苍白、皮肤湿冷、脉细弱、血压下降，多发生在长跑、马拉松、越野跑、自行车和足球赛等运动项目，运动员训练水平低、过度疲劳也易发生中暑昏厥。

处理：（1）一般处理。应将晕厥者放置于仰卧位或下肢抬高位，这可增加脑血流量。松解紧身衣服，头转向一侧，以免舌后坠堵塞气道。面部及颈部冷湿敷，如体温低加盖毛毯。必要时针刺人中或给病人嗅有刺激性的氨味。（2）低血糖晕厥。可静脉注射葡萄糖。（3）心原性晕厥。应立即吸氧。（4）脑原性晕厥。现场抢救措施有吸氧、保持呼吸道通畅、降压和降低颅内压;静脉注射葡萄糖。(5) 中暑昏厥。应将中暑昏厥者转移至阴凉通风处迅速降温,用冰水、冷水或酒精擦浴使皮肤发红,头部及大血管分布区放置冰袋,有条件者可静脉点滴5%葡萄糖生理盐水。

预防运动性晕厥应坚持科学系统的训练原则,避免发生过度疲劳、过度紧张等运动性疾病;疾病恢复期和年龄较大者参加运动必须按照运动处方进行;进行长距离运动要及时补充糖、盐和水分;应定期进行体格检查,尤其在重大比赛和大强度训练前;对发生过晕厥的练习者应做全面的检查,以明确原因,避免再发生晕厥;练习者应掌握预防和简单处理运动中发生晕厥的知识。

二、运动损伤的预防

(1) 准备活动要充分,尤其是易拉伤部位的准备活动。准备活动的目的是提高中枢神经系统的兴奋性,增强各器官系统的功能活动,提高身体核心部位温度,提高软组织(肌肉和结缔组织)的温度、柔韧度、弹性,增加关节液分泌,扩大关节的活动范围、特定部位的伸展,减少锻炼前的紧张感和压力感,使人体从相对的静止状态过渡到紧张的活动状态。这在很大程度上可以预防损伤的发生。

(2) 掌握正确的运动技术,即提高运动的技术及动作的协调性,避免用力过猛。

(3) 合理安排运动量。体质较弱、训练水平不高的,运动时要量力而行,防止过度疲劳和负荷太重;在练习中,组与组之间要有合适的间隔放松,从而有利于消除肌肉疲劳。

(4) 防止局部负担过重。训练中运动量、运动负荷(尤其是局部负担量)过大,超过锻炼者可以承受的生理负担量,很容易引起损伤或因微细损伤的积累而发生劳损。

(5) 加强易伤部位肌肉和相对较弱部位力量练习。据统计,在运动实践中,肌肉、韧带等软组织的运动损伤最为多见。加强易伤部位的训练,可根据不同部位进行针对性的训练。例如,为了预防膝关节损伤,应主要加强股四头肌的力量训练,并对膝关节周围韧带进行静力对抗训练,增强其协调性和拮抗的平衡性。提高它们的机体功能,是预防运动损伤的一种积极手段。

(6) 合理使用运动护具

各种关节是运动中最容易损伤的部位,关节过伸或过屈都有可能对肌腱造成损害,除做好热身运动外,适当佩带护具能在很大程度上避免肌腱过度拉伸。如足关节的护踝、腕关节的护腕、肘关节的护肘、举重时用的腰带……这些运动护具,能够在我们平时锻炼的过程中为肌肉和关节分担外来的压力和冲击。另外,运动时的服装和鞋袜也必须符合运动卫生要求等。

除上述几条外,做好医务监督,遵守训练原则,加强保护,注意选择好训练场地等,也是预防运动损伤的重要内容。

三、运动负荷的监测

选择一个适合自己的健身形式是强身健体的第一步,而更重要的是,健身活动一定要保持在适当的强度范围内才能够使锻炼效果最佳,并且要有足够的安全保障,避免因强度过大而损坏身体。因此,做好自我监测是健身锻炼不可缺少的安全保障。

运动中,脉搏、体重、体脂含量、身高、体围、血压和肺活量等是人体机能和形态状况的客观而又简便的监督指标。其中,心率监测是控制运动强度的最简易有效的方法。它可以快速清楚地反映运动时身体的信息,监测自己的运动强度和活动量,从而避免因进入危险的无氧区域而造成身体损伤。同时,可以使运动强度保持在适当的水平,使健身效果更好。

运动时心率达到适宜心率标准而又没有出现明显不适,那么这个运动的强度就是合适的安全的强度。心率监测一般采用最大心率和靶心率。最大心率是指人体做极限运动时的心搏频率。计算公式为 最大心率 = 220 - 年龄。靶心率是指通过有氧运动提高人体心血管系统机能时有效且安全的运动心率范围,常用它来调节运动负荷。靶心率为人们提供了运动时安全有效的心率范围,从而调控自己锻炼时的运动强度,即最大心率 ×60% 至最大心率 ×80% 之间的范围。成年人靶心率的上限为最大心率 ×80%,青少年靶心率的上限为最大心率 ×85%。例如,一个 20 岁的年轻人,他运动的最大心率就是 220 - 20 = 200 次/分,他运动的适宜心率是 200 ×60% = 120 次/分(最多不能超过 170 次/分)。也就是说,他训练时的心率在 120—170 次/分之间是最合理的。高出这个范围就会不安全,会给心肺系统造成很大的负担,但如果低于这个范围,就达不到预期的锻炼效果。刚开始锻炼时应从较小心率水平开始,如无不适再逐渐增加到适宜心率的较高水平。

触压桡动脉和劲动脉就可以测量心率,触压脉搏时不要用力太大,以便保证血液的正常流动。运动时的心率,必须在运动结束后的 5 秒钟内开始进行测量。测量 10 秒钟的心率再乘以 6,为运动时 1 分钟的心率。

第二章　篮　　球

第一节　概　　述

篮球运动是 1891 年由美国马萨诸塞州斯普林菲尔德市基督教青年会训练学校体育教师詹姆士·奈·史密斯创造的。由于这项运动最初使用的是桃篮和球,因此称为“篮球”。最初的篮球比赛,场地、上场人数和比赛时间都没有统一的规定,比赛规则也比较简单。1892 年,詹姆士·奈·史密斯制定了 13 条比赛规则,把比赛时间分为上、下半时,各为 15 分钟;对场地大小也作了规定;上场比赛人数有 9 人、7 人,到 1893 年改为 5 人。此后,随着篮球运动的推广与发展,场地、器材也不断得到改进,逐步形成了现代的篮板、篮圈和篮网。

篮球运动是一项趣味性很强的运动,不仅在美国国内发展很快,而且很快被传播到欧、亚、南美洲等一些国家。1895 年,篮球传入我国天津。1932 年,国际业余篮球联合会在瑞士日内瓦宣告成立。1936 年第 11 届奥运会和 1976 年第 21 届奥运会分别把男子篮球和女子篮球项目列为正式比赛项目。1950 年和 1953 年分别举行了第一届世界男、女篮球锦标赛。

由于篮球运动员身体素质等条件的变化和技战术的迅猛发展,国际业余篮球联合会多次修改比赛规则,以适应比赛的需要。1992 年,国际篮球联合会批准允许职业篮球运动员参加奥运会后,由美国职业篮球运动员组成的“梦之队”在第 25 届奥运会首次亮相,为世界展示了当代篮球运动发展的新趋势。在新趋势下,篮球运动员的身体素质要更好,技战术要更趋全面,要攻守兼备,各有特长。同时,女子篮球向男子化方向发展。

第二节　篮球技术与练习方法

篮球技术是进行篮球比赛所必需的专门动作的总称,是篮球运动的基础。篮球比赛中完成战术质量的高低,主要取决于队员掌握基本技术的切实、准确和熟练程度。

篮球技术分为进攻与防守两部分,包括脚步动作、传球、接球、投篮、运球、突破、防守、抢球、打球、断球、抢篮板等,每一类技术都由许多技术动作组成。由于篮球比赛是攻守反复交替进行,因此各种技术的运用并不是孤立的,而是相互联系、相互制约、相互促进的。

在篮球技术练习中，应依据技术动作形成的一般规律，遵循由浅入深、由易到难、由简到繁的循序渐进原则。在初学技术阶段，先采用反复练习单个技术动作的方法，使队员集中精力去掌握正确的技术动作。然后，逐渐增加练习的难度，结合实际比赛，将各个技术动作衔接起来，进行综合性练习，使队员熟练掌握与运用技术。最后，采取攻守对抗的练习，使队员在复杂多变的条件下，提高技术运用和应变的能力。

一、脚步动作

脚步动作是篮球比赛中队员的位置、方向和速度等变化时所采用的各种移动方法的统称。脚步动作对掌握和运用任何进攻、防守技术，都有重要的作用。在进攻中，运用脚步动作是为了摆脱防守，获得球，切入或是迅速、合理地运用传球、投篮、运球、突破等进攻技术。在防守中，运用脚步动作是为了保持或抢占有利位置，防止对手或及时、果断地抢球、打球、断球、抢篮板。在比赛中，队员运用各种脚步动作的实质，都是为了争取时间和空间的主动。因此，要有快速、多变的脚步动作，才能更有效地完成进攻和防守的任务。

脚步动作的快速和多变，是建立在队员的判断反应、身体训练水平、控制身体重心（以下简称"重心"）能力的基础上的，表现为在复杂的比赛情况下，能积极主动、机智灵活地运用各种攻守技术完成战术任务。

图 2-1

为了更好地发挥进攻和防守技术，队员在球场上还需要随时保持一个稳定而又机动的站立姿势，即基本站立姿势（图 2-1），才能为突然起动、转身和变化重心等作好准备。这个站立姿势是两个脚前后站立或左右开立，与肩同宽，两膝微屈，重心的投影落在两脚之间，上体微向前倾，张开两臂。在练习中，必须重视基本站立姿势，严格要求，注意要有随时准备的良好习惯。

（一）脚步动作方法

1. 起动

起动是队员改变静止状态的一种方法。突然快速的起动与快跑结合运用，是摆脱防守最有效的方法之一。防守时，迅速的起动也是抢占有利位置、看住对手的首要环节。

起动是在基本站立姿势的基础上，迅速以上体的前倾或侧转，向跑动方向移动重心，同时用后脚或异侧脚的前脚掌短促而有力地蹬地，利用蹬地的反作用迅速向跑动方向迈出。起动后的前两三步要短促而迅速，并用前脚掌的蹬地提高跑动的速度。

2．跑

跑是队员在球场上改变位置、提高速度的方法。由于篮球运动快速、多变的特点，因此在跑的过程中，要经常改变速度和方向，并随时准备做出跳、急停、转身等动作，以达到攻守的目的。所以，跑是篮球运动中的一项重要基本技术。

队员在跑动中，两膝要自然弯屈，重心稍微下降，用全脚掌（由脚跟先着地过渡到全脚掌）或前脚掌着地，上体微向前倾，两臂自然摆动，同时注意观察场上情况。在比赛中，经常运用的跑有以下几种：

（1）侧身跑：比赛时，队员在跑动中为了更好地观察场上情况，经常采用侧身跑。侧身跑时，头部和上体放松地向球的方向扭转，同时侧肩，脚尖朝着跑的方向，既要注意观察场上情况，又要保持奔跑速度。

（2）变速跑：这是队员在跑动中用速度的变换完成攻守任务的方法。进攻队员为了摆脱防守，可用突然的加速或减速破坏防守的正确位置以完成进攻的任务，防守队员也可及时地变换速度以紧紧防守对手。不管进攻或防守，变速时的动作都要突然。加速时，用前脚掌短促而有力地向后蹬地，上体向前倾，前两三步要短促而迅速；减速时，步幅可稍大，上体稍直立，前脚掌用力抵住地面，减缓重心的前移，从而降低跑速。

（3）变向跑：这是队员在跑动中于突然改变方向前加速以摆脱防守的一种方法。变向时（以从右向左变向为例），上体稍向前倾，同时右脚的前脚掌内侧用力蹬地，随之腰部扭转，上体向左前倾，移动重心，左脚向左脚前方跨出一小步后，右脚迅速向左腿的侧前方跨出一大步，继续跑动。

（4）后退跑：这是队员在球场上背对跑动方向的一种跑动方法。队员由进攻转入防守时，为了及时观察对方进攻情况，经常运用后退跑。后退跑时，用两脚的前脚掌交替蹬地向后跑动。注意提起脚跟，身体微向后倾，抬头注意场上情况，保持身体平衡。

3．急停

急停是队员在跑动中突然制动速度的一种方法。急停不仅能够直接摆脱防守，而且可以衔接脚步动作的各种变化，从而更有效地完成攻守任务。球场上常用的急停有两种：

（1）跨步急停：队员在快速跑动中，先向前跨出一步，用全脚掌抵住地面，迅速屈膝，同时身体稍向后仰，转移重心，减缓向前的冲力。第二步着地时，身体侧转（如右脚跨第一步，身体右转），脚尖稍向内转，用前脚掌内侧蹬地，两膝弯屈，重心落在两脚之间。

（2）跳步急停：队员在近距离慢跑中，用单脚或双脚起跳（离地不高），上体稍向后仰，两脚同时平行（略比肩宽）落地。落地时，用脚跟先着地，再迅速用全脚掌着地，两膝弯屈，重心下降，保持身体平衡。

4. 转身

转身是队员以一脚做中枢脚和一脚蹬地向不同方向跨移,改变自己身体的站位方向和与对手位置关系的一种方法。转身在比赛中运用非常广泛,经常与跨步、急停结合使用,以获得摆脱防守,切入、接球、传球、运球、投篮的机会;防守时也常用来抢占有利位置,以获得堵截、抢篮板球和抢断球的机会。

转身前,两膝微屈,上体稍向前倾,重心落在两脚之间。转身时,以中枢脚的前脚掌为轴,重心移至中枢脚的前脚掌,并以其内侧蹬地,向前或向后改变身体的方向。在身体转动的过程中,要保持重心平衡,不要起伏。转身后,重心落在两脚中间。持球转身时,要注意利用身体做好护球动作。

转身可分为前转身和后转身。

(1) 前转身:移动脚向自己身前(中枢脚前的方向)跨步,使身体改变方向。前转身用于队员背对进攻方向或防守者时。转身前,要视觉领先,观察判断情况,以利于发挥前转身的攻击性。前转身经常与假动作、切入等动作结合运用。(图2-2)

1　　2　　3

图 2-2

(2) 后转身:移动脚向自己身后(中枢脚后的方向)跨步,使身体改变方向。后转身可在原地和行进间进行。当队员面对或侧对防守者较近时,经常运用后转身摆脱防守。

5. 滑步

滑步是队员防守时的主要移动方法。滑步易于保持身体平衡和转移重心。队员为了保持自己的有利位置和及时起动,经常采用各种滑步阻截对方的移动路线和进攻。滑步分侧滑步、前滑步、后滑步三种。

(1) 侧滑步:由两脚平行站立姿势开始,向左侧滑步时,左脚向左跨出,落地的同时,右脚蹬地滑动,跟随左脚移动,保持屈膝姿势。身体不要上下起伏,两脚不要交叉,重心要落在两脚之间。向右侧滑步时,动作相反。

(2) 前滑步:由前后站立姿势开始,向前滑步时,前脚向前跨一小步,着地后,后脚随着前脚向前滑一步,保持开立姿势,注意屈膝以降低重心。

(3) 后滑步:动作与侧滑步相同,只是方向向后滑动。

（二）脚步动作的易犯错误

1. 起动前，重心偏高，两膝弯屈不够，不便于迅速蹬地。

2. 变速跑时，全脚掌或脚跟着地，变速瞬间步幅太大，不能短促而迅速地改变步幅和步速，以致变速不突然。

3. 变速跑时，前脚掌抵地力量不够。

4. 侧身跑时，上体转体不够，动作不协调，转身时腰、胯用力不够。

5. 急停时，身体松弛，造成停不稳、重心前移、没有制动和身体自然调整重心的动作。

6. 转身时，中枢脚未用前脚掌做旋转，身体上下起伏，重心不稳。

7. 滑步时，两脚并步，重心上下起伏。

（三）脚步动作的纠正方法

1. 加强髋关节的灵活性练习。

2. 加强腿部肌肉的力量练习。在一定的高度下做移动练习，强迫屈膝以降低重心。

3. 在练习中，要由慢到快、由简入繁地学习动作。

4. 在学生练习时，要时常纠正其错误动作。

（四）脚步的练习方法

1. 起动的练习方法

（1）基本站立姿势（面向、背向、侧向），听或看信号做起动跑的练习。

（2）在各种情况和状态下，听或看信号向不同方向做起动跑的练习。

（3）自己或同伴抛球，球离手后，起动快跑接球，不让球落地。

（4）原地运球，听或看信号做起动快速运球的练习。

2. 跑的练习方法

（1）起动的几种方法也可以练习跑。

（2）利用篮球场的圈、线做侧身跑和对角折线跑。

（3）两人一组做侧身跑。

（4）利用场地内的圈、线做折线跑、弧线跑。

（5）在场地内根据手势、信号，或按规定的位置，或结合绕跑障碍物，做侧身跑、变速跑、变向跑、后退跑。

3. 急停的练习方法

（1）慢跑、中速跑中，跨步急停和跳步急停。

（2）直线快跑中，急停。

（3）快跑中，听信号做跨步急停和跳步急停。

（4）运球中，急停、急起。

（5）跑动中，接球急停，然后传球或投篮。

4. 转身的练习方法

（1）原地不持球或持球，做两脚交替转移重心的练习。

（2）成基本站立姿势，分别以左、右脚为轴，做跨步前、后转身90°、180°、270°的练习。

（3）慢跑中，急停，向左或向右跨步，前、后转身90°、180°，起动快跑。

（4）原地接球后，做前、后转身传球、运球或投篮的练习。

（5）运球中，做前、后转身的练习。

（6）在一对一攻守中，做后转身护球和摆脱对手的练习。

5. 滑步的练习方法

（1）听或看手势做向左、向右、向前、向后滑步。

（2）向前滑步变向后滑步接侧滑步。

（3）按规定路线或按标志物做“之”字形、三角形、小“8”字形滑步等。

（4）各种防守步法组合练习。

二、传、接球

（一）传球

传球是篮球比赛中队员之间有目的地转移球的方法，是组织进攻的纽带。传球技术的好坏，直接影响战术的质量。成功的传球，既能发挥全队的集体力量，创造更多的投篮机会，又能起到声东击西的作用，打乱对方的防御部署，达到本队进攻的目的。传球方式很多，此处主要介绍下面几种：

1. 双手胸前传球

双手胸前传球是一种最基本而又最常用的传球方法。这种传球迅速而有力，可在不同方向、不同距离中使用，而且便于和投篮、突破等动作结合运用。

动作方法：两手五指自然分开，拇指相对成“八”字形，用指根以上部位持球的后侧方，手心空出。肩、臂、腕部肌肉放松。两肘自然弯屈于体侧，将球置于胸、腹之间的部位。身体成基本站立姿势，两眼注视传球目标。传球时，前臂短促地前伸，手腕由下而上转动，并与由内至外翻转结合而急促抖腕，同时拇指用力下压，食指、中指用力弹拨，将球传出。出球后，拇指和手心向下，其余四指向前。传球距离越近，前臂前伸的幅度越小。远距离传球，则需要加大蹬地、展腰和伸上臂的全身协调用力，而且传球的距离越远，蹬地、伸臂的动作幅度越大。双手胸前传球可在跑动中、跳在空中进行。（图2-3）

2. 单手肩上传球

单手肩上传球是比赛中经常运用的一种远距离传球方法。它的速度快、准确性高，在快攻偷袭时运用较多。

动作方法：以右手传球为例，双手持球于胸前，两脚平行开立。传球时，左脚

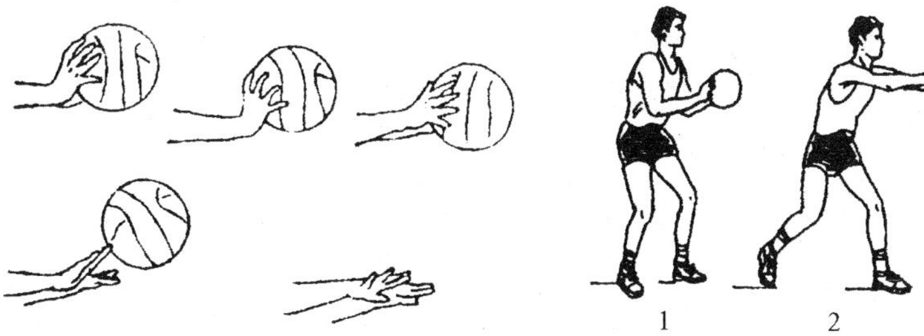
1 2

图 2-3

向传球方向迈出半步,左脚对着传球方向,同时将球引到右肩上方,上臂与地面近似平行,手腕后屈,右手托球的后下方,重心落在右脚上。出球时,右脚蹬地,同时转体带动上臂,肘领先,前臂迅速前摆,手腕迅速前扣,最后通过食指、中指、无名指的下压动作将球传出。

3. 反弹球

反弹球是把球通过地面反弹给同队队员的一种方法。它具有地点低、不易被对方抢断的优点,是在近、中距离间接通过防守人进行的传球。反弹球在与身材高大的队员比赛中,为了传球给进入内线的队员时运用较多。双手胸前传球、单手肩上传球时,都可以进行反弹球。

动作方法:与各种传球相同,反弹球主要是改变了传球时出手的用力方向,但要选择好击地点。传球时,出手的用力方向是前下方,反弹球的击地点一般应在传球人距离接球人 2/3 的地方。

传球应注意的问题:

1. 传球经常是在严密防守的情况下进行的,而接球的时机又往往是短暂的。因此,传球队员必须捕捉战机,设法摆脱防守队员的封阻,及时把球传到有利位置上的同伴手里。这就要求传球队员扩大视野,能对场上情况进行全面的观察和了解。一般来说,快攻时的传球要先远后近;阵地进攻时的传球要先近后远、先篮下后外围,力争抓住每个有利的进攻时机。

2. 传球前,要敢于接近自己的对手,这样便于传球,使对手难于作出反应。当传球时距离对手较远,而又不便于传球给同伴时,要用投篮或运球等假动作吸引对手或接近对手,制造有利的传球位置和角度,快速、突然地将球传出,使对手难以防守,从而保证传球的安全和及时。

3. 传球要争取时间,及时传出,尽量减少球在手中的停留。传球队员要在动中创造和捕捉战机,争取进攻的机会。

4. 手中持球不能立即传给同伴时,可做投篮、突破等动作,隐蔽自己的意图,以便获得良好的传球空隙。

5. 接球前就要观察、判断好传球的时间,要有预见性。传球时,眼睛不要盯着接球人,要用眼的余光旁视,以免暴露传球意图,导致传球的困难和失误。

6. 掌握左右手的多种多样的传球方法是传好球的基础,这不仅能够扩大出球面,增加传球的灵活性,而且可以根据对手的情况,采用合理的传球方法,保证传球的准确性和及时性。

(二) 接球

接球是与传球紧密联系在一起的。从传、接球的过程看,传球是主要方面,同时也绝不能忽视接球。接球的主要目的是获得球,以便投篮、传球、突破或运球。在比赛中能否采用正确的动作接住传来的球,与减少传球失误、弥补传球不足以及加强个人攻击等都有很大的关系。

接球有双手接球和单手接球两种,而不论是哪一种,接球时肩臂都要放松,手臂都要迎球伸出,手指都要自然分开。当手指触及球时,肘关节逐渐弯屈,臂后引,缓冲来球的力量,两手握球,保持身体平衡,以便做下一个动作。

1. 双手接球

接球时,两眼注视来球,两臂迎球伸出,手指自然分开,两拇指成"八"字形,手指向前上方,两手成一个半圆形。当手指触球后,两臂随球后引,缓冲来球的力量,两手持球于胸腹间,保持身体平衡,做好传球、投篮或突破准备。(图 2-4)

图 2-4

2. 单手接球

单手接球不如双手接球牢稳,因此在一般情况下都应尽量运用双手接球。如果来球离身体较远,移动后用双手接球不便时,可用单手去接。

动作方法:如用右手接球,右脚向来球方向迈出。接球时,右臂微屈,手掌成勺形,手指自然分开,迎球的方向伸出,同时迈出左脚。当手指触球后,手臂顺势后撤,同时收肩,上体微向右后转动。然后,用左手帮助,将球握于胸前。

接球应注意的问题:

1. 接球前要观察、了解场上情况,不要原地站着等球,要积极移动,迎前接球。移动接球要符合战术要求,要有明确的目的性。

2. 摆脱接球时,要利用身体和脚步移动挡住对手可能断球的路线,保证接球的安全,并及时抢占有利于接球后进攻的位置。

3. 接球时要为下一个进攻动作作好准备,和下一个动作衔接好。

4. 接球后切勿盲目停球,要及时、快速地转移球,以便在人、球不停顿的移动中创造和捕捉更多、更好的战机。

传、接球的易犯错误:

1. 双手胸前传球时,全手掌触球,手心没有空出,两拇指距离过大或过小,持球动作不正确。

2. 双手胸前传球时,两肘外展过大,两臂用力不一,形成挤球,出手后,两手上下交叉。

3. 单手肩上传球时,没有摆臂、拨指、抖腕动作。

4. 反弹传球时,用前臂甩球,或两肘外张用力推挤球,球的击地点不正确。

5. 手指朝前,两手没有形成半圆形。

6. 伸臂迎球时,臂、腕、指紧张,引球动作不及时。

传、接球的纠正方法:

1. 两人一组,面对站立,一人握球,一人做传球的正确模仿练习。

2. 三人一组,一人传,一人接,另一人纠正动作。

3. 多体会传球的动作要点。

4. 多做自抛自接练习,养成张手、伸臂、引球和及时屈臂的习惯。

传、接球的练习方法:

1. 原地传、接球练习

(1) 两人面对面原地徒手做各种模仿传、接球练习,可一人做动作,一人纠正。

(2) 两人面对面原地做各种传、接球练习,两人一组一球,相距 3—5 米。

(3) 原地跨步,跳起接不同方向的传球。

2. 移动中传、接球练习

(1) 两人一组一球,相距 4 米面对站立,一人原地传球,另一人向左右、前后移动接球,传、接球一定次数后,相互交换练习。

(2) 两人全场行进间传、接球:两人一组一球,第一人传球给第二人后,立即向前跑动接第二人的回传球,第二人传球后向前跑动接第一人的回传球,如此反复传接球至前场篮下投篮,并传球返回。人数多时,可在场地两侧两组同时进行练习。(图 2-5)

(3) 三人直线跑动传、接球:三人一组一球,开始由中间⑤持球,传球给向前跑动的⑥,⑥接球后立即回传给向前跑动的⑤,⑤接球后传给另一侧向前跑动的⑦,⑦回传给⑤,依次推进到篮下,进行投篮,并用同样的方法传、接球返回。(图 2-6)

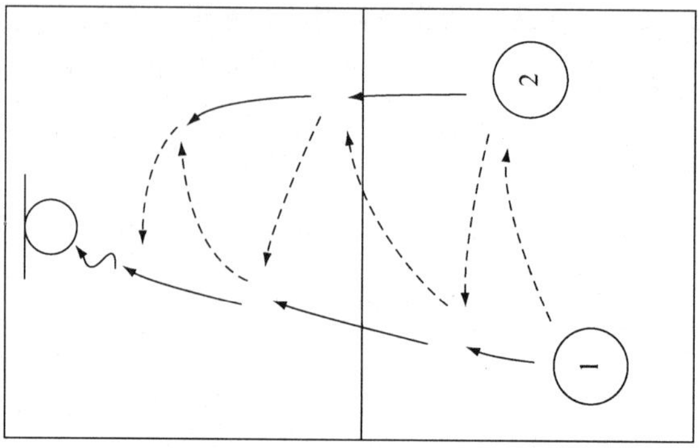

图 2-5

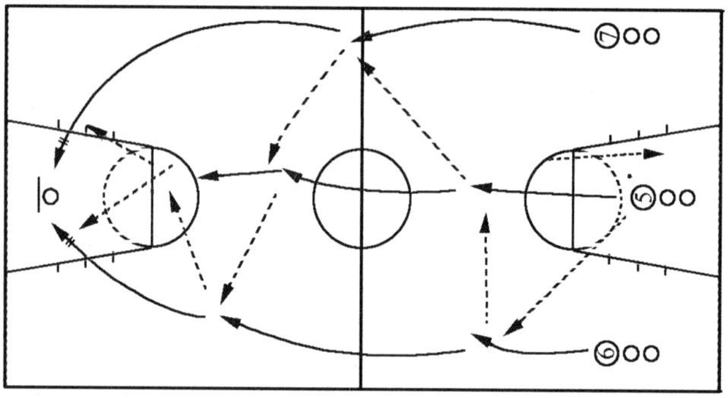

图 2-6

(4) 全场三人“8”字传、接球:三人一组一球,⑤将球传前进中给⑥后,⑤快速从⑥身后绕过向前往内切。⑥接球后传球给前进中的④,并从的身后绕过向前往内切。如此连续进行(图 2-7)

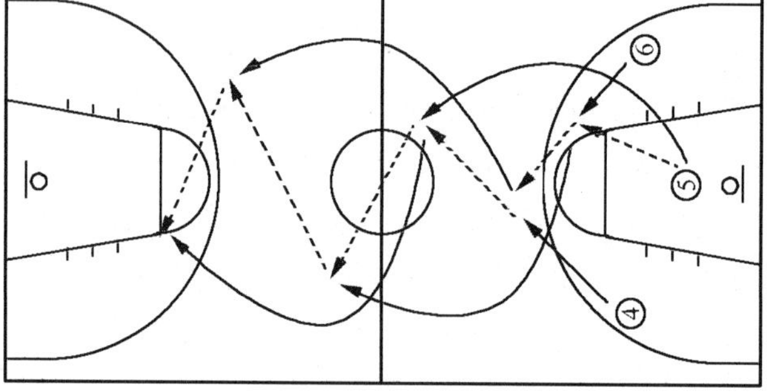

图 2-7

(5) 跑动换位传、接球练习:参加者分两组,相对成纵队,相距 6—8 米。①持球用单手肩上传球给对面③后,迎前跑动接③的双手胸前传球,③传球给①后跑到①侧面,接①低手传球,③再用反弹传球给②,然后跑到②排尾,而①到④排

尾。②接球后按开始时进行，依次练习。(图 2-8)

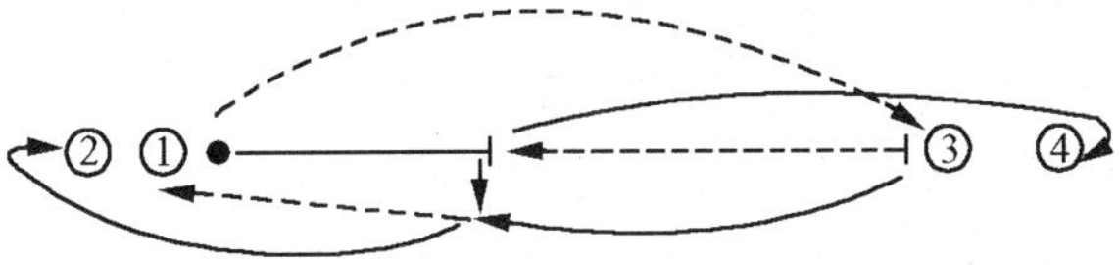

图 2-8

(6) 四角移动跟进传、接球练习：参加者分四组，各成纵队，排成四方形，相距 5—6 米。开始时，④持球传给⑤，切入接⑤的回传球后，把球传给另一组⑥，然后跑到⑥排尾。当④传球给⑥时，⑤紧跟着起动，从④身后切入，接⑥的传球并传给⑦，然后跑到⑦排尾。⑥传球给⑤后，切入接⑦的传球并传给原④排的排尾，依次进行练习。(图 2-9)

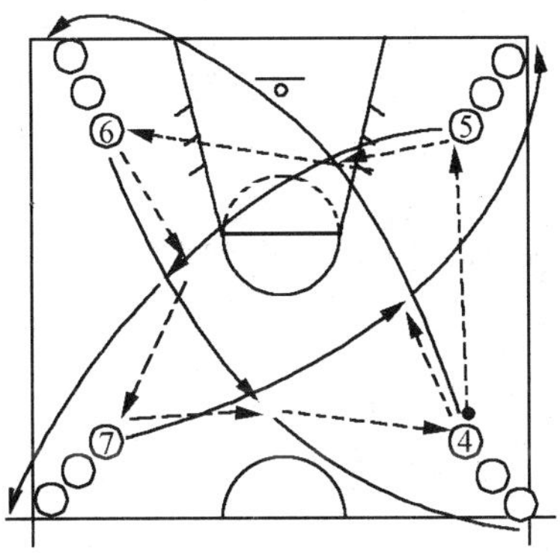

图 2-9

三、投篮

投篮是队员在进攻中得分的一种方法，是篮球运动的主要进攻技术，是组成战术的重要环节。进攻队运用各种技术和战术，是为了造成尽可能多的投篮机会，力争投中得分；而防守队积极防御，则是为了防止进攻队的投篮和投中得分，力求从防守转为进攻。

篮球比赛的胜负是由两个队得分的多少决定的。因此，要取得比赛的胜利，就必须重视投篮，而且要提高投篮的命中率，否则就达不到预期的进攻目的。投篮方法很多，可分为单手和双手投篮两大类，可以在原地、行进间、跳起和跳起转身中投篮。以下是几种常用的投篮方法：

1. 原地投篮

这是最基本的投篮方法，是行进间投篮和跳起投篮的基础。

(1) 单手肩上投篮

这是现代篮球比赛中运用比较广泛的一种投篮方法，是行进间、跳起、转身单手肩上投篮的基础。它具有出手点高、便于结合其他技术动作和不易防守的优点,能在不同距离和位置上运用。

动作方法:右手持球于肩上(以右手投篮为例),左手扶球的左侧,右臂屈肘,前臂与地面接近垂直,两腿微屈,右脚在前,重心落在两脚上。

投篮时,右臂随腿的蹬伸和腰腹的伸展,抬肘向前上方伸直,用手腕前压的动作使球从食指、中指指端飞出。重心随出球方向上升,脚跟提起。(图2-10)

图 2-10

(2)双手胸前投篮

这是较早的投篮方式,能充分地发挥全身力量,适于远距离投篮。

动作方法:投篮的准备姿势与双手胸前传球的准备姿势基本一样,持球方式也相同,两脚前后或左右开立,两膝微屈,重心落在两脚掌上。

投篮时,两脚蹬地,腰腹伸展,两臂向前上方伸出,两手腕同时外翻,拇指稍用力压球,使球通过拇指、食指、中指指端投出。投球出手时,脚跟提起,腿、腰、臂随出球方向自然伸展。(图2-11)

图 2-11

2. 行进间投篮

这是在快攻或突破防守切入篮下时最常用的投篮方式。根据规定,行进间投篮时,脚步动作的共同点是跨第一步的同时接球,跨第二步跳起在空中投篮出手。

现以右手投篮为例,将动作方法分述如下:

第一步,当球在空中运行时,右脚向跑动方向跨出第一步,同时接球。

第二步,左脚向前上一小步,使小腿前伸,脚跟先着地,上体稍后倾,然后迅速过渡到用前脚掌着地,并蹬地用力起跳。同时,接球的两手臂配合上摆举球上肩,右腿屈膝上提,左脚蹬离地面。腾空后,根据防守者的位置决定采用投篮的方式。落地时,腿要弯屈,以缓冲落地的力量。它有行进间单手肩上投篮和单手低手投篮两种。

(1) 行进间单手肩上投篮

这是比赛中行进到篮下时投篮的一种方法。

动作方法:以右手投篮为例,右脚向前跨步时接球,接着迅速上左脚起跳,举球上肩做好投篮准备。当身体跳到最高点时,用柔和的向上伸臂、压腕动作将球送到碰板点或直接拨球入点。(图 2-12)

图 2-12

(2) 行进间单手低手投篮

这是在快速超越对手后投篮的一种方法。它具有速度快、伸屈距离远和护球好的优点。

动作方法:跨右脚接球,第二步比篮下单手肩上投篮时跨得大,并且是向前上方跳起,同时将球持于胸前。投篮时,右手要充分向球篮的前沿举球,用挺肘和手腕上挑的柔和动作,使球由食指和中指端出去,并向前转入篮圈。

3. 跳起投篮

简称"跳投",它具有突然性强、出球点高和不易防守的优点,可与传球、运球突破等动作结合,可在原地、行进中急停、背对球篮接球后转身等情况下运用。它有原地跳起单手肩上投篮、接球急停跳起投篮和运球急停跳起投篮三种。此处主要介绍原地跳起单手肩上投篮。

动作方法:它的动作方法与原地单手肩上投篮相同,只是跳起在空中完成投篮动作。以右手为例,两脚左右或前后开立,两膝微屈,重心落在两脚间。起跳时,迅速屈膝,脚掌用力蹬地向上起跳,同时双手举球到右肩上方,右手持球,左手扶球的左侧方。当身体接近最高点时,左手离球,右臂向前上方伸展,手腕前屈,食指、中指拨球,通过指端将球投出,落地时屈膝缓冲。

投篮的易犯错误:

1. 持球手法不正确,五指没有自然分开,用手心托球。

2. 肘关节外展,致使上肢各关节运动方向不一致。

3. 投篮时,抬肘、伸臂不够,导致手臂前推,形成的抛物线偏低。

4. 双手投篮时,两手用力不均匀,伸臂不充分。

5. 行进间单手肩上投篮时,第一步过小,第二步又未能缓冲,造成身体前冲,控制球能力差。

6. 跳起投篮时,身体前冲,投篮出手时间过早或过晚,上下肢配合不协调。

投篮的纠正方法:

1. 重复讲解和示范投篮的动作要点,使学生了解投篮动作的基本结构,建立明确的概念。

2. 借助外部条件限制、信号刺激等手段,纠正学生的错误动作。例如,让学生以投篮手臂靠近墙壁做徒手或持球的投篮模仿练习,以纠正肘部外展。用信号刺激,如"抬肘""伸臂""压腕"等词语纠正肘关节过早前伸,伸臂不充分,屈腕、拨指不够,以及球不旋转等错误。用"跨步""二步小""提膝""出手"等语言信号提醒学生跨步接球、出手时机等。

3. 多做徒手练习,使学生体会协调用力和掌握动作节奏。

投篮的练习方法:

1. 原地投篮练习

(1) 正面定点投篮:每人一球,自投自抢,依次练习。

(2) 在离篮3—6米外分别画三个弧线,在每个距离内设五个投篮点,队员两人一组一球,或3—5人一组一球,各组按要求同时开始做原地投篮练习。

2. 移动接球投篮练习

(1) 半场传接球上篮：两人半场传球投篮，互换位置，依次练习。

(2) 连续抢投练习：三人一组两球，一人持球投篮后自抢篮板球，与此同时，另一人移动接第三人传球投篮，第三人传球给第二人后向第二人位置移动，接第一人传球投篮。每个人移动接球投篮后，立即去抢篮板球并传球给手中无球的队员，保持连续性，依次进行练习。(图 2-13)

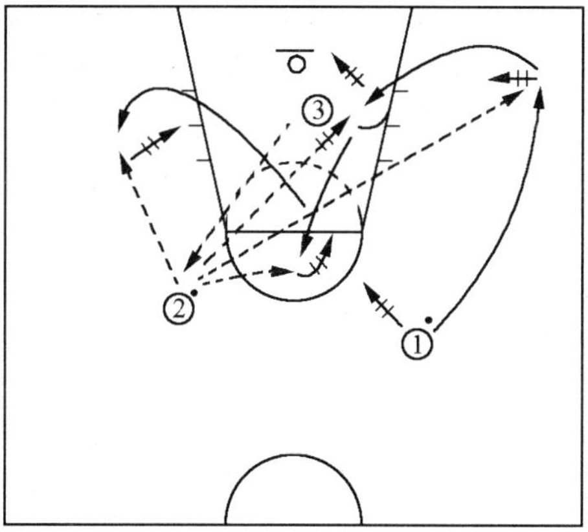

图 2-13

(3) 全场运球投篮：投篮后自抢篮板球运至另一组队尾。

(4) 全场运球、传球、接球投篮：分两组在两端线落位，在中场两边各站一个固定传球队员。练习开始时，两边同时运球并传球给固定传球队员后切入接球投篮，从抢篮板球至另一队排尾，依次练习。(图 2-14)

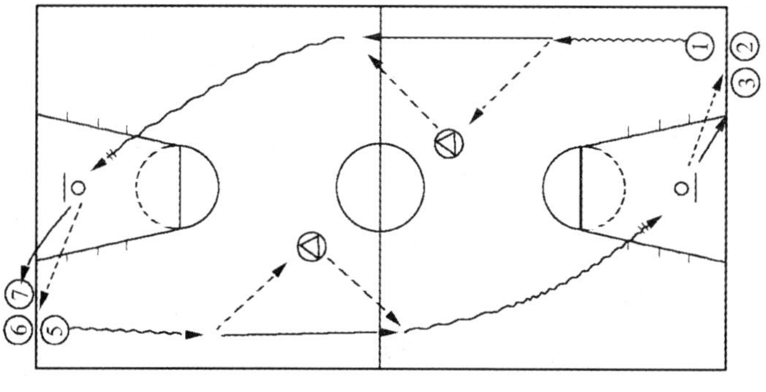

图 2-14

四、运球

运球是指持球队员在原地或移动中，用手连续拍按借助地面反弹起来的球。运球是篮球比赛中个人进攻的重要手段之一，它不仅是个人摆脱防守的方法，而且是组织全队进攻配合的桥梁，对发动快攻、击破、进逼防守都起着较大的作用。合理的运球可以创造有利于进攻的机会，如果滥用运球，则会影响全队进攻和贻误战机。

运球动作一般是脚尖朝着运球方向，两脚前后分立，腿微屈，大腿和地面成约45°角，低运球时可屈得深些，快速高运球时可伸直些。背部稍向前弯屈，头抬起，眼向前看。不运球的手臂平架起，准备“挡”住对手抢、打球。运球手臂的手指自然张开，用手掌接触球（避免手心触球），用手指的前部关节控制球体，用手腕的上拉和下压动作控制球反弹的角度、速度和高低，拍球的落点一般在脚的外侧前方。为了加强对球的感应和控制，手臂应在球从地面弹起的同时，向上摆动，并扩大手指与球接触的面积，好像把球粘在手上一样运球。运球时，重心要下降，以保持平衡，并随时注意保护球。

运球技术的关键，是脚步动作（变向、变速、转身）的熟练程度和手、脚的协调配合，以及控制球和保护球的能力。在原地运球时，手应控制球的正上方。向左、右变向运球时，手要控制球的右、左侧上方。行进间运球时，手要控制球的后侧上方。快速运球前进时，手要控制球的略靠后方，并相应地加大拍球的力量，使球从地面反弹的角度与人跑的速度一致，从而加快运球的速度。为了对付紧逼自己的对手，可采用侧对对手的运球方法。这种方法是以肩关节为轴，上臂发力，带动前臂和指、腕运球的。它的优点是球的落点在身体的侧后方，便于保护球，具有隐蔽性。（图2-15）

图2-15

运球方式很多，根据球的变向，有体前换手变向运球、体前不换手变向运球、背后运球、跨下变向运球等;根据球的变速,有运球急停急起;根据球的高低,有高运球、低运球等。此处主要介绍下面几种运球方法:

1. 高运球

这是在没有防守的情况下,进攻队员加快前场推进的速度或在进攻中调整进攻速度和攻击位置时,采用的一种运球方式。它的特点是速度快,球的反弹高,有利于进攻队员观察场上情况。

动作方法:抬头目视前方,上体稍前倾,以肘关节为轴,用手按拍球的后侧上方,球的落点在身体侧前方,球反弹的高度在腰、胸之间。

2. 低运球

当受到对手紧逼或接近防守队员受到抢阻时,常采用此方法摆脱防守。

动作方法:两腿深屈,降低重心,上体前倾,用上体和腿保护球。同时,手短促地按拍球,使球的反弹高度在膝关节以下,以便控制球和摆脱防守,继续运球。行进间低运球时,拍球的部位在球的后上方或后侧方。

3. 运球急停急起

这是在运球推进时,进攻队员利用速度变化摆脱防守的一种运球方法。

动作方法:运球急停时,利用跨步急停动作,把用手按拍球的前上方,改为暂时的原地运球,用臂和身体保护球;急起时,重心迅速前移,后脚用力蹬地跨出,同时用手按拍球的后上方,推球前进。

4. 体前换手变向运球

这是当对手堵截运球的前进路线时,突然向左或向右改变运球方向,借以摆脱防守的一种运球方法。

动作方法:运球队员从对手右侧突破时,先向对手左侧运球,当对手向左侧移动时,突然用右手按拍球的右侧上方,同时右脚向左前方跨出,用肩、腿、上体挡住对手,接着迅速换左手按拍球的后上方,从对方的右侧运球超越对手。换球时,球要低,动作要快。

5. 运球转身:当对方逼近,不能用直线运球或体前变向运球突破时,常用此方法摆脱、突破防守。

动作方法:以右手运球为例,变向时,左脚前跨一步为中枢脚,置于对手两脚之间,然后右脚用力蹬地后撤,顺势做后转身动作。在转身的同时,右手按拍球的右侧前方,随后转身动作,将球拉向身体的侧后方落地,然后换左手运球,从对手的右侧突破后加速前进。

运球的易犯错误:

1. 运球时低头,不能观察场上情况。
2. 运球时掌心触球或单靠手指拨球。
3. 手、脚、身体配合不协调。

4. 直线高运球时带球跑。

5. 控制不住球。

运球的纠正方法：

1. 反复模仿正确技术。

2. 进行运球的熟悉球性练习。

3. 听信号做各种形式的运球。

4. 设置障碍，进行变向运球练习。

运球的练习方法：

1. 熟悉球性练习

（1）各种绕体传、接球练习，如绕头、腰、腿、膝等做传、接球动作。

（2）原地拍起静止不动的球。

（3）固定手臂运球，主要运用指、腕力量低运球。

2. 原地运球练习

（1）原地做运球模仿练习，体会手、手臂动作。

（2）原地做高、低运球，左右手交替进行。

（3）原地做体前左右手变向运球。

（4）原地做体侧前后推拉运球。

3. 行进间运球练习

（1）全场直线运球：在篮球场底线把学生分三组站位，做直线高、低运球练习。

（2）弧线运球：沿罚球圈和中圈做弧线运球到对面的底线，再沿边线做直线或变速运球。

（3）运球急停急起：在篮球场底线把学生分三组站位，向对面的底线运球，运球时根据所听信号练习急停急起或变速运球。

（4）曲线运球：全场做曲线变向运球。

（5）后转身或背后换手变向运球：在做全场直线运球的过程中，如碰到障碍，则做规定的后转身或背后换手变向运球。

五、持球突破

持球突破是持球队员运用脚步动作和运球技术快速超越对手的一项攻击性很强的技术。在比赛中，持球突破与中投传球结合运用，不但能有效地增强进攻威力，而且能打乱对方的防守部署，为同伴创造良好的投篮时机。

持球突破的方法有原地交叉步突破、原地同侧步突破和跳步急停持球突破。此处仅对原地交叉步突破加以分析。

动作方法：以右脚做中枢脚为例，两脚左右开立，两膝微屈，身体降低，持球于胸前。突破时,先做向左侧突破的假动作,然后左脚迅速跨出,向右前方迈出一大步,上体右转,左肩下压。同时,右手运球迅速超越对手。(图 2-16)

1　　2　　3　　4　　5

图 2-16

持球突破的易犯错误:

1. 突破时,侧身、探肩不够,重心高,后蹬无力,加速不快。

2. 突破时,球的落点靠后,没有放在脚的侧前方,或放球落点不对,被对方队员打掉。

3. 突破时,双脚移动或中枢脚离地过早。

4. 跨步时,身体挺直或远离防守。

持球突破的纠正方法:

1. 反复示范正确动作,讲解动作关键,明确"中枢脚"概念,剖析造成原因,建立正确动作的表象。

2. 多做徒手模仿练习,体会正确的要领,在慢速中做持球突破练习,逐步提高突破速度。

3. 借助障碍架进行练习,并提醒转身探肩和降低重心,强调快速蹬地力量。

持球突破的练习方法:

1. 无防守情况下的练习

(1) 原地徒手或结合做持球突破的各种脚步动作的模仿练习,可在某一口令下集体做。

(2) 每人一球,利用假动作做交叉步、同侧步突破的脚步动作练习,主要体会假动作、蹬跨、转体、探肩、放球、加速几个技术环节的衔接和连贯动作。

(3) 行进间自抛自接,接球后做交叉步、同侧步突破练习。

(4) 原地交叉步和同侧步持球突破上篮，投篮后自抢篮板球，运球到队尾，依次练习。

2. 有防守、对抗情况下的练习

(1) “一攻一守”持球突破练习：两人一组一球，做半场一对一对抗练习。

(2) 半场三对三攻守练习：要求采用人盯人防守，不许换人，进攻队员不许掩护，主要利用投篮和突破结合技术进攻。练习一定次数或成功一定次数后，攻守交换。

六、防守对手

防守对手是防守队员合理运用脚步移动和手臂动作积极抢占有利位置，阻扰和破坏对手的进攻动作，并以争夺控制权为目的的行动。要达到上述目的，防守时必须积极主动、认真负责，把防守姿势、位置站法、脚步移动、手臂动作，以及抢、打、断技术结合起来，加以合理运用，才能更好地完成防守任务。防守对手既是个人防守的技术，又是集体防守的基础。因此，在训练中对防守对手应加以重视，以利于提高个人防守能力，促进集体防守与进攻技术、战术的学习和提高。

防守对手有两种：对无球队员的防守和对有球队员的防守。

(一) 防守无球队员

在比赛中防守无球队员时，往往由于注意球的推进、转移和威胁而放松了自己的对手，给对手造成摆脱空切和轻易接球的机会，使自己处于被动。在比赛的绝大部分时间里，主要是防守不持球队员，对此必须给予充分的重视。

1. 防守无球队员的基本要求

(1) 防止对手摆脱，做到“盯人为主，人球兼顾”(采用人盯人防守时)。

(2) 不让对手在限制区及其附近范围内接球，做到“堵卡抢断”。

(3) 不让对手轻易接球，使其不便衔接下一个进攻动作，做到“内紧外松，近球紧远球松，松紧结合”。

(4) 及时果断地进行协防配合。

2. 防守无球队员的基本方法

(1) 位置的选择：防守队员应该站在对手与球篮之间的内侧位置上，保持与对手有适当的距离和角度，以便能按要求行动。与对手的距离要根据对手与持球队员的距离而定。一般而言，离球近则近，离球远则远，以能控制对手为原则。

(2) 积极的移动：防守时，要随时保持有利的防守位置，就必须有正确的准备姿势，以保证迅速、及时地移动。由于对手不断向不同的方向移动，所以防守队员准备姿势的站法也要随时变换。一般而言，在离球较近处防守时，经常采用面向人侧向球的站法，不让对手摆脱接球；在离球较远处防守时，经常采用侧向人面向球的站法，以便断球或进行协防配合。不论采用哪种站法，都要积极运用撤步、滑步、交叉步、碎步和快跑等脚步移动,跟住对手,堵截其移动路线。为了及时起动,防守队员应以短小的步幅,不停地滑动,以便更快地移动,阻扰对手,使其在不利的位置上移动。

(3) 手臂的配合:在积极移动的同时,必须借助手臂移动配合做伸出、挥臂、上举等动作,以便有效地阻扰对手接球和争取断球。以侧滑步防守为例。(图2-17)

1 2 3 4

图 2-17

(二) 防守有球队员

进攻队员有球时对防守队员来说是有威胁的,因此防守队员必须尽可能地阻扰和影响进攻队员的各种进攻技术的运用。

1. 防守有球队员的基本要求

(1) 要站在对手与球篮之间的有利位置上。

(2) 既要挥举两臂阻封传球,又要积极移动堵截运球突破。

(3) 不要轻易前扑或上跳,以免失去重心。

2. 防守有球队员的基本方法

(1) 位置和距离的选择:当对手接球后,必须迅速调整位置和距离,在占据对手与球篮之间有利位置的基础上,还要与对手保持适当距离。一般而言,离篮远则远,离篮近则近,并根据对手的特点(善投、善突等)、战术的需要而有所调整。

(2) 防守的动作:由于有球队员的特点、意图以及与球篮的距离不同,所以防守有球队员时所采取的动作也有所不同。防守有球队员一般有两种方法:

① 平行防守:两脚取平行站立的防守姿势,两臂侧伸并挥臂。这种防守方法面积大,便于左右滑动,对防守突破比较有利。

② 斜步防守:两脚取前后站立的防守姿势,一臂上伸,另一臂侧伸进行阻扰。这种防守方法便于前后移动,对防投篮比较有利。

不论采用哪种防守方法,都要积极移动,当对手运球或突破时,应阻扰他的移动,迫使他运向边角。当对手做假动作时,不要受其引诱而失去身体平衡。

(3) 合理地运用抢球、打球技术:在防守有球队员的过程中,始终要伺机抢、打对手的球,判断要准确,动作要突然、快速,注意保持身体平衡,以免犯规。

防守的易犯错误：

1. 防守视野太小，不能人球兼顾。

2. 在防守移动法练习中，不能随时保持屈膝、弯腰的基本姿势，重心过高，甚至两腿直立。

3. 在移动中，重心不稳定，影响动作的速度和幅度。

4. 手臂动作运用不当，或手臂动作紧张僵硬，缺乏断球意识。

5. 防守中，脚步移动慢，防守不能及时到位，手脚配合不协调，或对持球者不敢逼近。

6. 下肢和腰腹力量不足，以致动作速度慢、幅度小，在快速和多变的情况下，难以正确使用各种防守移动方法。

防守的纠正方法：

1. 检查、矫正防守姿势和角度，进行有助于扩大视野的基本练习。

2. 每次练习防守移动步法前，反复强调基本姿势的重要性，在练习中，要自始至终保持屈膝、弯腰、降低重心的防守基本姿势。

3. 先纠正单个动作，进而在连续动作及组合练习中达到重心平稳的要求。

4. 强调防守时注意力集中。在组织二对二、三对三的练习时，要求进攻者固定位置传接球，强调防守者随球转移及时调位，做到球到手、人到位，球传出后立即后撤，人球兼顾，增强防守有球和无球队员的转换意识。

5. 讲解、示范正确的动作方法和动作要领，提高脚步的移动速度和灵活性。尤其防运球时，要抢先移动，用身体躯干堵截运球。

6. 加强下肢力量和腰腹力量，提高前脚掌内侧蹬地、碾地、抵地及腰腹用力的技巧，以提高移动的速度和灵活性。

防守的练习方法：

1. 原地做好防守基本姿势，并看手势或其他信号做各种脚步动作练习，如滑步练习等。

2. 原地抢球、打球练习。

3. 体会断球动作：两人传球时，两人在侧面或后面练习断球，体会横断球和纵断球的步法和手臂动作，并进行攻守交换练习。

4. 移动选位练习：防守者要针对对手有球和无球情况，及时移动选位，做出相应的防守动作。

5. 一攻一守脚步移动练习：两人一组，一攻一守，相距2—3米，进攻队员抛接球，防守队员迅速逼近对手，进攻队员向左右运球突破，防守队员做横滑步堵截。防守队员可以逐步接近对手，进攻队员开始做投篮动作，然后突然突破，防守队员做滑步堵截。

6. 全场一攻一守练习：两人一组，一攻一守，进攻队员运球突破，防守队员运用各种防守步法积极移动，保持有利防守位置，并伺机抢、打球。

7. 强侧、弱侧防守练习：进攻队员在外围传球，可做摆脱接球动作，但是不能窜插、掩护；防守队员根据球的位置做相应选位，积极防守摆脱接球。

第三节 基本战术

篮球战术配合是队员合理运用技术与同队队员密切配合的一种形式，其目的是更好地发挥本队的技术和集体力量，以争取比赛的胜利。篮球战术配合有两人、三人的基础配合和四人、五人的阵地配合。

一、进攻基础配合

1. 传切配合

这是指队员之间利用传球和切入技术所组成的简单配合。它包括一传一切和空切两种。

（1）一传一切配合：是指持球队员传球后，利用启动速度或假动作摆脱防守，向篮下切入接回传球投篮的配合。

示例：⑤传球给⑥后，立刻摆脱对手向篮下切入，接⑥的回传球投篮。（图2-18）

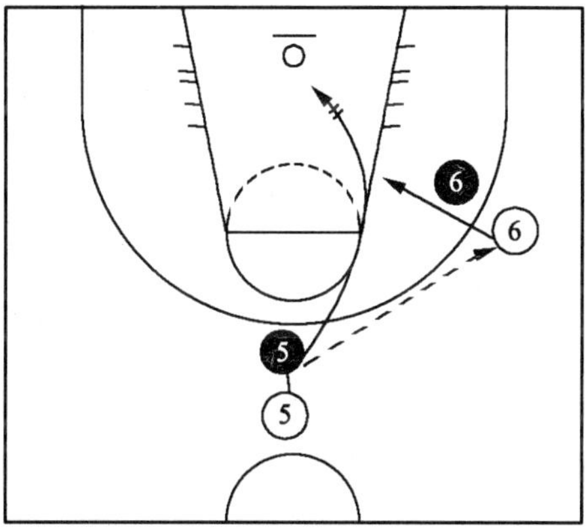

图 2-18

（2）空切配合：是指无球队员掌握时机，摆脱对手，切向防守空隙区域接球投篮或做其他进攻动作的配合。

示例：在④与⑤传球时，⑥乘对手不备之机，突然空切篮下接⑤的传球投篮。（图2-19）

传切配合的要点：必须有一定的配合空间及合理的切入路线；切入队员要抓住防守队员选位不及时或注意力分散的空隙，快速起动，或利用假动作摆脱对手；传球队员动作要隐蔽、及时、准确。

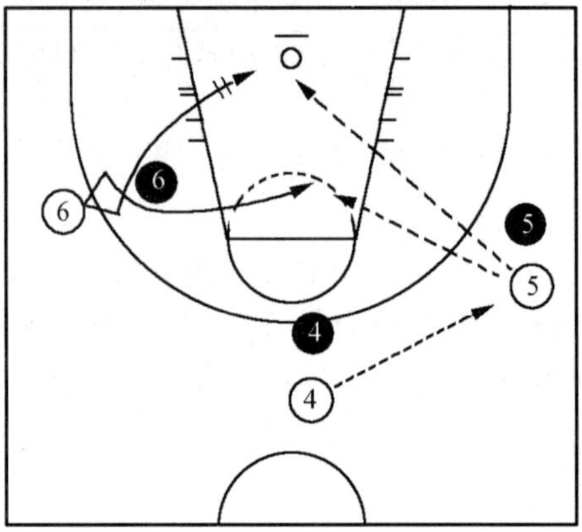

图 2-19

2. 突分配合

这是指持球队员突破对手后，遇到对方的补防或协防时，及时将球传给进攻时机最佳的同伴进行攻击的一种配合方法。当对方采用人盯人防守或区域联防时，运用突分配合，可打乱对方的整体防守部署，压缩防区，给同伴创造最佳的外围投篮或篮下进攻机会。

突分配合的方法：

示例一：④持球从左侧底线突破❹后，遇到❺补防时，及时传球给横切的⑤投篮。（图 2-20）

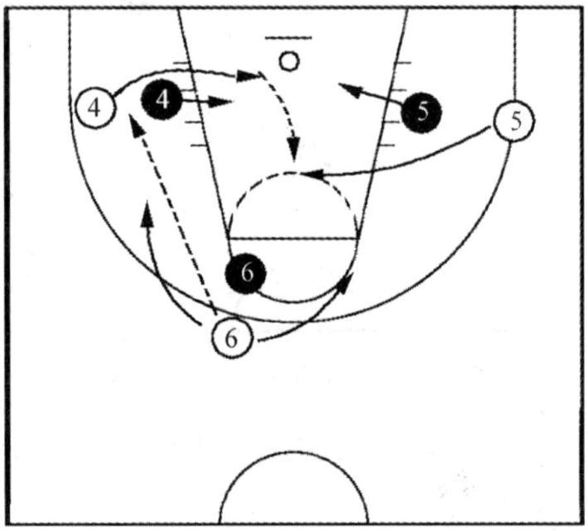

图 2-20

示例二：④持球纵向突破❹，当❺补防时，④及时传球给⑤投篮。（图2-21）

突分配合的要点：队员在突破中动作要快速、突然，在准备投篮的同时，注意观察攻守队员位置的变化，及时、准确地将球传给进攻机会最好的同伴；当持球队员突破后，其他的进攻队员都要摆脱对手，离开原先的位置，切向空隙，准备接

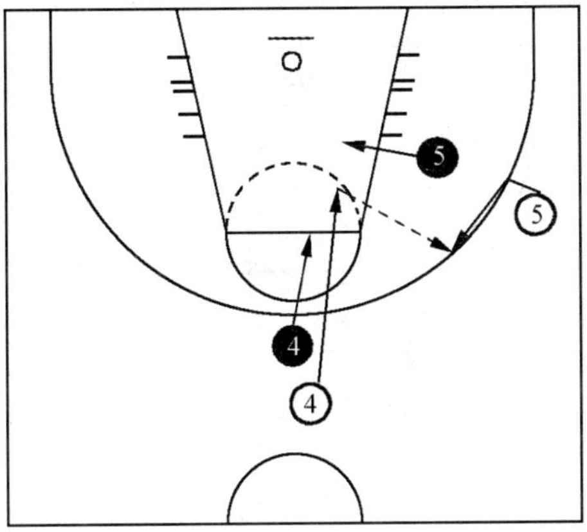

图 2-21

球进攻或抢篮板。

3. 掩护配合

这是指进攻队员选择正确的位置，运用规则限定的合理身体动作挡住同伴的防守者的移动路线，使同伴借以摆脱防守，获得接球投篮或其他进攻机会的一种配合方法。

(1) 前掩护：是指掩护队员站在同伴的防守者身前，用身体挡住防守者的移动路线，使同伴借机接球或投篮的一种配合方法。

(2) 侧掩护：是指掩护队员站在同伴的防守者侧面，挡住防守者的移动路线，使同伴摆脱防守的一种配合方法。

(3) 反掩护：是指持球队员传球后，向相反方向跑动，给另一侧同伴作掩护，使同伴立即切入接球攻击的一种配合方法。

(4) 后掩护：是指掩护队员站在同伴的防守者身后，挡住他的移动路线，使同伴借以摆脱防守的一种配合方法。

掩护配合的要点：掩护时，队员的身体姿势要正确，距离要适当，动作要合理。掩护后做后转身，以便接回传球或抢篮板球；被掩护队员要用假动作配合行动，当同伴到掩护位置时，摆脱对手的行动要及时、突然、快速；掩护时，同伴之间应掌握好配合时机，根据防守变化，组织中投、突破或内线进攻；掩护时，行动意图要隐蔽。

4. 策应配合

这是指进攻队员背对篮或侧对篮接球，以他为枢纽，与同伴配合，形成一种里应外合的配合方法。策应配合通常是身体高大的中锋运用较多。根据不同策应区域和位置，策应可分内策应、外策应、高策应、低策应等，其策应配合方法都基本相似。

示例：⑤传球给④后，向左侧压切，然后以④为枢纽，从右侧绕切，同时策应队员④先做传球给⑤的假动作，然后转身把❺挡在身后，将球传给绕切过来的

⑤,⑤接球后可以投篮、突破或传给策应后下切的④。(图2-22)

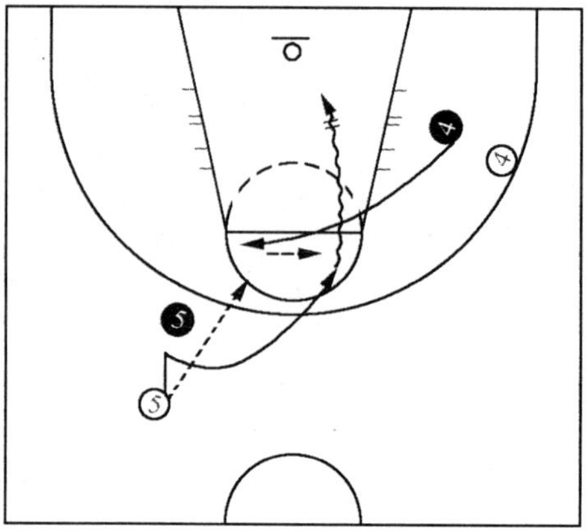

图 2-22

策应配合的要点:策应队员要突然起动摆脱对手,占据有利的策应位置,采用绕步抢前接球动作,接球时两脚开立,两膝弯屈,两肘外展,用身体保护球;要准确判断场上的攻守变化情况,及时将球传给进攻位置最好的同伴后伺机进攻;传球后要转身跟进或抢篮板球;外线的队员传球后,应利用起动速度、绕切弧度或假动作摆脱防守,接到策应队员的传球后应做出投篮、突破、传球的最佳选择。

二、防守基础配合

1. 挤过

这是破坏掩护配合的方法之一,是指在对方进行掩护配合时,迅速向前跨出一步,贴近对手,从两个进攻队员之间挤过去,继续防守自己的对手。

示例:⑤给④做掩护,当⑤接近❹的一刹那,❹抢前横跨一步贴近④,并从④和⑤之间主动侧身挤过去,继续防守④。(图2-23)

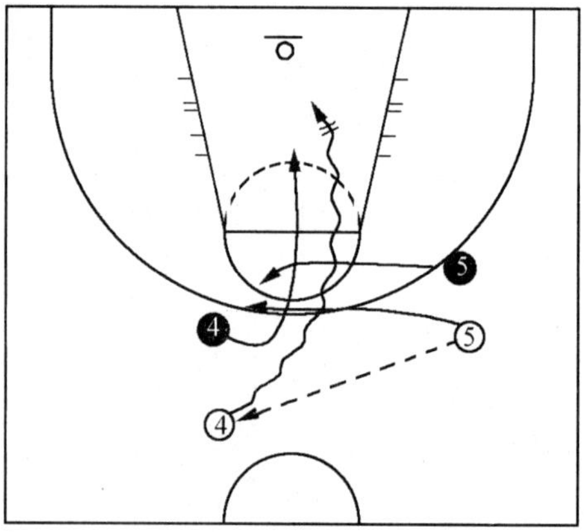

图 2-23

挤过配合的要点：不要过早暴露挤过配合意图，以防止对方反方向切入；在两个进攻队员身体靠近以前，果断抢步贴近对手，要快速侧身抢过；防守掩护者的队员应站在能够兼顾防守两个进攻队员的位置上，及时提醒同伴对方的掩护意图，作好可能换防的准备。

2．交换配合

这是指为了破坏进攻者的掩护配合，被掩护的队员及防守掩护者的队员及时交换自己所防守的对手的一种配合。

示例：⑤将球传给④，同时给④作掩护，④运球突破。❺发出交换防守信号后，立即防守④，❹随之后撤调整位置，堵住⑤的切入，并准备抢断④的传球。（图 2-24）

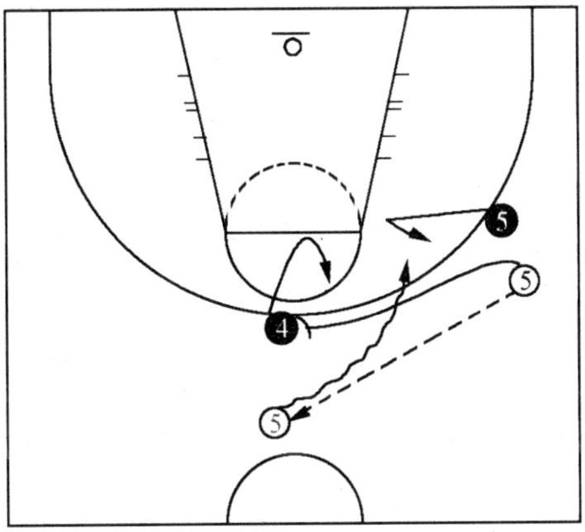

图 2-24

交换配合的要点：防守掩护者的队员应及时发出信号，提醒同伴相互换防，堵截进攻队员的攻击路线；防守被掩护者的队员应及时撤步，在掩护队员转身切入前抢占有利的防守位置。

3．“关门”配合

这是指临近的两个防守队员对突破队员采用“关门”的形式，进行协同防守的配合方法。

示例：④持球突破时，❺抢先移动向❹靠拢并“关门”，不给突破队员留有空隙。当突破队员分球时，❺快速回防自己的对手。（图 2-25）

“关门”配合的要点：防突破的队员应及时向侧后方滑步卡位，堵住进攻队员的突破路线；临近突破一侧的防守队员应快速向同伴靠拢，进行“关门”配合，同时根据持球队员的停球和传球，决定围堵和回防；“关门”配合时，防守队员要两肩靠紧，微屈膝，含胸，两臂自然上举或侧举，发生身体接触时要用暗劲，以免受伤。

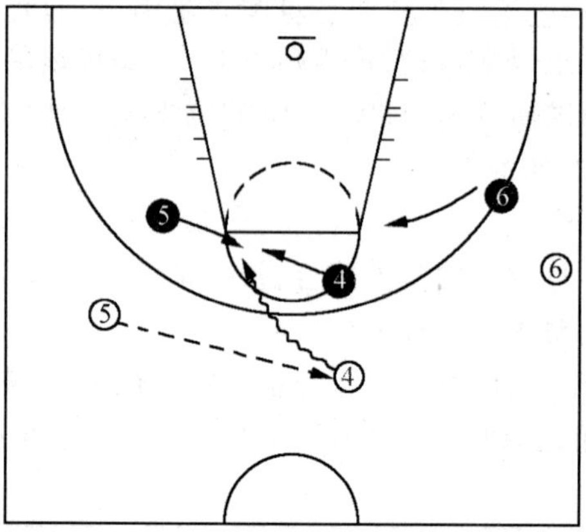

图 2-25

三、快攻战术的基础配合

快攻是由防守转入进攻时，以最快的速度、最短的时间将球推至前场，在对方立足未稳的时候，以多打少，投篮得分的进攻战术。

1. 长传快攻

这是指队员在后场获球后，用一次或两次传球，将球传给快速向对方篮下移动的同伴投篮的一种配合。其特点是突然性强，速度快，成功率高，对方不便防守。它由快攻的发动和结束两个阶段组成。

示例：⑤抢到篮板球后，④和⑥快下，⑤根据情况，长传球给④或⑥进行投篮，⑤传球后跟进。（图 2-26）

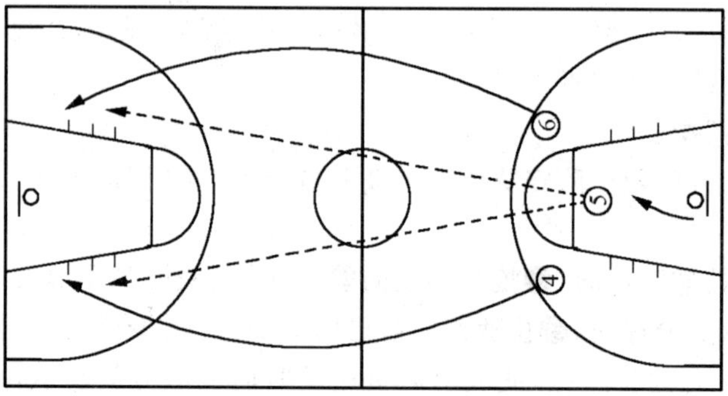

图 2-26

2. 短球快攻

这是指队员在后场获球后，利用快速的短距离传球，运球推进到前场进行攻击的一种配合。其特点是灵活多变，层次清晰，容易成功。它由发动、接应、推进、结束四个阶段组成。

示例:⑤抢到篮板球后,将球传给摆脱防守的④,④再将球传给摆脱防守的⑥,⑥沿边线直前插,⑤中路跟进,⑥可以根据情况将球传给跟进④或⑤投篮,也可突破上篮。(图 2-27)

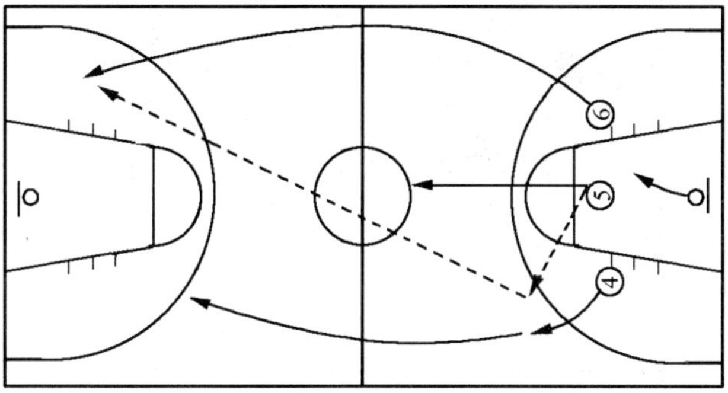

图 2-27

快攻发动通常用于以下情况:抢到后场篮板球;掷界外球;抢、断球;后场跳球。

快攻的基本要求:全队要有强烈的整体快速反击意识,不放过任何依次发动快攻的机会;获球后要迅速有组织、有阵型、有层次地合理分散;发动、接应、阵型分散快下和跟进的整体行动要保持纵深队形,扩大攻击范围,增加攻击点;在整个快攻过程中,个人和整体行动都要避免延误时机,尽量缩短推进的时间;动作要果断、快速、隐蔽,不要降低速度,要果断投篮和抢进攻篮板球,减少限制区的不必要传球;树立勇猛顽强、敢打敢拼的作风;在展开快攻反击的过程中,要善于把握和调整进攻的节奏,以免盲目,同时要重视由攻转守的部署。

防守快攻是防守中的重要环节,当对方在防守中获球后,应首先封堵第一传,使其受阻,接应困难;同时,借机及时组织全队防守,紧防快下的队员;进攻转防守后,后卫队员要快退,积极选位,切断其长传路线;以少防多,提高一防二、二防三的能力。

四、半场人盯人防守与进攻半场人盯人防守

1. 半场人盯人防守

这是指进攻转入防守时,全队迅速退回后场,进行人盯人防守的战术。这种防守方法分工明确,任务具体,有一定的攻击力,在比赛中运用较普遍。半场人盯人防守按防守范围分为半场缩小人盯人防守(松动)和半场扩大人盯人防守(紧逼)。

示例：⑥持球，❻紧逼⑥，❼内侧侧前防守⑦，❹紧逼防守④，❽回缩篮下，防⑥的高吊球及⑧的横切等，❺适当向内收缩。（图 2-28）

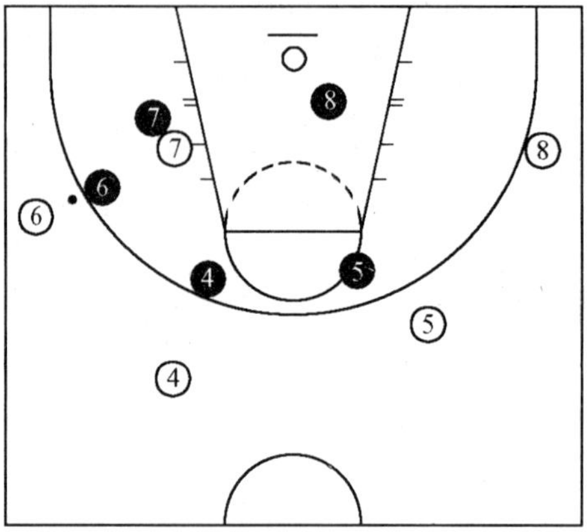

图 2-28

半场人盯人防守的基本要点：现代型防守要贯彻以防人为主的防守原则，对持球队员必须采用平步贴身紧逼防守姿势，扩大防守面积，积极拼抢，不给对方轻易投篮、突破和传球的机会，一旦被对手突破，必须追防；对徒手队员要错位防守，做到人、球、区兼顾，重在敢于对抗，堵截其向球反移动和空切篮下的路线，破坏其与有球队员和其他无球队员的任何配合行动，不让其有任何获得球的机会；在防守选位时，要做到"人动我动，球动我动"，在严密控制对手的基础上，随时准备协防、补防、断球以及防掩护等，充分体现防守的主动性和攻击性；防守分工时，通常以跳球时的站位分工，也可按照强对强、弱对弱、高对高、矮对矮的方法分工，无论怎样，都要强调防守的整体性。

2. 进攻半场人盯人防守

这是根据半场人盯人防守的战术特点，合理运用各种传切、突分、掩护、策应等基础配合所组成的全队进攻战术。它是进攻战术体系中最常用、最重要的战术之一。

示例：④传球给⑤，⑤传球给⑥，④传球后向左跨步做假动作，然后变向经中锋⑦身前向右切入，接⑥的传球投篮，⑦在④切入后，沿④身后横插至右侧罚球线，准备接⑥的传球投篮。（图 2-29）

进攻半场人盯人防守的要求：首先要根据攻守两方队员的身体、技术水平，选择进攻的战术配合；在配合时，要内外结合、左右结合，积极跑动、积极穿插、积极掩护，并注意攻守平衡、点面结合、内外结合，强调进攻中的灵活性和机动性；进攻中，要抓住对方防守的薄弱环节，实施强攻。

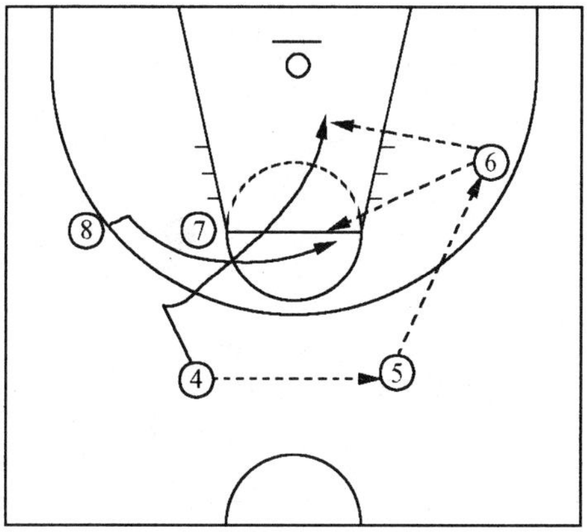

图 2-29

五、区域联防与进攻区域联防

1．区域联防

这是由攻转守时，防守队员迅速退回后场，按每个队员防守一个区域有机联系起来的一种集体防守形式。区域联防的形式是根据队员落位队形决定的，一般运用较多的是“2-1-2”“2-3”“3-2”“1-3-1”和混合防守。各种区域联防对协同防守篮下有组织的争投篮板球、及时发动快攻等，都是较为有利的，同时也都有其薄弱区域。这里主要介绍“2-1-2”区域联防，因为它是联防的基本形式。这种防守形式也有其薄弱区域，图 2-30 中的黑线区为联防共管区，也是联防薄弱区。

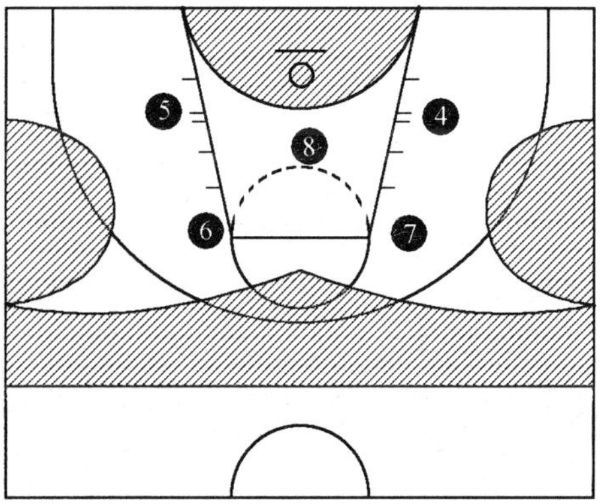

图 2-30

（1）球在外围弧顶

示例：❺上前防守持球队员④，❹和❼分别防守⑦和⑥，并随时准备与❺做“关门”配合或抢断④的传球。❻防守⑤，❽错位防守⑧，严防其接球。（图 2-31）

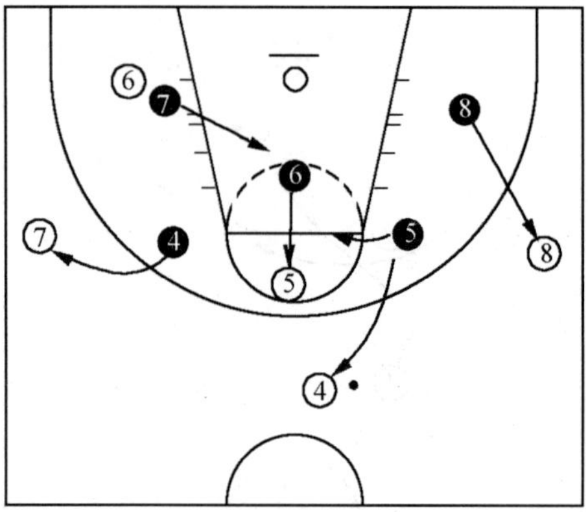

图 2-31

（2）球在两侧

示例:❹防守持球队员⑦,❽侧前防守⑧,❼回撤篮下防高吊球和堵截⑥的空切,❻防⑤接球和纵切,❺移至弧顶协防中锋⑤。(图 2-32)

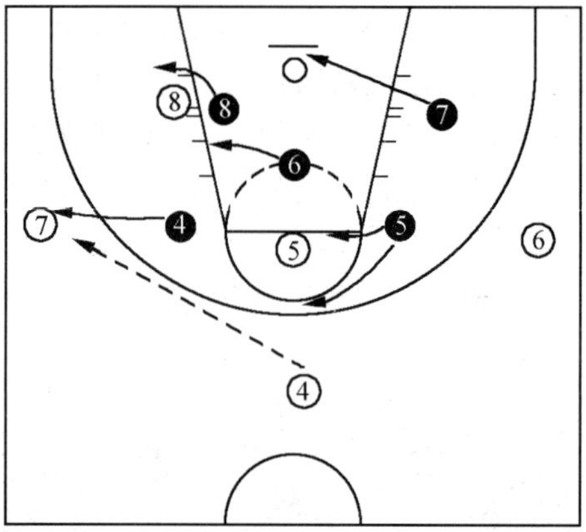

图 2-32

（3）球在底角

示例:当⑥在底角停球时,❺❼对其夹击,❹防堵⑤向篮下空切,❽保护篮下防守⑧横切,❻准备⑦⑧横切策应和保护篮下,准备抢断⑥的传球。(图 2-33)

区域联防的要点:由攻转守时,封一传,堵接应,争取时间迅速退回后场,站好区域联防阵型;根据区域联防的特点和队员的身体、技术特长,合理地分配防区;应把移动速度快的队员放在外线防守,把身体高大、补防能力强、善抢篮板球的队员分配在内线防守;防守持球队员时,要按照人盯人防守的原则,积极干扰和破坏对方的投篮、传球、运球和突破;对无球区域的防守也要贯彻以防人为主和"球、区"兼顾的要求,当徒手队员通过溜底线、背插、纵切等方

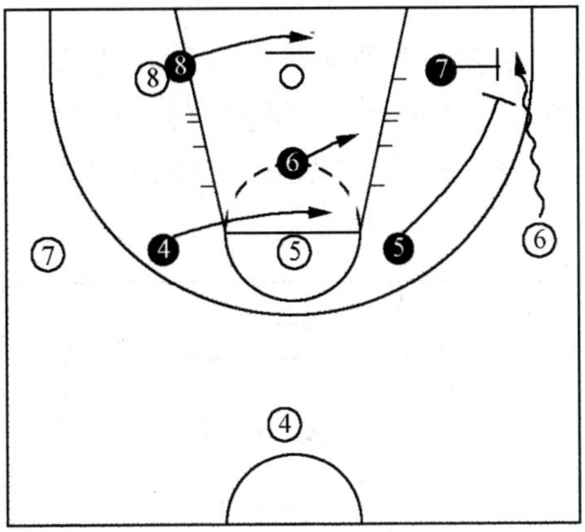

图 2-33

式进入自己的防区时，要先卡位，堵防第一接球点，然后将球护送出自己的防区，交给同伴防守；防守中，要随时准备协助同伴进行“关门”、“夹击”、“补防”等配合，特别对篮下攻击能力较强的内线队员必须进行围守；要根据对方的进攻变化，随时准备调整防守阵型。

2. 进攻区域联防

这是针对区域联防的阵型和变化特点，结合本队的实际情况，组织相应的落位阵型，有目的地通过传球及队员的穿插，破坏对方的整体防御部署，创造良好的内外线进攻机会的阵地战术。常用的落位阵型有“1-2-2”阵型、“1-3-1”阵型、“2-1-2”阵型、“2-3”阵型等。此处主要介绍“1-3-1”阵型落位。

(1)“1-3-1”阵型落位特点

队员分布面广，④⑤⑥⑦都占据防守的薄弱区域，攻击点多，内外结合，在局部形成二对一、三对二的局面，有利于组织抢篮板球，保持攻守平衡。(图 2-34)

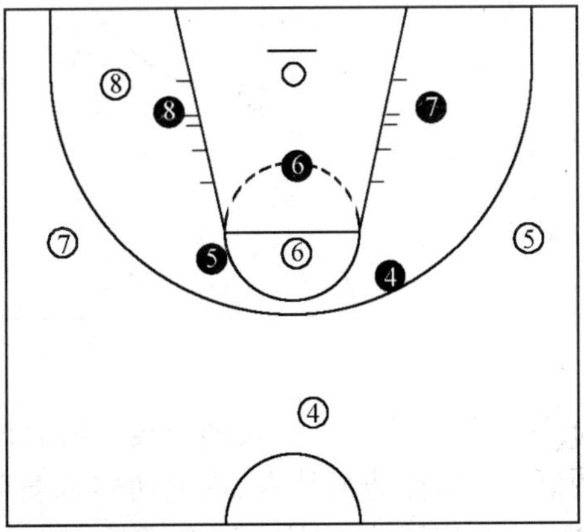

图 2-34

（2）“1-3-1”进攻方法

① 组织背插、溜底线进攻：外线队员④⑤⑦在传球过程中，调动防守，组织中、远距离投篮，迫使对方扩大防区。如果没有机会，当⑤接球时，⑦背插至右侧底角，接⑤的传球后，可传给⑥或⑧，也可远投或回传给⑤重新组织进攻。（图2-35）

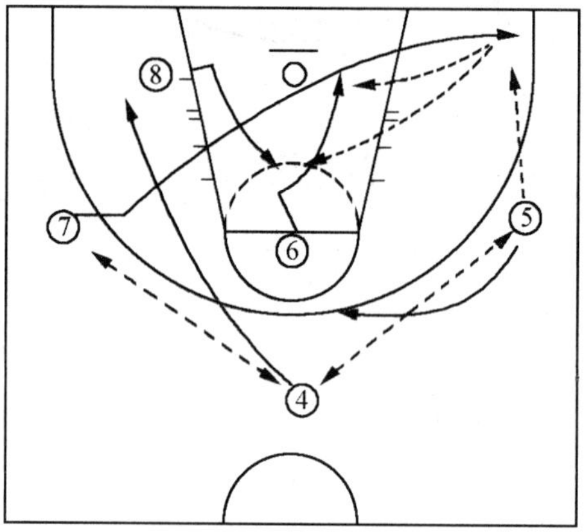

图 2-35

② 组织中锋策应进攻：外围队员将球传给中锋⑥，⑥接球后，除个人攻击外，有三个攻击点，第一点传给横切队员⑧，第二点传给空切篮下队员⑦，第三点传给后卫队员④，在策应中也可个人进攻。（图 2-36）

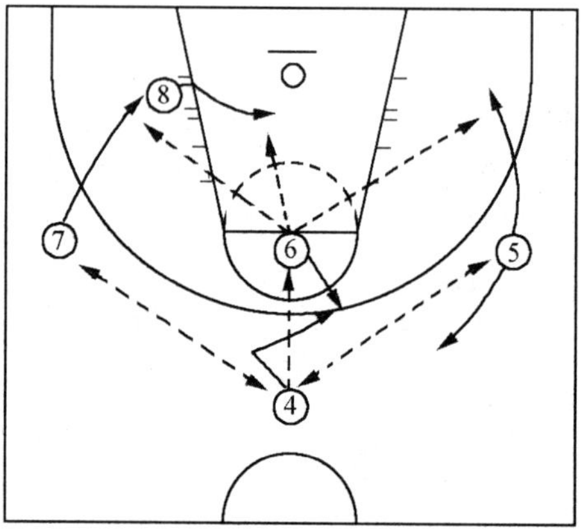

图 2-36

进攻区域联防的基本要求：提高守转攻的速度，在防守阵型尚未形成以前，抓住战机，发动快攻；根据区域联防的特点，占据防守薄弱区域，快速转移球，并频繁穿插，以调动防守，使防守顾此失彼，从而创造以多打少和连续进攻的机会；

组织中、远距离投篮，使对方扩大防区，给内线队员以进攻机会；运用策应、溜底线、背插、掩护、突分等配合破坏防守整体布局，创造投篮机会；积极组织拼抢前场篮板球，争取补篮或二次进攻；保持攻守平衡，随时准备退守。

第四节　篮球竞赛主要规则简介

篮球竞赛规则是篮球比赛的法律性文件，运动员和裁判员在场上都是依据它进行比赛和工作的。掌握规则与裁判法，裁判员可提高临场裁判水准，让运动员充分发挥技术水平，使比赛顺利进行，从而搞好群众篮球竞赛活动。下面简单介绍一下篮球规则。

每场篮球比赛由两个队参加，每队出场 5 名队员。每队的目标是使球进入对方球篮得分，并阻止对方获得球或得分。队员可将球向任何方向传、投、拍、滚或运，但是要受下列规则的限制：

1. 比赛场地、器材、时间

（1）球场尺寸

球场是一个长方形的坚实平面，无障碍物。国际篮联主要的正式比赛的球场尺寸为：长 28 米，宽 15 米，3 分投篮区半径为 6.75 米，球场的丈量是从界线的内沿量起。线条要用相同颜色画出，宽度为 0.05 米，清晰可辨。球场长边的界线叫边线，短边的界线叫端线。从边线的中点画一平行于端线的线叫中线，中线要向两侧边线外各延长 0.15 米。（图 2-37）

（2）罚球线、限制区和罚球区

罚球线要与端线平行，端线内沿到它的最外沿应是 5.80 米。其长度是 3.60 米，它的中点必须落在连接两条端线中点的假想线上。

限制区应是画在比赛场地上的一个长方形区域，它由端线、延长的罚球线和起自端线（外沿距离端线中点 2.45 米）终于延长的罚球线外沿的线所限定。除了端线外，这些线都是限制区的一部分。

罚球区两旁的位置区供队员在罚球时使用。画法如下：

第一条线距离端线内沿 1.75 米，沿罚球区两侧边线丈量。第一位置区的宽度为 0.85 米，并且与中立区域的始端相接。中立区域的宽度为 0.40 米，并且用和其他线条相同的颜色涂实。第二位置区与中立区域相邻，宽度为 0.85 米。第三位置区与第二位置区相邻，宽度为 0.95 米 。所有用来画这些位置区的线条，其长度为 0.10 米，并垂直于罚球区边线的外侧。（图 2-38）

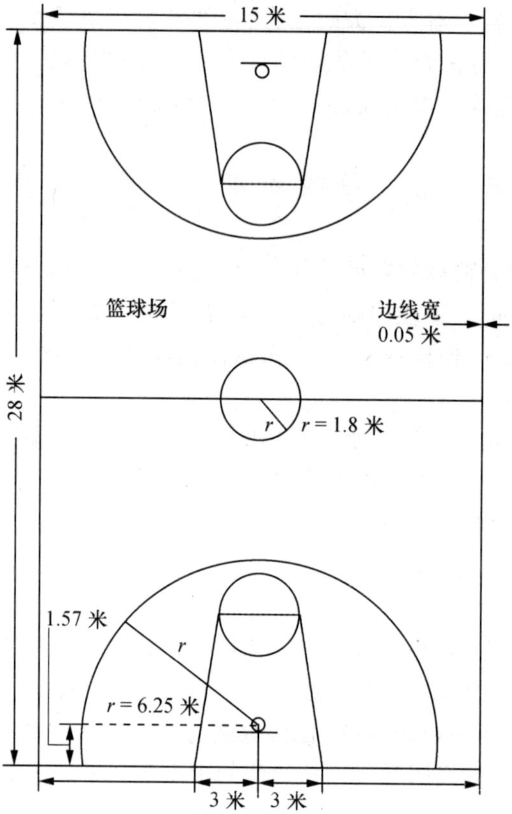
15 米
28 米
篮球场
边线宽
0.05 米
r
r = 1.8 米
1.57 米
r
r = 6.25 米
3 米
3 米

图 2-37

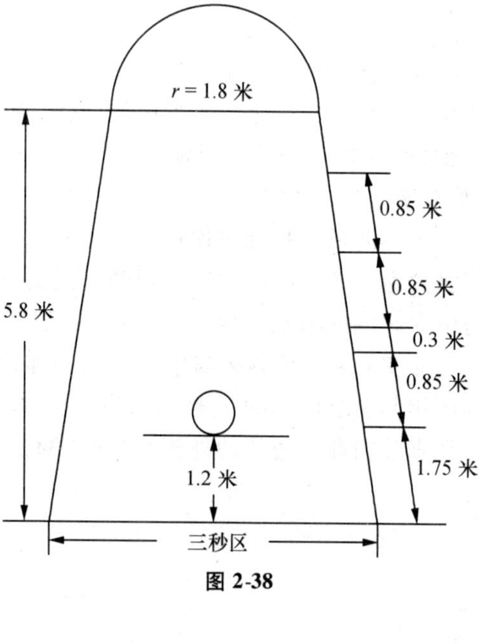
r = 1.8 米
5.8 米
0.85 米
0.85 米
0.3 米
0.85 米
1.75 米
1.2 米
三秒区

图 2-38

（3）篮板、篮架与球篮

篮板厚度是 0.03 米，横宽 1.80 米，竖高 1.05 米（图 2-39）。篮板下沿距地面 2.90 米。球篮包括篮圈和篮网。篮圈由实心铁制成，内径为 0.45 米，圈条的直径最小为 0.017 米，最大为 0.020 米，它们要牢固地安装在篮板上。篮圈顶面要成水平，离地板 3.05 米，与篮板两垂直边的距离相等。篮板面距篮圈内沿的最近点是 0.15 米。篮网用白色的细绳结成，悬挂在篮圈上，它的结构要能够使球穿过球篮时有暂时的停顿。网长不短于 0.40 米，不长于 0.45 米。（图 2-40）

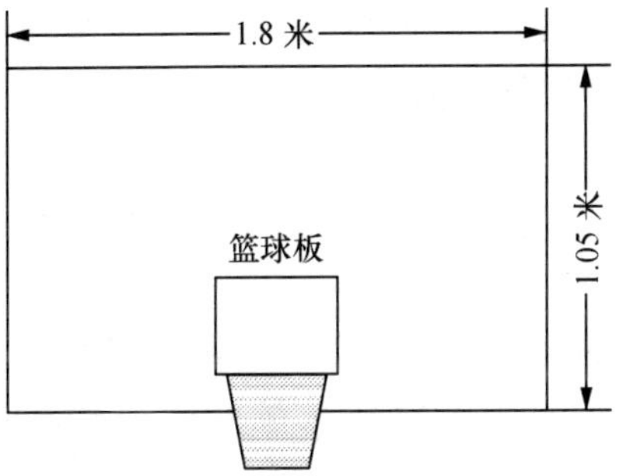

图 2-39

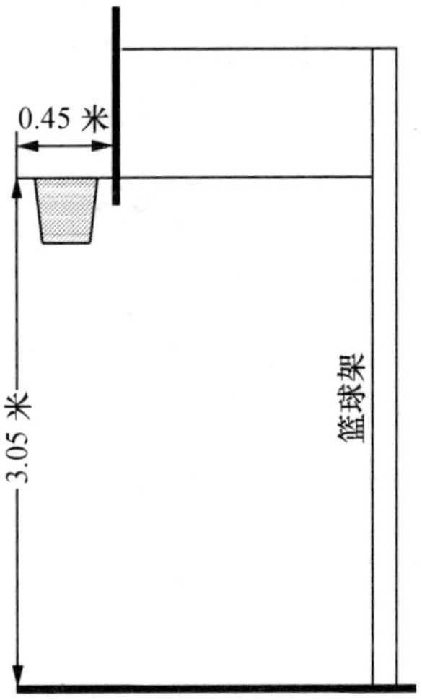

图 2-40

（4）球的材料、尺寸和重量

球是圆形的，为认可的暗橙色；外壳用皮、橡胶或合成物质制成；圆周不得小于 0.749 米（74.9 厘米），不得大于 0.780 米（78 厘米）；重量不得少于 567 克，不得多于 650 克；充气后，使球从 1.80 米的高度（从球的底部量起）落到球场的地面上，反弹起来的高度不得低于 1.20 米，也不得高于 1.40 米（从球的顶部量起）；球面的接缝或槽的宽度不得超过 0.00635 米（6.35 毫米）。

（5）专用器材

下列专用器材是供裁判员及其助理人员使用的：比赛计时钟和计秒表、30 秒钟装置、独立的信号器材、记录板、记录表、队员犯规次数标志牌、全队犯规标志、全队犯规指示器等等。

（6）比赛时间

比赛可分成四节，每节 10 分钟。第一和第二节、第三和第四节中间的休息时间分别为 2 分钟，半时间的休息时间为 15 分钟。

下列情况下，要开动比赛计时钟：

① 跳球中,球抛到最高点后被跳球队员合法地拍击时;

② 罚球未成功,继续比赛,当球触及场上队员时;

③ 掷界外球后,当球触及场上队员时。

下列情况下,要停止比赛计时钟:

① 在半时或一节结束的时间终了时;

② 当裁判员鸣哨时;

③ 当24秒钟信号发出时;

④ 当投篮得分,对方球队按规则请求了暂停时;

⑤ 在最末一节最后2分钟中篮得分时。

2. 时间规则上的违例

(1) 3秒违例

某队在场上控制球并且比赛计时钟正在走动时,该队队员不得在对方的限制区内持续停留超过3秒,超过3秒为违例。限制区内各线都属于限制区的一部分,队员脚踩限制区任何一线都算位于限制区内。

(2) 5秒违例

① 场上队员持球被严密防守(在正常的一步之内),在5秒内没有传、投、滚或运球;

② 掷界外球超过5秒,时间从掷界外球队员可处理球时起到球离手止;

③ 罚球超过5秒,时间从裁判员将球置于罚球队员可处理时起到球出手止。

(3) 8秒违例

当一名队员在后场获得控制球时,该队员必须在8秒内使球进入前场,包括球触及前场的地面或位于前场的队员,超过8秒为违例。

(4) 24秒违例

当队员在场上控制活球时,该队必须在24秒内投篮,超过24秒为违例。如球出界或由于控制球队一方的原因中断比赛,24秒应连续计算;如因对方拳击球、脚踢球违例或犯规,或由于对方的原因中断比赛,24秒应重新计算。

3. 几种常见违例

(1) 非法运球违例

队员控制球后将球掷、拍、滚或运在地面上,并在球触及另一队员之前再触及球为运球开始。每次运球必须使球与地面接触。运球后,队员用双手同时触及球或使球在一手或两手中停留的瞬间运球即完毕。队员第一次运球结束后不得再次运球,如果再次运球,即两次运球,就是非法运球违例。

(2) 带球走违例

这是指持球队员中枢脚移动。因此,确定中枢脚是判定是否带球走违例的关键。中枢脚是指只能以脚与地面的接触点旋转而不能移动的脚。队员静立或双脚同时着地,可选择任一脚作为中枢脚,一脚抬起后的刹那,另一脚就成了中枢脚。队员移动中接球,两脚分先后着地,则先着地的脚为中枢脚。队员在移动或运球中,如果一脚着地的同时接球,一旦另一只脚触及地面,则原先那只脚成为中枢脚;或者他可以跳起那只脚并双脚同时着地,则哪只脚都不是中枢脚。在传球或投篮过程中,队员一脚或双脚都可以抬起,但是在球离手前不可落回地面,否则为违例;在运球开始时,球离手前哪只脚都不可以抬起,否则为违例。

(3) 球回后场违例

某队在前场控制活球时,该队的队员不得使球回后场。如果控制球队的队员在前场接触了球而使球进入后场,该队的队员在后场又首先接触了球,即为球回后场违例。

(4) 干扰球违例

投篮的球在飞行中下落完全在篮圈水平之上时,攻守双方队员不可以触及球;投篮过程中,当球碰击篮板后完全在篮圈水平面之上时,也不可以触及球,否则为违例。但是,在球触及篮圈或明显不会触及篮圈时除外。

(5) 球出界与掷界外球违例

① 当球触及界线、界线外的地面、人员、物体、篮板的支柱或背面及天花板时,为球出界违例。在球出界前最后触及球或被球触及的队员是使球出界的队员。

② 掷界外球的队员发生下例情况为违例:

a. 球离手前的时间超过5秒。

b. 球离手前或离手时脚踏场地。

c. 掷球时,从裁判员指定的地点沿界线移动超过正常的一步。

d. 在球触及另一队员前在场内触及球。

e. 在球触及场内队员前又出界。

f. 掷球越过篮板传给场上另一队员。

g. 掷球离手后,球停留在篮圈支架上或进入球篮。

(6) 踢球与拳击球违例

篮球运动是用手打球,凡是用拳击球或故意用膝、膝下的任何部位击球或拦阻球,则为违例。脚或腿偶然地接触球不属违例。

4. 几种常见侵人犯规

(1) 侵人犯规

队员与对方某个队员有非法的身体接触,无论此时的球是活球还是死球,均为侵人犯规。

① 阻挡:是阻止持球或不持球的对方队员行进的非法身体接触。

② 撞人:是持球或不持球队员推动或移动到对方队员躯干上的身体接触。

③ 背后非法防守:是防守队员从对方队员的背后与其发生的身体接触。仅有防守队员正试图去抢球的事实,不能证明从背后与对方队员发生接触是正当的。

④ 拉人:是干扰对方队员移动自由的身体接触。

⑤ 非法掩护:是非法试图拖延或阻止不控制球的对方队员在赛场上到达所希望的位置。

⑥ 非法用手:是发生在防守队员处于防守状态,手放在持球或不持球的对方队员身上并保持接触,以阻止其行进。

⑦ 推人:是队员用身体的任何部位强行移动或试图移动已控制或未控制球的对方队员时发生的身体接触。

(2) 罚则

① 在所有的情况下,应对违犯者登记一次,由非犯规的球队在最靠近违犯的地点掷界外球,重新开始比赛。

② 如果对正在做投篮动作的队员发生犯规,投篮成功应记得分,并判给 1 次罚球;从 2 分或 3 分投篮区域的投篮不成功,应分别判给 2 次或 3 次罚球。

(3) 垂直原则

在篮球场上,每一位队员都有权占据没有被对方占据的任何场上位置(圆柱体)。这个原则可保护队员所占据的地面空间和他在此空间内垂直跳起时的上方空间。一旦队员离开他的垂直位置(圆柱体)并与已经建立了自己垂直位置(圆柱体)的对方队员发生身体接触,则由离开垂直位置的队员对此接触负责。防守队员垂直地离开地面(不超出他的圆柱体)或在圆柱体内全面伸展他的双手和双臂,则不应判罚。无论是在地面上还是在空中的进攻队员,都不得用他的手臂为自己创造额外的空间,或在投篮时、刚投篮之后伸展他的双脚或双臂,与处于合法防守位置的防守队员发生接触。贯彻垂直原则能避免侵人犯规。

5. 裁判员的手势

(1) 得分手势

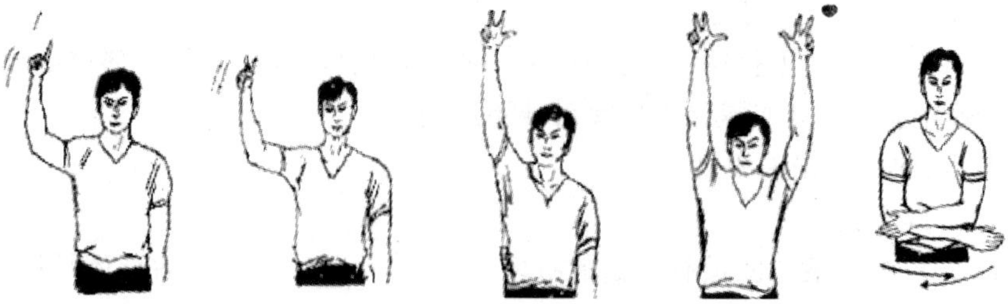

1分　　2分　　3分试投　　3分　　取消

（2）有关计时钟

计时开始

犯规停表

违例停表

24秒复位

（3）管理手势

替换

招呼入场

暂停

相互联系

（4）违例类型手势

带球走

两次运球

携带球

3秒违例

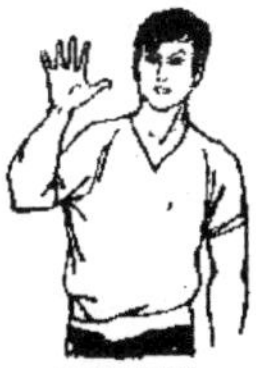

5秒违例

8秒违例

24秒违例

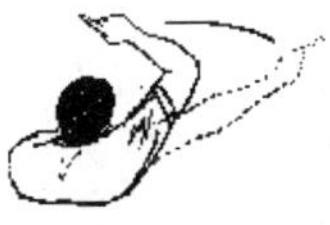

球回后场

故意踢球

球出界和
进攻方向

跳球

（5）犯规类型手势

非法用手

阻挡

过分挥肘

拉人

拉人或徒手撞人

带球撞人

控制球队犯规

双方犯规

技术犯规

违反体育道德的犯规

取消比赛资格的犯规

第三章　排　　球

第一节　概　　述

排球运动是两队对抗，在间隔一网的场地上用手击球过网以决胜负的一项球类运动。它像其他球类运动项目一样，能发展身体素质，提高中枢神经系统和内脏各器官的机能，增进健康，培养勇敢顽强、机智灵活、吃苦耐劳等集体主义精神，因此是广大群众和青少年所喜爱的运动项目。其特点是具有广泛的群众性、高度的技巧性及协同配合的集体性，还可促使机体各部分的全面发展。现在排球又分支出“沙滩排球”和“软式排球”这两项集健身、休闲、竞技于一体的体育运动项目。

排球运动1895年起源于美国。美国马萨诸塞州霍利奥克市基督教青年会体育干事威廉·摩根创造了排球游戏。1896年，斯普林菲尔德市立学院的艾·特哈尔斯戴特博士将此游戏定名为“volleyball”，即“空中飞球”之意。20世纪初，排球在美洲、亚洲和欧洲得到流传和普及。1947年，国际排球联合会在巴黎成立，并统一了规则，排球运动随之成为一项世界性的运动项目。随着国际交往的增加，进入50年代后，排球运动的技战术水平得到了迅速提高，并逐步形成了以快速多变为主的亚洲型和以高打强攻为主的欧洲型两种不同风格的打法。当前，这两种打法正不断取长补短，趋于相互糅合、结合运用，技术也更趋全面化。

我国排球运动在新中国成立后得到了迅速发展，技战术水平有了迅速提高。1965年，我国创造了“盖帽式”拦网、“平拉开快球”扣球以及“前飞”和“背飞”等新技术，逐步形成了快速、灵活、多变、全面的技战术风格，跨入了世界先进行列。进入80年代，我国女子排球队先后获得1981年第3届世界杯赛、1982年第9届世界锦标赛、1984年第23届奥运会排球赛、1985年第4届世界杯赛和1986年第10届世界锦标赛共五次世界冠军，创造了“五连冠”的奇迹，实现了中国排球运动的腾飞，为祖国赢得了荣誉，也为世界排球运动的发展作出了贡献，在世界排球史上留下了光辉的一页。

第二节　基本技术与练习方法

排球技术是指在规则允许的条件下，运动员在比赛中所采取的各种合理的击球动作。它是组织与实施战术的前提和基础。排球技术可分为准备姿势和移动、发球、垫球、传球、扣球、拦网六种。

一、准备姿势和移动

（一）准备姿势

在排球比赛中，由于来球的情况千变万化，随时都要准备做各种不同的动作，因此必须始终保持正确的准备姿势，以便接好来球。它是排球基本技术的基础。

准备姿势按重心的高低可分为稍蹲、半蹲和全蹲三种。其中，半蹲运用得较多。其动作要领是：两脚左右开立比肩宽，一脚在前（左半场的队员左脚在前，右半场的队员右脚在前），两脚尖适当内收，脚跟稍提起，膝的垂直线应在脚尖前面；两臂放松，自然弯屈，双手置于腹前；两眼注视来球，两脚始终保持微动状态。

（二）移动

移动是排球比赛中，队员为了能迅速地接近球，并与球保持合理的位置，以便完成各种击球动作而采用的各种脚步动作的统称。它也是排球基本技术的基础。常用的步法有：

（1）滑步：一脚先向前或向侧方跨出，另一脚迅速跟上。

（2）跨步：一脚支撑并蹬地，另一脚向前或向侧方跨出一大步，随之前腿膝部深蹲，上体前倾，重心移到跨出的脚上，臀部下降，后腿自然伸直或随重心前移而跟着上步。

（3）跨跳步：重心下降，成全蹲姿势，当球离身体 3 米左右时，两脚用力蹬地向前跳出，同时两臂迅速摆动，带动身体更快、更远地跳出迎球。

（4）交叉步：向某一侧移动时，同侧脚支撑并蹬地，另一脚迅速向侧方交叉跨出，同侧脚随即移动跟上。

（5）跑步：来球较远时，采用跑步，球在侧方或后方时，应注意边跑边转身。

（三）练习方法

（1）听口令做移动或看手势连续向各个方向快速移动。

（2）看手势做跑步移动，听哨音即停。

（3）两人一组，保持好准备姿势，相互做摸背游戏。

（4）一人抛球，另一人根据不同距离采用相应的移动步法将球接住。

（5）两人一组，相距 2—3 米，一人向前后、左右抛球，一人移动对准球，用头顶球。

（6）一人突然将球抛到身后或左右两侧，另一人迅速转身改变方向，快速移动接球。

二、垫球

垫球是排球的基本技术之一，在比赛中运用得次数最多、范围最广。没有垫球技术，也就无法参加比赛，它是比赛中争取少失分、多得分，由被动转为主动的重要技术，是稳定队员情绪、鼓舞士气的重要手段，也是组织进攻和反击战术的基础。它主要用于接发球和后排防守。垫球技术包括正面双手垫球、体侧垫球、跨步垫球、背垫球以及前扑和鱼跃垫球。按运用范围，垫球又可分为接发球垫球和防守垫球两种。

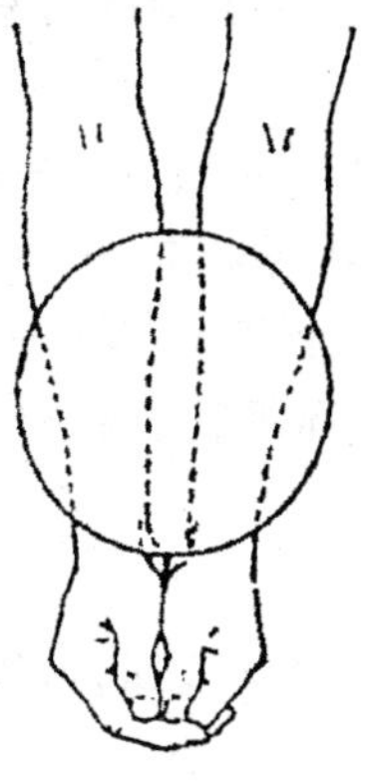

图 3-1

(一) 正面双手垫球的要领

面对发球者，两脚开立稍宽于肩，两脚尖内收，脚跟略微离地，两臂自然弯屈，置于腹前，身体稍前倾，膝部弯曲约110°，膝前垂直线稍超出脚尖，全身着力点在两脚前掌内侧。双手自然重叠合掌互握，两臂伸直，手腕下压。触球部位在前臂的前半部。(图 3-1)当身体移动至正面对球后，手臂迅速插入球下，以全身协调力伴随送肩、抬臂动作，迎球垫击，以控制球的方向。(图 3-2)

图 3-2

(二) 体侧垫球的要领

来球飞向体侧，来不及移动对准来球时，即可采用侧垫。

如球从左侧飞来，左脚往外跨出一步，右脚前脚掌内侧蹬地，重心随即移至左脚上，左膝弯屈，同时两臂侧伸出，右肩微向下倾斜，使两臂击球面截住球的飞行弧线，两前臂并拢成一平面对准来球，腰部发力，重心内转，两肩向前用力，稍有迎击动作，将球垫出。

(三) 背垫球的要领

背垫时，要判断好球的飞行方向，迅速移动到球的落点上，背向出球方向。来球时，两臂夹紧伸直，击球点高于肩。击球时，抬头后仰，展腹挺腰，向后上方抬送。背垫低球时，可用屈肘和翘腕动作，以腕部虎口处将球向后上方垫起。

（四）防守垫球的要领

两脚开立大于肩宽，两脚前后位置约差大半脚掌；双膝内收，脚跟略提起，双手置于胸前；身体前倾、收腹，膝部弯曲度在90°至100°之间（双手自然下垂能触及地面）；双脚微动，以碎步保持待发状态。

如接一般来球，手腕下压，直臂，触球部位在前臂前半部分。对于难接的来球，则手腕可不下压，可屈臂，用前臂前半部任意部位击球。

垫球动作按连贯动作的顺序还可概括为“插、夹、提”三个动作要领：插——两臂伸直，插到球下。夹——两臂夹紧，含胸收肩，用两臂平面击球。提——提肩送臂，重心随击球方向移动。垫击过程要做好“移、蹬、跟”三个环节：移——对脚的要求，要快速移动，对准来球。蹬——对腿的要求，要支撑平稳，两腿蹬起。跟——对腰的要求，随用力方向，腰要紧跟。

（五）练习方法

（1）两人一组，一人持球连续向对方掷平球，要求连续移动将球垫回，可以向前后、左右掷，主要训练步伐协调性、移动速度与制动能力。

（2）两人练习，一发一垫或一打一防守。

（3）两人一组，单人向前防守后转身摸底线再防守。

（4）单人防一重球，再向前防一吊球，连续做。

（5）单人防一吊球后，转身追救高远球，连续做。

（6）单人连防三个球，先防重球，再接吊球，然后转身追救高远球，连续做。

（7）单人防全场，可用抛、掷、扣等方法供球，队员防守若干好球后，方可换人。

三、传球

传球技术方式繁多，按传球的姿势可分为站立传、半蹲传、全蹲传和跳传等；按传球的出手方向可分为正面传、背传、侧传等。只有掌握最基本的传球技术，才能在比赛中运用各种不同姿势与手法传出符合各种战术所需的球。

（一）传球技术的基本要领

正面对准来球方向，两脚左右开立约同肩宽，一脚稍前，后脚跟稍提起，两膝半屈（前腿膝部弯曲度大于90°，后腿则小于90°），上体前倾，两肩放松，双手由下而上提起，置于胸前。（图3-3）当来球距脸部1米左右时开始迎球，以蹬腿、展腹、伸臂做刚中有柔的迎球动作。手腕向内侧稍后仰，小指斜对前方，拇指相对略成“八”字型。手指微屈成半球型与球吻合，双手手型必须对称，前后高低要一致。（图3-4）

图 3-3

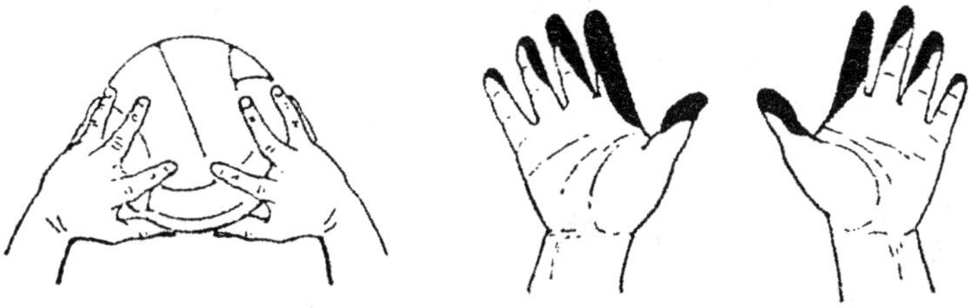

图 3-4

击球前，手腕、手指应灵活放松，不宜过分紧张和过早用力。击球时，手腕、手指应保持一定的紧张度，运用手指、手腕的弹击力和前臂的迎击动作，小指应起到辅助控制球的作用。击球点一般保持在额前上方，也可根据来球的高低、轻重和出球的不同要求，适当提高和降低。

（二）练习方法

（1）两人一组，一人抛球，另一人向前后、左右移动传球。

（2）两人移动对传，从场地一端移动对传至另一端。

（3）三至四人一组，站成三角形或四角形，按顺序传球。

（4）五人用一球轮流向头上自传，传后立刻跑到排尾。

（5）三人网前传球，4 号位把球传给 3 号位，3 号位背传给 2 号位，2 号位长传给 4 号位，传若干次后交换位置。

（6）四人三角移动传球。

四、发球

发球在排球比赛中也是进攻的手段之一。稳、准、狠的发球可先发制人。发球的目的是直接得分，或破坏对方的进攻战术，减轻本方的防守负担。发球的方式很多，常用的有正面下手发球、正面上手发球、飘球和大力球。

（一）正面下手发球

这种发球动作简单，易于掌握，适合于初学者练习。

动作要领是:面对球网,两脚前后开立,左脚在前,右脚在后,两膝微屈,上体稍前倾。左手持球于腹前,然后将球轻轻抛起在体前右侧,球离手约 50 厘米。在抛球的同时,右臂伸直后引。击球时,右脚蹬地,右手向前摆动,以全手掌击球的后下部,重心随之移至前脚上。

(二) 正面上手发球

这种发球由于面对球网站立,便于观察对方,发球准确性大,是锻炼者常用的方法。

动作要领是:队员面对球网,两脚自然开立,左脚在前,左手托球于身前,然后用抬臂和手掌的平托上送,将球平稳地垂直抛于右肩前上方,高度适中。在左手抛球的同时,右臂抬起,屈肘后引,肘与肩平,上体稍向右侧转动,同时收腹,带动手臂挥动,在右肩上方伸直手臂达最高点,用全手掌击球的中下部。击球时,手指自然张开吻合球。击球后,身体随重心前移进入场内。

(三) 练习方法

(1) 持球者面对球网反复做抛球练习,使球垂直平稳地起落。

(2) 对墙、网发球,或两人一组近距离互相发球,体会抛球、挥臂击球的手法。

(3) 连续发球,巩固技术,逐步学会手型、力点的变化。

(4) 发球比准。

五、扣球

扣球是完成战术配合的最后一环,是得分的重要手段。强有力的扣球,可使对方难于防守和组成反击。因此,扣球是进攻的主要手段和有效方法。扣球技术种类繁多,可分为正面扣球、勾手扣球、快球、调整扣球、单脚起跳扣球等。

(一) 扣球技术的组成动作

(1) 准备姿势:两眼注视来球方向,上体略前倾,两臂自然下垂,根据球所在位置不断用碎步调整步点,使身体处于一个合适的起动位置。

(2) 助跑:左脚先向助跑方向跨出一小步,紧接着右脚跨出一大步,然后左脚迅速跟上,以稍有先后的双脚跟着地,迅速过渡到全脚掌直至前掌。在整个助跑过程中,重心逐渐降低,踏跳迅速有力。

(3) 挥臂:从助跑的第一步起,手臂就应开始摆动。男子可采用划弧或前后摆臂,女子则以划弧摆臂为宜。划弧摆臂时,两臂自然弯屈;前后摆臂时,双臂自然伸直。整个摆臂动作要充分舒展,幅度要大。

(4) 起跳:上体前倾(躯干弯曲度为 110°左右),两膝弯屈并内收,膝部弯屈度为 90°至 100°之间。双臂用力由体后下方向前上方摆动,同时快速展腹,双脚用力蹬地起跳。

（5）空中动作：乘向上摆臂之时，拉胸、提肩、肘外展或屈臂。此时，肘部要略高于肩。接着，利用上体转动和收腹，以肩为轴带动手臂向前上方挥动。手臂充分伸直，在肩部前约一球距离处击球。应提前伸直手臂，抬肘甩前臂，击球的中上部，满掌带腕而快速甩击。

（6）落地：双脚前脚掌同时落地，过渡到全脚掌，并乘势屈膝和收腹。落地后，迅速转入下一个动作的准备姿势。

（二）练习方法

（1）一人一球，对墙自抛自扣，或两人一球，自抛自扣，练习手法和击球点；或者降低网高，做原地自抛自扣过网练习。

（2）扣固定球。

（3）扣同伴的抛球。

六、拦网

拦网是防守的第一道防线，也是进入反攻的开始，是得分的重要手段。它可分单人拦网和集体拦网两种，两者对个人的技术要求是相同的，只是后者要注意相互间的协调和配合。

（一）单人拦网

（1）准备姿势：双目注视对方扣球者的动向，两脚左右开立与肩同宽，站立于离中线30厘米处，双膝微屈，上体稍前倾，两臂弯曲置于胸前。

（2）移动：移动方法可采用并步移动、垫步后的交叉步和跑步移动，移动方向应力求与网平行。无论采用哪一种移动，最后一步的脚尖必须转向球网。

（3）起跳：屈膝下蹲，腰、膝、踝部的弯曲度与扣球起跳相同，两臂在体侧划小弧用力上摆，带动身体垂直上跳。跳起后，抬头、收腹、伸臂。

（4）空中动作：双臂与身体垂直线成15°伸向上方，双手间距离以不超过一球为宜，手指张开微屈，掌心向前保持紧张用力。在对方扣球的瞬间，提肩、抬肘、收胸、低头，手腕下压，有一个“盖帽”动作。完成下压动作后，两臂自然收回，继续收腹。

（5）落地：身体垂直下落，先以脚掌落地，屈膝缓冲后，迅速转入下一个动作的准备姿势。

（6）练习方法：两人一组，隔网站立，同时起跳做拦网动作，或一人站在凳上，双手持球高出网沿，一人跳起拦网；两人一组，移动拦网，或单人依次向2、3、4号位移动拦网。

（二）集体拦网

集体拦网分双人拦网与三人拦网两种。集体拦网除需满足上述个人拦网技术的要求外，应着重注意配合。

第三节　基本战术

排球战术是队员在比赛中根据排球规则、排球运动规律及彼此双方的具体情况和临场变化,有意识地运用技术配合所采取的有目的、有预见性的行动。排球战术多种多样,常见的有以下几种:

一、发球及其进攻战术(一攻)

(一)阵容配备

阵容配备是根据本队队员的特点以及全队战术要求安排场上位置,其目的在于最大限度地发挥每个队员的特点和作用,合理地使用队员。其配备的组织形式有"二四""五一""三三"三种。

(1)"二四"配备:这种配备在水平一般的球队中常被采用。它把两个二传队员安排在对称位置上,其余位置安排进攻队员。(图 3-5)这样,在前后排都能保持有一个二传队员和两个进攻队员,便于组织各种各样的进攻战术。如二传有攻击力,各轮可采用插上战术,以增强进攻威力。

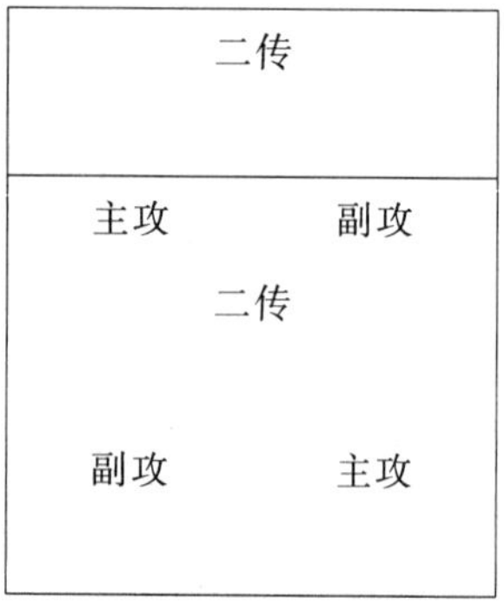

图 3-5

(2)"五一"配备:这种配备可加强拦网和进攻力量,在全队队员技术较全面时可采用。阵型如图 3-6。二传手在前排时,可采用"中、边一二"或"两次球"战术;二传手在后排时,可采用"插上"战术。

(3)"三三"配备:一个进攻队员间隔一个传球队员。(图 3-7)这样,在任何轮次上前后排都能保持一至两个二传队员和进攻队员,便于组织"插上"和"二次球"战术,也便于转为"中、边一二"进攻战术。

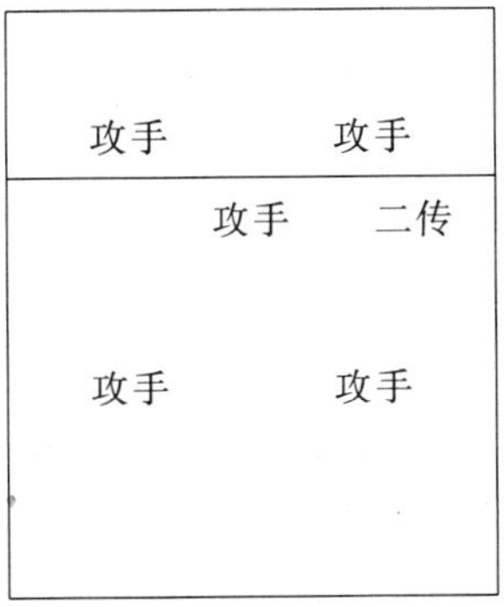

图 3-6

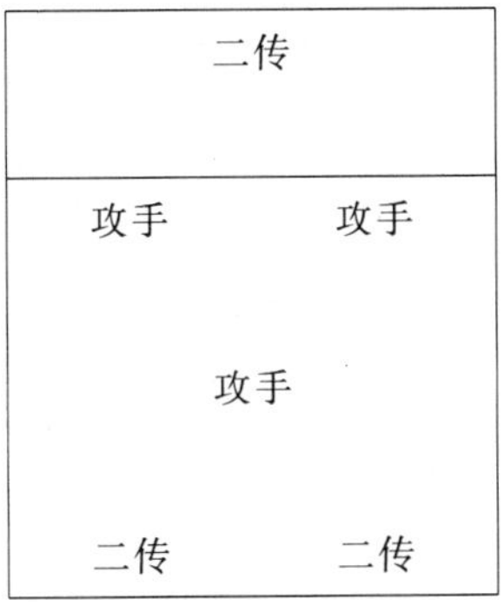

图 3-7

（二）一攻战术

接发球进攻也称“第一次进攻”，简称“一攻”。它是接起对方发过来的球，将球垫、传到位，并组织起进攻战术，争取得分。它的战术形式有“中一二”进攻、“边一二”进攻、“插上”和“两次球”进攻四种。

（1）“中一二”进攻战术：由 3 号位队员作二传，将球传给 2 号位或 4 号位队员扣球。这是进攻战术中最简单、最基本的战术形式。其特点是战术容易组织，但是变化少，战术意图易被对方识破，其突然性和攻击性小。“中一二”进攻战术的变化有两种：集中与拉开战术（图 3-8）、跑动掩护战术（图 3-9）。

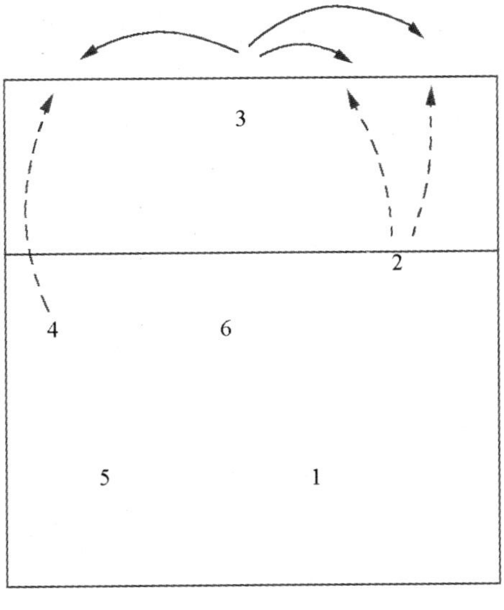

图 3-8

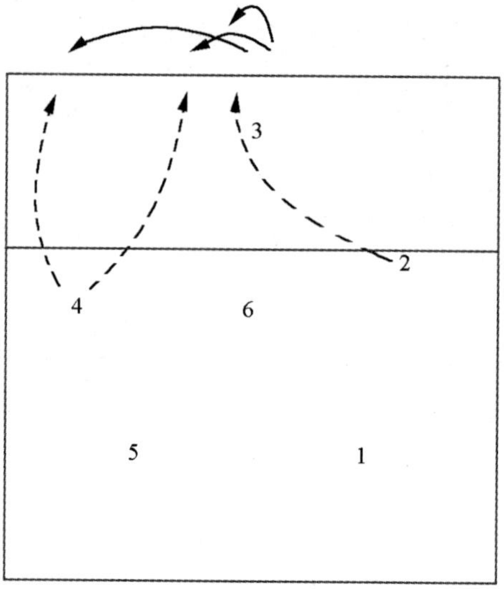

图 3-9

(2)"边一二"进攻战术:由 2 号位队员作二传,将球传给 3 或 4 号位队员扣球。其特点是两个进攻队员可以互相配合,有一定的掩护作用,而且可以有较多的战术变化,其攻击性比"中一二"进攻战术大。"边一二"进攻战术的变化有"快球掩护"战术(图 3-10)、"前交叉"战术(图 3-11)等。

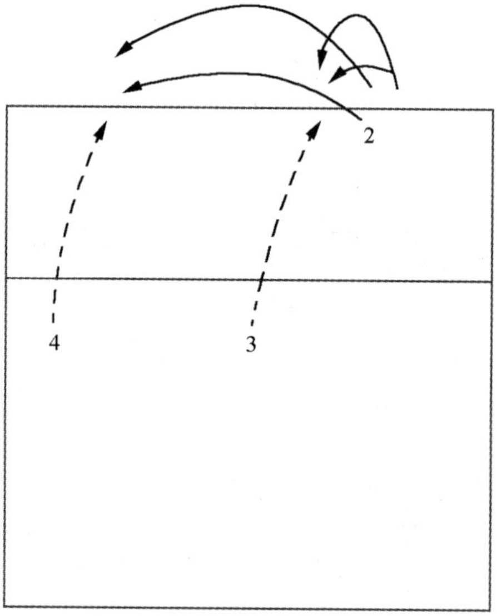

图 3-10

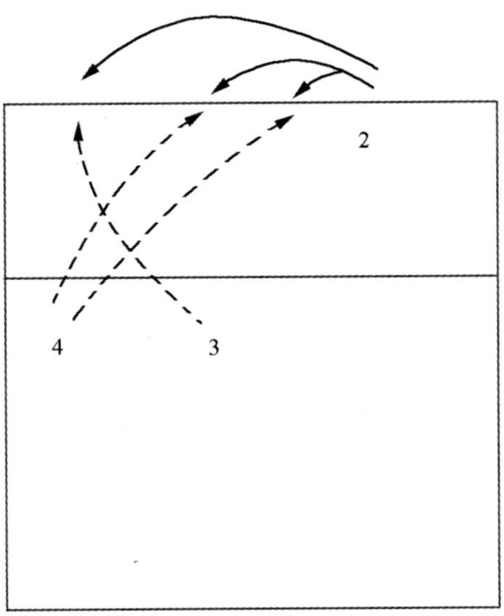

图 3-11

“插上”和“二次球”这两种进攻战术就不在此介绍了。

二、防守及其反攻战术(简称“防反”)

防反是本方接起对方一攻球后,重新组织的一系列进攻战术的行动。其全过程由防守和反击两部分组成。

(一) 防守

单人拦网的防守战术:一般用于对方攻击力不强,变化少,吊球多,或本方来不及组成双人拦网时。

双人拦网的防守战术分“心跟进”和“边跟进”两种。

(1)“心跟进”防守战术:又称“六号位”跟进。当对方进攻力较强,又善于吊球时,可采用这种防守战术。它对接吊球和拦网弹起的球较有利,也便于接应与组织反攻。其弱点是后场防守人少,空隙较大。因此,在防守中,拦网队员首先要堵住中路,其次1、5号队员要具有高度的灵活性和较好的防守技术。(图 3-12)

(2)“边跟进”防守战术:当对方进攻力较强,且战术变化多,或更多地运用超手扣球时,采用这种防守战术。其弱点是场区中心空,遇对方打直线接吊球时,防守较困难。因此,在跟进保护时,要根据对方的扣球情况决定跟或不跟。(图 3-13)

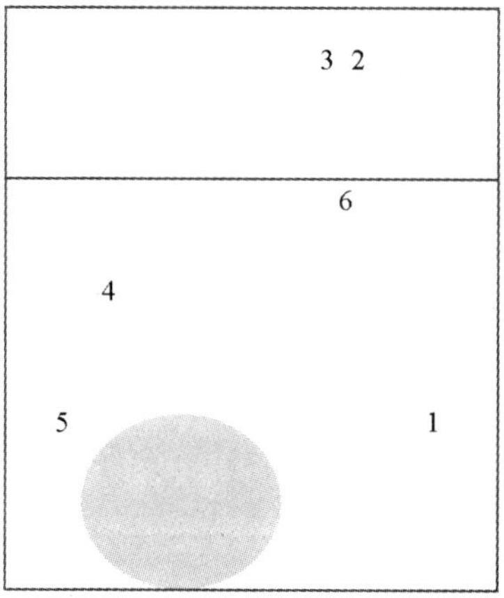

图 3-12

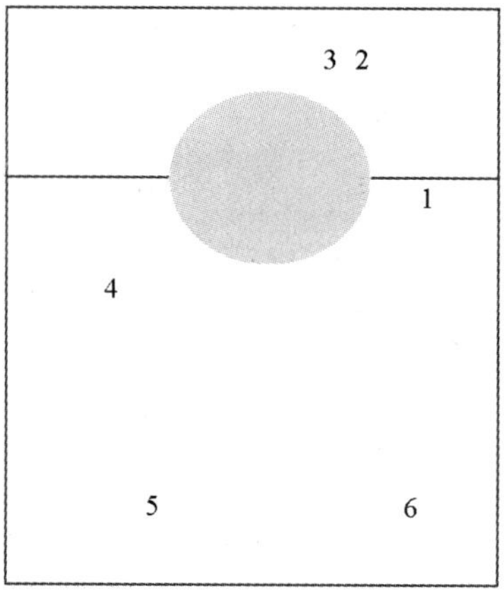

图 3-13

（二）防反

在拦防起对方扣、吊球后，配合所组织的各种战术，向对方“反攻”。由于防守时一般处于被动地位，防反战术的组织较之一攻困难些。因此，场上队员要注意攻守转换，更要注意捕捉好战机，及时组织各种进攻战术。防反战术的组织形式与一攻相同。

第四节 排球竞赛主要规则简介

一、比赛方法

1. 在每场比赛开始时，双方上场队员各 6 名，按场上区域站位。站在靠近网前自右至左 2、3、4 号位上的队员为前排队员，站在后排自右至左 1、6、5 号位上的队员为后排队员。比赛开始前，教练将上场队员号码表交记录台登记，由第二裁判检查站位次序。当第一裁判鸣笛开始后，站位不得更改。

2. 比赛开始，先由发球方的 1 号位队员站在发球区发球，如果发出的球直接落在对方场地上或接球失误，则发球方得分，并继续发球；如果发球失误，则对方得分，接着由对方 2 号位队员发球，并依次按顺时针方向轮转一个位置。

3. 在比赛过程中，球不得落地。每队最多允许 3 次击球（拦网除外）将球击到对方场地，同时每个队员不得连续击触球两次（拦网除外）。

4. 每场正式比赛为五局三胜制，也可采用三局两胜制，实行每球得分制，25 分为一局，若遇双方均得 24 分时，必须领先 2 分才算胜一局。如果双方各胜两局，则第五局为决胜局，先得 15 分的队为胜者。

二、场地设备

1. 比赛场地长 18 米，宽 9 米。两边的长线叫边线，两边的短线叫端线。球场四周至少 2 米内不得有障碍物。把 18 米球场分成均等的两个区，中间画的一条线叫中线，在离中线 3 米的两个区各有一条平行线叫进攻线，也叫三米线或限制线。（图 3-14）

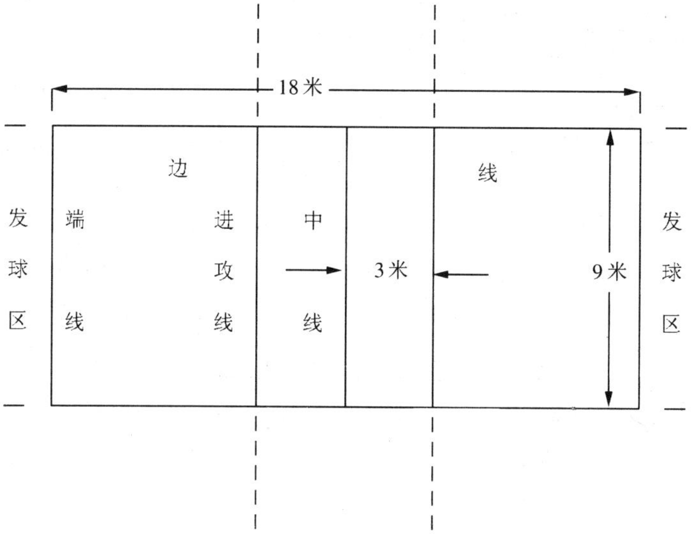

图 3-14

2. 球网长 9.5 米，宽 1 米。在 9 米处，球网的两边有两条标志带和两根标志杆，杆长 1.8 米。

3. 球网的高度，男子为 2.43 米，女子为 2.24 米。

4. 排球的重量为 270 克 ±10 克。

三、暂停

只有在死球时，经教练或场上队长请求后，裁判员才准予暂停。前四局比赛中，每队可以有两次暂停，每次 30 秒。在比赛中，先得到 8 分、16 分的队享有技术暂停，每次时间为 1 分钟。第五局除二次暂停外，没有技术暂停。暂停时，教练员可以在场外进行指导，布置战术。

四、换人

1. 只有在死球时，经教练或场上队长请求后，裁判员才准予换人。在裁判员的准许下，一名队员离开场地后，替补队员才能进场接替他的位置。

2. 一局每队最多可替换6人次,自由人除外。6人次可同时替换,亦可分开替换。

3. 每局比赛上场队员只能退出比赛一次(自由人除外)。在同一局中,他如再次上场比赛,只能回到原来轮次的位置上。

4. 替补队员每局只能上场比赛一次(自由人除外),他可以替换任何一位队员。在同一局中,他只能由被替换下来的队员替换。

5. 自由人可任意次替换轮换到后排的队员,但是不能参与拦网、进攻和发球,而且他的着装需与队友有明显的区别。

五、网下穿越

在不妨碍对方比赛的情况下,允许队员在网下穿越进入对方空间。允许队员的一只脚或双脚越过中线触及对方场区的同时,脚或手的一部分还触及中线或置于中线上空。除脚以外,不允许队员身体的任何其他部位接触对方的场区。在比赛中断后,队员可以进入对方场地。

六、进攻性击球

进攻性击球是指除发球和拦网外的其他所有直接向对方的击球。当球的整体通过球网的垂直面或触及对方队员时,便完成了进攻性击球。前排队员可以对任何高度的球完成进攻性击球,但是触球时必须在本场地空间内。后排队员则可以在后场区对任何高度的球完成进攻性击球,但是起跳时脚不得踏及或越过进攻线,击球后可以落在前场区。如果后排队员在前场区完成进攻性击球,在触球时,球的一部分必须低于球网上沿。

七、持球犯规

队员身体的任何部位都允许触球,但是球必须被击出,不得接住或抛出,同时球可以向任何方向反弹。如果队员违反了上述规定,则判为持球犯规。

八、连击

球必须同时触及队员身体的不同部位,反之则为连击犯规。但是,在拦网动作中,允许同一队员或同一拦网中的不同队员在一个单一的动作中连续触球。在球队的第一次击球时,允许队员身体的不同部位在同一击球动作中连续触球。第一次击球是指接发球、接进攻性击球、接本方拦起的球和接对方拦回的球。在本队第二次和第三次击球时,则不允许球连续触及身体的不同部位。

九、队员场上位置错误的判断（限在发球时）

在发球队员击球时，双方队员必须在本场区内各站两排，每排3名队员。发球队员不受场上位置的限制。队员的位置是根据其脚的着地部位判定的，每一名前排队员至少有一只脚的一部分，比同列后排队员的双脚距中线更近；每一名右边或左边队员至少有一只脚的一部分，比同排中间队员的双脚距场地的右边线或左边线更近。在发球队员击球的一刹那，场上队员脚的着地部位必须符合其位置要求。在发球后，队员可以在本场区和无障碍区的任何位置上。

十、拦网

拦网时，球可以触及手、手臂、头及腰部以上身体的任何部位，只要不妨碍对方击球，可以将手或手臂伸过球网。但是，下列情况则判为犯规：

1. 在标志杆外的对方空间内进行拦网并触球。
2. 对方击球前或击球时，在对方场区空间内妨碍对方。
3. 后排队员参加拦网并起到拦网作用。

十一、发球

发球队员必须在第一裁判员鸣哨5秒钟内，将球抛起或持球手撤离，在球落地前，用一只手或手臂的任何部分将球击出。如球未触及发球队员而落地，则被认为是一次发球试图。在发球试图后，第一裁判员应及时鸣哨允许再次发球，发球队员必须在再次鸣哨后的3秒钟内将球发出。发球队员在击球时或击球起跳时，不得踏及场区（包括端线）或发球区以外的地面。击球后，发球队员可以踏及或落在场区内或发球区以外。在每一次发球时，都允许有一次发球试图。

十二、触网

规则规定触网为犯规。但是，队员在无试图击球的情况下偶尔触网，则不算犯规。所谓无试图击球，是指已经完成了击球动作和击球试图。如完成扣球动作或掩护扣球动作之后偶尔触网，则不算犯规。

第四章　足　　球

第一节　概　　述

在当今众多竞技运动项目中，足球运动堪称“运动之王”。足球运动是以脚为主支配球、两队相互对抗、竞赛激烈的球类项目之一。它具有参加人数多、场地大、对抗性强、比赛时间长、技术复杂、战术多样等特点。这些特点不仅要求参加者有良好的足球意识、强壮的体魄、快速奔跑的能力和勇猛顽强的意志品质，而且还要求能在守方人员密集、拼抢争夺的情况下完成一系列连贯、复杂的技术动作和战术配合，达到破门得分。足球比赛成了比赛双方在技术、战术、身体、心理和文化素质等诸方面的较量，是科学性、综合性和整体性的抗衡，因而具有更大的魅力。它不仅吸引了不同层次的观众，还特别吸引了广大青少年学生参加。足球比赛既可以是 11 人制的，也可以是 9 人制、7 人制、5 人制甚至 3 人制的。它既可以在室外场地进行，也可以在室内场地进行。足球比赛的时间、场地、人数的伸缩性较大，设备也较简单，便于广泛开展，因而足球运动还具有兴趣性、群众性的特点。经常参加足球运动，可以增强人的体质，培养人的勇敢顽强、机智果断等优良品质；充分发挥集体和个人的作用，培养团结友爱的集体主义精神和严格的组织纪律性；还能激发人的精神风貌，提高民族自豪感，增进友谊和交往。

从古代的蹴鞠到今日的足球运动，足球已有三千多年的历史。西汉经学家、目录学家刘向撰写的《别录》一书中清楚地记载着：“蹴鞠者，传言黄帝所作。”战国时期史事汇编《战国策》和我国第一部通史《史记》中就有描绘齐国开展蹴鞠的情况。自西汉开国皇帝汉高祖开始到宋朝，历代的皇宫和许多贵族的府第都能寻觅到蹴鞠的踪影。从表象上看，我国足球先于英国，应成为现代足球的鼻祖，并能以时间的优势把足球的竞技水平提高到别国难以企及的高度。但是，我们的老祖宗很轻易地放弃了这个机会，固守他们自己的理念与思想，使之消弭于无形。

我国古代的蹴鞠与现代的足球在本质上是有区别的。现代足球运动起源于英格兰，其发明与恐怖的人头骨有关。公元 1041 年至 1042 年，丹麦人大举入侵英格兰，两国之间爆发了一场战争。一天，在一场战斗结束后，一个英格兰人在打扫战场时偶尔挖出了一个丹麦人的头骨。由于仇恨入侵者，他们一脚把头骨踢向前去，而且越踢越解气，越踢越有趣，引来了其他人的加入。于是,“踢球”的形式逐渐成形,最终发展成为今天的足球比赛。这一发明虽然是极其偶然的,但是它以战争形式表现出来的竞争本质,以及带有强烈战争色彩的占有欲与征服欲却被现代足球运动继承了下来。这一特征也是英国人的祖先盎格鲁-萨克逊人的性格表现,正是这种性格表现才使一次偶然的发明成为现代足球运动的萌芽。同样,足球运动在世界范围的发扬光大,也反映了足球运动的本质极其迎合现代人的本性。

1840 年鸦片战争以后,足球运动开始传入我国。香港、上海是我国最早开展足球运动的两个城市。圣约翰大学是上海最早开始发展足球运动的学校。1896 年,圣约翰大学成立的校足球队为我国足球队之始。圣约翰大学和南洋公学校(后改为“交通大学”)每年一度的足球比赛,是当时上海体育活动的一桩盛事。1906 年,在北京天安门对面的英国士兵球场,通州协和书院足球队与英兵足球队进行了一场足球比赛,结果协和书院队以 2∶0 战胜英兵队,夺得“九龙杯”。这是我国足球队第一次对外比赛。1900 年,在第二届奥运会上,足球运动被列为正式比赛项目。1904 年 5 月 21 日,法国、瑞士、比利时、西班牙、荷兰、丹麦、瑞典七个国家的足球协会代表在巴黎召开会议,成立了国际足球联合会或称“国际足球联盟”,简称“国际足联”,英文缩写为“FIFA”。从此,足球运动在世界各大洲得到广泛的开展。目前,除了国际足联组织的奥运会足球赛、世界足球锦标赛(世界杯)、世界青年足球锦标赛、世界少年足球锦标赛、世界女子足球锦标赛、世界室内足球锦标赛、世界沙滩足球锦标赛等比赛外,还有欧洲杯、美洲杯、亚洲杯、非洲杯等各大洲各个国家队的比赛,以及各国的足球联赛、杯赛。此外,欧足联还根据各国俱乐部的联赛成绩,组织了体现当今世界职业足球俱乐部最高水平的欧洲冠军杯赛、联盟杯赛。现代足球主要有五大流派,即南美技术派、欧洲力量派、欧洲拉丁派、全攻全守派、核战术派。随着职业足球运动员的大量流动,五大流派相互了解、相互渗透,在全攻全守的基础上,在越来越快速和激烈的对抗条件下(包括体能和意识),朝着熟练而准确地发挥技术、战术的方面发展,因而对技术、战术、身体机能、心理素质、文化水准等方面提出了更高的要求,使足球比赛精彩纷呈,令人如痴如醉。

足球运动极具魅力,其特点及精彩诱人的竞赛使越来越多的人特别是青少年学生投身于其中。目前,足球运动在我国各高校的开展较为广泛,有全国、省、市性的高校足球联赛以及大学生运动会足球比赛等。

第二节　基本技术

足球技术是指运动员在比赛中,运用身体的合理部位所做的各种动作方法的总称,是组织与实施战术的前提和基础。足球技术分为有球技术和无球技术两大类。无球技术包括起动、跑、急停、转身、假动作。有球技术包括踢球、停球、顶球、运球、抢截球、假动作、掷界外球、守门员技术。

一、踢球

踢球是指运动员有目的地运用脚的不同部位将球击向预定目标,主要用于传球和射门,其动作过程由助跑、支撑、摆腿、击球和随前动作五个部分组成。踢球主要有脚内侧、脚背内侧、脚背正面、脚背外侧、脚尖和脚跟踢球等几种方法。

1. 脚内侧踢球

脚内侧踢球是用脚内侧部位(跖趾关节、舟骨和跟骨所构成的三角部位)接触球的一种踢球方法。它的特点是脚与球接触面积大,出球比较平稳、准确,但是出球力量小。此方法适用于踢定位球、地滚球、反弹球、空中球,在短传配合、门前包抄中运用也较多。(图 4-1)

图 4-1

2. 脚背内侧踢球

脚背内侧踢球是用脚背内侧部位的几个楔骨、趾骨末端接触球的一种踢球方法。它的特点是踢球的腿摆幅大、摆速快,击球的力量大,易于插入球的底部,击球点多。此方法适用于踢定位球、过顶球、弧线球和转身踢球。(图 4-2)

3. 脚背正面踢球

脚背正面踢球是用脚背正面部位(楔骨和跖骨末端)接触球的一种踢球方法。它的特点是摆幅大、摆速快,击球的力量大,但是出球的性能变化小,出球方

图 4-2

向比较单一。在比赛中，经常用脚背正面踢定位球、空中球、反弹球和倒勾球等。（图 4-3）

图 4-3

4. 脚背外侧踢球

脚背外侧踢球是用脚的第三、四、五蹠骨和第三楔骨之间的脚背外侧部位踢球的方法。它的特点是在踢球时起摆动作小，起脚快，能有效地利用脚腕的灵活性和摆动脚用力方向的改变，使击球动作更具隐蔽性。它是踢各种距离弧线球和弹拨、削球的主要方法。在比赛中，常用脚背外侧踢定位球、弧线球和弹拨球等。（图 4-4）

图 4-4

5. 脚尖踢球

脚尖踢球是用脚尖部位接触球的踢球方法。它的特点是踢球腿的摆幅大、摆速快,踢球的着力点集中,击球快而有力,但是与球的接触面积小,出球的准确性较差。此方法适用于踢远距离球和捅球。(图 4-5)

图 4-5

6. 脚跟踢球

脚跟踢球是用脚跟部位(跟骨)将球踢到身后的踢球方法。它的特点是击球力量小,但是具有一定的隐蔽性和突然性。在比赛中,此方法常用于短传配合。(图 4-6)

图 4-6

二、停球

停球技术是指运动员在比赛中,正确判断球的落点,有目的地运用身体的合理部位,将运行中的球停控于所需要的范围内。它是技术动作衔接的锁链,是战术变换的枢纽。在完成中,要力争快速、简练、合理、多变。下面是几种基础的停球方法。

1. 脚内侧停球

脚内侧停球是用脚的内侧部位将球停控在所需范围内的一种停球方法。它的特点是动作灵活多变,便于改变停球方向和衔接下一个动作。它适用于停地滚球、反弹球、空中球。(图 4-7)

图 4-7

2. 脚底停球

脚底停球是用脚掌部位接触球的停球方法。它的特点是接触球面积大,重心稳,容易将球停稳。在比赛中,此方法常用于停地滚球和反弹球。(图 4-8)

3. 脚背外侧停球

脚背外侧停球是用脚背外侧部位接触球的停球方法,多与转身结合运用。它在比赛中若与假动作结合,则具有更大的隐蔽性,但是其重心移动大,较难掌握。此方法一般用于停地滚球和反弹球。(图 4-9)

4. 脚背正面停球

脚背正面停球是用脚背正面部位停空中下落球的停球方法,是一种比较简单且容易掌握的动作。(图 4-10)

图 4-8

图 4-9

图 4-10

5．大腿正面停球

大腿正面停球一般适用于弧度较大的高空下落球或平行于大腿高度的来球。它包括停高球和停平球两种方法。（图 4-11）

图 4-11

6．胸部停球

胸部停球面积大，有弹性，位置高，能停高球、空中平直球和反弹球。根据来球的高低和弧度大小，可分别采用挺胸停球和收胸停球两种方法。（图 4-12）

图 4-12

除了上述停球技术外，还有腹部停球、头部停球等。

三、头顶球

头顶球是指运动员在比赛中，为了争取时间、抢占空间，有目的地运用头的前额部位直接处理空中球时所做出的各种击球动作的总称。它分为前额正面顶球和前额侧面顶球。

1．前额正面顶球

前额正面坚硬、平坦，接触面积大，同时它处于头的正前方和两眼上方，便于观察，使出球准确、有力。（图 4-13）

图 4-13

2．前额侧面顶球

顶球部位的前额两侧虽坚硬，但不平坦，面积较小，因而击球力量较小，出球时间难以掌握，准确性较差。但是，该部位顶球动作突然，能改变出球方向，在比赛中接传中球射门威胁很大。（图 4-14）

图 4-14

以上两个部位都可用于原地顶球、跑动中顶球、跳起顶球和鱼跃冲顶。

四、运球

运球是运动员在行进中用脚连续推拨球，使球处于自己控制范围内的触球动作。它是运动员个人控制球能力和个人进攻能力的集中体现，包括运球和运球过人。

1. 运球

经常用于运球的部位有脚背正面、脚背外侧、脚内侧和脚背内侧。

(1) 脚背正面运球:适用于直线快速运球,多在运球人前方无人阻截而又需要长距离运球时使用。如前锋运球突破对方后卫线,而前面纵深距离较长时,宜如此运球。

(2) 脚背外侧运球:适用于快速奔跑和改变方向运球,可做直线、弧线或变方向运球。它的特点是易于掌握运球方向和发挥运球人奔跑速度,还具有掩护球的作用。

(3) 脚内侧运球:运球动作幅度大且速度最慢的一种运球方法,多在运球、接球接近对手需要用身体作掩护时使用。

(4) 脚背内侧运球:多在改变方向并需要用身体掩护球的情况下使用。

2. 运球过人

运球过人的动作过程可分为三个阶段:运球逼近对手阶段、运球超过对手阶段、摆脱对手继续运球前进阶段。常用的运球过人方法有拨球过人、推球过人、拉球过人、扣球过人、强行突破、人球分路突破等。

五、抢截球

抢截球是指运动员运用身体的不同部位和所做的合理动作将对方控制的球堵截住、夺过来、踢出去或破坏掉的动作方法。它包括截球和抢球两个方面。

1. 截球

截球是把对方队员传出的球堵截住或破坏掉。

2. 抢球

抢球是用规则所允许的条件和动作,把对方控制的球夺过来、踢出去或破坏掉。

(1) 正面抢球:当对手从正面运球前进时所采用的抢球方法。它包括正面跨步抢球(图 4-15)和正面倒地铲抢两种方法。

(2) 侧面合理冲撞抢球:对手快速运球推进,防守队员与之平行跑动或从其背后追上成平行跑时所采用的抢球方法。(图 4-16)

(3) 侧后抢球。当对方运球刚超越防守者时运用,由倒地铲球动作完成。它包括同侧脚铲球和异侧脚铲球两种方法。

图 4-15

图 4-16

六、假动作

假动作是指运动员在比赛中，为了隐蔽自己的动作意图，运用各种动作假象，迷惑、调动对手，使其产生错误的判断，失去身体平衡，以取得时间、位置、距离等有利条件，实现自己真实意图的各种动作方法。常用的假动作主要有踢球假动作、接停球假动作、运球假动作。

七、掷界外球

掷界外球是指运动员在比赛中，按规则规定与要求，有目的地将球掷入场内的动作方法。在足球比赛中，掷界外球机会很多，不受“越位”限制，给进攻方自由，威胁性较大。它主要有原地掷界外球、助跑掷界外球两种方法。（图4-17）

图 4-17

八、守门员技术

守门员技术是指守门员在比赛中所采取的有效防御动作和在接球后所做的有助于本队进攻的动作方法。它主要包括位置选择、准备姿势、移动、接球、托球、扑球、拳击球、运球、手掷球和踢球。

1. 接球

接球是守门员最主要的技术，包括接地滚球（直腿式接球和单腿跪撑式接球）、接平直球和接高球。（图 4-18-甲、图 4-18-乙、图 4-18-丙、图 4-18-丁）

图 4-18-甲

图 4-18-乙

图 4-18-丙

图 4-18-丁

2．扑接

扑接是当对方将球射向球门两侧，守门员不能用原地跳起或移动防守位置的方法接球时运用的动作方法。扑球依来球的方向与高度分为扑两侧低球、跃起扑侧面地滚球、扑侧面平高球和扑接对方脚下球。（图 4-19）

图 4-19

3．手掷球

手掷球是守门员发动快攻反击，用手掷球给同队队员的常用方法。它的特点是准确性好、力量大、突然、快速。它主要有单手肩上掷球、低手掷球和勾手掷球等方法。（图4-20-甲、图 4-20-乙、图 4-20-丙）

图 4-20-甲

图 4-20-乙

图 4-20-丙

第三节　基本战术

足球战术就是在足球比赛中为了战胜对方，根据主客观情况而采用的个人行动和集体配合的组织方法和组织形式。它可分为进攻战术和防守战术两大类，战术阵形寓于攻守战术之中。

一、个人攻防战术

1. 个人进攻战术

个人进攻战术包括传球、摆脱与跑位、运球过人、射门。

（1）传球：这是集体配合的基础，是完成战术配合、创造射门机会的主要手段。选择传球目标、掌握传球时机和控制传球力量是传球的主要战术内容。传球按距离与传出球的高度可分为短传、中传、长传、低传、高传。

（2）运球过人：这是进攻战术中一种极为重要的个人战术，它与传球配合是相辅相成的。它是通过运球过人，冲破紧逼盯人，造成局部地区以多打少，从而创造更多射门机会的有效手段。常用的运球过人方法有强行突破，运球假动作突破，单、双脚快速拨球突破，变速运球突破，穿裆突破，人球分过突破等。

（3）摆脱与跑位：当本方某一队员得球时，同队其他队员的任务就是摆脱对手的防守，通过接应、策应、牵制、突破等跑动方法创造传球的机会，以便把进攻推向对方球门，争取射门得分。

2. 个人防守战术

个人防守战术包括选位与盯人、抢截、守门员防守。

（1）选位与盯人：这是防守战术中重要的个人战术。防守队员选位时，一般应处于对手与本方球门中心所构成的一条直线上。一般情况下，对有球的队员以及他附近的队员（有可能接球的队员）可采用紧逼盯人的战术，对远离球的队员可采用松动盯人的战术。对方队员接近球门时一般要紧盯。防守队员盯人时选择的位置应是：向前可截球，截不到可抢或不给对手自由处理球的机会；向后能转身抢先于进攻队员而得球或破坏对手得球。

（2）抢截：抢截球时，要判断正确，选位恰当，在运球人刚触球的一刹那，上前抢球。

二、局部攻防战术

1. 局部进攻战术

局部进攻战术是组成整体进攻战术的基础。它主要包括传切配合、二过一配合、掩护配合、三过二配合。

（1）传切配合：主要有一传一切、长传切入、长传转移切入。

（2）二过一配合：主要有斜传直插二过一，直传斜插二过一，踢墙式二过一，横、回传反切二过一等。

2. 局部防守技术

基本的局部防守战术有保护、补位、围抢等。

补位是防守队员之间的协同配合，以期减少防守漏洞。补位应注意三点：必须由临近队员互相补位；中卫与后卫应以少补为原则；谨防罚球区中央前方出现空隙，如需补位时，应由后卫或前卫补位为好。

三、整体攻防战术

1. 整体进攻战术

整体进攻战术主要有快速反击，边路、中路头球摆渡，转移，破密集防守进攻等。

2. 整体防守战术

整体防守战术主要有区域防守、人盯人防守、综合防守及“抢逼围”战术等。此外，还有定位球、角球、掷界外球、球门球战术。

四、战术阵形

比赛中，为了适应攻守战术的需要，队员在场上位置的排列形式和职责分工，称为“战术阵形”。阵形人数排列一般从后卫数向前锋，层次分成后卫线、前卫线和前锋线，守门员一般不予计算。在一百多年的足球史中，产生了许多不同的战术阵形，主要有19世纪英国人创造的“九锋一卫”式，1930年创造并沿用至50年代初的“WM”式，50年代初的“四前锋”式，50年代后期巴西队创造的“四二四”式，60年代的“四三三”式、“四四二”式，70年代流行的“一三三三”式、“总体”式（即“全攻全守”式），以及当代流行的全攻全守的“三五二”式、“四三一二”式。下面以“三五二”式为例，说明阵形人数的排列，进攻、防守时队员的职责等。

“三五二”式人员排列如图4-21所示，即三个后卫、五个前卫、两个前锋，

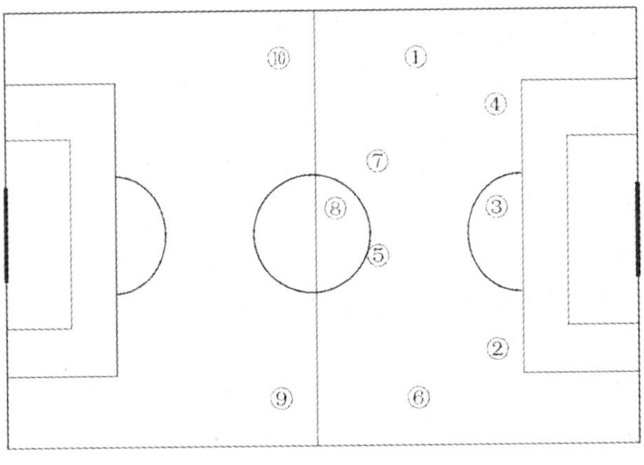

图4-21　11人制“三五二”式

特点是人力重点配合在中场。三个后卫对付对方双中锋;自由中卫保护、补位;五个前卫对口盯人,并重点盯逼对方控球队员,断截对方传球;两个前锋牵制对方的后卫。进攻时,两个前卫插上成“四锋式”;防守时,三个前卫回防,成“五三二”式防守。

7人制的阵形主要有“二二二”式、“一三二”式(图4-22)、“三二一”式。

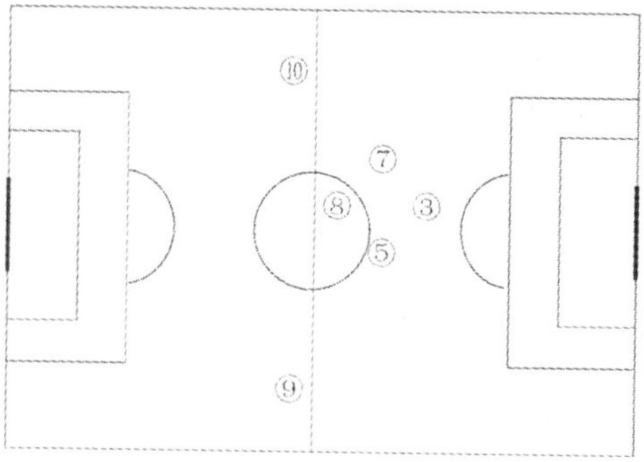

图4-22　7人制“一三二”式

五、常用的练习方法

(一)基本技术练习

1. 控制球练习

(1) 颠球:包括脚背正面颠球,单脚或左右脚混合交替;脚内侧颠球,单脚或左右脚混合交替;脚背内侧、外侧颠球,单脚或左右脚混合交替;大腿颠球,单腿或左右腿混合交替;胸部、肩部、头部颠球;几个部位连接颠球等。

(2) 左右脚交替横拨球:拨球脚的脚尖向上内转,髋、膝、踝关节放松。拨球频率由慢到快,快慢结合,可由原地拨球过渡到行进间拨球。

(3) 左右脚交替后拖球:脚前掌触球的顶部,左脚向后跳跃时,右脚将球向后拖;右脚向后跳跃时,左脚将球向后拖。

(4) 脚背内侧、外侧扣球:可单脚或左右脚自由、混合交替进行。

(5) 拖拨球:可单脚或左右脚自由、混合交替进行。

(6) 侧面跨内、跨外拨球:如右腿右跨,左腿向左拨球;右腿左跨,右腿向右拨球。左腿也可如此进行,也可左右腿交替进行。

(7) 原地、行进间转体90°或180°拖拨球。

2. 踢球练习

(1) 对墙连击

单脚或左右脚混合交替连击,由慢到快,快慢结合。各种踢球方法可混合进行。

（2）踢定位球练习

① 一人踩球，另一人做跨步踢球或助跑踢球练习，主要体会支撑脚站位、摆腿、脚法及击球部位的动作要领。

② 两人一球，相距5—10米、20—30米，踢定位球。

③ 踢准练习：两人一球，相距15—20米，中间设一栏架或两根竹竿（竿距可调整），要求击出的球从栏架或竹竿中间通过。

④ 踢远练习：两人一球，相距25—30米，对踢；或将球放在罚球区线上，向中圈大力踢球；或离球门30—35米，向站于球门内的同伴踢球。

⑤ 定位球射门练习：脚内侧射门、脚背内侧射门、正脚背射门等。

⑥ 踢弧线球绕障碍物射门练习。

（3）行进间踢球练习

① 两人一球，相距5—10米，甲方在原地传球给乙方，乙方在弧形移动中直接回传给甲方，两者交替进行。

② 两人一球，相距8—10米，甲方向前跑，乙方后退跑，直接运、踢、传球。

③ 两人一球，相距8—10米，跑动中直接横传球。

④ 三人一球，绕“8”字换位传球。

（4）射门练习

① 踢点球练习。

② 接正面来球，直接射门。

③ 接左右两侧来球，直接射门。

3. 停球练习

（1）停地滚球练习

① 两人一球，相距10米，一人踢地滚球，一人迎上停球。

② 跑动中停正面来球。

③ 跑动中停侧面来球。

④ 两人一球，相距5—6米，快速踢停地滚球。

（2）停反弹球、空中球

① 自抛自停反弹球或空中球。

② 两人一球，相距10—15米，一人手抛不同落点的球，另一人迎上停反弹球或空中球。

4. 运球练习

（1）直线运球：单脚或左右脚交替直线运球。

（2）弧线运球：沿中圈或罚球弧运球。

（3）变向运球：单脚或左右脚交替变向运球。

（4）曲线绕竿运球：曲线绕竿运球射门。

（5）中圈内自由变向运球。

（6）在多人站桩中穿梭运球。

5．头顶球练习

（1）两人一球，一人持球于头前，另一人做头顶球动作，主要体会触球部位动作的发力过程。

（2）自抛自顶，可单个或连续进行，主要体会动作要领。

（3）两人一球，相距3—5米，自抛自顶给对方。

（4）两人一球，相距3—5米，一抛一顶。

（5）两人一球，相距3—5米，互相连续顶球。

（6）两人一球，相距3—5米，一人抛球，另一人原地或跳起顶球，或在一退一进中原地或跳起顶球。

（7）头顶球射门练习，两人或三人一球，一人守门，一人抛球，另一人原地头顶球、跳起头顶球或助跑冲顶。

6．假动作练习

（1）传球假动作：两人一球，一人控球或正要传球时，如另一人迎面跑来抢球，则先做假踢动作，使其失去重心或方向，再做运球或传球动作。

（2）停球假动作一：在对方紧逼下停球时，先假装向右方停球，使对方失去判断，然后突然改变方向。

（3）停球假动作二：在停球时，如对方上前抢截，可先做假踢动作，让对方停下来，再突然改为停球。

（4）过人假动作：在背靠对方控球时，先向左（右）侧做跨步虚晃动作，使对方向左（右）移动，然后用右（左）脚外脚背把球向右（左）轻拨并转身过人。

（5）顶球改为停球的假动作：在停高球时，可先做假顶的动作，再突然改为头部停球、胸部停球或大腿停球。

（6）顶球假动作：面对来球，先假做胸部停球，诱使对方逼近抢球，然后突然改用头顶球传球。

（7）运球过人假动作：方法很多，如急停急起、运球虚晃、变向运球等。

7．掷界外球练习

（1）原地掷界外球：两人一球，互掷界外球，距离逐渐拉大。练习中，可要求球不落地。为增强手臂力量，可用实心球代替。

（2）助跑掷界外球：方法同上。

（3）界外球掷准、掷远比赛。

8．抢截球练习

（1）两人一球，相距3—5米，中间放一足球，两人同时上前，做跨步正面抢截球练习。

（2）两人一组，侧向站立，做侧面合理冲撞练习（力量适中）。

（3）两人一组，侧向站立，正前方放一足球，两人同时做跨步侧面合理冲撞控球练习。

（4）两人一组，结合射门，做追抢球练习。

9. 守门员练习

（1）守门员按教练员手势做左右或前后的移动练习。

（2）相距5—8米，守门员接同伴正面抛来或踢来的地滚球、平直球或高空球。

（3）守门员自抛自接高空球，在接球的同时要抬高大腿。

（4）相距8—10米，守门员跪在地上，扑接同伴正面抛向或踢向两侧的地滚球、平直球或高空球。

（5）相距10—15米，守门员站立，扑接抛向或踢向两侧的地滚球、平直球或高空球。

（二）基本战术练习

1. 摆脱与跑位、选位与盯人练习。

2. 带球过人练习。

3. 二三人的传球配合练习。

4. 三传一抢、四传二抢练习。

5. 在规定的场地范围内进行三对三、四对四、五对五抢截球、传球对抗练习。

6. 下底传中、中路包抄练习。

7. 半场攻防练习。

8. 教学比赛。

第四节　足球竞赛主要规则与裁判法

一、足球裁判的依据

（1）准则依据；（2）规则依据；（3）事实依据；（4）后果依据；（5）计时依据；（6）概念依据。

二、足球裁判的原则

（1）公正性原则；（2）正确性原则；（3）时效性原则；（4）独立性原则；（5）一致性原则。

三、主要的竞赛规则

（一）比赛用球

国际比赛用球应是圆形，它的圆周为0.68—0.71米。在比赛开始时，球的重量为396—453克。球充气后的压力应相当于0.6—1.1个大气压，即相当于在海平面高度情况下的600—1100克/平方厘米。（在平原，充气的压力一般为0.7—0.8个大气压）

（二）队员人数

1. 上场队员

11人制比赛的两个队，每队上场的队员不得超过11名，其中必须有1人为守门员，裁判员不能同意任何一个队在没有守门员的情况下进行比赛。如一个队的上场队员少于7人，应中止比赛。7人制比赛，每队上场队员不得超过7人，少于5人应中止比赛。

2. 替补队员

除竞赛规则另有规定外，每场比赛中，一个队只能允许3名替补队员上场，且必须是开赛前交给裁判员的不超过5名替补队员名单中的人选。

3. 替补守门员

在比赛中，守门员可以与场上其他队员调换位置，但是必须在经裁判员许可后，在死球时进行调换。

（三）比赛时间

11人制国际比赛的时间为90分钟，分45分钟上、下两个半场，两个半场之间的休息时间不超过15分钟；决胜延长期的比赛时间为30分钟，分15分钟两个半场；延长期开始前应休息15分钟，中间没有休息。7人制一般为50分钟，分25分钟两个半场，中间休息10分钟，无决胜延长期，直接罚点球。因故损失的比赛时间，裁判员应予以补足。

（四）比赛开始

1. 上半时开始

（1）上半时开始（开球）前，裁判员应召集双方队长，采用投币方法选择场区或开球（胜者有优先选择权）。

（2）开球时，球必须放在中点（开球点）上，裁判员鸣哨后，由开球队队员在开球点上将球踢向对方场区，在球向前滚动一周后，比赛开始。

2. 进球后重新开球

（1）一方队员进一球后，应由对方重新开球，继续比赛。

（2）进一球并已开球后，裁判员无权决定此进球无效。只有在开球前，裁判员才可以改判进球无效。

3. 比赛暂停后的恢复比赛

比赛暂停后，裁判员应在暂停时球所在的地点以坠球方式恢复比赛。

4. 下半时开球

（1）下半时比赛开始前，双方应交换场地，由上半时开球队的对方开球。

（2）裁判员绝对不能允许上半时开始时的开球队在下半时开始时继续开球。

（五）球出界与计胜方法

1. 球出界

球的整体从地面或空中越过边线或端线的外沿为球出界。

2. 胜一球

（1）进球有效

当球的整体，不论是在空中还是在地面上，从门柱间及横木下完全越过球门线外沿为胜一球（进一球）。

（2）进球无效

① 开球时，开球队员直接将球踢入对方球门。

② 掷界外球后，球未经其他队员触及直接进入球门。

③ 踢罚间接任意球后，球未经其他队员触及直接进入球门。

④ 踢罚直接任意球时，踢球队员连续两次或两次以上触球踢进球门，或直接把球踢进本方球门。

⑤ 罚球点球时，踢球队员将球向后踢，让同队其他队员踢进球门。

⑥ 开球门球时，直接将球踢入对方球门。

⑦ 队员在本方罚球区内，将任意球或球门球直接踢入本方球门。

3. 胜负

（1）在规定的整场比赛时间内，胜球多的队为胜队，胜球少的队为负队。

（2）比赛双方均未胜球或胜球数相等，应为平局。如需决出胜负，应按规则规定的以互踢球点球的方式决定胜负。

（六）越位

1. 越位位置

当攻方队员越过中线，位于球的前面，他与对方端线之间的对方队员不足两人时，该队员处于越位位置。

2. 越位

在同队队员踢球的瞬间，该队员如干扰比赛或对方，企图获得或已获得利益，应判越位。

3. 不判越位的情况

（1）该队员虽处于越位位置，但同队队员未将球传给他，而是传给同队其他队员。

(2) 该队员直接接球门球、角球、界外球或裁判员坠球。

(3) 该队员双脚踏在中线上,或一只脚踏在中线上,另一只脚踏在本方场内等。

(七) 犯规、警告、罚令出场

1. 犯规

犯规是指队员违反规则的行为。根据规则,犯规可分为两种:

凡队员故意犯下列九项规定中的任何一项,则判对方发直接任意球(可以直接射门得分,俗称"一脚球";如果该种犯规行为发生在本方罚球区内,应被判罚球点球,俗称"十二码球"):

(1) 踢或企图踢对方队员。

(2) 绊摔或企图绊摔对方队员。

(3) 跳向对方队员,目的不是去争球,而是通过不正当的手段,向对方队员身体进行冲撞或蹬踏,企图阻碍对方队员抢到球。

(4) 猛烈或带有危险地冲撞对方队员。

(5) 从背后冲撞对方队员。

(6) 打或企图打对方队员,或向对方队员吐唾沫。

(7) 拉扯对方队员。

(8) 推对方队员。

(9) 手触球(除守门员在本方罚球区内外)。

凡队员犯下列五项规定中的任何一项,则判对方发间接任意球(不得直接射门得分,除经非踢球队员触及),俗称"二脚球":

(1) 危险动作。

(2) 阻挡犯规。

(3) 球不在其控制范围内,目的也不是去争球,而是去做所谓的"合理冲撞"。

(4) 冲撞守门员。

(5) 守门员违例(用手接本方队员故意用脚踢的回传球违例、6秒手持球违例、二次触球违例)。

11人制罚任意球时,对方应距离球9.15米;7人制时,应距离球6米。

2. 警告

队员的犯规行为符合《足球竞赛规则》第十一章第2条任何一项时,应受到纪律处分,这种处分就是警告。警告的形式是被裁判员出示黄牌。

3. 罚令出场

最严厉的纪律处分是罚令出场。罚令出场的形式是被裁判员出示红牌,罚停赛一场。同一场比赛中累积两张黄牌就应被罚令出场。

（八）掷界外球、球门球、角球

如一队队员把球踢出边线出界，则由对方掷界外球；如攻方队员把球踢出对方端线出界，则由对方踢球门球；如守方把球踢出本方端线出界，则由对方踢角球。

四、裁判制

1. 对角线裁判制

这是当前国内外普遍采用的裁判制，其跑动路线如图 4-23 所示。

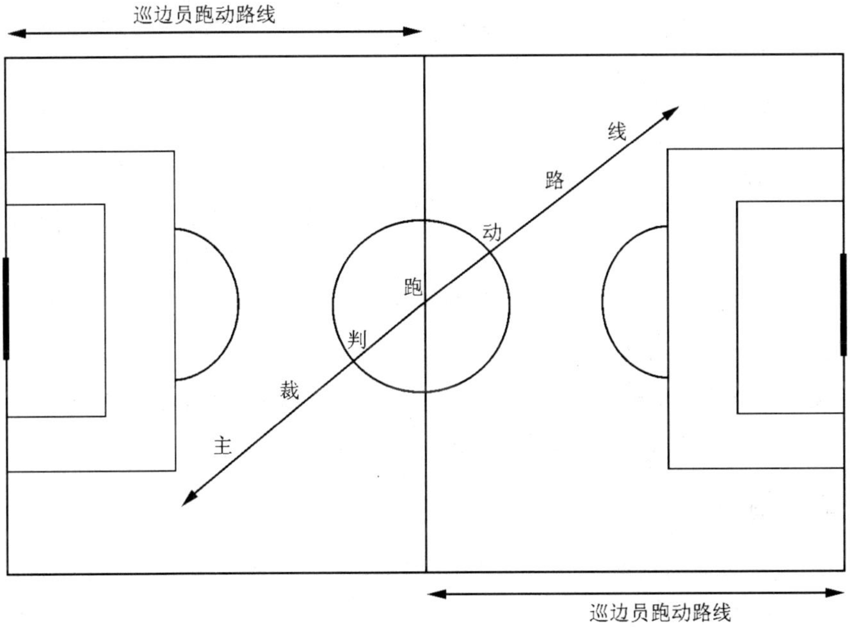

图 4-23

2. S 型跑位法

它的特点是裁判员跑动范围大，距球近，视野宽，判罚准，其跑动路线如图 4-24 所示。

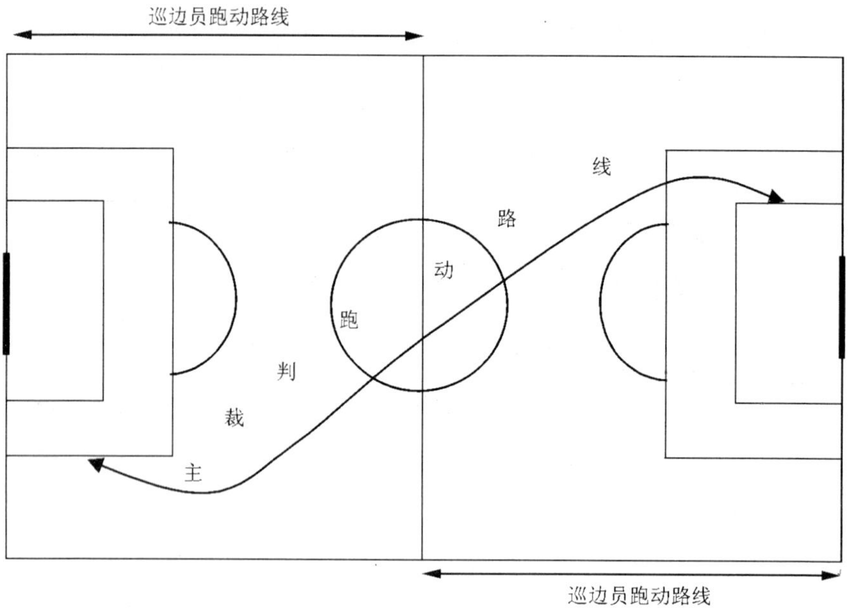

图 4-24

3. 双 S 型跑位法

这种跑位法近年较为盛行,它的好处在于跑球到位,判罚及时,处理果断,说服力强。它是 S 型的双翻版,即“8”字形。

五、比赛场地

1. 国际比赛场地必须是长方形,而且长度必须超过宽度。具体而言,其长度为 100—110 米,宽度为 64—75 米。正式国际比赛的场地(11 人制)长 105 米,宽 68 米,如图 4-25 所示。

2. 足球比赛场地由边线、端线、球门线、中线、球门区、罚球区、角球区、中点、罚球点、中圈、罚球弧构成(简称“四线”“三区”“二点”“一圈”和“一弧”)。

3. 7 人制小足球场地长 60—70 米,宽 45—55 米,点球点距门 9 米,中圈半径 6 米,球门宽 5.40 米,门柱距球门线 4 米、距罚球线 10 米,角球区半径 1 米,罚球弧半径 6 米。

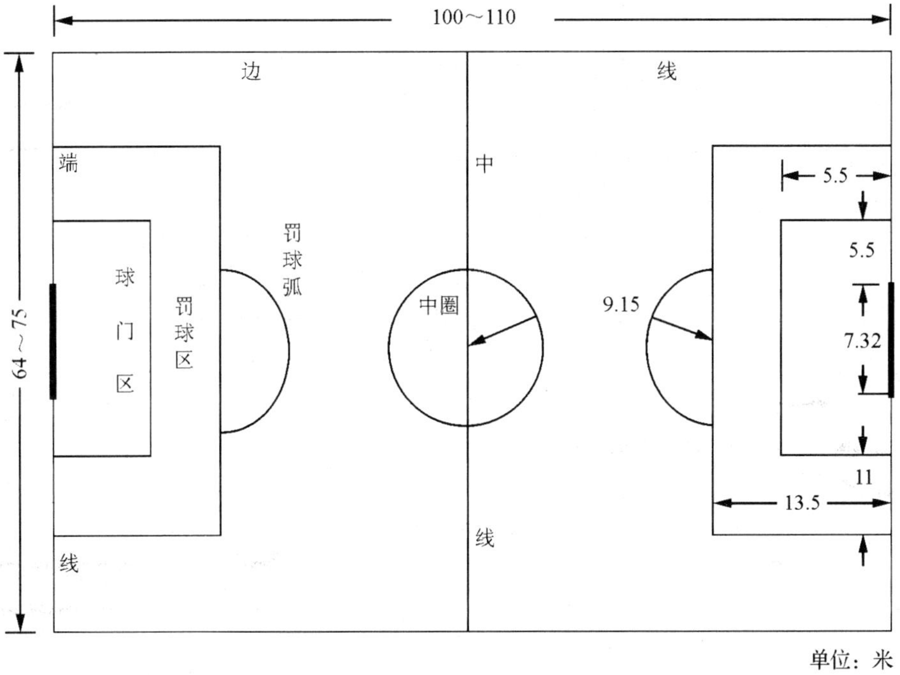

图 4-25

第五章　棒　垒　球

第一节　概　　述

现代棒球运动脱胎于英国的板球运动,创始人窦布戴伊于1839年在美国纽约创立了该项运动。1845年,美国人亚历山大·卡特赖特制定了第一部棒球竞赛规则,并正式起用了"棒球"(baseball)这一名称。1938年,在英国举行了第一届世界业余棒球锦标赛。国际业余棒球联合会成立于1976年。从第25届奥运会起,棒球被列为正式比赛项目。

垒球运动是在1887年从室内棒球逐步演变发展形成的一个独立比赛项目。1933年制定了第一部统一的比赛规则,并取名为"垒球"(softball)。1952年,国际垒球联合会(以下简称"国际垒联")宣告成立。在国际垒联的积极努力下,从1996年第26届奥运会起,垒球被列为正式比赛项目。

棒垒球虽然在20世纪初就传入我国,但是其普及程度远不及其他运动项目。经过棒垒球工作者多年的努力,特别是我国女子垒球的发展呈现出了良好的态势。自从1976年我国加入国际垒联以来,涌现出了一批又一批世界级的优秀垒球运动员,在国际赛场上多次获得世界锦标赛亚军、世界青年锦标赛冠亚军。在第26届奥运会上,我国女垒健儿勇夺亚军,翻开了我国垒球运动发展的新篇章。

棒垒球运动是一项集对抗性、集体性、协调性、智慧性于一身的运动;是一项比意识,比心理,比灵巧,比相对速度、相对力量、相对耐力的运动。它具备了其他集体球类运动项目的特点:既体现团队精神,又充分表现自我;既培养指挥才能,又提倡奉献与服从。同时,它也是一项充满活力并对身心发展有着良好作用的高智商运动。它所拥有的田径特色、团队精神和个人英雄气质,非常为当代大学生所追捧。

棒球和垒球的技术、战术和比赛方法基本相同,只是场地大小、球和棒的尺寸和重量以及投球和离垒的方法不同。棒垒球的比赛方法与其他球类有非常大的差别,即攻守截然分开。

第二节　基本技术

棒垒球技术包括防守技术(接球、传球和投球)和进攻技术(击球和跑垒),它们是构成各种战术的基础。

一、防守技术

1．接平直球

（1）技术要点

正面对传球者站立，两脚分开同肩宽，双膝微屈，双肘屈，合手置于胸前，双眼正视传球者。戴手套不能太深，也不能太浅，太深则使用不灵活，太浅则容易被传球打落。不论高低、左右的传球，都要用手套的掌心对着来球接，使手套正面成一平面，与传球成为垂直面，绝不可用手套的手指对着来球接。传球在腰部以上，手指朝上；传球在腰部以下，手指朝下；传球偏右，如果来得及移动身体，则用正面双手接，仍按腰部上下传球的要求；如果来不及移动身体，则手指朝右，单手接球。传球偏左，手指朝左；传球偏右下侧时，可用正手接，也可用反手接，而不论正手、反手，手指都要朝右。手套的接球位置在虎口与掌心之间，球进入手套后，双手合拢后引，右手伸入手套拿球。

（2）练习方法

① 徒手变换接上、下、左、右、上左、上右、下左和下右八个方向来球的手套位置。

② 近距离接抛球。

2．接地滚球

（1）技术要点

面对来球，两脚分开比肩稍宽，前导脚稍前，轴心脚稍后，屈膝，上身前俯，重心置于双脚前掌，双手自然放在双膝之前，双眼正视来球。正面迎球，双手前伸靠拢，手套张开，掌心向前上方，贴地，传球手放在手套上，调整步法，在地滚球弹跳到最高点或刚着地时，用双手接球。（图 5-1）球进入手套后，传球手覆盖手套，并将手套稍后引，以免球从手套弹出。同时，传球手把手套里的球抓住，准备垫步，再将传球臂后摆，做好传球准备。

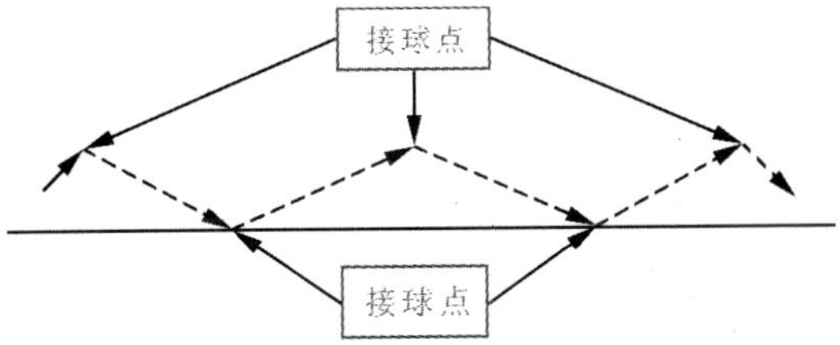

图 5-1

接地滚球时，除非来球很迅猛而来不及上前接，其他情况只能上前接，而不能等着接，更不能退后接。特别是接球速不快的地滚球时，必须起步向前，在距来球 1—2 米时下蹲接球。接左前方或右前方的地滚球时，起动路线不能与来球

路线交叉,不能等球到跟前才下蹲接球,而应留有余地,采取弧形跑动路线,然后在距来球 1—2 米时下蹲接球。(图 5-2)

图 5-2

(2) 练习方法

① 徒手下蹲,做双手正面接地滚球练习。

② 练习接近距离抛来或传来的地滚球。

③ 练习接教练击出的地滚球。

④ 结合内外场练习接地滚球。

3. 接高飞球

(1) 技术要点

面对前方,两脚分开比肩稍宽,左脚稍前,两膝微屈,上体前倾,双手自然放在双膝前或胸腹前,两眼正视前方,注意力集中。接高飞球时,先判断其落点,迅速起动到落点附近。

正对来球,自然站立,双臂屈肘,上举到头部前上方,手套手指朝上,掌心向前上方张开,传球手放在手套旁,双眼从手套上沿看来球,球进入手套时,传球手将球覆盖,用双手牢牢把球接住,同时顺势后引,准备传球。在移动中,不要将手套放在头上。接身后高飞球时,应采用侧身跑或侧身跑后再接侧身跑的方法。

(2) 练习方法

① 近距离原地接抛来的小高飞球。

② 步伐练习:侧身跑与后转身组合练习。

③ 接教练击出的高飞球,并结合内外场练习接高飞球。

4. 传球技术

(1) 握球方法

棒球的握球方法:把球放在食指和中指的指根,这两指放在球体的上部,两指分开约一指宽,两指的第一指节前部要压在球缝处,拇指和无名指扶持球体下部两侧，拇指第一指节也要压球缝，形成三点压球缝，两点在上，一点在下正中。不要把球握在掌心，也不要把球完全贴在虎口，球与虎口之间要留有空隙。不要把球握得太紧或太死，要放松些。（图 5-3）

图 5-3

垒球的握球方法：食指、中指、无名指自然分开，指根以上部位放在球体上方，大拇指放在球体下方，小指放在球体外侧。手型较大或手指较长者，也可以采用棒球的握法。

（2）传球技术

传球姿势由于出球位置的不同而分为肩上、体侧和肩下传球三种。

这三种传球姿势中，以肩上传球姿势最为合理，此种传球有力而准确，且不易伤及肩臂。因此，要以肩上传球姿势为主，只有在特定情况下，才用体侧和肩下传球姿势。

肩上传球的动作要领：正面对着传球目标站立，两脚分开同肩宽，双膝微屈，左脚稍前，双眼正视接球队员的胸前，两手持球置于身前。身体向传球臂方向转动约 90°，右臂摆向身后，左脚向传球方向前移，准备伸踏。这时，以右脚或双脚支撑整个身体，使之保持稳定，两臂前后分展，球在掌下。随左脚向传球方向伸踏落地，身体左转，左臂屈肘，向左肩后收，带动右臂从身后向身体右上方（体侧 3/4 部位）前送。待通过体侧线时，用力甩臂扣腕，将球在身体前上方传出，双眼始终盯准接球者。右臂从身后前送时，要使手背在下，球在上，肘平肩屈成 90° 左右，肘关节不低于肩关节，腕不低于右耳，也不能过于靠近右耳。甩臂扣腕要由上向下用力，借助转髋力量，要有爆发力。球出手时，食指和中指第一指节压球缝部分要有拔指动作，使传出的球做由下向上的旋转，加速球体向前运动的冲力。（图 5-4）

传球出手后，右臂继续向身体左下方摆动，上身自然下压，右脚前移，成接球的准备姿势。

（3）练习方法

① 连续往自己手套里传球、拿球，体会握球的要领。

② 肩上传球姿势：连续抽毛巾练习。

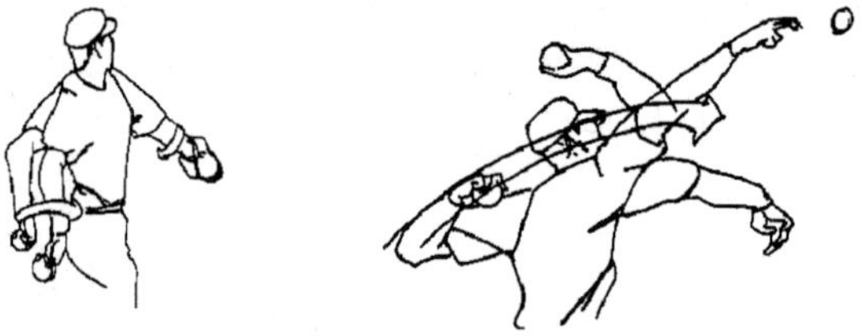

图 5-4

③ 两人间由近到远、由远到近传接球练习和垒间传球练习。

④ 结合内外场练习传球。

5. 棒球投球技术(以右投为例)

投球有正面投球和侧身投球两种姿势,投手可随时选择其中一种姿势投球。正面投球就是投手正面向着击球员站立投球,侧身投球就是投手侧身向着击球员站立投球。它们之间的区别在于前者便于投球,后者便于传牵制球,因为棒球比赛中跑垒员不受离垒限制。因此,在垒上没有跑垒员时,不论右投还是左投,投手都采取正面投球姿势;而在垒上有跑垒员时,则采取侧身投球姿势。

无论正面还是侧身投球,根据投球出手时投球臂的角度和出球点的高低,有三种投球方法:上投法、侧投法、下投法。其中,上投法是最基本的投球技术。

(1) 正面投球技术要点

准备姿势:右脚踏在投手板上,左脚放在投手板两侧以外的任何地方,正面对着接手,右手调整握球的位置,将食指、中指的指尖压在球的线缝上,保持握球的隐蔽性和身体的稳定性。

投球预摆:双臂向上摆动并合手,转体提膝,重心置于右脚,双眼注视接手。应尽可能提高提膝的高度,但是不能破坏身体平衡。

投球出手:右膝微屈蹬地,左髋前送,左脚伸踏,根据腿部力量决定伸踏幅度。上体左转,重心前移,左臂屈肘后收,右臂前挥,手腕下压,手指拨球出手。

投球臂随挥:技术动作与肩上传球相似。(图 5-5)

图 5-5

练习方法：

① 两脚前后站立成投球姿势，进行徒手和对网投球练习。

② 完整动作的徒手和对网投球练习。

③ 配接手的投球练习。

④ 击球员击投手球时的投球练习。

（2）侧身投球技术要点

侧身投球的技术动作和正面投球基本相似，同时也有一些差异，主要体现在以下几方面：

准备姿势：身体侧对接手，两脚左右开立，左脚在前，右脚踏在投手板上，并保持身体静止。

投球预摆：侧身投球无须预摆。提膝高度视投手的动作速率和投球速度而定。

投球出手：投球出手和投球臂随挥的技术动作与正面投球相似。

练习方法：与正面投球基本相似。

6. 垒球投球技术（以右投为例）

垒球投球方法有后摆式和绕环式两种。目前，国际上普遍采用绕环式投球方法。初学者往往从学习后摆式投球入手，因该方法较易掌握且准确性也易控制。现将该方法介绍如下：

（1）技术要点

握球：与传球的握法相同，最好是食指和中指握在球的线缝上，借以加强对球的控制力量和球的旋转。

踏板位置：两脚站在投手板上，可平行站立，或右脚稍在前，触踏在板的前沿，脚尖稍偏向三垒，左脚在后，触踏投手板，两脚之间距离略小于肩宽，重心落在右脚上，身体自然放松，两肩与一、三垒平行，面对击球员。

投球动作：投球前，双手握球置于身前。静止后，两手分开，开始做向后摆臂动作。右手握球，右臂直臂，经体侧由下向后上摆。在后摆的同时，上体前倾并向右转，左腿屈膝提踵向右转。当摆臂至后上方最高点时（约与地面垂直），左脚向正前方迈出一大步，成弓箭步，利用身体前倾（重心前移）、腰部扭转、髋关节前送和右脚的用力蹬地，加快手臂下摆速度。最后，加上手腕和手指的力量，将球经体侧向前投出。球出手后，右臂继续前摆，右脚顺势跨出一步，与左脚平行，两膝微屈，上体前倾，做好防守准备。

（2）练习方法

与棒球练习方法基本类似。

二、进攻技术

进攻技术包括击球技术（挥击球、触击球）和跑垒技术。击球技术是棒垒球运动中进攻的基本技术,也是最重要的技术。跑垒是进攻技术的一部分,它包括跑一个垒、连续进垒和离垒。

1. 挥击球(以右打为例)

(1) 技术要点

握棒:双手握棒,左手在下,右手在上,两手并拢,不留空隙。把棒放在右手指第三指节根部、左手指第三指节上,然后合手拧紧。(图 5-6)

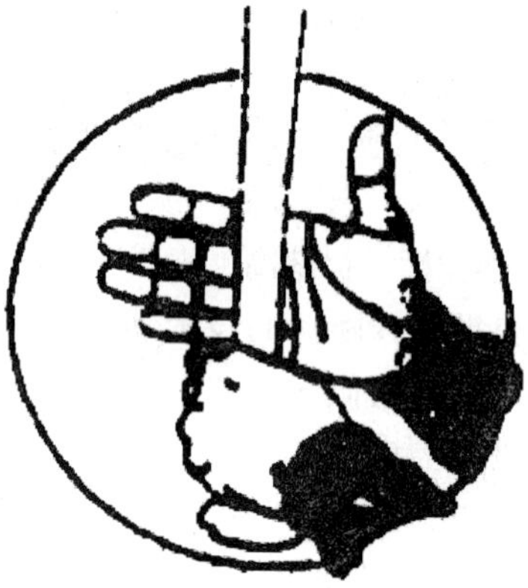

图 5-6

准备姿势:击球员的站姿有开放式、封闭式、平行式三种。(图 5-7)

图 5-7

平行站姿对初学者较为适宜。当击球员进入击球区后,应正对本垒板站立,两脚分开同肩宽,两膝微屈,双手握棒,像持雨伞那样将棒立于右肩前,左臂横放胸前,离胸部约一拳,头部转向投手,注视投手投球动作,全身放松。

挥棒与击球:在投手开始摆臂时,击球员应将重心移至右脚上。在投手投球出手的一刹那,击球员左脚向前伸踏一小步,重心随即落在两脚上,双膝微屈,右脚以前脚掌为轴,向内转动,髋关节主动左转前移,带动腰及上体向前转动,同时握棒的双手以腕领棒,加速前挥。当挥棒的两臂伸直时,也就是挥棒速度最快、力量都集中在棒头的时候,以棒的粗端在本垒板前上空把球击出。在触球的一刹那,手腕要向前用力顶一下,以增加击球力量。击中球后,棒要继续挥动,不得停顿。右手要向上翻腕,同时随势屈肘,当双手贴近左肩时才算完成整个挥棒动作。击中球时，重心应在两腿之间，左脚伸直，右脚屈膝，脚步稳定，支撑有力。在整个挥棒击球过程中，两眼要始终注视来球，特别是击中球的一刹那。挥棒速度由慢至快，基本上与来球保持同一水平方向。根据来球的内外、高低，击球员要随时改变棒的挥动轨迹和击球点。（图 5-8）

图 5-8

（2）练习方法

① 转髋和伸踏的徒手练习。

② 挥空棒练习。

③ 击立柱球、垂直抛击球和斜抛击球练习。

④ 轻击球和击投手球练习。

图 5-9

2. 触击球(以右打为例)

（1）技术要点

击球前的准备姿势与挥击球相似。当投手投球出手后，击球员向左转体，重心前移，两膝弯屈，右脚提踵，收腹含胸，上体前倾，左手斜握棒柄，右手采用拇指在上、四指弯屈在棒下或五指朝上的握棒方法滑向棒的 1/2 处，双臂屈肘前伸，使棒的粗端略高，并在 1/3 处触球，眼睛与球棒的触球位置平齐，以便盯住来球。（图 5-9）在棒碰触球的瞬间，小臂和手腕要有缓冲。根据来球的高低、内外，击球员要用双膝和双手调整棒的位置。

（2）练习方法

① 触击动作练习。

② 抛(投)球触击练习。

2. 跑、离垒

（1）跑垒的技术要点

在跑一个垒时，应直线跑进；而跑两个或两个以上垒时，应先向外绕弧线，然后身体向里倾斜，并用脚踏垒包的内角。（图 5-10）无论怎样跑垒，只要跑垒员在到达垒位之前有被杀的可能(除击跑员跑向一垒外),就应滑垒或扑垒。

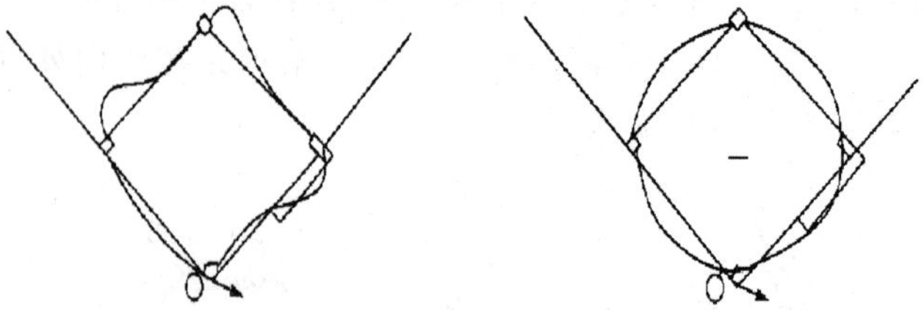

图 5-10

(2) 离垒的技术要点

① 棒球的离垒

当投手踏上投手板并合手后,跑垒员后交叉步离垒 2—3 米,面向场内,两脚分开,屈膝弯体,重心置于左脚,两臂体前自然下垂,注意观察投手动作。当投手开始投球时,跑垒员可以直接跑向下一个垒,或向前起动,根据击球员击球与否和击球情况再作出跑垒和返垒的决定。当投手向垒上传牵制球时,跑垒员应立即返垒(二垒跑垒员在二垒手或游击手进二垒时,也应返垒)。返垒可以是扑垒,也可以是跑垒。

② 垒球的离垒

当投手踏上投手板并合手后,跑垒员的一脚踏在垒上,然后屈膝弯体,重心置于前脚,身体正对下一个垒位,双眼注视投手。球出手后的离垒与棒球相似。

(3) 跑、离垒的练习方法

① 起动、急停、转身练习。

② 挥棒起动跑一垒练习。

③ 各垒位的起动连续跑垒练习。

④ 高飞球时的离垒和跑垒练习。

⑤ 实战练习中的跑垒和偷垒练习。

跑垒时,应注意按规则要求跑。后位跑垒员的跑垒应视前位跑垒员的跑垒情况而定。棒球离垒时,特别要注意看清投手的动作,以免被牵制出局。

第三节 基本战术

棒垒球比赛的战术是在特定场合下所采取的打法。它带有一定的局限性,但是在关键时刻也能起到决定性的作用。

一、进攻战术

1．单偷垒

（1）技术要点

当一垒或二垒或一、二垒跑垒员在投手投球开始时（棒球）或投球出手时（垒球），快速向下一个垒跑进，击球员采用挥空棒或假触击的方法给予掩护。

（2）练习方法

在投手、接手的配合下练习。棒球跑垒时，要注意观察投手的投球动作。对垒球，应注意不要离垒过早。

2．牺牲触击战术

（1）技术要点

两出局前，一垒或二垒或一、二垒或一、三垒有跑垒员时，击球员采用触击的方法将投手投来的球击进场内，而跑垒员则乘机跑向下一个垒。

（2）练习方法

结合防守进行练习。击球员只触击好球，而放弃坏球。触击腾空球时，跑垒员要等到球落地后，才能向下一个垒跑进。击球员只有在完成触击任务后，才能起动跑向一垒。

3．抢分触击战术

（1）技术要点

两出局前，三垒或二、三垒或一、三垒有跑垒员时，击球员采用触击的方法将投手投来的球击进场内，而三垒跑垒员则采用单偷垒的方法冲向本垒。

（2）练习方法

结合防守进行练习。好坏球都要触击。若遇击球员触击未成，或触击成腾空球时，跑垒员应急停返垒。

4．牺牲打击战术

（1）技术要点

两人出局前，通常在二垒或三垒，或二垒和三垒有跑垒员时，采用此类技术较多。击球员将球打击成高飞球的状态打击至外野手中，跑垒员通过防守队员将球接住之后或同时踏垒选择性地跑向下一个垒。

（2）练习方法

结合防守练习，通过跑垒员在垒位上观看外野手是否将高飞球接住来选择是否跑向下一个垒位。

二、防守战术

进攻与防守是互为矛盾的，根据进攻战术采取针锋相对的打法，这就是防守战术。

1. 防单偷垒战术

(1) 技术要点

投手利用传牵制球控制跑垒员的离垒距离(棒球),有偷垒可能时,投手投偏外的球,二垒手或游击手向所要偷的垒位靠近二三步。

(2) 练习方法

接手接投手球后传各垒位的练习和单偷垒战术组合练习。二垒手移动要迅速,接手动作要快,传球要准。

2. 防牺牲触击战术

(1) 技术要点

一、三垒手采取紧迫防守的站位,投手投本垒板两侧偏高或偏低的好球。守场员接球后,争取传杀前位跑垒员,若不行,则往一垒传杀击球员。

(2) 练习方法

垒上无跑垒员或有跑垒员的情况下,防教练棒击出的触击球。结合攻队牺牲触击战术进行练习。防守队员起动要快,补位要迅速。

3. 防抢分触击战术

(1) 技术要点

投手投偏外的坏球,一、三垒手采取紧迫防守的站位,见触击动作就起动,赶在三垒跑垒员前将球传至本垒。

(2) 练习方法

结合抢分触击战术进行练习。防守队员起动要快,传球要准,接手持球要牢固。

第四节 棒垒球比赛方法与规则简介

一、比赛方法

棒垒球比赛是在一块直角扇形的场地上进行(图 5-11),每队有 9 名队员上场参加比赛。比赛开始时,9 名防守队员按防守位置站列,攻队则按照赛前教练员排定的击球次序轮流击球。击球员的目的是将投手投来的球击出,然后通过跑垒争取安全上一垒、安全上二垒、安全上三垒,最后安全返回本垒得分。守队则是通过投手的投球和其他队员的防守,抑制击球员的击球和跑垒员的跑垒,争取将他们杀出局。如果守队在防守中累计将 3 名攻队队员杀出局,则双方攻守交换。一个队攻、守各一次为一局。棒球比赛为 9 局,垒球比赛为 7 局,最后根据得分多少决定胜负。一般情况下,棒垒球比赛无平局,需通过增加局数决胜负。

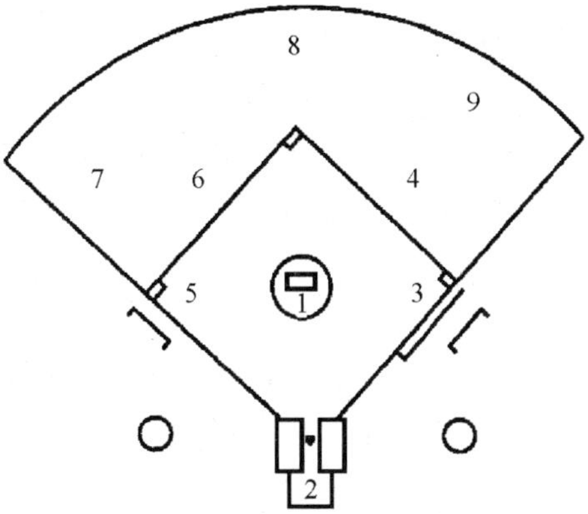

图 5-11

1:投手　2:接手　3:一垒手　4:二垒手　5:三垒手　6:游击手　7:左外野手　8:中外野手　9:右外野手

二、规则简介

1. 比赛人数

每队必须有 9 名上场队员才可以开始或继续比赛,否则判弃权。

2. 三击不中

投手投出的球通过本垒板上空,高度在击球员自然击球时的腋下、膝上为好球(图 5-12),判一击;否则为坏球,判一球。此外,击球员挥(触)击未中,也判一击。如果击球员被判三击,则出局。

图 5-12

3. 界内球

击出的地滚球或腾空球在一、三垒垒包前(包括垒包),未碰到任何障碍物而进入垒线以内,或击出的腾空球第一落点在一、三垒垒包后的垒线以内(包括垒线),为界内球,否则为界外球。若击出的腾空球从界内地区上空直接越过本垒打围网,为本垒打。击球员在二击前,击一个界外球,判一击,二击以后不再判击。但是,二击后触击成界外球时,则判击球员出局。

4. 申诉

守队可以在投手投出下一个球前对攻队的击球次序错误、漏踏垒或高飞球离垒过早向裁判提出申诉,裁判员根据规则给予安全或出局的判罚。

5. 妨碍

跑垒员在跑垒过程中与正在接球的防守队员发生冲撞,或被击出的球击中,则判跑垒员出局,其他跑垒员返回原垒。

6. 投球离垒过早

垒球比赛中,跑垒员在投手投球出手前离开垒位,则判跑垒员出局。

第六章　乒　乓　球

第一节　概　　述

一、乒乓球运动的起源和发展

乒乓球运动起源于19世纪末的英格兰,它是双方以球拍在中间隔网的球台上轮流击球的一项球类运动。其特点是球小、速度快、变化多,富于对抗性、技巧性和趣味性,且设备简单,不受年龄、性别、体质和体育基础的限制。经常参加乒乓球运动,可提高人的灵敏性和协调性,改善心血管系统的机能,达到增强体质的目的。

乒乓球运动于19世纪末作为娱乐游戏活动出现,经过若干年的发展,到20世纪初逐渐成为一项竞赛性、有规则规定的体育运动。从1926年第一届世界乒乓球锦标赛至今,乒乓球运动的发展可大致概括为以下几个阶段:

(一)欧洲的全盛时期

乒乓球运动是从欧洲兴起并向世界传播的。在20世纪50年代以前,欧洲人主宰了世界乒坛,特别是1902年英国人发明了胶皮球拍,使乒乓球技术发生了变化。由于胶皮球拍较之木制球拍,弹性和摩擦力都要大,可以制造出一些旋转的变化,因而也就创造了一些新的打法,同时也促进了削球技术的发展。在这一时期举办的数届世界乒乓球锦标赛(以下简称"世乒赛")中,欧洲人夺得了大部分的冠军。

当时,乒乓球技战术的指导思想是重守轻攻,以不失误为原则,在比赛中往往出现一个球能打几十甚至上百个回合的情况,致使比赛时间很长,观众也看得兴味索然。为了改变这种状况,国际乒联修改了规则,如增宽球台、降低网高以及规定比赛时间等。这些措施鼓励了进攻打法,加快了比赛节奏,在某种程度上限制了消极的防守打法,使乒乓球运动向攻守平衡方向前进了一大步。

(二)日本的突破

20世纪50年代初,日本人发明了海棉球拍,这种球拍弹力大,打出的球速度快,更利于进攻型打法。1952年,日本运动员首次在世乒赛上使用这种球拍,采取远台长抽结合快速移动的打法,一举夺得了第19届世界乒乓球锦标赛的4项冠军,打破了数十年来欧洲人垄断世界乒坛的局面。后来,日本队又在第20—25届的世乒赛上蝉联男团冠军,进入全盛阶段。这同时也标志着乒乓球运动的优势开始转入亚洲。

（三）中国的崛起

大约在1904年，乒乓球运动由日本传入我国。50年代，我国在全国范围内开展了群众性乒乓球运动，使技术水平得到了很大提高。当时，我国乒乓球队认识到速度的重要性，因而对球拍进行了改革，使用以快速为主的正贴海绵拍，站位近台，充分发挥了速度的优势。1953年，我国首次参加了第20届世乒赛。1959年，我国运动员容国团第一次夺得了世乒赛男子单打冠军，标志着我国乒乓球运动在世界的崛起。1961年在我国主办的第26届世乒赛上，我国乒乓球队以快制转，并辅以以转破转的打法，一举夺取了男团、男单和女单冠军。从此，我国乒乓球队节节胜利，走到了世界前列，并长盛不衰，我国成为世界公认的乒乓强国。

（四）欧亚对抗的格局

进入20世纪70年代以后，欧洲人经过多年探索，吸取了中国快攻打法和日本弧旋打法的优点，把旋转和速度融为一体，创造了以快攻为主结合弧圈球和以弧圈球为主结合快攻这两种先进的打法，其特点是积极主动，两面都能拉弧圈球，拉扣结合，站位中近台，以凶狠为主，回球威胁性大。同时，我国的近台快攻也有了新的提高和发展。欧亚之间的相互交流、相互促进使乒乓球运动的技战术达到了新的水平，世界乒坛也呈现出“群雄争霸”的局面。

二、乒乓球运动的基本知识

（一）球

乒乓球是由一种化学物质赛璐珞或类似的塑料制成的，形状呈圆球体，白色或橙色，且无光泽。标准球的直径应为40毫米，重量为2.7克。

（二）球台

乒乓球的球台为长方形，长2.74米，宽1.525米，离地面高0.76米。球台的台面一般用木材制成，也可以用其他材料制成。不论用何种材料，其弹性的标准是一致的，即标准球从0.3米的高处落至台面，弹起高度约为0.23米。

比赛台面应呈均匀的暗色，无光泽，沿每个2.74米的比赛台面边缘各有一条2厘米宽的白色边线，沿每个1.525米的比赛台面边缘各有一条2厘米宽的白色端线。

双打时，各台区应由一条3毫米宽的白色中线划分为两个相等的“半区”。中线与边线平行，视为右半区的一部分。

（三）球网

标准的球网高15.25厘米，且与台面垂直。球网装置包括球网、悬网绳、网柱及将它们固定在球台上的夹钳部分。整个球网的底边应尽量贴近比赛台面，两端应尽量贴近网柱。球网将球台划分为两个相等的台区。

（四）球拍

球拍由木制底板和表面覆盖物构成，其尺寸、形状和重量均不限。底板应平整、坚硬，至少应有85%的天然木料。球拍两面不论是否有覆盖物，必须无光泽，且一面为鲜红色，另一面为黑色。球拍有直拍和横拍两种。运动员根据不同的打法和技术，选择不同性能的球拍。正胶海绵拍：特点是弹性好，击球稳且速度快，适合近台快攻的运动员使用；生胶海绵拍：特点是击球有下沉性，搓球旋转弱，适合近台攻球的运动员使用；反胶海绵拍：特点是打球的旋转力强，适合弧圈型和削球运动员使用；长胶海绵拍：适合削球运动员和攻削运动员使用；防弧海绵拍：适合削球运动员使用。

（五）场地

乒乓球的比赛场地为长方形，其长度为7—14米，天花板高度不得低于4米。在正式比赛中，场地周围不能有明亮的光源，且场地的地面不能呈白色，以免影响运动员的视线。

第二节 基本技术与练习方法

一、握拍技术

（一）握拍的重要性

握拍技术是乒乓球的入门技术之一。握拍技术好，可提高手、臂及手腕的灵活性，对及时调节拍形有重要作用。如果握拍技术不好，则不仅影响手、臂及手腕的灵活性，使击球动作别扭，而且影响发力，难于提高技术。

（二）握拍的方法

1. 直拍近台快攻型握拍法

拍前，以食指第二指关节和拇指第一指关节扣拍，指距一指，虎口贴住拍柄；拍后，三指自然弯曲贴于拍的1/3上端，中指第一指关节顶住拍子。正手攻球时，拇指压拍，食指放松；反手推挡时，食指压拍，拇指相对放松。（图6-1）

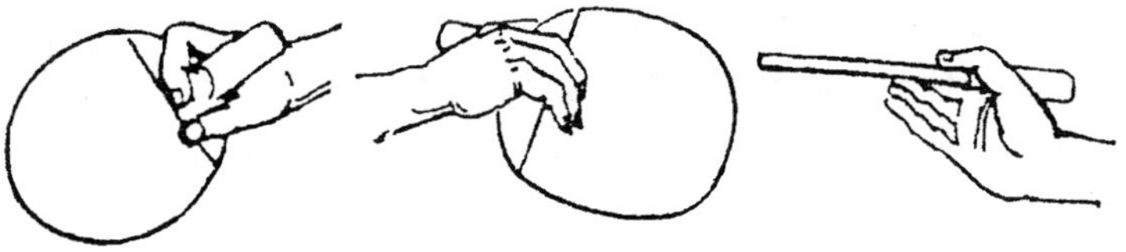

图 6-1

特点：手腕和手指的动作灵活，出手快，正手攻球时快速有力。但是，反手攻球时不易起重板,防守时照顾面积较小。

2. 横拍握法

虎口贴拍,中指、无名指、小指握住拍柄,拇指放在正面,食指自然伸直置于背面。正手攻球时,食指稍向上移动;反手攻球时,拇指稍向上移动。(图 6-2)

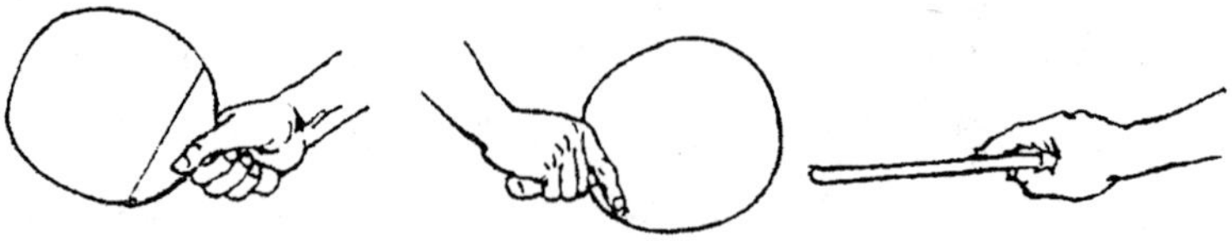

图 6-2

特点:照顾面积比直拍大,便于发力,削球时易于发挥手臂力量和掌握旋转变化。但是,台内正手攻球较难掌握。

(三) 握拍应注意的问题

1. 握拍方法要稳定,不要轻易改变握拍方式,以便保持相对稳定的击球动作。

2. 握拍不能过紧、过松或太深、太浅,以免影响手腕动作的灵活性与击球的力量和命中率。

3. 不论直握还是横握,在准备击球时或把球击出后,手指都不要过分用力握拍,以便使拍形恢复到准备击球的状态,也可使手的各部分肌肉及时放松,避免手腕、前臂的僵硬。

二、基本姿势

两脚平行站立比肩稍宽,提踵,前脚掌内侧用力着地。两膝微屈稍内扣,上体略前倾,重心在两脚之间。以右手持拍为例,持拍手臂自然弯曲,置于身体右侧,肘略外张,手腕、手指放松,球拍置于腹前,向左成半横状,拍形保持自然后仰。

基本姿势也就是准备姿势,是一切基本技术的开始和终止。准备姿势的正确与否,直接影响到步法移动以及引拍、挥拍等技术动作的正确性。正确的准备姿势不仅有利于快速起动和照顾全台,而且有利于随时采用各种技术回击来球。因此,每接一球后都要迅速还原到准备姿势,以便进行下一个击球。

三、基本站位

左推右攻打法运动员的基本站位在右近台中间偏左,两面攻打法运动员的基本站位在近台中间,弧圈球打法运动员的基本站位在右中台偏左,横板攻削结合打法运动员的基本站位在中台附近,以削为主打法运动员的基本站位在中远台附近。

四、基本步法

乒乓球比赛双方经常运用控制落点、调动对方、“出其不意，攻其不备”的战术。因此，来球的落点变化无常。要想准确地接球还击，除必须具备快速的反应和良好的素质外，还要靠正确的步法使自己能及时移动到合适的击球位置。常用的步法有以下几种：

1. 单步：以一脚前脚掌为轴，另一脚向前后或左右移动一步。一般在来球角度不大时采用，特点是移动快、范围小。

2. 换步：一脚向来球方向移动，另一脚随即跟着移动一步。一般在两面攻打法从基本站位向左右移动时采用。

3. 跳步：一脚用力蹬地，使两脚离开地面，同时向前后、左右跳动。一般在来球角度较大、速度较快时采用。

4. 跨步：与来球同方向的脚向侧跨一大步，脚跟着地，另一脚再跟着移动。一般在来球急、角度大、离身体稍远时采用。

5. 侧身步：左脚先向左跨出一步，右脚随即向左后移动；也可用左脚先向前插上，右脚随即向左后移动。一般在来球逼近身体时采用。

6. 交叉步：与来球反方向的脚向来球方向移动，并超过另一脚，另一脚再向来球方向移动。一般在来球离身体远时采用。

五、发球技术

乒乓球比赛时，发球是唯一不受对方制约的技术，同时也是争取主动、先发制人的第一环节。因此，发球时要出手快、变化多、落点好，这样既可直接得分，还可为进攻创造机会。

（一）发球的基本方法

发球主要由抛球和挥拍击球两个动作组成。抛球是前提，击球部位和挥拍方向是决定发球性质的关键，用力大小和第一落点的远近是发球变化的条件。发球的方法很多，常用的有以下几种：

1. 平击发球

动作方法：正手发球，左脚在前，身体稍向右转，左手掌心托球，置于身体右侧，右手持拍，也置于身体右侧。发球时，将球向上抛起，同时右臂向侧后伸肘引拍，当球从最高点回落至接近球网高度时，上臂带动前臂迅速向前挥拍，手腕旋内，拍形稍前倾，击球的中上部，第一落点应在本台中区。击球后，前臂和手腕继续顺势向前挥动，重心移至前脚，身体转正。

反手发球，右脚在前，身体略向左转，球向上抛起后，右手从身体左后方向前挥拍，拍形稍前倾，击球的中上部。

特点：球速慢，力量轻，不带旋转，容易掌握，是初学者的入门技术和发球的基础。

2. 正手发奔球

动作方法：将球抛起后，持拍手向后引拍，前臂放松，使球拍顺势下降，就像把球拍在体侧做一次向后的小绕环动作一样。当球降到约与网同高时，手臂迅速向左前方挥动，拇指压拍，拍面略向左倾斜，击球的偏右侧。拍触球的瞬间，手腕向左上方抖动，使拍从球的右侧向左侧上摩擦。球的第一落点在靠近端线约20 厘米处，越网后落到对方右角。

特点：球速急，落点长，冲力大，球的飞行弧线向左偏斜，能发出角度较大的球，易于发挥速度上的优势，以迫使对方回出便于进攻的球。

3. 正手发左侧上（下）旋球

动作方法：发左侧上旋球时，左脚在前。抛球的同时，持拍手向右上方引拍，手腕略外展上翘。当球回落时，手臂迅速向左下方挥动，食指压拍，虎口将拍收紧，使拍面竖直略向左偏斜，约与网同高时击球。在击球的瞬间，前臂略外旋，手腕用力向左挥动勾起，使拍从球的正中部向左侧上摩擦。球的第一落点在靠近端线约 20 厘米处。

发左侧下旋球时，持拍手从右后上方向前下挥动，前臂略外旋，拇指与拍后三指用力顶拍，使拍面稍后仰，击球的右中下部，并向左侧下摩擦。

特点：球速不急，左侧上（下）旋转力较强，对方挡球后，向其右侧上（下）反弹。

4. 反手发右侧上（下）旋球

动作方法：发右侧上旋球时，右脚在前，持球手屈肘前伸，位于身体左侧，持拍手大臂贴身，位于左侧身后。发球时，拍与球接触的瞬间，前臂带动手腕经前下向右上方用力挥动，同时前臂略向内旋，拇指压拍，虎口将拍收紧，使拍面向左倾斜，并使球拍经竖直至上翘，在左腹前贴身处，击球的正中部，使拍向球的右上方摩擦。球的第一落点在靠近端线约 20 厘米处。

发右侧下旋球时，在拍与球接触的瞬间，虎口平展，拍面稍后仰，前臂加力内旋，使拍从球的中下部向右下侧摩擦。

（二）练习方法

1. 徒手做发球前的准备姿势，模仿抛球和发球的动作。

2. 在台前用多球进行发球练习。

3. 先练习发斜线球，后练习发直线球；先练习发不定点球，后练习发定点球。

4. 练习发各种旋转性能的球。

5．练习用同一手法发不同旋转和落点的球。

（三）注意事项

1．发球的关键是掌握好击球点，而击球点与抛球的准确性、稳定性、执拍手臂力、控制拍形、触球时间与部位相关联。

2．发球要善变，应把旋转、力量和落点变化运用。发球手法应尽量相似，使对方不易判断出球的旋转性能。

3．发球要有针对性，并结合抢攻。

（四）易犯错误和纠正方法

1．没有将球向上抛起，造成发球犯规。可多练习几次抛球的动作。

2．击球点过高或过低，造成球出界或下网。可做连续发球练习，体会动作要领，按适合的击球点击球，提高发球成功率。

3．拍面击球时的前倾和后仰角度不适当，击球时向前力量过小或过大，落点离网过远或过近，造成球不过网或出界。可纠正击球时的拍形或在台面上画出第一落点的范围。

六、接发球技术

乒乓球比赛首先从发球和接发球开始。良好的接发球技术，不仅可以直接得分，也可以破坏和限制对方的抢攻，为自己的进攻创造有利条件；反之，在比赛中就会造成被动，导致心理上的紧张和畏惧，引起失误。

（一）接发球的基本方法

接发球的手段很多，既可以用搓、推、摆短等方法对付，也可用点、拨、拉等方法抢攻。

1．接正手、反手急球

因来球速度快、弧线低、落点远、冲力大、带上旋，左方大角度急球往往来不及侧身回击，因此一般宜用反手推挡或反手快攻回击；右方急球可用正手快带、快攻回击。

2．接短球

因短球多在台内，回击时，球拍往往受台面阻碍，动作不能大，所以要充分运用前臂和手腕的力量，根据来球的旋转方向和强度，调整好拍面角度和用力方向，采用搓、推或攻、拉。

3．接正手发左侧上（下）旋球

接正手发左侧上旋球，一般采用推、攻回击，回接时，拍面要稍前倾，并适当向左偏斜，同时增加向前下方的用力，以防止来球触拍时向右上方反弹。

接正手发左侧下旋球，一般采用搓、削回击，回接时，拍面要稍后仰，并适当向左偏斜，适当增加向前的用力，以防止来球触拍后向左下方反弹。如用推或攻回接,应使拍面稍后仰,并向左偏斜,适当增加向上摩擦球的力量。

4. 接反手发右侧上(下)旋球

与接正手发左侧上(下)旋球的方法基本相同,只是击球时,球拍要适当向右倾斜,以抵消来球向左侧反弹的力量。

(二) 练习方法

1. 开始练习接发球时,最好固定用一种技术(如推挡、搓球等)接对方的单一发球(可用多球练习)。

2. 练习接侧上(下)旋球的技术,以适应不同的旋转变化,提高判断旋转的能力。注意控制回球落点,以免在接球后给对方进攻机会。

3. 当接发球防御有了一定基础后,可以练习拉球和抢攻的接发球技术。

4. 通过记分比赛提高接发球能力。

(三) 注意事项

1. 选择好合适的站位:应根据发球方的站位、自己的打法特点和准备采用的接球方法采取远近适中的站位。

2. 正确判断来球:应根据对方发球时的挥拍方向、拍面角度及球拍触球瞬间的部位、摆速、力量等判断球的旋转、方向、速度、高度和落点,以采取正确的回击方法。一般而言,球速快、冲力大,属上旋球;球速慢、冲力小,则为下旋球。摆臂振幅大的发球,其落点会比较长、比较远;发球时,手腕抖动越厉害,其旋转越强。

3. 提高接发球能力:首先要提高基本技术水平,其次要通过比赛提高观察力、判断能力和技术运用能力。

(四) 易犯错误和纠正方法

1. 判断来球性能不准确,造成接球失误。可通过技术分析,提高对来球性能的判断能力,以选择正确的回击方法。

2. 移动不到位,影响接球质量。可多练习两人一组,一人发球,一人接发球的技术。

3. 接球时紧张,心理压力大,运用技术不合理。可提高基本技术水平,增强回击球的能力。

七、推挡球技术

推挡球是推球和挡球的总称,是左推右攻型打法的主要技术之一。其特点是站位近、动作小、速度快、落点变化多。推挡球可分为平挡、快推、加力推、减力挡、推下旋、推侧旋等。

(一) 推挡球的技术动作

1. 挡球(也称“平挡”)

动作方法:站位在球台中间或偏左,离台约40厘米左右。两脚开立比肩稍宽，左脚略前。执拍手的上臂和肘靠近身体，前臂外旋，后撤引拍成半横状，拍形接近垂直。当球从台面弹起后，上臂带动前臂向前推，在球的上升期推击球的中部。击球的瞬间，前臂和手腕轻轻用力，主要借助来球的反弹力将球挡回。（图6-3）

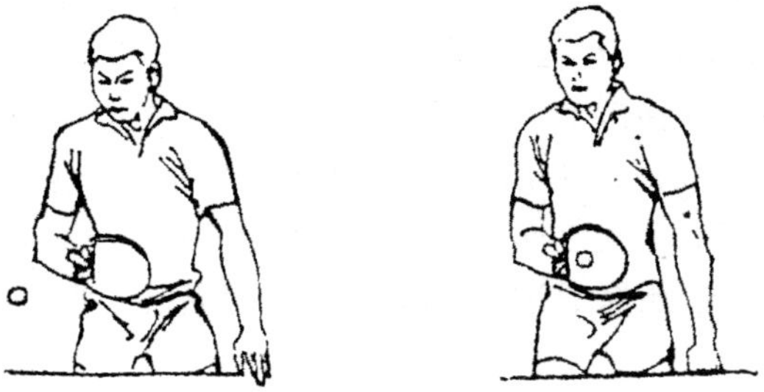

图 6-3

特点：力量小，球速慢，落点适中，动作简单且容易掌握，是初学者的入门技术。

2．快推

动作方法：站位在球台中间或偏左，身体离台约 40 厘米。两脚平站或右脚略前，两膝微屈，收腹含胸，身体向前或略向左转。右上臂和肘关节靠近身体右侧。手臂自然弯曲，引拍至身前或偏左，同时前臂外旋，使拍面稍前倾。当球从台面弹起后，前臂和手腕向前或向前兼略向上挥拍迎球，在球的上升期以稍前倾的拍形推击球的中上部。球拍击球的瞬间，前臂和手腕自然向前或向前兼略向上发力，并主要借用来球的反弹力（即“借力”）将球快速击回。击球后，手和手臂顺势向前挥动，并迅速还原成准备姿势。动作过程中，重心放在双脚上。（图6-4）

图 6-4

特点：动作小，球速快，落点活，稍带上旋或不转，既可积极防守，又可辅助进攻，是使用最多的一种反手推挡技术。

3. 加力推

动作方法：站位在球台中间或偏左，身体离台约50厘米。两脚平站或右脚略前，两膝微屈，收腹含胸，身体向前或略向左转。右上臂和肘关节靠近身体右侧。前臂外旋并向上提起，引拍至身前或偏左，与球网同高或略高，拍面稍前倾。当球飞越球网时，上臂、前臂和手腕向前，挥拍迎球，同时腰、髋向左转动，在球的上升期或高点期以前倾拍形推击球的中上部。击球的瞬间，上臂、前臂和手腕向前下方发力推压，腰、髋亦协助用力。击球后，手和手臂顺势向前下方挥动，并迅速还原成准备姿势。动作过程中，重心从左脚移到右脚。（图6-5）

图 6-5

特点：球速快，力量重，落点活，稍带上旋或不转，能遏制对方进攻，迫使对方后退，以创造进攻机会，是威力最大的一种推挡技术。

（二）练习方法

1. 持拍徒手模仿推挡动作。

2. 对教学练习板墙自击练习，拍形稍后仰对墙击球，控制落点高度在2—3只网高处，待球反弹落台后，按推挡动作要求进行连续自击练习。

3. 两人在台上对练挡球，不限落点，只要求动作正确，并能击球过网。

4. 两人在台上先练挡中线，再练挡斜线或直线，要求逐渐加力，并体会前臂和手腕的推挡动作。

5. 反手斜线对推。

6. 反手中路直线对推。

7. 左半台不同落点对推（如一点推两点到推不同落点）。

（三）注意事项

1. 准备挡球时，不要挺胸、挺腹，两脚不要并拢，两膝不要伸直。

2. 推挡球时，肘关节应贴近身体，以便于前臂向前发力和减小左方的照顾范围。

3. 推挡球时,应食指用力,拇指放松,手臂的前推或后引动作幅度不宜太大,以免影响回收速度。

(四) 易犯错误和纠正方法

1. 正手挡球时,手腕下垂,使球拍与小臂垂直,造成击球时动作僵硬、不协调。可使手腕稍向外展,使球拍拍柄稍向左。

2. 判断来球落点不准确或掌握不好节奏,造成漏接球或用力不当。应反复进行对板墙的自击练习,提高判断和反应能力,建立快节奏概念。

3. 击球时间过晚,拍形后仰,造成回球过高。应改进握拍方法,使大拇指放松,食指用力,中指顶拍背,前臂外旋,转动手腕,向前下方用力,在来球上升期触球的中上部或中部。

4. 球落点离身体过远,造成动作不协调。应加强步法的练习,提高移动速度,使站位稍近台,并反复体验推击动作。

5. 推挡时,拍形前倾过大,击球时间过早,造成球不过网。应使迎球时间稍晚一些,球拍与球接触时离落点稍远一些。

6. 快推时,肘关节离开身体,动作不协调。应在击球前,使上臂和肘关节靠近身体。

7. 加力推时,手臂没有向前伸展出去,使推挡力量不大。应注意击球后,上臂和肘关节要前送,并配合上体向左转动。

八、攻球

攻球是左推右攻型和两面攻型打法的主要技术之一,也是其他类型打法不可缺少的技术。攻球力量大、速度快、落点变化多,是各种技术型运动员的主要得分手段。攻球技术种类繁多,按击球位置和站位可划分为正手攻球、反手攻球和侧身攻球;按站位的远近可划分为近台攻球、中台攻球和远点攻球;按来球性质和落点的不同可分为拉攻、攻打弧圈球、台内攻球和杀高球;按击球力量的不同可分为发力攻球和借力攻球等。

(一) 攻球的技术动作

1. 正手快攻

动作方法:站位在球台中间或偏左,身体离台约 50 厘米。左脚稍前,重心放在右脚上,两膝微屈,收腹含胸,身体稍向右转。右臂自然弯曲,前臂后引,将拍引至身体右侧,略偏后,同时前臂内旋,使拍面稍前倾。当来球从台面弹起后,在上臂的带动下,以前臂和手腕为主向左前方(来球上旋强度较大时)或左前上方(来球不转或上旋强度较小时)挥拍迎球,同时腰、髋带动上体向左转动,在球的上升期以前倾拍形迎击球的中上部。球拍击球的瞬间,以前臂和手腕为主向左前方或左前上方发力击球,腰部亦协助用力。击球后,手和臂顺势向左前方或左前上方挥动,并迅速还原成准备姿势。动作过程中,重心从右脚移到左脚。(图6-6)

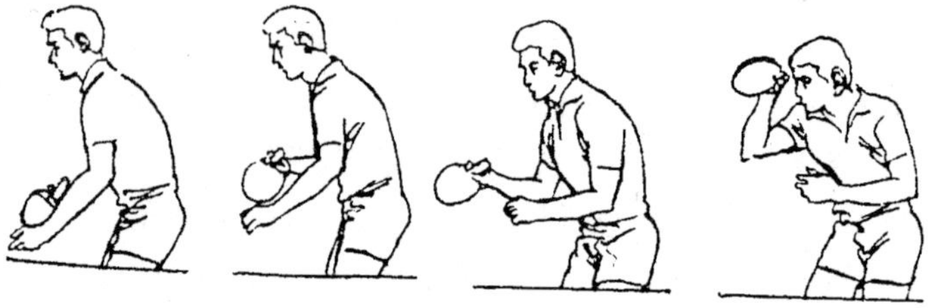

图 6-6

特点:站位近,动作小,速度快,线路活,带有上旋,能借用来球的反弹力提高球速,创造扣杀机会。在比赛中能以攻带守对付对方进攻,是近台快攻打法使用最多的一种攻球技术。

2. 正手中远台攻球

动作方法:身体离台约 1 米左右,左脚稍前,重心放在右脚上,两膝微屈,收腹含胸,身体稍向右转。右臂自然弯曲,将拍引至身体右后方,同时前臂内旋,使拍面接近垂直。当来球从台面弹起到高点期时,上臂带动前臂向左前方挥拍迎球,同时腰、髋带动上体向左转动,在球的下降前期,以垂直拍形迎击球的中部,并向前上方摩擦球。球拍击球的瞬间,以上臂和前臂为主向左前上方发力击球,腰、髋亦协助用力。击球后,手臂顺势向左前上方挥动,并迅速还原成准备姿势。动作过程中,重心从右脚移到左脚。(图 6-7)

图 6-7

特点:站位稍远,动作大,力量重,线路长,带有上旋,照顾范围大,能利用力量和落点的变化得分。在被动时,能以攻带守进行反击,为扣杀创造机会。

3. 正手拉攻

动作方法:站位在球台中间或偏左,身体离台约 50—60 厘米。左脚稍前,重心放在右脚上,两膝微屈,收腹含胸,身体稍向右转。右臂自然弯曲,前臂后引并下沉,将拍引至身体右后下方,同时前臂外旋,使拍面稍后仰。当来球从台面弹起到高点期时，在上臂带动下，以前臂为主向左前上方挥拍迎球，同时腰、髋带动上体向左转，在球的下降期，以后仰拍形迎击球的中下部，若来球下旋强度小，可击球的中部。球拍击球的瞬间，以前臂为主向左前上方发力摩擦击球，使球上旋。击球后，手和臂顺势向左前上方挥动，并迅速还原成准备姿势。动作过程中，重心从右脚移到左脚。（图 6-8）

图 6-8

特点：站位稍远，动作小，速度快，线路活，带有上旋，主动发力击球，能创造扣杀机会。它是对付下旋球特别是削球最常用的进攻性技术，也是近台快攻运动员的必备技术。

4. 侧身正手攻球

动作方法：首先要迅速移动脚步到侧身位置，身体侧向球台，左脚在前，上体略向前倾并收腹。根据来球情况，在侧身位置用正手攻球的各种技术（如正手快攻、正手拉攻、正手扣杀等）击球。（图 6-9）

图 6-9

特点：遇到左半台的来球时，不用反手技术回击，而是快速移步至球台左角外，用正手攻球技术还击，从而达到在左半台位置发挥正手攻球威力的作用。它是左推右攻打法的常用技术，也是其他技术型运动员应掌握的技术。

（二）练习方法

1. 徒手模仿练习

根据攻球的动作要领做徒手模仿练习，体会挥臂手法、腰部扭转和重心交换等要领。

2. 单个动作练习

一人发球,一人练习攻球,打一板球后,再重新发球。

3. 推攻练习

(1) 一人挡球,一人练习攻球。要求先轻打,再用中等力量打,待稍熟悉后,再练发力攻或快打。

(2) 一人推挡,一人练习攻球。练习形式有攻斜线、攻中路、攻直线。要求推挡球的落点在规定范围内能有所变化。

(3) 两点攻一点。要求对方把球推到攻球者两点(左、中,中、右,或左、右),而攻球者在左右移动中将球击到对方一点。练习时,可先有规律地练习,角度变化小一点,再逐渐增加难度,角度变化大一点,直到无规律地练习。

(4) 一点攻两点。攻球者从一点将球攻至对方两点。练习时,先有规律地攻两点,再逐渐变为无规律地攻两点。

4. 对攻练习

(1) 正手斜线、中路对攻。

(2) 侧身正手斜线对攻。

(3) 把以上三条对攻线路连贯起来,两人在左右连续移动中对攻。

(三) 注意事项

1. 练习时,应先学正手攻球,再学反手攻球;先慢打,再快打;先轻再重;先稳再凶,由浅入深地逐步掌握。

2. 初学攻球时,推挡的一方应尽可能把球推向对方球拍所在的方位,开始时推的力量应轻一些,等对方初步掌握攻球技术后,再逐步加大推球力量。

3. 初学者一般先练习正手斜线对攻,然后再练习正手攻直线。

(四) 易犯错误和纠正方法

1. 正手抽球时,手腕下垂,使球拍与小臂垂直,造成击球时动作僵硬、不协调。可使球拍柄稍向左,并多做徒手模仿练习。

2. 正手抽球时,手腕太挺直,使球拍与小臂成一直线,造成击球时动作僵硬、不协调。应使手腕在握拍时放松些,并多做徒手模仿练习。

3. 正手抽球时,上臂和肘关节抬得过高,造成击球时动作僵硬、不协调。应使手臂放松,肘关节下垂,做近台快抽练习。

4. 判断球的落点不准确,引拍动作不到位,造成击球落空。可先做平击发球练习,再做接连续推挡球练习。

九、搓球

搓球是近台和台内回击下旋球的一种比较稳健的技术,各种类型打法都不可缺少。搓球力量小、速度慢、旋转和落点变化多、线路短，球弹起后多在台内，缺乏前进力，对方不易发力进攻，因此可作为过渡技术，以等待、寻找或创造进攻机会。搓球技术种类繁多，按击球位置的不同可划分为正手搓球和反手搓球；按击球时间的早晚可划分为快搓和慢搓；按球旋转强度的不同可划分为搓转和不转；按旋转方向的不同可划分为搓下旋和搓侧旋等。

（一）搓球的技术动作

1. 反手快搓

动作要领：站位稍偏左，离台约40厘米。右脚在前，两膝微屈，收腹含胸，身体向前或略向左转。手臂自然弯曲，前臂略内旋并向左上方提起，引拍至身体左前方，使拍面稍后仰。当球从台面弹起后，前臂和手腕向右前下方挥拍迎球，在来球的上升期击球的中下部。球拍击球的瞬间，前臂和手腕适当用力，使球拍向右前下方摩擦球，要注意利用来球的反弹力。击球后，手和臂顺势向右前下方挥动，并迅速还原成准备姿势。动作过程中，重心从左脚移到右脚。（图6-10）

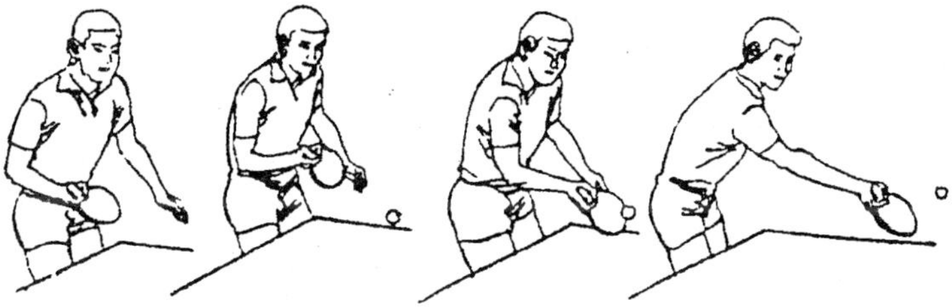

图 6-10

特点：动作小，击球节奏和球速较快，弧线低，带下旋，能缩短对方击球的准备时间，与慢搓相结合，可改变击球节奏，为进攻创造条件。

2. 正手搓侧旋

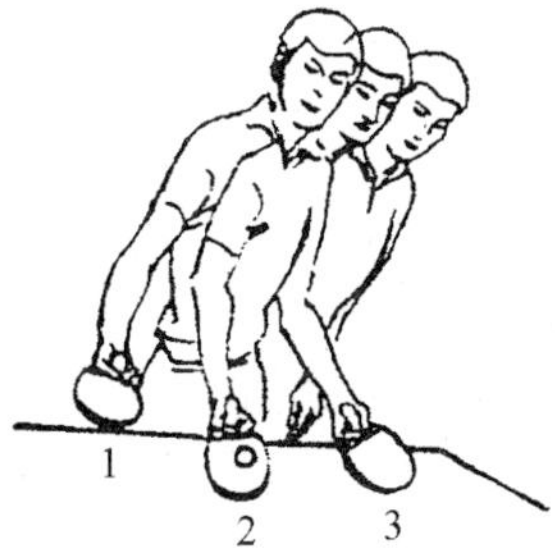

图 6-11

动作要领：站位稍偏左，离台约50厘米。左脚稍前，两膝微屈，收腹含胸，身体稍向右转。手臂自然弯曲，前臂提起并外旋，引拍至身体右侧前方，使拍面稍后仰。当球从台面弹起后，前臂和手腕向左前下方挥拍迎球，在来球的高点期或下降前期以后仰拍形击球的中下部。球拍击球的瞬间，以前臂和手腕发力为主向左前方摩擦球。击球后，手和臂顺势向左前方挥动，并迅速还原成准备姿势。动作过程中，重心从右脚移到左脚。（图6-11）

特点：球速慢，弧线低，带左侧旋，对方回击易从左侧出界或回球较高，从而给本方造成抢攻机会。

（三）练习方法

1. 徒手模仿搓球的动作。

2. 自己向球台抛球，弹起后将球搓过网。

3. 搓对搓练习：

（1）反手斜线对搓。

（2）正手斜线对搓。

（3）不同落点的正手或反手对搓。

（四）注意事项

1. 搓球动作不宜太大，要充分利用前臂和手腕转动的力量。

2. 对搓练习要有耐心，注意提高命中率和压低弧线。

3. 搓转球与不转球时，关键在于球拍与球接触时的动作手法。搓转球时，要使球拍从上往下摩擦球；搓不转球时，要使球拍从上往前下托球。

（五）易犯错误和纠正方法

1. 球拍没有上引，击球时，前臂由上向下动作不明显，造成球的下旋力不强。可持拍练习前臂和手腕向上后再下切的动作。

2. 击球时，拍形后仰不够，造成球出界或下网。可练习用慢搓接对方发来的下旋球，体会拍形后仰并前送的动作。

3. 击球时，球拍与球接触的部位不准，没击到球的中下部，造成球不过网。可做对搓练习，体会拍形后仰在下降期击球中下部的动作。

4. 击球后，前臂前送力量不够，造成球不过网。可两人做慢搓练习，体会击球后前臂前送的动作。

十、直拍横打技术

直拍横打技术源于80年代末，发展于整个90年代，经过刘国梁、马琳、王皓三个代表人物的淬炼，现在逐步走向完善。直拍横打改变了原有直拍单面击球的状况，它是在球拍的另一面粘上覆盖物，使球拍正反面都可以击球。直拍横打完善、丰富和发展了直拍反手位技术，通过拨、拉、打、带、挑、撕等技术的运用，极大程度地弥补了直拍反手位的不足，拓宽了快攻打法的球路，使传统的左推右攻打法朝着“两面开弓”方向发展。使直拍反手位的“死角”变活，并且带动了一场全方位的直拍对抗横拍的技术革命，是直拍的创新技术。

（一）直拍反面快拨

1. 特点与作用

直拍反面快拨技术是在相持中常用的技术。它和推挡结合能起到变化击球节奏的目的是直拍反手位进攻得分的重要手段。

2. 动作要点

站位近台，两脚开离约比肩宽，初学时持拍手的同侧脚稍后，以便衔接正手攻球，向后下方引拍，但球拍不宜低于台面。含胸收腹，重心稍沉，前臂内收，手腕内屈，引拍至腹前。击球时拍形稍前倾，触球瞬间手腕外展，在来球的上升期击球的中上部，与前臂同时向斜前上方发力。击球后，手臂随势前送，然后迅速还原成准备姿势。直拍用反面击球时，握拍必须适当调整，突出食指控制球拍上沿的动作。向后引拍的同时转腰转髋，既是重心交换，也为击球让出空间。(图 6-12)

图 6-12

(二) 直拍反面减力挡

1. 特点与作用

直拍反面减力挡主要使用在防守的过程中，使用时更注重落点的变化，以便在被动中寻求主动进攻的机会，而且在回接力量较大、速度较快的来球时稳定性较高。

2. 动作要点

击球前，上臂自然贴近身体，前臂放松，上身前倾迎向来球。击球时，前臂内收，手腕稳定，拍形稍前倾，击球的中部，控制来球弧线，前臂略微打开。击球后，及时调整拍形准备下一板衔接。

需要注意的是在击球过程中重心略微提高，先随着来球向怀中引拍来化解一部分力量。通过下压拍形来控制弧线，通过手腕的调节来控制落点变化。一定要注意击球点在身体中部偏向持拍手一侧，这样可以使手臂更加稳定。击球时手腕相对固定，击球后要迅速还原，调整拍形，放低重心。

(三) 直拍反面拉弧圈球

1. 特点与作用

直拍反面拉弧圈球具有身体发力充分，球的旋转较强，并带有侧上旋的性质等特点。是直拍对付反手位下旋搓球的比较有效的进攻技术。

2. 动作要点

两脚开立略比肩宽，重心在两脚之间，含胸收腹，身体重心下降。腰略向左转，肘关节略前顶。前臂内收，手腕内屈，手臂下沉引拍至腹前下方。拇指压拍，拍形稍前倾，在高点期或下降前期摩擦球的中部偏上位置，向斜前上方挥拍。击球后，随势挥拍的动作稍大一些，然后迅速还原成准备姿势。（图 6-13）

图 6-13

（四）直拍反面挑

1. 特点与作用

直拍反面挑主要用于台内的近网下旋短球，是“前三板”争抢阶段常用的一项技术。直拍反面挑是直拍横打的特有技术，这种打法击出的球弧线较低，上旋较强烈，有时还带侧旋，并有一定的力量。

2. 动作要点

站位近台，左脚稍前，两脚开立略比肩宽。击球时，左脚向左前方插入台内，手腕自然下垂，拇指和中指用力，食指自然放松，在来球的高点期摩擦球的中部偏上位置，同时手腕外展，制造一定的弧线。击球后，随势挥拍的动作稍小一些，然后迅速还原成准备姿势。

需要注意的是触球瞬间，手腕加速转动，加大力量快速摩擦来球。要注意使用手腕的力量，手腕在触球的瞬间有一个由曲到伸变直的转动过程，并且要适度紧张，击球后重心落于右脚。（图 6-14）

图 6-14

（五）直拍反面弹打

1. 特点与作用

直拍反面弹打技术具有动作小，速度快，突然性强等特点，是直拍运动员在相持中转为主动进攻的重要手段。

2. 动作特点

站位近台，两脚开立约比肩宽，左脚稍前。上臂抬起，身体重心略高一点。肘关节稍前顶，手腕内屈，拇指压拍，食指控制住拍形前沿，使拍形前倾。击球时身体前迎，在来球的上升后期或高点期击球的中上部，触球瞬间要短促有力，以撞击为主，向前下方用力弹压。击球后，手臂随势前送的动作不宜过大，然后迅速还原成准备姿势。

第三节　基本战术

在乒乓球比赛中，为扬长避短以争取胜利而有目的地使用各种技术的方法叫做战术。乒乓球比赛的胜负，特别是技术实力相当的对手的胜负，往往取决于战术运用是否先进或适当。

乒乓球的战术一般由两种或两种以上的单项技术结合运用而构成，因此乒乓球的技术是战术的基础。只有练好各项基本技术，才能在比赛中得心应手地运用各种所需要的战术。不同的打法有不同的战术，为使战术能够更好地发挥技术特长，各种不同打法类型的运动员应采用不同的技术以组合成适合自己打法的战术。

比赛中战术的运用应坚持以自我为主，充分发挥自己的长处去攻击对方的弱点，并且要设法限制对方优点的发挥，以减少自己的被动。另外，在实战中，还应随机应变,避免采取单一的打法。只有灵活地运用战术,才易于掌握比赛的主动权。

一、乒乓球的主要战术

(一)推攻战术

1. 特点

推攻战术主要运用正手攻球和反手推挡的速度和力量,并结合落点和节奏变化,压制和调动对方,以争取主动或得分。推攻战术是左推右攻打法对付攻击型打法时运用的主要战术。

2. 方法

(1)左推右攻。

(2)推挡侧身攻。

(3)左推结合反手攻。

(4)左推、反手攻后,侧身攻。

3. 注意事项

(1)推、攻都要有线路、落点和节奏变化,这是推攻战术争取主动和创造扣杀机会的主要方法。

(2)推挡一般以压对方反手为主,然后突然变正手,以创造进攻机会。

(3)在推挡中可突然加力推对方中路,使对方难于用力回击,然后用正手或侧身扣杀。

(4)推攻战术要坚持近台,但是不能死守近台,要学会转换近台和中台的位置,掌握对攻节奏。

(二)两面攻战术

1. 特点

两面攻战术主要利用正反手攻球的速度和力量压制对方,争取主动和创造扣杀机会。两面攻战术是两面攻打法对付攻击型打法的主要战术。

2. 方法

(1)攻左扣右(进攻对方左角,寻找机会,猛扣对方正手空当)。

(2)攻打两角,猛扣中路。

3. 注意事项

(1)正反手攻球都要有线路和落点变化,以创造扣杀机会。

(2)要以压对方反手为主,然后攻击对方正手或中路,以创造扣杀机会。

(3)遇到机会球时,要大胆扣杀。

(4)两面攻战术在主动进攻的情况下要坚持近台,被动情况下可适当后退,在中近台或中台进行反攻。

（三）搓攻战术

1. 特点

搓攻战术主要运用“转、低、快、变”的搓球控制对方，以寻找战机，然后采用低突、快点或快拉等技术展开攻势，并进入连续攻。在搓球中遇到机会球时进行扣杀，常常带有突然性，可以直接得分。搓攻战术是乒乓球运动各种打法都不可缺少的辅助战术。

2. 方法

（1）正反手搓球，进行正反手快拉、快点、突击或扣杀。

（2）搓削结合落点变化进行反击。

3. 注意事项

（1）搓攻战术要尽可能早起板（在比赛中由搓转攻叫做“起板”），以便争取主动，但是不能有急躁情绪，否则起板容易失误。

（2）在搓球中，遇到机会球时要大胆扣杀，这是搓攻战术的主要得分手段。

（3）在搓球中摆短，可使对方不易抢先（或发力）进攻，因而有利于给本方创造进攻机会，以便伺机用正反手或侧身进攻。

（四）发球抢攻战术

1. 特点

发球抢攻战术是以旋转、线路、落点以及速度不同的发球增加对方回击的难度，使其出现机会球，或降低回球质量，是乒乓球运动所有打法，特别是进攻型打法的重要战术和得分手段。发球抢攻的效果取决于发球质量和进攻能力。

2. 方法

（1）急球与轻球结合落点变化进行抢攻。

（2）上旋或下旋结合落点变化进行抢攻。

（3）侧上或下旋结合落点变化进行抢攻。

（4）转与不转结合落点变化进行抢攻。

3. 注意事项

（1）发球要有线路和落点变化，以使对方在前后、左右走动中接发球。

（2）对于自己发什么球、对方可能以什么战术回击，要做到发球前心中有数，以做好抢攻的准备。

（3）抢攻要尽可能凶，又不能过凶，要根据来球的高度和性质决定，否则会影响命中率。

（五）接发球抢攻战术

1. 特点

接发球抢攻战术由某一单项攻球技术所形成，进攻性强，可变接发球的不利地位为主动地位,也可直接得分,是乒乓球运动各种打法,特别是进攻型打法的重要战术。

2. 方法

(1) 用拉球、快攻或推挡回击,争取形成对攻的相持局面。

(2) 用快搓摆短回接,使对方难以发力抢攻。

(3) 用削球或搓球的旋转、落点变化控制对方,以造成对方击球失误或形成相持局面。

(4) 用快点、快攻或中等力量突击,进行接发球抢攻。

3. 注意事项

(1) 由于接发球抢攻是在对方主动发球而自己处于被动的接发球地位时所采取的进攻性打法,所以难度较大。接发球抢攻一般不可过凶,要看准来球的旋转方向、强度和高度,进而采用适当的方法进攻。例如,对方发加转下旋球,则接发球抢攻时要采用提拉手法,以免下网。同时,攻球的力量不可过大,如对方发侧上旋球,抢攻时应采用推压手法,以免攻球下网。只有来球稍高时,才可大力抢攻。

(2) 接发球抢攻动作结束后,要立即做好对攻或连续攻的准备,以便继续处于主动地位。

(3) 接发球抢攻的力量越小,越应注意球的线路和落点,一般应多打在对方反手;若对方反手强而正手弱,则可多打在对方正手。

第四节　乒乓球竞赛主要规则简介

在国内外正式的乒乓球比赛中,均采用国际乒联制定的统一竞赛规则。

一、乒乓球竞赛的基本规则

1. 合法发球

运动员必须将球放置在不执拍的手上,手掌张开伸平,使球静止在发球方的端线后,和球拍同处在比赛台面的水平面上。发球时,将球垂直向上抛起,不得使球旋转,球离手的高度不应少于16厘米,当球从最高点下落时,方可将球从端线后击出;不能用手或身体遮挡发球,以便让对手进行判断和让裁判员看到是否合乎发球规定;非执拍手不得触及台面;擦网则重发。

裁判员如怀疑发球人有犯规行为,可向其提出警告并不予判分;在同一场比赛中,如发球人再次受到怀疑,则被判失一分;如发球人明显不按规定发球,则无须警告而直接判其失分。

比赛时,双方每人发两个球,然后交换。

2. 合法还击

合法还击是指对方发球或击球后,本方运动员必须击球,使球直接越过、绕过或触及球网装置后,再触及对方台区的有效部位。

3. 重新发球

在比赛中,如出现下列情况应判重新发球:

(1)在接发球一方未准备好的情况下发球,且接发球一方的运动员并未做出接球动作。

(2)发生了无法控制的外界干扰,使运动员无法合理发球或合理还击。

(3)裁判员要求中断比赛。

(4)要实行轮换发球制或警告、处罚运动员时。

(5)比赛环境受到干扰。

4. 失分

发球时把球抛起,比赛就算开始。比赛开始后,遇有下列情况,则判失分:

(1)发球不符合规定(一般应先予以提醒)。

(2)对方击来的球还没有落到本方台面,就碰到运动员的身体或他所穿戴的衣物,即“台内阻挡”。

(3)对方击来的球还没有落到本方台面,就碰到球拍或持拍手的手腕以下部分,即“拦击”。

(4)球在本方台面连跳两次。

(5)还击时,没有打到球或连击两次。

(6)不持拍手击球。

(7)运动员的身体、球拍或他所穿戴的衣物碰到球网。

(8)使台面移动。

(9)不持拍手触及台面。

(10)还击后,球没有过网或没有击到对方台面而落地。

5. 比赛次序

在单打中,首先由发球员发出合法球,再由接发球员合法还击,然后双方交替还击。

在双打中,首先由发球员发出合法球,再由接发球员合法还击,然后由发球员的同伴合法还击,再由接发球员的同伴合法还击,此后双方球员按此次序轮流合法还击。

6. 比赛状态

发球时,从球被抛起前静止状态的一瞬间起即处于比赛状态,直到:

(1)球触及比赛台面、球网装置、持拍手中的球拍或持拍手手腕以下部位以外的任何物体。

（2）这个回合被判为重发球或得分。

7. 计胜方法

一局比赛中，先得11分者为胜方。如果打到10平以后，则先多得2分者为胜方。

8. 单打的发球、接发球和方位的选择

（1）选择发球、接发球和方位的权利应由抽签决定。中签者可以选择先发球或先接发球，也可选择先在某一方位。中签者选择后，另一方运动员应有另一个选择的权利。

（2）在获得每两分之后，接发球方即成为发球方，依此类推，直至该局比赛结束；或者直至双方比分都达到10分或实行轮换发球法，这时发球和接发球次序仍然不变，每人只能轮发一分球。

（3）一局中首先发球的一方在该场下一局应首先接发球。

（4）一局中在某一方位比赛的一方在该场下一局应换到另一方位。在决胜局中，一方先得5分时，双方应交换方位。

9. 双打的发球、接发球和方位的选择

（1）在双打比赛中，可用抽签决定发球、接发球和方位的选择权，抽签获胜者可选其中一项权利。

（2）在双打的每局比赛中，由先发球方确定第一发球员。在第一局比赛中，由接发球方确定第一接发球员。

（3）一局中首先发球的一方在该场下一局应首先接发球。在决胜局中，当一方先得10分时，双方应交换方位。

对双打的补充规定如下：

（1）发球区：球台的右半区是双方的发球区。发球时，球应先落在本方台面的右半区或中线上，然后直接落到对方台面的右半区或中线上。发球时，只要球和球台接触点在规定的发球区或中线上，即为区内球，否则为发球错区。

（2）发球和接发球次序：第一局开始时，先由发球的一方（甲方）确定谁先发球，再由对方（乙方）确定谁先接球。发球和接发球次序如下：

第一次发球　甲1发球—乙1接发球

第二次发球　乙1发球—甲2接发球

第三次发球　甲2发球—乙2接发球

第四次发球　乙2发球—甲1接发球

第五次发球和第一次发球相同，依此类推。打到10平或实行轮换发球法时，次序不变，但是一方每次只发一个球就换发球，直到这局比赛结束。

从第一局开始，一经确定第一发球员和第一接发球员后，即形成全场比赛发球员和接发球员的固定关系。以后每一局，先发球的一方可任意确定谁先发球，然后按上一局接发球的相反次序确定谁先接发球。

双打发球、接发球次序错误的处理办法：球在正常运行中，发现发球、接发球次序错误，应立即暂停比赛，纠正错误后，按重发处理；错接、错发而失误，按失分处理；错接、错发而直接得分，一般判重发。

（3）击球次序：每一方的两名运动员应轮流还击，否则判失分。轮流还击时，两名运动员中任何一人犯规，均判对方得分。例如，甲 1 在还击，同时甲 2 用不持拍手触及台面，则不论甲 1 还击的球是否为好球，都判乙方得分。

10. 轮换发球法

（1）如果一局比赛进行到 10 分钟仍未结束（双方都已获得至少 9 分时除外），或者在此之前任何时间应双方运动员要求，应实行轮换发球法。

（2）当时限到时，球仍处于比赛状态，裁判员应立即暂停比赛，由被暂停回合的发球员发球，继续比赛。

（3）当时限到时，球未处于比赛状态，应由前一个回合的接发球员发球，继续比赛。

（4）此后，每个运动员都轮发一分球，直至该局结束。如果接发球方进行了 13 次合法还击，则判发球方失一分。

（5）轮换发球法一经实行，该场比赛的剩余部分必须继续执行，直至该场比赛结束。

11. 间歇

（1）在局与局之间，有不超过 1 分钟的休息。

（2）在一场比赛中，双方各有一次不超过 1 分钟的暂停。

（3）每局比赛中，每得 6 分球后，或决胜局交换方位时，有短暂的时间擦汗。

（4）一名或一队双打运动员可在一场比赛中要求一次暂停，时间不超过 1 分钟。

（5）在单项比赛中，暂停应由运动员或指定的场外指导者提出；在团体比赛中，应由运动员或队长提出。

（6）请求暂停只有在球未处于比赛状态时作出，应用双手做出“T”形表示。

（7）在一方获得合理的暂停要求后，裁判员应暂停比赛并出示白牌，然后将白牌放在提出要求暂停一方运动员的台区上。

（8）当提出暂停的一方运动员准备继续比赛或 1 分钟暂停时间已到时，以时间短的计算，白牌应被拿走并立即恢复比赛。

（9）运动员因意外事件而暂时丧失比赛能力时，裁判长若认为中断比赛不至于给对方带来不利，可允许中断比赛，但是时间要尽量短些，在任何情况下都不得超过 10 分钟。

（10）如果失去比赛能力的状态早已存在，或在比赛开始前就有理由可以预见,或由于比赛的正常紧张状态引起,则不能允许中断比赛。如果失去比赛能力的原因在于运动员当时的身体状况或比赛进行的方式,引起抽筋或过度疲劳,这些也不能成为中断比赛的理由。只有因意外事故,如摔倒受伤而丧失比赛能力,才能允许紧急中断。

(11) 如果赛区内有人受伤流血,应立即中断比赛,直到他接受了医疗救护并将赛区内所有血迹擦干净后再恢复比赛。

(12) 除非裁判长允许,运动员在一场比赛中应留在赛区内或赛区附近。在局与局之间的法定休息的时间内,运动员应在裁判员的监督下,留在赛区周围3米以内的地方。

12. 术语定义

(1) 回合:球处于比赛状态的一段时间。

(2) 球处比赛状态:从发球时,球被有意向上抛起前,静止在不执拍手掌上的一瞬间,到该回合被判得分或重发球。

(3) 重发球:不予判分的回合。

(4) 一分:判分的回合。

(5) 执拍手:正握着球拍的手。

(6) 不执怕手:未握着球拍的手。

(7) 击球:用握在手中的球拍或执拍手手腕以下部分触球。

(8) 阻挡:对方击球后,处于比赛状态的球尚未触及本方台区,也未超过比赛台面或其端线,即触及本方运动员或其穿带的任何物品。

(9) 发球员:在一个回合中首先击球的运动员。

(10) 接发球员:在一个回合中第二个击球的运动员。

(11) 裁判员:被指定管理一场比赛的人。

(12) 裁判助理:被指定在某些方面协助裁判员工作的人。

(13) 运动员"穿或带"的任何物品,包括他在一个回合开始时穿或带的任何物品。

(14) 球从突出台外的球网装置之下或之外经过,或回击的球越过球网后又回弹过网,均应视做已"超过或绕过"球网装置。

(15) 球台的"端线"包括端线两端的无限延长线。

13. 裁判员职责

根据规则规定,每场比赛均应有1名裁判员和1名副裁判员参加执法工作。

裁判员职责:检查比赛场地、器械和比赛条件;决定比赛用球;控制方位和发球、接发球次序;决定每一回合为得分或重发球;按规定和程序报分等。

副裁判员职责:协助裁判员掌握赛前的练习时间;判定运动员的发球是否符合规定,发出的球是否擦网等。

裁判员和副裁判员均可进行判决,且其他工作人员不得否决。

14. 场外指导

(1) 团体比赛,运动员可接受任何人的场外指导。

(2) 单项比赛,运动员只能接受一个人的场外指导,而这个指导者的身份应在该场比赛前向裁判员说明;如一对双打运动员来自不同协会,则可分别授权一名指导者;如未被授权的人进行指导,裁判员应出示红牌令其远离赛区。

(3) 在局与局之间的休息时间或经批准的中断时间内,运动员可接受场外指导。但是,在赛前练习结束后到比赛开始前,运动员不能接受场外指导。如被授权的指导者在其他时间内进行指导,裁判员应出示黄牌进行警告;如在警告后再次违犯,指导者将被驱逐出赛区。

(4) 在一个团体赛或单项比赛中的一场比赛,如指导者已被警告过,任何人再进行非法指导,裁判员将出示红牌,并将其驱逐出赛区,不论其是否曾被警告过。

(5) 在团体比赛中被驱逐出赛区的人不允许在团体比赛结束前返回,除非需要他上场比赛。在单项比赛中,不允许他在该场单项比赛结束前返回。

(6) 如被驱逐出赛区的指导者拒绝离开或在比赛结束前返回,裁判员应中断比赛,并立即向裁判长报告。

(7) 以上规定只限制对比赛的指导,并不限制运动员或队长就裁判员的决定提出正式申诉,或阻止运动员与所属协会的代表或翻译就某项判决的解释进行商议。

15. 不良行为

(1) 运动员和教练员应克服那些可能不公平地影响对手、冒犯观众或影响本项运动声誉的不良行为,诸如:辱骂性语言,故意弄坏球或将球打出赛区,踢球台或挡板,以及不尊重比赛官员等。

(2) 任何时候,运动员或教练员出现严重冒犯行为,裁判员应中断比赛,立即报告裁判长;如果冒犯行为不太严重,第一次裁判员可出示黄牌,警告冒犯者,再次冒犯将被判罚。运动员在受到警告后,在同一场单项比赛或团体比赛中第二次冒犯,裁判员应判对方得 1 分;再犯,判对方得 2 分。每次判罚,应同时出示黄牌和红牌。

(3) 在同一场单项比赛或团体比赛中,运动员在被判罚 3 分后继续有不良行为,裁判员应中断比赛,并立即报告裁判长。

(4) 在一场比赛中,不允许更换球拍,除非球拍意外严重损坏到不能使用。如果运动员没有声明就更换球拍,裁判员应停止比赛,并向裁判长报告。

(5) 双打配对中的任何一名运动员所受到的警告或判罚均应视做是该对双打运动员的,未受警告运动员在同一场团体比赛后的单项比赛中不受影响;双打比赛开始时,配对运动员中任何一名在同一场团体比赛中已经受到的最严重的警告或判罚应视做是该对双打运动员的。

(6) 教练员在受到警告后,在同一场单项比赛或团体比赛中再次冒犯,裁判员应出示红牌并将其驱逐出赛区,直到该场单项比赛或团体比赛结束才可返回。

(7) 无论是否得到裁判员的报告,裁判长有权取消有严重不公平或冒犯行为运动员的比赛资格,包括取消一场比赛、一项比赛或整个比赛的比赛资格。当他采取行动时,应出示红牌。

(8) 如果一名运动员在团体(或单项)比赛中有两场被取消了比赛资格,就自动取消其参加团体(或单项)比赛的资格。

(9) 裁判长有权取消已经两次被驱逐出赛区的任何人在本次竞赛剩余时间里的临场资格。

(10) 非常严重不良行为的事例应报告冒犯者所属协会。

16. 申诉

(1) 在单项比赛中的双方运动员或是在团体比赛中的双方队长之间所达成的协议,均不能改变该场比赛的裁判人员就事实问题所作的决定,也不能改变裁判长就解释规则或规程的问题所作的决定,亦不能改变竞赛管理委员会对竞赛或比赛管理问题所作的决定。

(2) 对有关裁判人员就事实问题所作的决定,不得向裁判长提出申诉;对裁判长就解释规则或规程的问题所作的决定,不得向管理委员会提出申诉。

(3) 对裁判人员就解释规则或规程的问题所作的决定不服时,可以向裁判长提出申诉,裁判长的决定为最后决定。

(4) 对裁判长就未包括在规则或规程中的有关比赛管理问题所作的决定有不同看法时,可向竞赛管理委员会提出申诉,该委员会作出的决定为最后决定。

(5) 在单项比赛中,只能由参赛的运动员就该场比赛中出现的问题提出申诉;在团体比赛中,则只能由参赛队的队长就比赛中出现的问题提出申诉。

(6) 对裁判长就解释规则或规程的问题所作的决定,或竞赛管理委员会就比赛管理方面的问题所作的决定仍有异议时,可以由有权申诉的运动员或队长,通过所属协会将问题提交国际乒联规则委员会考虑。

(7) 规则委员会将就此作出裁决,作为将来决定的指南。所属协会仍可就该裁决向理事会或代表大会提出反对,但是不影响裁判长或竞赛管理委员会已作出的任何最后决定。

17. 服装

(1) 比赛服一般包括短袖运动衫、短裤或短裙、短袜和运动鞋;其他服装,如半套或全套运动服,不得在比赛时穿着,但得到裁判长的允许时除外。

(2) 短袖运动衫(袖子和领子除外)、短裤或短裙的主要颜色应与比赛用球的颜色明显不同。

（3）短袖运动衫的背部可以有号码或字样，用于表明运动员、运动员的协会。

（4）在短袖运动衫背部的中间位置应优先佩带组织者制定的用于表明运动员身份的号码布，而不是广告。这个号码布应是长方形，面积不大于600平方厘米。

（5）在运动服前面或侧面的任何标记或装饰物以及运动员佩戴的任何物品，如珠宝装饰等，均不应过于显眼或反光，以致影响对方的视线。

（6）服装上不得带有可能使人产生不悦或诋毁本项运动声誉的设计和字样。

（7）有关比赛服的合法性及可接受性问题，应由裁判长决定。

（8）团体赛同队运动员或同一协会运动员组成的双打组合，应穿着同样的服装，鞋袜除外。

（9）比赛的双方运动员应穿着颜色明显不同的运动服，以使观众能够容易地区分他们。

（10）当双方运动员或运动队所穿着服装颜色类似，且均不愿更换时，应由抽签决定某一方必须更换。

（11）运动员参加世界、奥林匹克或国际公开锦标赛时，穿着的短袖运动衫、短裤或短裙等应为其协会批准的种类。

18. 广告

（1）在赛区内，广告只能在规定设置的器材和装置上展示，而不能单独设置。

（2）赛区内任何地方不准使用荧光或发光的颜色。

（3）挡板内侧的字样和标记禁止使用白色或黄色，亦不得超过两种颜色，其总高度应限制在40厘米以内，建议使用比底色深些或淡些的颜色。

（4）地板上和球台端面、侧面的标记物颜色应深于或浅于底色，或者是黑色。

（5）比赛区域地面最多可有4个广告，球台的每个侧面和每个端面可各有1个广告，每个广告的总面积不得超过2.5平方米；广告与挡板的距离不得少于1米，两端的广告语挡板的距离不得超过2米。

（6）球台两个侧面各1/2处和端面均可有一个临时性广告，该广告不得是其他乒乓球器材供应商的广告，而且与永久性广告必须有明显区别；每个广告总长度不得超过60厘米。

（7）球网上的广告应深于或浅于背景的颜色，与球网顶端的距离不少于3厘米，并且不得遮盖网眼。

（8）赛区内裁判桌或其他器材上的广告，其任何一面的总面积不得超过750平方厘米。

（9）运动员服装上的广告应受下列限制：制造厂家的正常商标、标记或名称，所占总面积不得超过24平方厘米；短袖运动衫前面和侧面不得有3条以上的广告，广告总面积不得超过200平方厘米，每条广告必须明显分开；短袖运动衫的背部可有一个面积不超过200平方厘米的广告；短裤或短裙上可有不超过2个、总面积不超过80平方厘米的广告。

（10）运动员号码布上的广告总面积不得超过100平方厘米。

（11）裁判员服装上的广告总面积不得超过40平方厘米。

（12）比赛服和号码布上不得有烟草制品、含酒精饮料或者有害药品的广告。

二、乒乓球竞赛的组织编排

（一）竞赛规程

竞赛规程是竞赛工作的根本依据，是整个比赛工作中的重要环节。竞赛规程一般由主办单位制定，其内容包括竞赛名称、竞赛日期和地点、参加单位和人员、参加办法、录取名次、奖励办法、裁判人员等。

（二）竞赛项目和方法

乒乓球竞赛一般包括团体赛和单项比赛。团体赛有男子团体赛和女子团体赛；单项比赛有男、女单打比赛，男、女双打比赛，混合双打比赛。

在成人单打比赛中，一般采用五局三胜制。单项比赛一般采用淘汰制，团体赛和单项预选赛可以按淘汰制或分组循环制进行。

1. 分组循环赛

（1）在分组循环赛中，小组内每一成员应与组内所有其他成员进行比赛，胜一场得2分，输一场得1分，未出场比赛或未完成比赛输的场次得0分，小组名次应根据所获得的场次分数决定。

（2）如果小组的两个或两个以上成员得分数相同，他们的名次应按相互之间的比赛成绩决定。首先计算他们之间获得的场次分数，再根据需要，计算个人比赛场次（团体赛时）、局和分的胜负比率，直至算出名次为止。

（3）如果按照以上两条所规定的程序，仍不能决定某些队（人）的名次，这些队（人）的名次将由抽签决定。

2. 单淘汰赛

所谓单淘汰赛，就是将所有参加比赛的选手（或队）编成一定的比赛秩序，由相邻的两名选手（或队）进行比赛，败者淘汰，胜者进入下一轮比赛，直至淘汰最后一名选手（或队）。最后的胜者就是这次淘汰赛的冠军。

（1）淘汰赛选择号码位置数：采用单淘汰赛的比赛方法时，应先根据参赛人数选择最接近的较大的2的乘方数（即2自乘若干次的积数）作为号码位置数，如参赛运动员的人数不等于号码位置数，需要在比赛的第一轮设置一定数量的“轮空”位置（轮空数 = 号码位置数 - 运动员人数），使参加第二轮比赛的运动员人数正好是2的乘方数；如参赛人数稍大于2的乘方数，再用排轮空的方法，则轮空人数太多，这时可用“抢号”的方法解决。即以最接近的较小的2的乘方数作为号码位置数，安排一部分运动员进行抢号。抢号就是两名运动员使用一个号码位置先进行一场比赛。抢号和轮空在性质上是完全相同的，抢号的位置可查轮空位置表。

（2）淘汰赛轮数和场数的计算：单淘汰赛所采用的号码位置数（2的成方数）的指数（自乘的次数）即为轮空。2的几次方即为几轮。单淘汰赛场数的计算方法是：场数 = 人数 - 1。

3．团体赛形式

（1）五场三胜制（五场单打）

一个队由3名运动员组成。

比赛顺序是：

① A—X

② B—Y

③ C—Z

④ A—Y

⑤ B—X

（2）五场三胜制（四场单打和一场双打）

一个队由2、3或4名运动员组成。

比赛顺序是：

① A—X

② B—Y

③ 双打

④ A—Y

⑤ B—X

（3）七场四胜制（六场单打和一场双打）

一个队由3、4或5名运动员组成。

比赛顺序是：

① A—Y

② B—X

③ C—Z

④ 双打

⑤ A—X

⑥ C—Y

⑦ B—Z

(4) 九场五胜制(九场单打)

一个队由3名运动员组成。

比赛顺序是:

① A—X

② B—Y

③ C—Z

④ B—X

⑤ A—Z

⑥ C—Y

⑦ B—Z

⑧ C—X

⑨ A—Y

3. 团体比赛程序

(1) 所有出场运动员应来自团体报名表。

(2) 团体比赛前,由抽签的中签者优先选择A、B、C或X、Y、Z,由队长将该队名单提交给裁判长或其代理人,并对每一名单打运动员确定一个字母所代表的相应位置。

(3) 双打比赛的配对不必立即提交,直到前一场单打比赛结束。

(4) 需要连场的运动员有资格在连场的比赛之间有最多5分钟的休息时间。

(5) 所有比赛场次采用三局两胜制。

(6) 当一个队赢得足够多数场次时,为一次团体比赛结束。

第七章　拳　　击

第一节　概　　述

拳击是在一定规则限制下,双手戴特制的柔软手套进行打击搏斗的一项紧张、激烈、对抗性较强的体育运动。它与举重、摔跤、柔道等一样,都属于重竞技运动项目。自第三届奥林匹克运动会开始,男子拳击运动成为历届奥林匹克运动会的主要比赛项目之一,而女子拳击运动在2012年伦敦奥运会上成为正式的比赛项目。

拳击被称为"勇敢者的运动"。早在古希腊和古罗马时代,就有许多有关拳击的生动记载。随着时代的变革和社会的发展,拳击运动也逐步地得到发展。拳击在欧美各国极为盛行,在亚洲地区开展得也很广泛,深受人们的喜爱和关注。拳击比赛已有三百多年的历史。这项运动之所以受到人们的欢迎,不单是由于拳击运动员在机智、勇敢的搏斗中所表现出的顽强意志与精湛技术吸引着人们,更主要的是拳击运动的方式、活动的特点具有较高的锻炼价值。

拳击是能动变化的对抗性的体育运动。每出一拳不仅要有一定的爆发力和速度,而且还必须掌握出拳的技巧。防守固然也是一种必不可少的技术,但是在比赛中还是应当以进攻为主,因为完全防守的被动现象就意味着失败。比赛的胜负是依击打动作及在规定时间内进攻和防守的效果决定的,也就是在搏斗中以击中对手合法部位的次数判定胜负。此外,如一方被对手击倒,在10秒内仍不能站起来进行比赛,则判对方获胜,这种胜利称为"绝对胜利"。所以,拳击不是毫无规律地随意招架或乱打,而是有其独特击打方法和各种专门技术的竞技运动。

一、拳击的特点和对身体的作用

拳击运动要求肌肉的爆发力强大,动作迅速。就其技术和战术方面而言,拳击运动是非常复杂的一种运动。搏斗形势的变化和运动员在台上所遇到的情况,要求拳斗者能在较短的时间里正确地了解对手的基本状况,同时还要立即做出相应的对策,继而凭着经验与熟练的技术进攻和防守,并且需要运用一定的战术和勇敢顽强的意志战胜对手。这不仅能培养人们的勇敢精神和意志顽强的优良品质,而且能够有效地促进身体的全面发展。

1. 可以发展速度:比赛时,要在极短的时间内正确地判断及抓住短促的时机击打对手或避开对手的击打。因此,它要求反应迅速、动作敏捷。一旦有机可乘,就能有一个突然快速的击打动作,因此也特别训练了肌肉的弹力和出拳的爆发力。所以,肌肉的弹力和动作速度的快慢是决定胜败的主要因素之一。

2. 可以提高灵敏性:拳击比赛是在形势千变万化的情况下进行的。一个优秀的拳击手,不仅要熟练掌握各种拳法,而且要能随机应变和灵活运用,此外还应有非常协调的动作技巧,以准确地击打对手和防守对手的进攻。所以,拳击运动员神经系统的反应要精确而迅速,并且身体动作要高度灵敏,这样才能掌握主动,抓住时机,有效地击打对手。

3. 可以增强耐久力:进行拳击运动时,由于肌肉活动量大、动作激烈,所以易于疲劳。如果平日训练不够,则要支持三个回合的战斗是有困难的。比赛时,由于精神高度集中,易造成神经系统疲劳,所以拳击运动要求运动员的身体具有能负荷较大强度的耐久力。通过经常训练以及其他运动项目的练习,能更好地提高呼吸和心脏血管系统的活动机能,大大增强和提高运动员的耐久力。

4. 能够增强力量:出拳力量大小与身体力量大小有关,当然击打的力量与出拳速度及身体协调用力更有关。但是,每一拳的力量与肌肉的力量是分不开的。没有力量的击打,对对手就没有威胁,取胜的机会就不大,因此拳击需要强大的力量。不断地从事拳击训练,能够有效地增强肌肉的力量。

5. 能够促进各器官正常发展:经过经常的训练和其他辅助运动项目的练习,能有效地发展和提高呼吸系统、血液循环系统、肌肉和神经系统的活动机能,促进身体健康发展。

总之,从事拳击运动能培养人们的机智、勇敢和坚毅等优良品质,改善有机体的速度、力量、耐久力和灵敏等身体素质,提高身体各器官的活动机能,促进身体全面发展。

二、拳击的科学性

运动是人体进行活动的科学,为此必须有科学的理论作指导,并且在科学的理论指导下进行训练和竞赛。在平时训练中,应以运动生物力学、人体解剖学、运动生理学以及心理学等作为指导。只有把科学的理论与训练实践紧密结合起来,才能取得理想的效果。

拳击运动是“斗”的竞赛。人们在长期的历史中已掌握了各种与自然界斗争的本领和技巧,而拳击则是从这些斗争中将各种经验、技巧加以总结、提炼而发展成为一种体育运动的。拳击的各种拳法是人们在实践中研究总结出来的科学的击法。因此,对拳击的各种技术只有经过刻苦学习与不断实践,才能掌握、运用和提高。

三、业余拳击与职业拳击的区别

拳击有业余拳击和职业拳击两种。奥运会举行的拳击比赛属于业余拳击。业余拳击和职业拳击不仅在比赛方法、时间、手套大小等方面有所不同,而且在比赛的目的与性质上也有本质的区别。业余拳击运动是以锻炼身体、增进健康为目的的,举行比赛是为了提高运动技术水平和增进友谊;而职业拳击和所举行的比赛,则是以谋生和获取金钱为目的的。

业余拳击比赛时间规定为 3 个回合(每个回合 3 分钟,每回合之间休息 1 分钟),所使用的手套大而厚,每只重 227 克。由于比赛时间短、手套大而松软,因此很少出现将对方击倒不起或是像在职业拳赛中所出现的一些伤害事故。比赛的胜负多是依双方在进攻与防守中的得分多少和运动员的体育道德作风评定的。职业拳击比赛的时间一般不少于 10 个回合,有的比赛通常都要打 15 个回合才能结束,所使用的手套比业余拳击的手套小而薄,每只仅重 170 克。职业拳击比赛很少依双方运动员的技术得分评定胜负,而多以将对方击倒后 10 秒内不能恢复比赛而告终。职业拳击比赛时,常常发生伤害事故。这种现象的出现,完全是职业拳击性质本身所造成的必然结果。

除上述区别外,业余拳击与职业拳击在比赛时的服装也不同。业余拳击比赛时,运动员穿背心、短裤和软底运动鞋,并戴保护帽;职业拳击比赛时,比赛者上身赤裸,不戴保护帽。

我国开展的拳击运动是本着奥林匹克精神,以锻炼体质、增进健康为目的的,是符合国际业余拳击协会的规定与宗旨的业余拳击运动。

四、拳击运动员的基本条件

初学拳击的人,总有尽早掌握好拳击技术的迫切愿望。但是,不能急于求成,必须遵循和掌握拳击运动的特点、规律,本着由浅入深、循序渐进的原则,一步一步地认真学习和掌握基本的技术动作,并且在练习和掌握技术的同时,注意锻炼和培养从事拳击运动所需要的各方面条件。

要成为优秀的拳击运动员,一般应具备以下四方面的条件:

(1) 灵敏性:在比赛中,形势是千变万化的,每场比赛所碰到的对手都各有不同的特点。因此,在复杂的情况下,要能随机应变,并能协调、迅速地以最省力、最有效的动作准确地击打对手或防守对手的进攻。为此,运动员的神经反应不仅要高度准确,而且要迅速、果断,同时还要能配合身体的动作,必须要有良好的灵敏性。

(2) 正确判断时间与距离的能力:精确的距离感能乘机击打对手,这是取得主动与胜利的重要条件。为此,不仅要有动作移动的速度,而且还要有准确判断速度的能力，这样才能确保行动迅速，且准确无误。拳击运动的速度是配合时间的速度，包括动作的速度和心理上的判断速度，而动作的速度来自正确的判断。

（3）健壮的体格：拳击运动的肌肉活动量大，而且非常激烈，如果运动员没有健壮的体格，就不能充分发挥技术和完成动作。拳击比其他运动项目更需要耐久力，在比赛中，运动员不仅感到肌肉疲劳，当在击打中失误或被击中时，还会感到更加困难和疲劳，没有好的体格是坚持不住的。

（4）顽强的精神：在比赛中，要想不被对手打中而能击败对方，不仅要有好的技术和耐久力，更重要的还要有勇于战斗、争取胜利的顽强精神。运动员要勇于接近对手，用重拳打败对手。顽强的精神和技术相结合是取胜的重要因素，锻炼和发挥个人的顽强精神对从事拳击运动是十分重要的。

五、拳击比赛中的级别

拳击比赛分业余成年（包括奥运会）比赛、业余世界青少年比赛和职业比赛。各种不同的比赛又根据运动员的体重划分出一些不同的级别。业余成年比赛分 12 个级别，业余世界青少年比赛分 3 个级别，职业拳击比赛分 8 个级别。运动员依其所从事的拳击运动的性质、自己的年龄及体重，分别参加相应级别的比赛。现将各种比赛及其级别介绍如下：

1.（1）业务成年男子（伦敦奥运会）比赛的级别

① 49 公斤；② 52 公斤；③ 56 公斤；④ 60 公斤；⑤ 64 公斤；⑥ 69 公斤；⑦ 75 公斤；⑧ 81 公斤；⑨ 91 公斤；⑩ 91 公斤以上。

（2）业余成年女子（伦敦奥运会）比赛的级别

① 51 公斤；② 60 公斤；③ 75 公斤。

2. 业余世界青少年比赛的级别

① 58.97 公斤；② 63.5 公斤；③ 69.85 公斤以下。

3. 职业比赛的级别

① 50.80 公斤；② 53.52 公斤；③ 57.15 公斤；④ 61.23 公斤；⑤ 66.68 公斤；⑥ 72.57 公斤；⑦ 79.38 公斤；⑧ 79.38 公斤以上。

第二节　基本技术

基本技术是发挥和提高运动技术水平的基础，是实现与完成战略、战术和取得比赛胜利的重要条件。基本技术掌握得好坏，可直接反映出一个人运动水平的高低。通常，一个优秀的拳击运动员的基本技术一定是扎实完善的；相反，基本技术掌握得很差的人不可能成为优秀的拳击运动员。

在比赛中，能否成功与有效地完成进攻和防守的行动，关键在于是否已掌握了拳击的正确技术,也就是取决于其基本技术掌握和运用的程度。只有掌握了正确的基本技术,才能不断提高比赛技巧和运动水平。因此,正确与完善地掌握好基本技术,是每个从事拳击运动的人所不能忽略的重要方面。

拳击的基本技术有下列几个方面:

一、实战的基本姿势

这是完成进攻与防守行动的最有利的姿势。正确地掌握好基本姿势对学习拳击非常重要,没有正确的姿势,就不能掌握好拳击技术。拳击的基本姿势是从它的运动方式和技术特点出发,经过实践总结并不断完善形成的。基本姿势的优点是起动灵活、出击迅速有力、重心稳固、暴露面积小、利于防守。基本姿势是拳击基本技术中不可缺少的一部分。每个学习拳击的人,不仅要掌握好它,而且还要在实践和比赛中始终自如、有效地保持着这一姿势。(图 7-1)

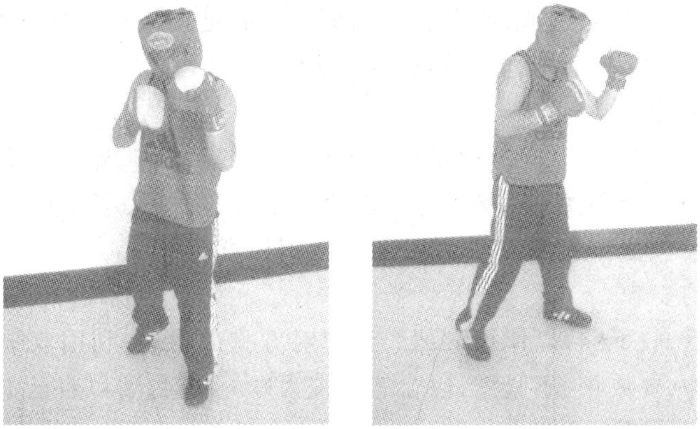

图 7-1

在学习和掌握基本姿势时,有三个要点:

(1) 动作自然,不呆板。

(2) 协调有力,形态优美。

(3) 行动灵活,不紧张。

其中,第一点最重要,做不好会影响后两点。前两点做不好,会造成紧张和疲劳。基本姿势是基础,做好有利于发挥动作的合理的基本姿势是非常重要的。坚强有力、动作协调自然的姿势还会给人以一种美的感受。如果滑步和击打动作像流水一样的自然,就会有很大的威力。基本姿势虽然并不决定胜败,但是在裁判判定上会有一定的影响。在日常训练中,时时处处都应该注意姿势动作的正确性。学习掌握正确的姿势动作对进攻与防守都将起到很大的作用。运动员应该在掌握好正规的基本姿势动作并达到熟练程度后,再去考虑发挥个人特点,即形成个人的实战姿势。

身体各部位的动作要领如下：

(1) 两脚的站立

① 一般以自然、不感到吃力为原则，两脚前后分开，左(右)脚在前，足尖略向内侧转，右(左)脚在后，足尖指向右斜前方。

② 两脚前后距离(前足尖至后足根)要略宽于肩，具体宽度可因人而定。前后脚不应站在一条直线上，应略成一斜线。两脚之间的距离若过宽，虽重心较稳，便于躲闪、击打，但两脚移动速度慢；若过窄，虽两脚移动速度快而灵活，但稳定性差。这些下肢动作是非常重要的，运动员应根据自己的特点经常练习。

③ 两足之间的角度约为40°—45°，即以后足根作一平行前方的直线，以前足根的外缘作一条切线，然后两线延长相交所成的角。

④ 两脚的肌肉要放松，着力点应落在前脚掌上。在后面的右(左)足根应稍离开地面，后腿膝关节弯屈，前腿近于伸直，重心落在两脚间。屈膝可使腿部动作灵活，也有利于后足蹬地，使重心移动更快。后足跟绝对不能落地，否则将会影响动作速度，训练中对此要特别注意提醒和强调。

(2) 躯干的姿势

应以自己的左(右)肩及腹部的左(右)侧向着对方，略微收腹含胸，上体稍向前倾。身体要斜侧对着对方，以减少被攻击的面积，不要左右、前后扭身，因为这样容易失去平衡。初学者对此应特别注意。

(3) 头的姿势

头稍下低，收下颚，以保护喉部。目视对方胸部附近，利用双眼的视野看对方的全部动作，要放松、不紧张，以自然注视为好。同时，要以自己的肩部保护下颚，咬住牙齿，嘴唇要闭合。

(4) 面部表情

在比赛或实战中，不应暴露自己的焦急、发怒等情绪，不能使对手从面部表情上发现自己的意图。态度要自然，保持镇静、沉着，如有面部表情，也只能是假的，要使对手无从捉摸。

(5) 两臂姿势

① 两臂自然微屈放松，同时两肘下垂。

② 在前面的左臂抬起，大小臂之间约成90°。拳的高度不能妨碍视线，应稍低于自己的眼睛，大体与对方的下颚高度相同。这样才能不紧张、不疲劳，并且出拳有力。

③ 右臂弯屈应小于90°成锐角，置于右肋骨旁，握拳，手心向里，拳峰向着对方下颚，肘部离开身体约5—10厘米左右，拳略高于下颚，以便保护下颚。

④ 两肩自然放松，不耸肩，以保持动作放松和不疲劳。

（6）平衡

静止站立时做好基本姿势是容易的，可是一旦做动作移动时，就不易保持前后、左右的平衡了。拳击运动中，重要的是要在任何姿势下都能保持平衡，也就是掌握好重心。要保持好平衡，就必须使手臂、脚、身体成为一体进行移动，重心放在两脚间，并轻轻地跳跃。跳跃时，不得破坏基本姿势。落地时，要稳如磐石，轻而无声，同时上体不要挺直，仍然保持实战姿势。

（7）拳的握法和击打的部位

拳是拳击运动的生命，是战斗的武器。为了正确击打并防止外伤，正确的握拳是特别重要的，否则容易挫伤或扭伤指关节与腕关节。正确的握拳方法是：四指并拢，指尖在掌心内侧，大拇指贴在第三指（中指）的第二指骨上，使拳峰对着对手。

拳击比赛中，击打时，只许用手套的前上部分即拳峰击中对方。取实战的基本姿势时，全身肌肉应当放松，神态要自然而不紧张。

二、基本步法

1. 步法在拳击技术中的地位和意义

拳击的步法是根据拳击运动的特点总结的符合其技术要求的一种专门的脚步动作。

为了完成进攻与防守的行动，需与对手保持应有的距离，而距离的保持需用灵活、迅速的脚步动作进行调整；同时，还要在行动过程中，始终保持重心的稳定与平衡。这就需要有正确、科学的脚步动作，即所谓的“步法”。

步法的好坏直接关系着对拳击技术的掌握、运用与发挥。在实战与比赛中，双方之间的距离不是固定不变，而是不停变动的。只有快速地移动脚步，才能不失时机、及时地击中对方。同样，为了躲避对方的击打，也必须运用脚步的快速移动脱身。进攻与防守动作的实现，首先是由脚步动作开始的。可以说，脚步动作是一切动作的先导。

随着拳击运动的发展及其技术的不断提高，对步法的要求也愈来愈高。好的步伐必须快速、灵活、有弹性，不仅可以闪电般地进身和退离对手，而且还可以为自己的进攻作些假象，使对手产生错觉，引诱对手出拳击空，改变和破坏对手的意图，使对手的进攻无法实现。在不停的跳动中，要注意节省体力，减少盲目性。应根据对手的情况和战术的要求进行移动，要有科学性。

2. 步法（以右势为例——左手、左脚在前，右手、右脚在后）

（1）前滑步：身体向前移动时，后脚先蹬地，推动前脚向前移动。前脚向前滑动时，应擦地前进；落地时，应以前脚掌先着地。当前脚掌着地后，后脚迅速前滑跟上，其前移的距离与前脚移动的距离相同。向前移动的步长，根据各人的身高不等而有所不同，一般是30—50厘米。重心随着两脚的前滑而平稳地向前移动,两脚着地后,使重心仍保持在两脚间。在滑步时,身体应保持原有的基本姿势,重心应避免上下跳动。

(2) 后滑步:与前滑步的方向相反。前脚蹬地,后脚向后滑动,后脚着地后,前脚迅速跟回,向后滑动的步长与前滑步相同。滑步时,重心由原来的位置随两脚的移动平稳后移,保持原有的基本姿势不变。

(3) 冲刺步:比一般滑步更加迅速,蹬地力量比一般滑步大,滑动距离也比一般滑步长,一般约为50—70厘米。当身体准备向前冲刺时,在保持基本姿势的基础上,后脚先用力蹬地,前脚迅速前滑冲刺,前脚着地后,后脚迅速跟上。重心随着两脚的前滑而迅速前移。动作完成后,基本姿势仍不变。

(4) 急退步:与冲刺步的要求相同,与向后滑步的动作相似。它是急速远离对手向后滑动的步法。滑动时,前脚用力蹬地,后脚先向后迅速滑移,随着后脚落地的同时,前脚迅速向后跟上。重心随着脚的后滑而向后移动。完成动作后,仍保持原有的基本姿势。向后滑步的距离一般为50—70厘米。

(5) 左滑步:右脚先蹬地,左脚掌向左擦地横向滑动,待脚着地后,右脚即向左横滑跟上,其距离与左脚滑动的距离相同,一般为30—50厘米。重心向左移动时,先由右脚移至横滑的左脚上,待右脚横滑着地后,再由左脚移至两脚间。完成滑步动作后,仍保持原有的基本姿势。

(6) 右滑步:与左滑步的要求相同,只是方向相反。

在向左、右滑步时,为了使重心在移动后保持平衡,先滑动的脚在着地时,应注意用脚掌的外缘先着地,以免身体因横移过大而失去平衡。

(7) 左环绕步:这是一种在双方对峙时,为了寻找对手的空隙和进攻的机会,围绕着对手连续向斜前方滑动的一种步法。向左环绕滑动时,右脚蹬地,左脚先向左斜前方滑移,着地后,右脚迅速向同一方向跟进。重心随着两脚的移动,由原来的位置向斜前方移动,在移动中仍保持基本姿势。

(8) 右环绕步:与左环绕步方向相反。向右滑动时,要特别注意两脚移动的距离不宜过大,并应始终保持侧对对手的身体姿势。

三、基本技术的意义和重要性

1. 进攻击打时力量的来源

(1) 熟练掌握拳击的基本动作

拳击运动员进攻时,击打要准确有力,这是战胜对手很重要的一方面。要发挥良好的技术,首先必须掌握好基本动作。在任何情况下,都要注意基本动作的要点,并保持好基本姿势,如两臂的位置和上体的姿势、上体和步法移动的协调性等,一定要把整个身体作为一个整体进行活动。所以,击打只靠力量和单纯使用臂力是不行的,这样不但力量不大,而且很快就会引起疲劳。

击打的力量应从整个动作、上下肢和身体的协调配合中产生。在比赛中,情况千变万化,时时保持基本动作是十分重要的。基本动作掌握得熟练与否,对发挥技术和战术起着关键的作用。

(2) 掌握好重心的移动会产生有力量的击打

击打的准确性、速度、力量必须与基本技术相配合,才能发挥出击打的威力。这种威力是配合重心移动和动作协调而发挥出来的,如果击打只打中对手而无威力,那么对对手就毫无威胁的作用。忽视了科学的训练,就不能运用重心的移动而发挥击打的力量。为此,平时训练中,要特别注意加强重心的移动,以便做到在移动中发挥重拳力量。

(3) 击打瞬间的爆发力

具有爆发力的击打是当拳峰接近对手时,加速用最大的力量完成的,同时要注意把力量集中于拳峰。平时训练时,就要注意这种击打的科学性。

要在运动中击打准确,并发挥出瞬间的爆发力,必须具有正确的判断能力,这是十分重要的。

(4) 抓住时机,运用技术力量

击打的有效性在于打准,只知道打快、多打,而不知道打什么地方或任意乱打,这就是不懂击打的科学性。当然,快比慢好。但是,击打不单纯只要求一个“快”字,还要求明确击打的目的和击打的时机,要求能用较小的力量取得最大的效果。

要适时掌握良机,就必须有正确的距离感和锐利的眼力。平时训练时,对此要注意培养和掌握。

(5) 击打沙袋可以增强力量

训练中使用沙袋,不仅可以增强击打的力量,而且可以增强其他身体素质。沙袋有轻有重,练沙袋能否有效地增强力量,取决于练习的方法。首先,不能单纯为增强力量而练力量,如果把肌肉练大了,反而会使速度减慢,所以不能过多地打沙袋。其次,要选择适合自己身体情况的沙袋,以能打得比较得心应手为宜,这样效果就会更好。在打沙袋练习中,要运用步法,并选择好距离。打沙袋时,不可用蛮力,这样会使体力消耗过大,容易引起疲劳。因此,在练习力量的同时,需注意技术上的改进和提高。

2. 进攻技术中的击打力量

一般而言,击打的好坏是指出拳力量的大小,它起决定胜败的作用。因此,在训练中,要注意提高和掌握击打的力量,并注意利用自己的体重增加击打的力量。

但是,一些打沙袋有力量的运动员在实战中不一定能发挥出很大的力量,有时反而会被那些身体瘦弱者打倒。所以,力量差的人也不必悲观,只要进行科学、有针对性的练习和训练,并且坚持下去,就会很好地增强并发挥出击打力量。

(1) 击打的准确性:要充分用力并准确地击打对手,就必须掌握正确的击打方式。出拳时,五指紧握,要用拳峰垂直击中对手。为此,击打时必须正确地判断与对手的距离及击打的时机。在刹那间作出这样的判断是很不容易的,必须经常练习,在实战和实践中,以及在各种复杂条件和困难的情况下,扎实地反复进行练习,并通过感觉,经大脑分析,不断地改进和总结,有意识地进行锻炼,这样才能取得较好的效果。

(2) 击打的速度:它与出拳的准确性同样重要。但是,光有出拳速度还不够,还要迅速抓住时机、迅速判断、迅速行动步法等,只有如此,才能达到预期的目的。因此,现代拳击总是把速度问题放在很重要的位置上,并对之提出很高的要求。

(3) 击打的力量:单纯以力量为主的人想战胜对手是不容易的,因为拳击是在运动中做动作,而不是在静止状态下做动作。力量只有与前两种因素结合,才能产生出更好的效果。

随着拳击运动的发展,比赛中近战的机会更多了,常常在几英寸的距离下就能把对手击倒。只有掌握了近战能力的运动员,才能给对方以最大的威胁。只有在近距离内用很小的手臂动作就把对手打倒在地,才称得上是最有效的击打。

3. 直拳

直拳是最基本的动作,要反复练习掌握。自有拳击运动以来,直拳就是最基本的动作,也是最关键的动作。无论是初学者还是一流的优秀运动员,都必须学习掌握这种最基本的拳法,特别是左直拳的连续直击动作。

掌握了左直拳击打的基本技术,就等于取得了拳击获胜的可能性。这样评价左直拳并不过分,尤其是连击的左直拳,能破坏对方的平衡,扰乱其阵脚,混乱其视线,给其他拳创造有利的进攻条件。左直拳是用重拳打倒对方的开路先锋,是完成关键动作的向导,是争取胜利的基本技术动作。所以,训练时要对左直拳加以重视。(图 7-2)

图 7-2

右直拳距离远，打起来有劲，但是一般使用的时机少，有充分把握时才能使用。所以，一般认为，用一次右直拳就意味着比赛结束。

4. 勾拳

勾拳是在接近对手时近距离的击打拳法。勾拳常配合长距离的拳法(直拳、摆拳)组成连续拳进攻对手。这种短距离拳法威力大，当有力地击中对手腹部弱点、下颚与颈侧面时，能使对手失去比赛能力，从而结束比赛。(图7-3)

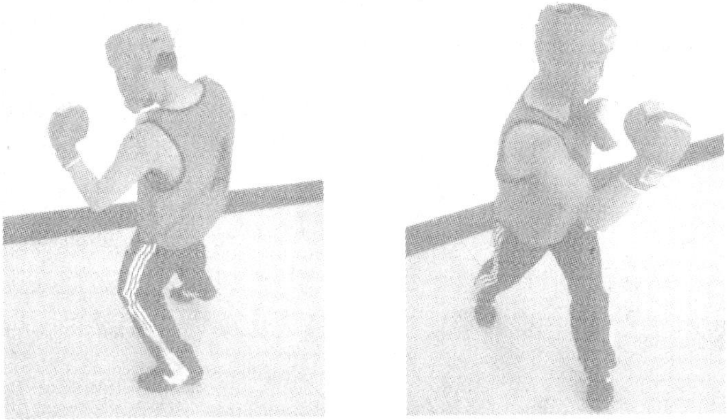

图 7-3

5. 摆拳

摆拳是从侧面袭击对手的有力拳法。左摆拳由侧面击打，由于身体向相反方向移动，往往吸引对手，起分散对手注意力的作用。击打后，身体处于对手左侧，使对手不容易反攻。但是，由于摆拳所走的路线较长，容易被对手发现，速度比直拳慢，不容易击中对方，所以不常做开始的引拳。右摆拳动作大、速度慢，可用于出其不意地击打对手，这也是很有效的重拳。例如，当对手在进攻中疏于防守时，可以用右摆拳给予其出其不意的击打与还击。不过，它的使用机会较少，因为开始对峙时不容易击中对手。(图 7-4)

图 7-4

6. 防守技术的价值和意义

(1) 防守的重要性

运动的目的在于增进健康,提高身体素质,而不是要把对手打成残疾。所以,拳击作为体育运动项目,在技术上不但要提高进攻技术,而且还要提高防守技术。防守是拳击基本技术的基础之一,与进攻是密不可分的。只有主动进攻才能取胜,而若不能很好地防守,也会被对手击中而遭到失败。如果对手进攻时能使其击打屡次落空,那么不仅能消耗掉对手大量的体力,更主要的是还可以为自己的进攻创造条件。所谓积极防守,就是指防守与反击要结合起来。当还击或迎击对手时,开始必须配合防守动作。可以说,防守动作也是还击的开始姿势。因此,初学者必须了解拳击的防守与进攻的基本技术。在现代拳赛中,若在防守时总是不积极地反攻和进攻,就要受到警告。

防守是为了还击和进攻,因此动作不要大,而是用小一点的动作。动作小,就灵巧而快速;动作大,则容易被对手击中,同时对还击也不利。还击是积极的防守,要真正发挥防守作用,就要更好地提高进攻能力。要做到攻防一体,克服消极防守。

在拳击比赛中,还击的动作是能动性的灵活动作,是在防守后的进攻动作。打得合理、机智,就是拳击的合理技术。

(2) 各种防守技术

防守技术动作很多,要想全部掌握是很困难的。对其中几个主要动作,哪怕是简单的动作,如能掌握并应用得特别熟练,就会起到很好的作用。初学者应该很好地学习与掌握防守方法,并根据自己的特点选用。在不同的实战条件下,可采用不同的防守方法。例如,高个子运动员对身材矮小的对手作战时,采取移步摆脱的方法很有利;相反,如果是小个子运动员,那么用潜避内闪的进身方法就更有利于自己的进攻。在练习防守技术时,应当由简到繁,首先要了解与加强对防守技术动作的认识和理解,再根据个人的具体情况灵活学习和掌握,这样便会收到良好的效果。

下面是几种常用的防守技术:

① 阻挡:用手掌、手臂、肩部抵住对手的拳,使对手的拳落在手掌、手臂和肩上。

② 阻挠:当对手在发拳之初,先用手掌阻止对手的发拳,以迫使对手在出拳时不能发力。阻挠一般是用手掌压住对手的拳或用身体贴近对手,用前臂压住对手准备出击的手臂或用手掌推阻住对手肩部。

③ 拍击和格挡:用手掌拍击或用小臂格挡开从不同方向击来的拳,以使对手的拳不能击中目标。

④ 闪躲:

a．侧闪：上体向左或向右侧身的闪避动作。

b．后闪：上体向后仰的闪避动作。

c．潜避：上体向下方蹲低，利用两腿的弯屈使身体直线向下潜避。

d．摇避：上体由左向右或由右向左下方做上体环绕动作，两腿弯屈较少，上体环绕时略前倾。

⑤ 移步摆脱：利用步法的移动闪开对手的击打。

7．反击的意义

反击是指躲过对方的击打后，进而主动进行攻击的行动。这种动作的特点是比对方的动作晚而快，即比对方的动作晚开始，却快而早地击打对方。这种反击的力量是很强的。它要求判断力强，行动果断。反击时，要抓准时机，果断出拳，从而加大对对手的威胁性。反击是一项运动员应当学会并熟练运用的技术。

四、基本拳法的动作要点

1．直拳

(1) 左直拳：发拳时，从实战姿势开始，身体与左臂完全放松。击出前，不可有向后拉臂的预令动作，也不可有臂部肌肉紧张动作。左臂迅速完全向前伸直，同时做肩前倾，上体略向右侧转，拳头放松，半握拳，手臂向前伸直内转至拳心向下成一条直线击出，同时左脚稍向前踏地(以前脚掌踏地)，重心移向左脚，后腿略伸直，脚跟提起，脚尖点地，在击到目标的一瞬间，拳头突然握紧，随后又以最快的速度突然全身放松，拳头仍由原路线直线收回，迅速恢复基本姿势。

(2) 右直拳：与左直拳要点略同。因右肩在后面，当右臂前伸的同时，右肩前倾，上体向左转，因此动作幅度较大。右腿略踮，左腿微蹬直，重心前移，击出拳后，迅速恢复原实战姿势。

2．摆拳(侧摆拳)

(1) 左摆拳：发拳时，拳由自己左肩的前面开始，从左侧向前成弧线移动击打目标。此时，小臂与大臂的角度大于90°，不是完全伸直左臂，而是略微屈臂，以加长击打距离，借身体腰部转动的爆发力，使拳由侧方抡摆击向目标。拳所走的路线与上体成90°，拳心略向左斜下方，使大拇指关节向下方，平行击出。击打开始时，臂、肩部肌肉放松，拳向前走弧形，但是不可有后拉的预令动作。拳击向目标的同时，肩、臂部肌肉突然在一瞬间紧张。击打之后，肌肉放松，恢复原基本姿势。如向前滑步击出或跃步击出，重心可移至左脚；如击低位、摆击腹胃部，上体可向右侧倒或向右跨步移动。

(2) 右摆拳：要点略同左摆拳，只是因动作需转体，较左摆拳稍大，拳向前所走的弧形路线较长，击打后，重心移至左腿(前面的腿)。

3．勾拳

（1）左平勾拳：出击时，拳头不应有先向左后移的预令动作。先提起左肘关节，上臂与小臂抬起与肩同高，肩臂肌肉放松。击向目标时，拳心斜向内下方，利用身体腰部突然转动的力量，上体向右转，不超过90°。当击向目标时，左臂向胸部右侧方向转移，臂部肌肉由放松到突然紧张，之后迅速放松，再保护上体。此时，重心移到右脚上，左脚跟外转。

（2）右平勾拳：动作要点同左平勾拳，只是方向相反。

（3）左上勾拳：用左上勾拳时，后脚要向前进一步，以接近对手，便于发力。出击时，由实战姿势开始，拳心向内，身体微向左转，并微屈左膝，左臂由于此动作而降低高度，并拉长了与对手的距离。此时，上臂与小臂成90°，拳约与腰同高，身体由下向上借伸直腿与突然挺身向右转的力量，带动左拳击打目标。如击打对手的下颚时，肘部就会自然离开体侧向前上方冲出，拳击出后，重心移至右足。

（4）右上勾拳：动作要点略同于左上勾拳，只是方向相反。

五、基本击法的动作要点

1．左直拳击上体与头部

左直拳走的路线最短，速度最快，力量较轻。但是，它的作用却很大，容易击中对手获点得分，并能给右手的重拳创造良好的条件与机会，是拳法中的先锋。它不仅能破坏对手的防守，给主力右拳创造出击机会，还能起到试探对手的作用，以便配合其他拳法，组成连续拳进攻。

（1）左直拳击上体：膝关节弯屈，上体前倾，降低身体高度，左直拳突然出击，直击对手的腹部、胃部或肋部。击出后，重心应落在左脚上，右拳应注意做准备防守的姿势。

（2）左直拳击头部：开始时，臂放松，之后突然将臂伸直，拳心内转向下，同时上体略向右侧转，左肩前倾，重心前移，击对手下颚，右手要注意护面。

2．右直拳击上体与头部

右直拳是主力拳，又叫“重拳”。因击打时上体的转体动作大，体重更容易加到拳头上，所以拳的力量大，但是速度较左直拳慢，是配合左直拳的一种有力拳法。用左手分散对手的注意力，使对手暴露空隙，而后果断有力地出击右直拳，往往能起到很大的作用，常能因此而击倒对手。右直拳击空时，往往会由于用力过猛而失去身体平衡，从而陷于被动地位，所以不宜经常出击。但是，当左直拳进攻得利时，右直拳就应迅速出击。

（1）右直拳击上体：与左直拳击上体略同，只是方向相反。因为转体幅度较大，所以拳的力量较大，但是速度较慢，容易遭到对手的反击。出击时，动作要突然,直击对手的腹部、肋部与胃部,同时左手要注意防护。

(2) 右直拳击头部:与左直拳击头部相同,只是方向相反。出击时,左手护面,肘护腹部。

3. 左摆拳击上体与头部

左摆拳是从侧面袭击对手的有力拳法。由于左摆拳可借身体的力量击打,因此力量比左直拳大。左摆拳由侧面击打,由于身体向相反方向移动,所以往往会吸引对手,起到分散对手注意力的作用。击打后,身体处于对手左侧,使对手不容易反击。但是,左摆拳所走的弧形路线较长,容易被对手发现,而且速度比左直拳慢,所以不经常作开始的引拳。

(1) 左摆拳击上体:两膝略屈,重心下降,大臂抬起的同时,小臂前伸,拳心向下平行出击,身体右侧前倾,借腰部转动的力量,拳由侧方抡击目标,要注意防守面部。

(2) 左摆拳击头部:动作与左摆拳击上体略同,只是重心不下降,转身较小。出拳击打对手的右侧颚部,如此拳打准,则威力较大。

4. 右摆拳击上体与头部

右摆拳击打的力量也是很大的,甚至超过右直拳,但是比右直拳出击所走的路线要长,因此速度比右直拳要慢。但是,若出其不意地出击,却是很有效的重拳,不过它的使用机会较少。

(1) 右摆拳击上体:击出时,两膝弯屈,降低身体高度,击出拳后,重心由右脚移至左脚上,同时上体前倾,出拳击打对手的腹部、胃部和颚部。

(2) 右摆拳击头部:与左摆拳击头部略同,但是重心不下降,身体不前倾,借腰部转动的力量,拳由侧方抡击对手的左侧颚部,左手要注意护面。

5. 左右平勾拳击上体与头部

勾拳是在接近对手时近距离的击打拳法。个子矮、有力量的拳击运动员常常采用勾拳贴近对手。使用勾拳,一般是在连续拳进攻时,通常配合左、右直拳等长距离拳法组成连续拳进攻对手。这种短距离拳法的威力很大,当有力地击中对手腹部、胃部、肋部或颈鄂侧面时,能使对手失去比赛能力,进而结束战斗。

(1) 左右平勾拳击上体:出击时,手臂保持一定的弯度(小于 90°),两膝弯屈,重心下降,利用上体及腰部向右(左)突转,以及前移重心和上体前倾的力量击出左(右)平勾拳。出击后,重心移到右(左)脚上。

(2) 左右平勾拳击头部:动作略同平勾拳击上体,但是重心不下降,上体不前倾,身体和腰部转动不大,击打对手的右(左)颈颚侧面,另一拳要注意防护。

6. 左右上勾拳击上体与头部

上勾拳是击打腹部、胃部、肋部的有力拳法,其特点与左右平勾拳。它可以用于还击或配合其他拳法使用。进攻击中时,威力很大,如能准确由下向上击中对手下颚,往往会把对手击倒。

(1) 左右上勾拳击上体:要点略同左右平勾拳击上体,只是方向相反。上勾拳是由下向上打,出击时,两腿蹬伸,稍加左(右)转体动作。

(2) 左右上勾拳击头部:略同左右平勾拳击头部,只是方向相反。拳由下向上击打,出击时,当左(右)肩下沉后,猛提出拳,击打对手下颚,另一拳要注意防护。

六、防守与反击法

1. 左直拳击头部的防守与反击

(1) 右手阻挡,左直拳迎击:发现对手左直拳击头部时,右手应向自己左下颚处移动,但是不要过分向前伸出右拳,离下颚前约十多厘米即可,张开拳套,用力阻挡对手直击向前的力量。在对手出拳的同时,用左直拳击对手的左侧头部。为了加长左直拳向前击出的距离,身体可随着出左直拳而向右侧倾转。

(2) 左肩阻挡,右摆拳还击:发现对手左直拳击头部时,上体应稍向右转,同时迅速提左肩,收下颚,用左肩侧三角肌处低挡对手的左直拳,随即重心向前移,并在向左转体的同时,用右摆拳击对手的左侧头部。

(3) 右侧身闪,同时左直拳迎击腹部:发现对手左直拳击头部时,上体与头部应同时动作,上体向右侧弯,并稍向前倾,重心移向前脚,使对手左手由自己颈部左侧滑过,同时出左直拳击对手腹部。

(4) 左侧身闪,同时右直拳迎击腹部:发现对手左直拳击头部时,上体与头部应同时向左侧身闪并稍前倾,重心移向前脚,使对手的左直拳由自己颈部右侧滑过,与此同时,出右直拳击对手腹部。

(5) 向后闪身,左直拳还击:原地不动,上体后仰,重心落于后脚的同时,立即上体前倾,用左直拳还击。后仰与前倾的动作要连贯成一个非常迅速的动作。

(6) 向后移步,左直拳还击:上体不后仰,只靠向后移动摆脱对手的来拳,要点与上述后仰闪身略同,区别是后脚落地后,立即迅速地出左直拳还击。向后移步,后脚落地的同时即向前出击,这些动作要连接成一个连续动作。即在对手向前移步出拳击打后,不等其后退,便乘机击中对方。这一瞬间极为短促,必须抓住时机。

(7) 向左格挡,左直拳回击头部:发现对手左直拳击头部时,应用右手掌向左拍击对手左手腕部。做这个动作时,右手不要过分向前格挡,右手臂的移动要很小,拳套触及的时间要短而快。向左格挡的动作完成后,随即上体前倾,出左直拳击打对手的头部。当右手拍击后,左拳还击前应略抬高些,高于对手被拍击的左拳,以便于出击。在右手拍击的同时,上体向左移,随后向右转体出左拳,动作要连贯。

(8) 向右格挡，左直拳回击头部：当对手左直拳击头部时，上体稍向左转，同时右手掌略向右转，并用手掌向右突然推开对手左手腕部的内侧小臂。此动作也可略向右上方推动，格挡对手左直拳，随即上体前倾，出左直拳击对手头部。

(9) 左手向右拍击格挡，右直拳还击：这一拍击格挡动作较用右手要难。因为左手离身体较右手远，格挡路线较长，所以难于抓住时机。但是，如能熟练运用并抓住时机，还击的力量要比左直拳大得多。

(10) 左手张开拳套阻挠对手欲发之左直拳，用左直拳或右直拳还击：当对手左手有发拳预令时，先出手阻挠对手欲发之左直拳，阻挡住对手出拳路线，然后以直拳还击。

(11) 右跨右转体，左平勾拳迎击腹部：当对手左直拳击头部时，左脚向右跨一步，上体前倾并向右侧闪，重心移至左脚上，使对手的拳从左侧颈部滑过，同时向右转体，出左平勾拳击对手腹部。

(12) 左跨左转体，右直拳或平勾拳迎击腹部：左脚向左跨步的同时，把上体向左转体与向左侧稍欠腰的动作配合起来，闪过对手左直拳的击打，同时左转体，出右直拳或平勾拳击打对手腹部、肋部。

2. 左直拳击上体的防守与反击

(1) 左肘臂阻挡，右平勾拳或右摆拳回击头部：当对手左直拳击腹部时，左手屈臂帖于腹部左侧，身体稍右转，以左肘臂阻挡后，用右平勾拳或右摆拳回击对手左下颚或颈侧头部。

(2) 右手向左下格挡，左直拳回击头部：当对手左直拳击我腹部时，用右手向下拍推对手的左腕部，随即在向右转体的同时，出左直拳击对手下颚。应注意发挥击打的猛烈性与准确性，否则作用不大。

(3) 左手向右下格挡，右摆拳或斜下勾拳回击头部：当对手左直拳击我腹部时，用左手向下方拍挡，随即向左转体，以右摆拳或斜下勾拳击打对手头部。

(4) 向后移步闪，左或右直拳回击头部：当对手左直拳击我腹部时，迅速向后移动步法，即前脚用力蹬地，后脚迅速后移，接着用左或右直拳回击对手头部。

(5) 左侧身闪，右直拳回击对手腹部：当对手左直拳击我腹部时，右脚右跨并向左转体，使对手的拳由前滑过，同时出右直拳击对手腹部。

3. 右直拳击头部的防守与反击

(1) 左肩阻挡，右摆拳回击：当对手右直拳击我头部时，身体略向右转，提左肩阻挡，接着用右摆拳击打对手头部。

(2) 右手阻挡，左摆拳回击头部：当对手右直拳击我头部时，右手向自己下颚处移动，但是不要过分向前伸出右手，当张开拳套抵挡住对手直击的力量后，迅速用左摆拳击对手右下颚或头部。

(3) 向右格挡对手的右直拳,用平勾拳或右直拳回击:当对手右直拳击我头部时,张开左手拳套,用左手拳套拍推其腕部,挡开右直拳后,随即用平勾拳或右直拳回击其头部。格挡与回击需连成一个动作,中间没有停顿,而且反击动作要快。

(4) 左手由内向外上方用小臂格挡,右直拳回击头部或腹部:格挡时,向左转体,同时出右拳击打,动作应连成一个整体。

(5) 右手由对手右直拳的外侧向右格挡,左闪步的同时,出左摆拳或左抛拳还击对手头部:动作应连成一个整体。

4. 右直拳击上体的防守与反击

(1) 左肘臂阻挡,右摆拳回击头部:当对手右直拳击我腹部时,屈左臂贴近腹部的左侧,同时稍向右转体,左肘臂阻挡后,突然向左转体,用右摆拳或右平勾拳回击对手左侧颚部。

(2) 左手格挡,右上勾拳或右上摆拳回击:用张开的左手拳套向下拍推对手击来的右直拳腕部,同时重心移到右脚。如果离对手较近,可用右上勾拳击打对手头部;如果离对手较远,可用右上摆拳击打其头部。

5. 左摆拳击头部的防守与反击

(1) 上体后仰闪身或向后移步闪,左直拳回击头部:当对手左摆拳击我头部时,身体后仰闪开,并迅速前倾,同时出左直拳或左摆拳回击其头部。

(2) 向右摇身闪,左平勾拳回击腹部:当对手左摆拳击我头部时,由左向右前俯上体,摇身闪过,同时出左平勾拳回击对手腹部。

6. 右摆拳击头部的防守与反击

(1) 左手格挡,右上勾拳回击腹部:当对手右摆拳击我头部时,左手掌略向外转格挡对手右手腕部,同时向左转体,以右上勾拳回击对手腹部。

(2) 向左下蹲摇闪,右平勾拳回击腹部:当对手右摆拳击我头部时,立即下蹲,由右向左摇动上体,同时略向左转体,用右平勾拳回击对手腹部。

(3) 左平勾拳格挡,迎击头部:当对手右摆拳击我头部时,用左平勾拳的小臂进行格挡,同时击打对方的头部。格挡和回击是同时进行的。

7. 左平勾拳击头部的防守与反击

(1) 上体后仰闪或向后移步闪,左直拳回击头部:防守方法与反击的动作要点略同左摆拳击头部的防守与反击。

(2) 向右下蹲摇闪,左平勾拳回击头部:防守方法与反击的动作要点略同左摆拳击头部的防守与反击,但是摇动身体的动作幅度要减小。

8. 右平勾拳击头部的防守与反击

和右摆拳击头部的防守与反击要点略同,但是幅度要小,动作要更快。

9. 左右平勾拳击腹部的防守与反击

（1）向后移步闪:用急退步法闪开对手左(右)平勾拳后,用任意拳法回击。

（2）屈肘阻挡:用与对方相反的手的肘部阻挡后,用任意拳法回击。

10．左右上勾拳击头部的防守与反击

（1）用右手阻挡对手,用左上勾拳回击对手下颚。

（2）向后移步闪,随即可用任意拳法回击。

11．左右上勾拳击腹部的防守与反击

（1）用肘部阻挡对手,随即可用任意拳法回击。

（2）向后移步闪,随即可用任意拳法回击。

第三节　实战对抗与身体素质训练

一、训练的意义

1．训练的目的

（1）锻炼强壮的身体。

（2）训练熟练的技术和随机应变的战术。

（3）培养吃苦耐劳的精神和坚强的意志。

以上三点是三位一体、密不可分的。在日常训练时,只有力争做到这三点,才能达到训练的目的。

2．训练的方法

训练的方法有两种:一种是大运动量的苦练,一种是轻松的训练。

苦练是指从早到晚,不顾休息地进行身体训练,用很长的时间,坚持大运动量的训练,使身体觉得有些疲劳,食欲有些下降,但是运动员对训练仍非常积极热情。在艰苦的条件下坚持训练,不仅能增强体质和耐久力,而且还能磨炼意志,锻炼吃苦耐劳等品质。

轻松的训练是指饮食好,练习场地优越,环境宜人,愉快地进行训练,使精神不过分紧张。但是,这种训练要掌握好尺度,不要过分轻松。

二、一般身体素质练习

1．发展速度练习:田径短跑(起跑、加速跑、冲刺跑),跳高,急速跳远,各种投掷,以及体操中的跳跃练习。

2．发展力量练习:哑铃,杠铃,实心球,单杠,双杠,肋木,爬杆,角力等。

3．发展灵敏性练习:四肢和躯干各种不同性质的器械体操练习,垫上练习,三级跳远,投掷垒球等。

4．发展耐久力练习:长距离游泳,长距离划船,中长跑,越野跑等。

5. 发展柔软性练习:扩大关节活动范围的体操,柔软性体操,如桥的练习、肋木练习等。

三、专项的辅助练习

1. 跳绳:这是拳击运动训练中不可缺少的手段,也是拳击运动中训练基础素质的手段。跳绳使人的双脚力量加强,动作灵活,尤以锻炼小腿腓长肌为主,而且对锻炼呼吸系统也起到一定作用。同时,它也是减轻体重的重要手段。可做快速跳,也可做慢速跳,以锻炼耐久力;还可做各种花样、有脚步变化的跳(如前后双脚、单脚交替、跳步、交叉、摇绳 2—3 次的跳等)

2. 空击(自己做模仿动作的击打练习):自己以假设或想象的对手为对象,做击打练习(空击)。空击的目的在于:熟练技术动作,协调和掌握动作的准确性,锻炼腿脚的力量和灵活性,提高判断和反应能力。

3. 梨球:有两种,吊梨球和立梨球。利用梨球练习的目的,主要是提高速度,培养闪躲能力,培养击打的准确性和训练伸臂等动作,以及提高目测能力等。此外,利用梨球可做各种勾拳技术动作练习、正确的直拳击打练习、连续击打的速度练习等。

4. 吊球:木制或胶质,直径约 10 厘米,吊在空中齐胸高处。在球摆动中出拳击打,以练习出拳的准确性、突然性,以及目测能力。

5. 打沙袋:这是学习正确击打的重要手段。它可以练习击打的力量,培养击打的耐久力,是培养拳击运动员不可缺少的训练内容。开始击打时,要注意姿势、拳法和步法的正确,同时也要注意拳出击的动作路线,能正确判断击打部位,有较好的距离感等。只有把腰的力量和上体的重量用上时,击打才有力量。左、右直拳的距离判断很重要,击打时,要配合前后、左右脚步的移动练习。击打练习时,要注意做到把体重放到脚尖上。

6. 越野跑:这是拳击运动员不可缺少的基础力量练习,也是培养耐久力的重要手段。越野跑的目的在于:增强身体素质,改进呼吸机能,增强心脏功能,增强下肢力量,锻炼和培养耐久力及意志品质。

四、实战训练

1. 实战训练的目的

实战练习的目的在于把所学到的技术动作运用到实战上,因此要以参加正式比赛的态度进行实战练习。

2. 实战训练的方法

(1) 空击训练(模仿性实战)

戴上拳套做模仿实战练习,空击,不使用全力进行击打,应着重练习击打的动作、距离的判断、脚步的移动以及防守还击的动作等。

(2) 实战训练

根据情况,可做规定拳法的实战和正式比赛性的实战。这是实际展示自己平时训练所掌握的攻守技术。实战训练时,不用全力击打,而以准确性和技术动作的发挥为主,防止乱打一气的现象及不协调的技术动作出现。

五、训练中的疲劳现象

拳击运动员最怕产生不想打拳击的情绪。真正出现疲劳现象时,其症状表现为食欲不好、眼力差、皮肤松弛、精神不振、体重下降等。这往往是由于比赛过多、训练不当造成的。另外,运动员在训练和比赛时的竞技状态也不是始终保持不变的。这就要从各种活动中进行调节,以消除疲劳,使之恢复正常。

第八章　散　　打

第一节　概　　述

散打运动是中国武术的精华,它不仅具有强身健体等其他体育项目的共同特性,还具有对抗性强、实用性强等特殊的作用和功能;不仅能防身自卫,而且还能在对敌斗争中克敌制胜,保卫人民的生命和财产安全,是公安、武警和保卫人员等必须掌握的一种技能。

原始社会中,人们为了生存,靠打猎为生,与虎、豹、熊、狼等野兽搏斗,采用了简单的踢、打、摔、拿等动作,这就是散打技术的萌芽。后来,人们又学习了与野兽搏斗和捕食的一些动作,如猎捕、狗闪、虎跳、鹰翻等。所以,散打是从先辈的生产劳动、生存斗争中缘起,演化至今而成为华夏民族文化遗产中的瑰宝。据文献记载,我国历史上的技击有角力、搏刺、手搏、格斗、搏击等。到了近代,这些技击的形式被称为"散打"。我国在 1928 年和 1933 年全国国术考试时,举行过散打比赛。1953 年,在天津举行过一次散打比赛。1989 年,在江西宜春市举行了第一次正式的武术散打比赛——全国武术散打锦标赛,标志着我国散打运动的发展进入了一个新阶段。1993 年,第 7 届全国运动会(以下简称"全运会")把武术散打列为正式比赛项目,设男子团体金牌 1 枚。1997 年,第 8 届全运会将金牌总数增至 3 枚,分成大、中、小 3 个级别。2001 年,第 9 届全运会将金牌总数增至 6 枚,将散打体重级别分为 11 个。目前,全国各省、自治区、直辖市等共有 30 多个单位组建了散打队伍。为了使武术散打走向世界,中国武术协会作了大量有益的尝试,如举办了"中国武术散打争霸赛""世界武术散打锦标赛""中国功夫对抗泰国职业泰拳"等一系列赛事,推动了武术散打的进一步发展。到目前为止,世界上已有七十多个国家和地区开展了武术散打运动,为武术散打真正走向世界打下了坚实的基础。

第二节　基本姿势与基本技术

一、基本姿势(图 8-1)

散打基本姿势即实战前的准备姿势,又称"起势"或"格斗势"。合理的基本姿势要求:有利于进攻和防守,有利于防守反击和步法的灵活移动。散打基本姿

势分下肢姿势、躯干姿势、上肢姿势和头部姿势四个部分。(以左势为例,左脚在前的叫左势,右脚在前的叫右势)

图 8-1

1. 下肢姿势

两脚前后开立略宽于肩,左脚在前,右脚在后,两脚左右距离约 10—15 厘米,左脚尖稍内扣,斜朝前方,前脚掌用力,右足跟抬起,前脚掌着地,两膝微屈,双膝稍内扣,下肢肌肉保持一定紧张度,但是不可僵硬,以免造成过分紧张。

2. 躯干姿势

身体斜侧对前方目标,含胸,收腹,收臀,肩部放松,气沉于丹田,重心位于两脚间。

3. 上肢姿势

左手握拳抬起,屈肘 90°—120°,拳高与左肩平,左肘下沉,拳心斜向下,右拳轻握置于下颌右侧,屈肘 80°—90°,右肘轻贴身体。

4. 头部姿势

下颌内收,眼睛注视对方面部,并用余光兼顾对方全身的活动,牙齿合拢,用口、鼻协同呼吸。

熟练掌握基本姿势后,要着重学习散打的基本技术。散打的基本技术很多,既可以用拳打,也可以用脚踢,用手摔,甚至可以用肘、膝等部位击打,具有很强的攻击力和实用价值。

散打中的基本技术概括起来主要有步法、拳法、肘法、腿法、膝法、快摔法和巧拿法等。

二、步法

步法是通过脚步移动改变自身的位置,并调整与对方距离的方法。合理的脚步移动可以直接或间接地为进攻、防守创造条件。散打中,常见的步法有滑步、垫步、环绕步、盖步、插步、弹跳步、上步、退步、撤步、跨步等。

1. 滑步(以左势为例)

滑步是散打中运用最多的步法,有向前、后、左、右四个方向的滑步。滑步技术的原则是:欲向哪一方向移动,就先移动哪一方向的脚,另一脚随即跟进,先动脚移动多少距离,后动脚跟进多少距离。滑步时,后动脚跟进要迅速,尽量保持重心的平稳。

(1) 前滑步

动作过程:由基本姿势开始,右脚掌蹬地,同时左脚借右脚蹬地之力向前移动半步,左脚着地,右脚随即跟进半步,保持基本姿势不变。

(2) 后滑步

动作过程:同前滑步,只是方向相反。

(3) 左滑步

动作过程:由基本姿势开始,右脚掌蹬地,同时左脚借右脚蹬地之力向左移动半步,左脚着地,右脚随即向左跟进半步,保持基本姿势不变。

(4) 右滑步

动作过程:同左滑步,只是方向相反。

2. 垫步(以左势为例)

垫步也是散打中经常运用的一种步法,有向前和向后垫步两种。垫步技术的原则恰好与滑步相反,欲向哪一方向移动,就先动相反方向的脚,另一脚迅速跟进,保持基本姿势不变。如前垫步,由基本姿势开始,右脚掌蹬离地面向前移动一步,左脚在右脚着地后向前移动一步,保持基本姿势不变。后垫步则相反。

3. 环绕步

环绕步是散打的最基本步法之一,技术要求是:从基本姿势开始,右脚前脚掌蹬地,同时左脚借右脚蹬地之力向左滑动一小步,右脚随即向左滑动一大步,保持基本姿势不变。注意右脚向左滑动时,不能超过左脚。

4. 弹跳步

弹跳步是散打的常用步法之一,基本要领是:双脚前掌发力弹离地面,保持基本姿势,向任何方向跳动,双脚可同时落地,也可稍前后落地。弹跳步要轻快,不能跳得过高。

在散打中,步法的好坏直接关系着对散打技术的掌握、运用和发挥。在实战中,双方之间的距离不断变化,而且在移动中要不断地攻击对方和躲避对方的攻击,这些都与脚步的灵活移动分不开。因此,步法是一切技术动作的先导。

三、拳法(以左势为例)

拳法是散打运动中最基本的技术动作。主要的拳法有直拳、摆拳和勾拳,辅助拳法有砸拳、鞭拳、裁拳等。

(一) 直拳(图 8-2)

直拳是直线进攻的一种拳法。它的动作简单,易学易练,上可击面,下可击腹,是散打运动员必须掌握和练习的拳法。直拳可分为左直拳和右直拳。

1. 左直拳

左直拳距离对手较近,击打速度快,击中目标所需时间较短。左直拳可用来主动进攻,也可用来创造进攻机会和用做佯攻,是破坏对方进攻和防守等使用最多的击打方法。它可原地击打,也可配合步法击打。

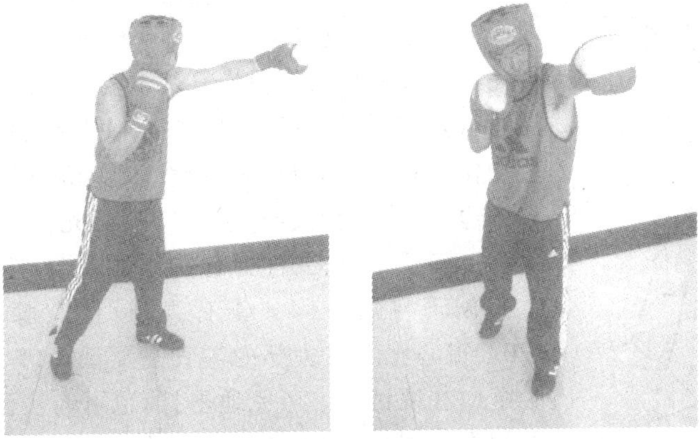

图 8-2

动作过程：从基本姿势开始，右脚蹬地，左脚跟稍外转，在身体转动的同时，将重心移向左脚，并爆发式直线冲出左拳，在击中目标的瞬间，力量集中在拳峰，拳心向下。击打完毕，原路快速收回，恢复基本姿势。出左直拳时，应注意：(1) 击打时，重心不能过分前倾，臀部不能后缩，左膝应稍弯屈。(2) 击打前，不能先回收再击打，也不可在冲拳时后拉右拳。(3) 结合步法时，拳到脚到。(4) 出拳时，右手要有保护动作。

2. 右直拳

右直拳是力量最大的拳法之一，如能准确击中对方，则可能击倒对方。但是，右直拳击打路线较长，不易击中对方。右直拳往往在其他攻击方法的掩护下和反击时使用，且一般不用于第一次击打。右直拳可原地使用，也可在步法的配合下使用；可击打面部，也可击打躯干。

动作过程：略同于左直拳，只是方向不同，且拳为爆发式旋转冲出。出右直拳时，应注意：(1) 借蹬地、转胯、转体、转肩之力，发力要完整，不可在脚和身体转动之前击拳，要利用身体力量击打。(2) 左手不可下垂或向外张开左手臂，也不可为增加击打力量而先回拉右拳再击打。(3) 眼睛注视对方，不可抬头，重心在发拳之前不要移至左脚上。(4) 击打面部与击打身体的右直拳，区别在于后者膝关节曲度大于前者。

(二) 摆拳

摆拳是从侧面由外向内横向屈肘击打的拳，又称为“侧拳”或“横拳”。摆拳也是散打的主要拳法之一，仅次于直拳。由于摆拳击打力量较大，因此给对方造成的威胁也较大。摆拳分为左摆拳和右摆拳两种。

1. 左摆拳

动作过程：从基本姿势开始，右脚蹬地，重心移向左脚，左脚跟外转，以人体

图 8-3

纵轴为轴右转身体，借向右转体、转胯之力，左拳由外向内横向击出，力达拳面，拳心向下（或向内、向外）。击打完毕，原路返回，尽快恢复基本姿势。出左摆拳时，应注意：(1) 要借助身体力量击打，使蹬地、转脚、转体、击打动作一致。(2) 身体应绕纵轴转动，不可向左倾斜。(3) 边出拳边抬肘，与左肩平，不可先抬肘再击打。右手不可随意下放，要注意保护下颌及身体。击打完毕，重心偏于左脚。(4) 击打身体时，左膝弯曲 110°—120°，重心比击打头部的左直拳要低。(5) 不可低头，眼睛应注视目标。可原地击打，也可与步法配合。(6) 左摆拳多用做佯攻，在组合击打和防守反击时也常用到。（图 8-3）

2. 右摆拳

右摆拳力量较大，但是击打距离较远，易被对方发现，因此在比赛中使用频率较少，一般不会作为第一次击打，更不会作为试探拳运用。

动作过程：同左摆拳，只是方向不同。出右摆拳时，应注意：(1) 蹬地、转脚、转体与出拳用力一致。(2) 击打完毕，右肘应与肩平，左肩应稍低于右肩，上体不可过分前倾。(3) 击打前，不可后拉手臂或绕大圈击打。(4) 击打时，不可低头，眼睛应注视击打目标。

（三）勾拳

勾拳动作小而快，是近战中使用的拳法。它是由下向上或向斜上平击对方面、腹、肋部的拳法。它进攻有力，如果有效地重击对手的面、腹、肋部，能使对手在短时间内失去战斗力，以利于使用摔法和腿法，更有力地打击对手。

1. 左勾拳

动作过程：从基本姿势开始，右脚蹬地，重心移向左脚，身体稍左下沉后，左膝及上体爆发式挺伸，左脚跟外转协同身体右转，同时左拳由下向上击出。击打时，小臂外旋力达拳峰，拳心向内。击打完毕，迅速还原成基本姿势。（图 8-4）

2. 右勾拳

动作过程：从基本姿势开始，重心稍右下沉，右膝稍屈，随即右脚用力蹬地，伸膝，右脚跟外转，身体挺身略向左转，右拳借蹬、伸、转之力，由下向上击打。击打时，小臂外旋。击打完毕，原路返回，尽快恢复基本姿势。出右勾拳时，应注意：(1) 蹬地、伸膝、挺身与击拳方向一致。(2) 左手不可张开，应回收，以保护好下颌和身体。

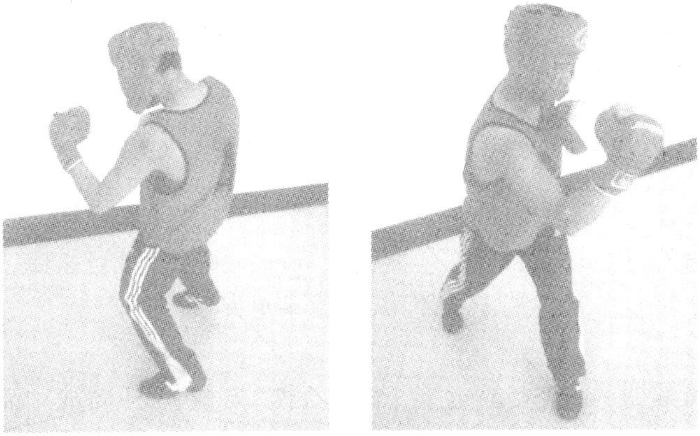

图 8-4

四、肘法(以左势为例)

肘法深受习武者的喜爱,因为肘尖十分坚硬,进攻动作小,速度快,凶狠有力,是近战中最好的拳法。肘法方法多,变化多,一肘可以变多肘,拳领肘走,肘带拳行,是对敌近战时不可缺少的技术。肘法可分为顶肘、挑肘、盘肘、砸肘、沉肘、靠肘、夹肘、剪肘等。

1. 顶肘

顶肘是用肘尖顶击对手的肘法,它分上顶面、中顶胸、下顶腹三个层次,前后、左右都可以运用。

平顶肘动作过程:从基本姿势开始,左脚前进一步,同时左肘向前平顶,右掌猛推左拳,力达肘尖,目视攻击目标。(图 8-5)

图 8-5

图 8-6

2. 盘肘

盘肘是从侧面攻击对手,呈弧线型进攻的肘法。它进攻有力,多攻击对方的肋部和腹部。

动作过程：从基本姿势开始，左脚向前一步，同时左小臂内旋，上体向右猛转体。屈肘时，用小臂外侧向前或向左右侧上部横打，目视对手。（图 8-6）

五、腿法（以左势为例）

在踢、打、摔、拿四大技法中，腿法占首位，因为它进攻力量大，攻得远，进攻隐蔽性好。另外，腿法进攻方法多，变化无穷，高可攻面，低可击腿，前后、左右都可出击。如腿法与各种技法配合使用，则效果更好。

1. 边腿

边腿是弧线进攻的腿法，也称“侧踢”或“点腿”，是实战中常用的腿法。边腿变化很多，上、中、下盘都可以攻到，而且收（坐髋）而击短，放（伸髋）而击远，进攻速度快，力量大，十分凶猛。

左边腿动作过程：从基本姿势开始，左腿屈膝、高抬、扣胯，小腿借腰胯扭转、伸膝之力爆发式由外向内横踢，力达脚背。击打完毕，尽快恢复基本姿势。右边腿的动作要求同左边腿，只是方向相反。（图 8-7）

图 8-7

学习边腿时，应注意：(1) 提膝、扭腰、扣胯、伸腿要协调用力。(2) 支撑脚脚跟在左腿踢出时应协同内转。(3) 右踢时，注意上肢和肩部的协调发力，右臂后摆，左臂保护好身体。

2. 蹬腿

蹬腿是正面攻击的屈伸性腿法。它用于堵截对方的正面强攻及中远距离的正面攻击，攻击的部位主要是胸和腹部。它可原地击打，也可以结合步法进攻。

(1) 前腿正蹬

动作过程：从基本姿势开始，左腿屈膝提起，大腿尽量靠近上体，收胯，勾脚尖，随即伸胯、伸膝，左腿由屈到伸，用力前蹬，力达脚跟，脚尖朝上。

(2) 后腿正蹬

动作过程：从基本姿势开始，后腿蹬地，将重心前移至左脚，同时右腿屈膝提起，大腿尽量靠近上体，勾脚尖，收胯，随即伸胯、伸膝，右腿由屈到伸，用力前蹬，力达脚跟，脚尖朝上。

学习蹬腿时，应注意：(1) 前蹬时，支撑脚可微屈，但是上体不可过分后仰，应尽量保持基本姿势。(2) 要做到收得紧、伸得开，蹬腿时，重心应前移。(3) 蹬出右腿时，左支撑脚脚跟内转，身体向左转动。

3. 侧踹腿

侧踹腿是用脚底外侧踹击对方的腿法。侧踹时，身体侧向对方，有自我保护较好、踹得远等优点。

左侧踹腿的动作过程：左腿提膝，大腿尽量靠近身体，脚底外侧向前，身体侧向对方，稍扣胯，左臂下垂在身体左侧，肘弯大于 90°。右掌架在额前，左腿向前踹出，髋、膝关节充分伸直，目视对方。高可踹击对手身体上部，低可踹击大腿，还可以坐髋踹腿，踹击较近的对方。右侧踹腿的动作过程略同于左侧踹腿，只是提膝、扣胯时转体 90°。(图 8-8)

图 8-8

4. 后踹腿

后踹腿是用脚底外侧向后踹出，攻击身后对手的腿法。

动作过程：右腿向体前提膝，脚底外侧向后方膝关节外展，腿内侧向下方，臀部发力，向后方踹出，髋、膝关节充分伸直，上体前倾，目视后方。

5. 摆腿

摆腿是弧线进攻的腿法，分正摆腿和侧摆腿两种，用脚背和脚后跟或脚底攻击对手。摆腿摆动速度快，力量大，是杀伤力很强的一种腿法。

(1) 正摆腿

动作过程：左腿膝关节内扣提膝，同时上体突然左转，左大腿借身体转动的力量,由右向左上弧形摆动,带动小腿由右向左甩踢。甩踢时,膝关节由屈到伸,也可以不弯,踢出后落在身体左侧,目视前方。踢左腿为左摆腿,踢右腿为右摆腿。(图 8-9)

图 8-9

(2) 侧摆腿

动作过程:左腿内扣,向侧右上步,左臂下落在身体左侧,右掌立于下颌左侧,上体右转,右腿膝关节伸直,脚尖上勾,借上体右转的力量,经后向前摆踢大半圈,以左脚为轴,落脚于左腿左前方,目视前方。(图 8-10)

图 8-10

除以上的腿法外,还有丁腿、蹶腿、搓脚、蹬腿、拦门脚、挂腿、弹腿、扫腿等。

六、膝法

膝法进攻力量大,隐蔽性较好。膝法主要有顶膝(屈膝由下向上顶击对方身体，力达膝尖）、冲膝（屈膝向前冲撞对方身体，力达膝前部）、侧顶膝（屈膝由外向内顶击对方身体，力达膝尖或膝后部）、横撞膝（屈膝由外向内撞击对方身体，力达膝内侧）。

七、快摔法（以左势为例）

散打中的快摔法略同中国式摔跤，要求摔得快，而且尽量让对方倒地或先倒地，而自己站立或后倒地。摔法是近距离贴身实战不可缺少的技法。摔法还可以配合踢、打使用，防守后使用，以及在其他技法佯攻掩护下使用。

散打中的摔法很多，下面介绍几种常用的摔法技术：

1. 抄抱腿别

动作过程：双方从基本姿势开始，当对手用前腿侧踢我中盘时，即向右转身，右手臂屈肘贴于身体以防攻击腿，同时左手臂抄抱对方攻击腿后，即上左腿插别对方支撑腿，将其别摔倒地。

图 8-11

2. 抄抱肘压

动作过程：双方从基本姿势开始，当对手用左侧踢攻击我中盘时，即进身并右转身，同时右手臂由内向外抄抱住对方攻击腿小腿中部，左肘顶压对方攻击腿大腿根（腹股沟处），继续向右猛转身，用搂抱、顶压、转体之合力将对方摔倒。（图 8-11）

3. 抱腰挂腿

动作过程：双方从基本姿势开始，当对手用拳攻击我上盘时，即闪过来拳，并进身搂抱紧对手腰部，右小腿用力外挂住对方左膝窝向后用力，同时肩部猛向前顶撞，借助搂抱勾挂、顶撞之力将对手向后摔倒。勾挂要有力，顶、挂、搂要协调一致。（图 8-12-甲、图 8-12-乙）

4. 过背摔

动作过程：双方从基本姿势开始，当对手用直拳攻击我面部、胸部时，左手将来腕抓住，右腿上步落脚于对手左脚前，背转向对手，同时右手搂住对手后腰上提，臀部顶对手大腿上部或者腹部，左手抓住对手右臂向其右下方向拉，向左转体，将对手摔倒在体侧。上步、转体要迅速，尽量把对手的重心往自己背部拉，使双方重心尽可能重合。（图 8-13-甲、图 8-13-乙）

图 8-12-甲

图 8-12-乙

图 8-13-甲

图 8-13-乙

散打中,除了以上的几种摔法外,还有抱双腿、穿裆靠别、夹颈挑腿、夹颈挑裆等。

第三节　防守技术

防守是为了保护好自己,也是为了更好地进攻。武术散打的防守技术分上肢防守、下肢防守、躲闪等。

一、上肢防守

1. 大小臂阻挡,以左势为例,当对手用腿法或拳法攻击我头、胸、腹部右侧时，上体稍左转含胸，右肘弯屈小于90°，紧靠右肋腹、胸部，挡住对手进攻。手臂的移动上防胸、头，下防腹。防腹时，要收腹，手臂下移到肋腹部，与对手接触时，要憋气。左臂阻挡同右臂阻挡，只是方向相反。（图8-14）

图 8-14

2．小臂下格挡，以左势为例，当对手踢我左侧腰以下部位时，左腿后撤，落脚于右脚前，脚掌点地，膝关节内扣，同时左小臂由上向斜下格压，右手护下颌，目视对手。右小臂下格同左小臂下格，只是方向相反。右小臂下格时，右膝内扣护挡，左手臂回收于面部右侧，目视对手。（图8-15）

图 8-15

3．小臂横格挡，以左势为例，当对手用直拳击打我胸、面、腹部时，应用左臂回收，屈肘小于90°，拳顶向上，由左向右或由右向左横格来拳，同时向左或向右转体。（图8-16）

除以上介绍的上肢防守技术外，还有手臂阻挡、拍按、上架、外踩、外采等。

图 8-16

二、下肢防守

下肢防守技术有小腿格挡、脚底阻截、腿外侧别、转趾脚等。下面简单介绍两种技术。

1. 脚底阻截，以左势为例，当对手要起腿攻击我时，左腿向前伸，用脚外侧脚掌截住对手的大腿，使其无法出击。

2. 小腿格挡，以左势为例，当对手用腿踢我裆下部时，左腿屈膝上提，同时，由外向里用小腿内侧格挡来腿，或者由里向外格挡来腿，两手护胸，目视对手。

三、躲闪

躲闪是利用重心上下、左右的移动防御对方的进攻，主要用于防守对手手法和拳法的进攻。躲闪的技术很多，有后仰、潜伏、掐肩、摇闪等。下面介绍两种简单的躲闪技术。

1. 后仰，以左势为例，当对手击打我面部时，上体后仰，下颌回收，重心移到后腿上，前脚脚尖点地，右手护下颌，目视对手。

2. 摇闪，以左势为例，当对手用右摆拳击打我面部时，上体向右侧俯身，重心下降，经下向左上方摆动，同时右掌靠住下颌，起身成基本姿势。

第四节　散打竞赛规则简介

一、场地

比赛场地为高 60 厘米、长 800 厘米、宽 800 厘米的木质结构的台，台面铺有软垫，软垫上有帆布盖单，台中心画有直径 100 厘米的阴阳鱼图，台面边缘有 5

厘米宽的红色边线，台面四边向里90厘米处画有10厘米宽的黄色警戒线，台下四周铺有高20—40厘米、宽200厘米的保护软垫。

二、竞赛方法

采用三局两胜制，每局净打两分钟，局间休息1分钟。净打两分钟是指运动员除暂停之外的实际比赛时间，局间休息1分钟是指每局之间的间歇时间。

三、体重分级

按参赛者体重，比赛可分为以下几个级别：

1. 48公斤级（小于或等于48公斤）
2. 52公斤级（大于48公斤，且小于或等于52公斤）
3. 56公斤级（大于52公斤，且小于或等于56公斤）
4. 60公斤级（大于56公斤，且小于或等于60公斤）
5. 65公斤级（大于60公斤，且小于或等于65公斤）
6. 70公斤级（大于65公斤，且小于或等于70公斤）
7. 75公斤级（大于70公斤，且小于或等于75公斤）
8. 80公斤级（大于75公斤，且小于或等于80公斤）
9. 85公斤级（大于80公斤，且小于或等于85公斤）
10. 90公斤级（大于85公斤，且小于或等于90公斤）
11. 90公斤以上级（大于90公斤）

四、禁击部位、得分部位、禁用方法和可用方法

表8-1　禁击部位、得分部位、禁用方法和可用方法

内容提要	具体内容	得分或判罚结果
禁击部位	后脑、颈部、裆部	警告或取消比赛资格
得分部位	头部、躯干、大腿和小腿	可得4、2、1分
禁用方法	用头、肘、膝和反关节的动作进攻对方 用迫使对方头部先着地的摔法或有意砸压对方 用腿法攻击对方的头部 采用死拉硬推的方法将对方推拉下台	警告或取消比赛资格
可用方法	除禁用方法外各武术流派的攻防招法	可得4、2、1分

五、得分标准

表 8-2 得分标准

得分标准	具体内容
得 4 分	在一局比赛中,一方第一次下台,对方得 4 分 用转身后摆腿击中对方躯干部位,而自己站立着 用主动倒地的动作致使对方倒地,而自己即刻站立 用勾踢将对方踢倒,而自己站立着 用腾空腿击中对方躯干部位,而自己站立着
得 2 分	一方倒地(两脚以外任何部位支撑台面),站立者得 2 分 用腿法击中对方躯干部位得 2 分 被强制读秒一次,对方得 2 分 受警告一次,对方得 2 分
得 1 分	用手法击中对方得分部位 用腿法击中对方头部和下肢(脚除外) 运动员消极 8 秒,被指定进攻后 8 秒内仍不进攻,对方得 1 分 主动倒地超过 3 秒不起立,对方得 1 分 受劝告一次,对方得 1 分 用某方法先后倒地,后倒地者得 1 分
不得分	方法不清楚,效果不明显 双方下台或同时倒地 双方互打互踢 用某方法主动倒地,对方不得分 抱缠时,击中对方

六、犯规与罚规

(一)犯规

表 8-3 犯规

犯规种类	具体内容
技术犯规	消极搂抱对方 处于不利状况时,举手要求暂停 比赛中,场外进行指导 比赛中,对裁判员有不礼貌的行为,或不服从裁判的判决 比赛中,大声叫喊 有意拖延比赛时间 上场不戴或吐落护齿,有意松脱护具 不遵守礼节
侵入犯规	在喊"开始"前或喊"停"后进攻对方 击中对方禁击部位 用不允许的方法击中对方

（二）罚规

每出现一次技术犯规，劝告一次；每出现一次侵入犯规，警告一次；受罚失分达6分者，判对方为胜方；运动员故意伤人，取消其比赛资格，判对方为胜方；运动员使用违禁药物，局间休息时输氧，取消其比赛资格。

七、胜负评定

表8-4 胜负评定

内容提要	具体内容
优势胜利	在一场比赛中，3次有效使用4分动作者（下台除外） 在比赛中，双方实力悬殊，台上裁判员征得裁判长的同意后，判技术强者为该场胜方 被重击（侵入犯规除外）倒地不起达10秒，或虽能站立但知觉失常，则判对方为该场胜方 一场比赛中，被重击强制读秒（侵入犯规除外）达3次，则判对方为该场胜方 比赛中，运动员出现伤病，经医生诊断不能继续比赛，则判对方为该场胜方
局胜利	在每局比赛结束时，依据边裁判员的评判结果，判定每局胜负 一局比赛中，一方受重击被强制读秒（侵入犯规除外）两次，则另一方为该局胜方 一局比赛中，一方两次下台，则另一方为该局胜方；两次有效使用4分动作者，为该局胜方 一局比赛中，双方出现平局，按下列顺序判定胜负： ——受警告少者为胜方 ——受劝告少者为胜方 ——体重轻者为胜方（以当天体重为准） 上述三种仍相同，则为平局
场胜利	一场比赛中，先胜两局者为该场胜方 比赛中因一方犯规，另一方诈伤，经医务监督确诊后，判犯规一方为该场胜方 因对方犯规而受伤，通过医务监督检查确认不能再比赛者，为该场胜方，但是不能参加以后的比赛 淘汰赛时，一场比赛中，如获胜局数相同，按下列顺序决定胜负： ——受警告少者为胜方 ——受劝告少者为胜方 ——体重轻者为胜方 上述三种情况仍相同，则加赛一局，依此类推 循环赛时，一场比赛中，如获胜局数相同，则为平局

第九章　擒　　拿

第一节　概　　述

擒拿法是我国广大人民群众在实践中创造出来的传统武术技击法,具有健身、防身、祛病、延年的独特科学价值,深受人民群众喜爱。

擒拿法是一种独特的技击法,它主要是针对人体关节及头、颈等要害部位和穴位,基于关节活动功能的局限和弱点,依据逆关节和超限度施制的原理,使用刁、拿、锁、扣、扳、点、缠、切、拧、挫、旋、卷、封、闭、捆、蹩等招法,进行擒拿与解脱、控制与反控制。擒拿施制于各关节部位的基本招法,概括起来有以下十个方面:

(1) 在腕关节部位有:缠腕、切腕、卷腕、扳腕、挫腕、折腕等招数。

(2) 在掌指关节部位有:缠指、分指、拧指、扳指、扭掌、折掌、卷掌、旋掌、搓掌、扣点等招数。

(3) 在肘关节部位有:缠肘、托肘、扳肘、压肘、别肘、捆肘、截肘、扛肘、封门、闭势等招数。

(4) 在肩关节部位有:别肩、卸肩、踩肩、掐肩、点胛等招数。

(5) 在头部有:夺目、端目、勾鼻、抠腮、扳顶、扣颚、按脑、抓发、扭头、挫颈等招数。

(6) 在颈部有:掐颈、锁喉、缠颈、封喉、捆颈、窒息等招数。

(7) 在胯膝关节和大腿部位有:抱膝、压腿、捆膝、挫膝、绷腿、蹩胯等招数。

(8) 在脚踝关节和小腿部位有:扣脚、挑跟、跪腿、封步、扭脚、挫踝、抱腿、搂腿、抄腿等招数。

(9) 在腰部有:抓腰、箍腰、断腰等招数。

(10) 在裆部有:抓裆、摘桃、挡裆、抄裆、蹩裆、掀臀等招数。

擒拿是以至微巧力,擒敌肢体部分,使其关节受制,失去反抗能力而就擒。它是一门非常复杂而又细致的技术,内容系统完整,动作千姿百态。擒拿最重要的特点在于:动式曲折,轨迹旋绕,劲力不显,行踪不露。不论是进攻一方使用擒拿法,还是防御一方使用破解法和反拿法,几乎每一招数的动作与变化,都缠绕变化、螺旋屈伸、依角变位、忽降忽升。动则上、中、下三路齐变,轻灵巧取;制则身、手、脚立体兼施。其状文雅、其效剧烈是擒拿法的根本要素。

第二节 人体关节与要害部位

学习擒拿技术，首先应该了解人体中主要关节的活动范围、规律、结构组织和人体的要害部位及其生理上的弱点，这样才能更好地掌握擒拿技术，才能在实际格斗中准确而有效地达到打击敌人或擒获敌人及制止刑事犯罪的目的。

一、人体中主要关节的活动范围和规律

1. 颈椎：人体躯干和头部连接的主要关节。它能前屈（低头）、后伸（仰头）及左右转动。如果它受到外力的打击或左右用力扳拧，轻者可使其功能遭到损害，重者能使人残废甚至死亡。因此，在练习时，要注意这个部位。

2. 肩关节：人体中活动范围最大的关节，由肩胛盂衔接肱骨头而成。它能内收、外展、前屈、后伸以及旋转等，但是容易受伤。如果用暴力左右拧动肩关节或用力向前后扳至极点，就会使其脱臼或韧带和肌肉撕裂。

3. 肘关节：由肱骨、尺骨和桡骨连接而成。它的活动范围较小，只能前屈和伸直。如果使肘关节完全伸直，再加压力，就会使其脱臼或韧带和肌肉撕裂。

4. 腕关节：它的活动范围较大，能前屈、后伸、内收、外展以及旋转等。但是容易受伤。因为构成它的关节除尺骨、桡骨外，还有八块细小的手掌骨，主要依靠周围的韧带连接。如果超出它本能的活动范围，例如后折、内扭、两侧扳拧等，就会使其发生脱臼、骨折和韧带撕裂等。

5. 指关节：由两块较小的指骨连接而成。它仅能弯曲和伸直，活动范围较小，但是易于前屈。如果使指关节伸直，再用力向后扳或向两侧拧动，很容易使其脱臼或骨折。

6. 膝关节：人体下肢的主要关节，由胫骨、腓骨、髌骨、半月板和股骨连接而成。它能后屈和伸直，稍有旋动。当它伸直后，如果在其前面或两侧用力猛蹬，轻者会使人倒地，重者会造成骨折、脱臼以及韧带和肌肉撕裂。

7. 踝关节：由胫骨、腓骨、跟骨、距骨等连接而成。它的活动范围不大，能内收、外展和屈伸等。如果用力左右拧脚掌，会使人翻转或关节脱臼、韧带撕裂，以致失去正常功能。

8. 髋关节：由上股骨头与髋骨臼窝连接而成，是人体最大的关节。经过运动锻炼，可使髋关节非常灵活，腿功根基便在于此。

二、人体的要害部位

由于受到外力的打击和压迫，会出现伤残、昏迷、晕厥、休克、死亡以及有些组织或肌体发生功能障碍的人体部位，称为“要害部位”，如颈侧、太阳穴等。由

于这些部位受到外力的打击和压迫后，生理机能或机制会出现暂时性或永久性的消失，因此在练习和运动时，要特别注意这些部位。

人体的要害部位有：

头和头颅：耳、太阳穴、眼睛、鼻梁、上唇、下巴、喉结、咽喉、颈侧、颈背。

躯干：锁骨、腋窝、太阳穴神经丛、剑突、腹部、裆部、肋部、腰臀部、脊椎。

四肢：手指、手腕关节、肘关节、肩关节、膝关节、脚腕关节、脚背。

第三节　基础动作

一、手的基本形态

1. 拳

五指卷屈握紧为拳。一般握拳的方法是先将四指并拢，逐节向拳心握紧，再将拇指向前节屈勾，压在食、中二指的中节上。还有一些拳种因拳型不同，握拳方法也不同。拳的各部位名称是：

拳面：四指的根节并拢所形成的平面。

拳背：手背的一面。

拳峰：拳面和拳背卷折而凸起的四指的骨根部。

拳心：手心的一面。

拳眼：虎口握拢的圆孔。

一般击拳动作有五种：立拳、平拳、上冲拳、反背拳、贯耳拳。

2. 掌

五指伸直为掌。掌的类型较多，擒拿法以掌为主。基本掌型有：

八字掌：四指伸直并拢，拇指展开，虎口显露。擒拿的很多八字手法都是由八字掌法演变而成的。

窝心掌：掌背朝上，手心朝下，掌心窝起，拇指分开，其余四指并拢，五指微弯。窝心掌多用于扪按对方用以抓腕、抓肩、抓发的手背，并配合另一只手反制对方。

巴掌：五指分开。

仰掌：掌心向上。

俯掌：掌心向下，也叫“复掌”。

直掌：拇指朝上，小指朝下，掌指朝前。

反掌：掌内旋，小指朝上，拇指朝下，手心向外。

立掌：坐腕，掌指朝上。

插掌：五指并拢，掌指戳击。

横掌:掌心向下扣腕,使小指侧掌缘朝前横切。

挑掌:四指并拢挺直,拇指掌心卷贴,食指侧掌缘露开,朝前向上挑击。

3. 勾

拳术中常见的一种勾手表现为,五指尖撮拢,腕关节顺屈成勾。

擒拿的勾手手型比较特殊,五指依次并拢,拇指背朝上,其余四指微向掌心弯屈,并以小指为主,顺小指一侧的掌缘屈腕为勾。这种勾手手型不见明显勾尖,四指尖成锯齿形,因而称为“锯齿勾手”,其力点在小指侧掌缘的弯屈部位。勾手在擒拿法中使用较多。

二、手型手法

擒拿法以细腻著称,其基本手型手法有严格要求。主要的基本手法有:抓腕法、拿掌法、缠指法、按握法、掌勾法、指点法、掐喉法、端月法、扭头法等。

三、步型步法

擒拿术在妙用手法的同时,尤为注重腿与步法的作用。擒拿中的步型主要有十一种,其作用都是配合手法进行攻击与走化;按步法特点可分为三类,即进攻步型、抽撤步型、转化步型。步的变式较多,这里介绍的是最基本的步型步法。

进攻步型有:弓步、马步、虚步、倒步、反绷步等。

抽撤步型有:抽腿独立步、骑龙步、仆步等。

转化步型有:横挪步、扣转步、弧形步等。

第四节 实战运用

擒拿格斗是四大击法(踢、打、摔、拿)的一个关键部分。它充分利用生物力学的原理和人体解剖的特点及规律,是一种针对人体各部位的关节和要害部位,采用不同的手法、手段,迫使对方的关节超出正常活动极限或使其关节违背生理活动规律向反方向运动,造成对方失去反抗能力,从而束手就擒的技术。在运用擒拿术时,要随机应变,借对方之力以巧制敌,不可机械地运用。

擒拿主要分为三大部分:一是主动擒拿:在对方不备的情况下,出其不意地快速制服对方;二是被动擒拿:在被对方抓住或处于被动情况下,随机应变,以巧制服对方;三是摔打擒拿:在和对方摔打过程中,声东击西,借对方之力以快、巧制服对方。

解脱是擒拿的基本技术部分。所谓解脱,就是当对手不论用单手还是双手紧抓人体任何部位时,都能用技巧或力学原理较容易地从被动中解脱出来的方法。解脱的要领是用爆发力选择解脱方向、位置,从对方虎口中解脱出来。由于每个人抓的部位和方向都不一样,因而要掌握其特点,随机应变,灵活运用。

一、童子拜年(破前抓发)

图 9-1-甲

图 9-1-乙

图 9-1-丙

动作过程:左脚在前,当对手用右手抓压我头发时,头部不要顶抗,顺势随向下勾。同时,左脚前进半步,两腿屈膝下蹲,以稳定重心。在头部开始下勾时,右手手心向下,横向按住对手抓发的右手掌背,四指头扣住其小指头侧掌缘,手按与头顶相合,控住对手的右手。与此同时,左手手心朝下,虎口张开,在额头上抓住对手的右手腕部,手掌拿住其右手腕背。接着,右手按握住对手右掌背,配合头部做下勾并右摆动作。同时,左手抓住对手的右腕向内拧扭,通过控掌扭腕重挫其右腕关节,从而将对手制伏在地。

二、抱头顶腕(破后抓发)

图 9-2-甲

图 9-2-乙

图 9-2-丙

动作过程:左脚在前,当头发被身后的对手抓住时,右脚迅速后移半步,身躯随势坐臀下蹲,拧腰右转,以稳定重心。与此同时,两手屈肘向上,合抱于头顶,手心向下,共同抓住对方的右手,用右手抓住对方的右手掌指,用左手抓住对方的右手拇指侧掌背,手向下按,头部上顶。同时,身躯继续朝右后翻转,并继续屈膝下蹲。当右肩转过对方右臂,头部回转,面对对手之时,对手的右手腕即被翻扭反折,再使身体随转随起,运用头顶上挺动作,增强对对手右腕的反折力,迫使对手右臂伸直,两脚踮起,身体悬浮,束手就擒。

三、挫背反掌（破抓胸旋臂扭顶法）

图 9-3-甲

图 9-3-乙

图 9-3-丙

动作过程：当对手抓我胸并扭转时，趁着对方扭转之势，用两手同时屈肘合于胸前，手心向里，两手相合，共同抓住对手的右手腕，左手虎口朝右，抓住对手右手拇指一侧；右手虎口朝左，抓住对手右手小指一侧腕部。接着，上体含胸旋转，顺着对手右手腕外旋之势，将其外旋的右手向外反扭、拧挫，迫使其上体后仰，并且身体继续左转，借助转腰之力，用两手将对手的右手及全臂继续朝其右肩后拧扭反牵，迫使对手身体后仰失重。然后，将右腿提起，用右脚向后朝对手右腿后膝弯处反蹬，从而使对手反跌倒地。

四、倒抓犁耙（破抓胸、掐喉法）

图 9-4-甲

图 9-4-乙

图 9-4-丙

动作过程：右脚在前，当右手腕被抓或颈喉被掐时，立即左手屈肘伸向胸前，四指并拢朝上，手心向外，拇指展开，用左手由下向上抓住对手掐喉的右手腕关节，手心紧贴其腕背，虎口叉对准其小指侧掌根处尺骨小头的腕关节横缝，得手后，右脚外展，使上体含胸绞步右转。与此同时，左手抓住对手右腕，顺转身之势外旋并控制在胸前，迫使对手身体下伏。经此转变，被抓的右手如不能自脱，则将右手收至身前，策应左手，接着左脚上步至对手右脚跟后，扣步关腿，以控制其下盘变化。同时，使左肘向前下压，用别臂挟住对手的右肘，左手抓住对手右腕继续朝里拧转，并向上端提，再用右手右下向上反抓住对手已被扭转的右手虎口及掌指，对着小指侧尺骨拧扭推压，以增强挫腕的威力，从而将对手制伏在地。

五、霸王观阵(扳腕鳖肘法)

图 9-5-甲

图 9-5-乙

图 9-5-丙

动作过程:当对手用侧立掌对我胸劈过来时,将右腿后撤半步,左脚在前或虚步后移,含胸,上体微右转。在撤步转体的同时,左手屈肘绕在对手右手之上,屈腕窝掌,手背朝外,虎口朝里,用左手五指相扣,拿住对手右手拇指一侧手掌的四指头,扣住对手右掌心,拇指扣住其掌背,接着使左腕伸直,以扭折对手右掌腕。同时,左手拿住对手右掌腕继续朝外卷扭,使其右掌及小臂屈肘外折。接着,右脚上一大步,插至对手右腿后,鳖住其右腿,身体随上步之势进逼,并使右手向对手右大臂下朝外抄起。屈肘上钩,用右肘弯挎住对手的右大臂,右手举在左手旁,左手拿住对手右掌继续朝下卷压。紧随此动作,右手乘势侧屈腕下勾,用小指侧掌缘形成的勾,由上而下反握住对手被反折向外的右小臂腕部尺骨,再将左手放置身前。接着,用右勾手向下反扳对手右腕,右肘上抬,反鳖其肘,手肘交叉用力,鳖挫对手的右肘关节,迫使其身体后仰,以控制对手。

六、封肘卸肩

图 9-6-甲

图 9-6-乙

图 9-6-丙

动作过程:右脚在前,当用右手横向拿住对手攻来的右手腕时,右脚尖外转,身体随之右转,掌心向外,虎口向左,右手拿住对手右腕外旋,扭掌向下,牵至腹部。同时,左手变掌向下,按住对手右肘关节,从而控制其右臂,牵制其身体。右手继续外旋内拧,并向上反端其掌腕。左手继续按住其右肘关节,并向下拧压。左右两手交错用力,拧扭其腕肘,把扭掌挫腕、截肘之力作用于对手右肩关节,迫使其勾腰伏地，从而将其右关节拉开。紧接着，将左腿屈膝提起，用左膝头从对手右侧腋部朝肱骨上端对着肩外跪压，使打腕扯臂与左腿跪肩相配合，利用上拉下压之力，即可卸脱对手的右肩关节，达到制服对手的目的。

七、金丝缠腕(克右手抓腕法)

图 9-7-甲

图 9-7-乙

图 9-7-丙

动作过程：当右手腕被对手右手抓住后，立即用左手变掌伸向对手右手背上，用两手合力抓住对手右手。同时，右手变掌内旋上翘，向外屈腕缠绕。接着，含胸后坐使重心下沉。与此同时，两手缠住对手右腕向下旋拧卷压，使右掌缘缠腕的力点着力于对手的右手尺骨侧腕关节缝上，迫使其蹲下就擒。本式中，用左手按握对手右手背是关键。

八、抓手携腕

图 9-8-甲

图 9-8-乙

图 9-8-丙

动作过程：当对手以右拳或右掌攻击我面门或胸部时，采用右手挡抓，并抓其腕部。接着，趁对手回收之力，右脚迅速上步紧贴对手右侧面。与此同时，左手迅速抓住对手右肘，用两手合力上提携腕，接着用力旋压，挫其腕关节。本式要求动作要快，借助对手之力，右手猛力向下旋压，注意步法与手法要协调好。当对手用左手攻击我时，动作则相反。

九、抓腕抬肘

图 9-9-甲

图 9-9-乙

动作过程:当对手以右直拳或右摆掌攻击我头部时,用右手抓握对手右腕关节,上左脚转体 180°紧贴对方右侧,左手由上向下绕过对方右手臂内侧,垫于其肘尖下,并紧抓自己右手腕。同时,两手用合力猛压其肘关节,顺势上抬。本式要求转身绕臂要快,并把对手肘关节放在自己左手臂上。如对手用左手攻击我,则动作相反。

十、抓腕别肘

图 9-10-甲

图 9-10-乙

动作过程:左手在抓握对手右手腕时,顺势上抬,同时,上右脚插于对手右侧,紧贴其髋部。接着,右手由下向上穿过其右臂,并回敲其肘关节,迫使其屈肘关节。同时,用两手的合力别肘,把对手的右臂固定在自己右侧胸前。本式要求趁对手收臂之时,借力上抬与上步,同时要用左右手的合力迫使其屈肘关节。

十一、插掌别肩

图 9-11-甲

图 9-11-乙

动作过程：用左手猛插对手右腋窝的同时，上左脚紧贴对手右侧。接着，右手抓其肩并向右后转体 180°，用爆发力猛压，迫使对手就擒。本式要求上步要深，转体要迅速有力，用力一定要超过肩关节的活动范围，方向要向前下方。

十二、夹肘压肩

图 9-12-甲

图 9-12-乙

动作过程：上左脚，用左手抓握对手右手腕，右手由上向下封住其肘部。同时，向右后转体 180°，并迅速上抬其右臂，将其右臂前推并压其肩部。本式要求夹肘时，不能使其屈肘，上步转身要迅速，用力要猛。

十三、抱腿顶肩

动作过程：由后攻击对手，用双手抱住对手小腿用力后拉，同时用肩顶撞其臀部，迫使对手失去重心而前倒。紧接着，跨大步用力骑在对手腰部，一手托住其下颚，一手抓住其后脑的头发，用爆发力扭其颈部，使其就范。

图 9-13-甲

图 9-13-乙

图 9-13-丙

十四、抱腰摔

图 9-14-甲

图 9-14-乙

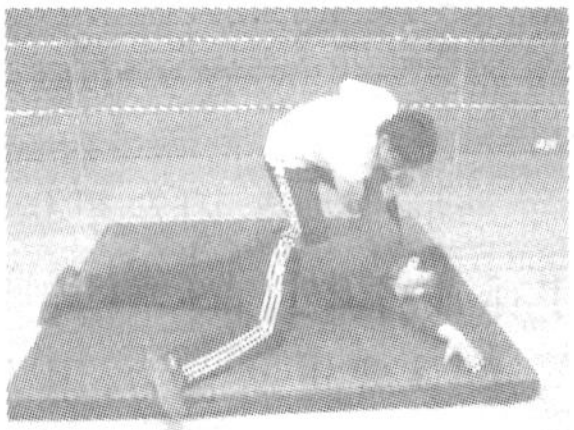

图 9-14-丙

动作过程:抓住对手手臂后,迅速上前一步,用髋部顶住其髋部,使其失去重心。同时,另一手抱抄其腰部,用力将其提起,随自己转腰,用爆发力将其摔倒。紧接着,用一腿压住对方肋部,抄腰的手迅速由里向外扭其小臂,以制服对手。

十五、卷腕牵羊

动作过程:在对手由前用右手抓住我头发时,右手紧扣其掌外侧,左手再加压,头前顶,左脚后撤,稍左转身使其右手翻腕内旋解脱,随之右脚后撤一步,抓手掌用力向前下方猛拉,迫使其前倒制服。本式要求扣掌和头前顶产生一股合力,使其右手紧贴我头部,翻腕内旋要快。

十六、挫颈、顶膝

动作过程:当对手由前抱住我腰时,身体迅速下沉后坐,左臂搂住对手头部左侧,右手下托对手下颚,用两手合力外拧其颈部;也可一手抓其发,一手下托其下颚并外拧。如对手连手带腰一起抱住我时,可用膝部上顶其裆部。本式要求速度要快,动作要有力。

十七、破由后连臂抱腰

动作过程:用脚踩对手脚背或用脚后跟后撩其裆部,同时右手后击其裆部,顺势下蹲右转抱其膝部，用肩顶将对方摔倒。

十八、破由后单臂锁喉

动作过程：用肘后击对手肋部，同时左手抓其小臂，在下拉其小臂的同时，将下颚紧收胸前，使其难以卡喉，右手则抓住敌右肩，用臂部顶撞其腰部，用迅速弯腰和绷腿的方法，将其从头顶摔下。

第五节　女子防身自卫十法

一、绞臂别肘，侧踹敌膝

假设歹徒以双手抓我胸部。我左手从敌右臂下穿过抓其左手腕，同时右手从敌左手臂上穿过抓其右手腕，而后左手下拉，右手上提，顺时针拧绞敌双臂，使其左小臂横压于右臂肘关节之上，随即双手同时用力，左手下压，右手上提，使其肘关节脱臼，然后抬左膝侧踹其右膝关节，从而制服歹徒。

二、扒肩砸肘，膝撞敌头

假设歹徒低头躬身欲解我裤带。我右脚后撤一步，同时双手向下扒敌双肩，使敌跪趴于我面前，随即右臂屈肘上抬，以右肘尖下砸敌后脑或后背，然后抬右腿以膝盖向前顶撞敌头部，使其伤残。

三、压腕托肘，膝顶敌裆

假设歹徒欲用右手摸我裆部。我右手抓敌手腕下压，同时左手臂由下向上猛力上托敌肘关节，使其肘关节脱臼，然后右腿屈膝上提，以膝盖猛顶敌裆部，使其伤残。

四、揣膝，砍击敌颈

假设歹徒由前抱住我腰。我左手拉敌后脑勺，右手推敌下颚，两手同时用力猛拧敌头，使其颈部关节受伤，然后抬右腿，以脚弓为力点猛向下踩敌膝关节，使其跪地，随即右臂抬起，转腰带臂，以掌外沿横砍敌颈侧动脉，使其昏晕。

五、膝顶裆，肘击敌头

假设歹徒由前将我腰和双臂一起抱住。我两手反抱敌，迅速往里拉，右膝上提，攻击敌裆部，敌受伤疼痛并松开我后，我即抬右臂屈肘上抬，转腰带臂，以肘前部猛力横击敌头侧太阳穴，使其昏晕。

六、踏脚背摔，脚蹬敌头

假设歹徒由后抱住我腰。我抬腿以脚跟下踩敌脚尖，待敌因疼痛而使注意力分散时，我即用双手由一侧肩上抱住敌头，而后撅臂躬腰，双手猛力下拉，将敌背摔过去，然后抬右腿以脚后跟猛力下蹬敌头部，使其伤残。

七、仰头后磕，撩踢敌裆

假设歹徒由后将我腰和双臂一起抱住。我头突然后仰，以后脑勺磕敌鼻梁，待敌因疼痛而注意力分散时，我左脚猛然前跨一步，与敌拉开一定距离，抬右腿以脚后跟向后猛力撩踢敌裆部，使其伤残。

八、托臂压肘，弹踢敌头

假设歹徒由左侧搭抱我肩。我右手抓敌手腕，左手上托敌臂，而后躬身低头，左手猛力下压敌肘，使其肘关节脱臼，然后右腿以脚面为力点猛力弹踢敌头部，使其昏晕。

九、击肘挂腿，肘砸敌裆

假设歹徒将我按倒，双手托我咽喉。我双手由两侧向内猛击敌两肘后部，待敌疼痛，身体抬起时，我两腿上抬，以两脚脚后跟挂住敌双肩，而后两腿用力向下方蹬压，同时上体坐起，随即右臂屈肘上举，以肘尖猛力下砸敌裆部，使其伤残。

十、咬嘴或鼻，掏抓敌裆

假设歹徒将我按倒，欲接吻。我突然狠咬敌嘴唇或鼻子，待敌疼痛后，身体上抬时，我右手迅速掏抓敌裆，狠抓敌生殖器，使其伤残。

女子要想获得有效的防身自卫能力，应注意以下几点：

第一，平时应加强锻炼，多参加体育活动，增强身体素质。

第二，设想流氓分子侵袭女子人身安全时惯用的方法与动作，练习一些防身制敌招数。

第三，在遇到流氓分子侵袭时，切忌慌张害怕，应冷静机智，随机应变，想招制敌。

第四，根据女子生理特点，一般力量较小，在遇流氓侵袭时，运用制敌招数，以擒拿和肘顶膝撞等方法拿其关节，击其要害。

第五，摆脱流氓侵袭后，应迅速远离歹徒，呼喊求救，争取援助，以抓获歹徒，为民除害。

第十章 健　　美

第一节 概　　述

健美运动是以表现人体健、力、美为主，采用徒手和各种器械的练习手段，结合科学饮食，以有效地发达肌肉、改善体型、陶冶情操为目的的一项体育运动。

一、起源与发展

健美运动可溯源至古希腊时期。古希腊人认为，健美的人体是宽敞的胸部、灵活而强壮的脖子、虎背熊腰的躯干和结实隆起的肌肉。例如，著名的雕塑“掷铁饼者”，充满着青春的活力，是那个时代的健美代表者。

近代健美运动于 19 世纪末由德国人山道(Sandow)首创。他在锻炼中逐步摸索出了一套练肌肉的方法，并练就了一身非常发达的肌肉。他于 1901 年组织了世界首次健美大力士比赛，被后人称为“健美运动的鼻祖”。1946 年，加拿大人本·韦德与乔·韦德兄弟发起创建了国际健美联合会(以下简称“国际健联”)，制定了健美比赛的国际规则，并开始举行正式的国际业余健美锦标赛。1947 年，国际健联在美国纽约举办了第一次国际比赛。我国于 1985 年加盟国际健联。到目前为止，国际健联的成员已达到 171 个。1998 年 1 月，国际奥委会宣布正式承认健美运动。

我国的健美运动开始于 20 世纪 30 年代，赵竹光首先在上海成立了我国最早的健美组织——沪江大学健美会。1946 年，上海举行了我国首次男子健美比赛。

二、主要赛事

1. 国际：奥林匹亚先生大赛、奥林匹亚小姐大赛、世界业余健美锦标赛、北美健美锦标赛和亚洲健美锦标赛。在职业比赛中，最有影响的是奥林匹亚先生大赛，由乔·韦德于 1965 年创办，每年举行 1 次。我们熟悉的美国影星阿诺德·施瓦辛格在 20 世纪 70 年代曾 7 次获得奥林匹亚先生的桂冠。

2. 国内：全国健美锦标赛。

三、健美运动最新发展情况

健美运动越来越得到广泛的认可,国际健联已得到一百多个国家奥委会的承认。但是,如同其他运动项目中兴奋剂的泛滥一样,有的健美运动员为了增大肌肉体积和线条清晰度,使用生长激素类兴奋剂,使兴奋剂成为当今健美比赛的顽症。

近年来,由于大众健身体育的浪潮席卷全球,参加健身活动的人口与日俱增,形成了世界性的健身热。在我国,随着1995年国家"全民健身"计划的颁布和实施,加之改革开放的深入、人们物质文化生活水平的日益提高,体育作为一种健康投资逐渐被人们接受,健身、健美运动已成为现代社会生活中的新时尚。

四、健美运动对人体的作用

1. 发达肌肉,增强肌力

健美运动的一个突出作用是可以有效地发达全身肌肉,增强力量。健美训练中,要经常使用杠铃、哑铃等器械做各种负重技术动作,对全身各部位肌肉进行锻炼,使肌肉变得丰满、结实而发达,特别是某些局部肌肉群的力量,能达到相当高的水平。例如,有的健美运动员能用100公斤的杠铃做颈后推举动作,个别女子健美运动员的卧推成绩竟能达到110公斤,由此可见其惊人的臂力。

2. 增进健康,增强体质

肌肉力量练习能提高人体心血管系统功能,增强免疫系统功能,特别是对肌糖原含量、心肺功能有显著的提高。经常从事健美锻炼,能对人体各系统及内脏器官的功能产生良好的影响。

3. 改善体型,矫正畸形

体型主要是指全身各部位的比例是否匀称、协调、平衡、和谐,以及主要肌肉群是否具有优美的线条。健美锻炼可以促进骨骼的生长和肌肉的发达,还能减少肌肉中的脂肪含量,达到消脂减肥的目的,这些都能有效地改善人的体型。

4. 培养顽强的意志品质

健美锻炼时,经常要进行超负荷的力量训练,不断冲击极限运动量,这对人的意志是一种磨炼;此外,还要经常面对训练所致的肌肉酸疼、运动性疲劳等各种困难。所以,健美训练能培养不怕苦、不怕累、克服枯燥、战胜自我等顽强的意志品质。

第二节　健美锻炼的必要性与生理学基础

一、发展肌肉力量和耐力的必要性

拥有强壮健美的身材是人们孜孜以求的目标，但是强壮健美的身材并非与生俱来，而是需要经过坚持不懈的力量练习后才能获得。许多人认为，加强肌肉力量和耐力可增加肌肉体积，提高运动成绩。但是，他们并不真正知晓其健康价值，即减少脂肪和体重的重要意义。

增强肌肉的力量和耐力对人的一生都有益处。研究表明，随着年龄的增加，人的基础代谢率下降，能量消耗减少，体重和脂肪会慢慢增加。由于肌肉总量呈下降趋势，人的基础代谢率每 10 年下降 3%，不喜好运动的成年人每年约减少 0.25 公斤的肌肉，增加 0.25 公斤的脂肪。60 岁的人与 20 岁的人相比，基础代谢率约下降 12%。比较两个体重相同、肌肉相差 5 公斤的正常人，肌肉含量高的人基础代谢率也明显要高。

通过节食和服用减肥药，能迅速减轻体重，但是并不利于健康。力量练习不仅能达到减轻体重的目的，还可以使皮肤保持弹性，而这种锻炼效果并非一日之功。根据自己的年龄和身体状况，需一年或更长时间有计划的有氧练习、肌肉力量和耐力练习，以及合理的饮食，才会明显地减少体脂。所以，有规律的锻炼和合理的饮食比节食减肥更有利于健康。另外，肌肉力量和耐力的增加可以减少运动损伤，并使骨质疏松症的发生率下降，还能减缓因年龄增加而引起的人体机能下降。

二、增强肌肉力量和耐力的生理学基础

人体的运动器官是由肌肉、骨骼、关节和韧带等组成的，人体的各种运动都是依靠肌肉的收缩和放松完成的。人体约有骨骼肌六百余块，其重量约占男子体重的 40%—50%、女子体重的 35%，它不仅是人体运动器官的组成部分，还构成了人体的外表——体形、体态。因此，健美锻炼者应根据自身需要选择适当的锻炼手段，有针对性地发展各部位肌肉。

一般而言，增强肌肉力量练习的同时也会增加肌肉的耐力。然而，在发展肌肉耐力的练习中，肌肉力量的增加却不很明显。

1. 肌肉的结构

骨骼肌是由大量的纤长肌纤维组成的，肌肉与骨骼是由致密结缔组织连接的，称为“肌腱”。它是肌肉中的弹性成分，肌肉收缩，通过肌腱牵拉骨骼产生运动。

2. 肌肉收缩及其形式

肌肉的收缩是由运动神经以冲动形式传来的刺激所引起的。每一束肌纤维都接受来自脊髓的运动神经元的支配,一个运动神经元连同它的全部神经末梢所支配的肌纤维,称为“运动单位”。肌肉的收缩形式分为等张收缩与等长收缩两种。等张收缩或动力性收缩是指引起身体某部分运动的肌肉收缩,如哑铃的肘弯举就是肱二头肌的等张收缩。等长收缩时,肌肉的张力可发展到最大,但是没有位置的移动,如站立、悬垂和支撑等。

3. 骨骼肌的类型

慢肌纤维——又称“红肌纤维”,收缩的速度慢,产生的力量小,有很强的抗疲劳性,适于长时间有氧运动,如走、慢跑等。

快肌纤维——又称“白肌纤维”,收缩的速度快,产生的力量大,但是容易疲劳,适于跳、急跑、举重等以速度和爆发力为主的运动项目。

中间型肌纤维——介于快与慢两类肌纤维之间的肌纤维类型。

研究表明,田径运动员的运动成绩与其肌肉中肌纤维类型的百分比有密切关系。耐力项目的冠军(如马拉松运动员)以慢肌纤维占优,而优秀短跑运动员则以快肌纤维占优。

4. 决定肌肉力量和耐力的因素

决定肌肉力量和耐力的主要有两个生理因素:一是肌肉的生理横截面积。生理横截面积越大,肌肉的力量越大。力量练习可以增大肌肉的生理横截面积。二是中枢神经系统发放冲动的强度和频率。负重练习早期阶段,力量的增长主要归功于神经肌肉系统效率的增加。实验证明,优秀运动员在最大用力时,神经系统可动员90%的肌纤维参与工作;而一般人最大用力时,只能动员60%的肌纤维参与工作。

除此之外,从生物力学的因素看,肌肉的长度也是十分重要的。研究证明,一个人力量的大小取决于肌肉的体积,肌肉体积的发展潜力又主要依赖于人体肌肉的长度(指肌肉两端肌腱之间的长度)。例如,有两个人,一人的肱三头肌长20厘米,另一人为30厘米,后者长度是前者的1.5倍,肌肉力量的潜力是前者的1.53—3.375倍。肌肉长度主要受遗传因素的影响,这对运动员的科学选才是很重要的。

另外,肌肉力量与年龄有关,力量素质随年龄的增长而逐年增强,20—25岁达到最高水平,之后最大力量平均每年下降1%。肌肉力量、耐力的下降与个体活动水平有明显关系。

第三节　健美锻炼的手段与方法

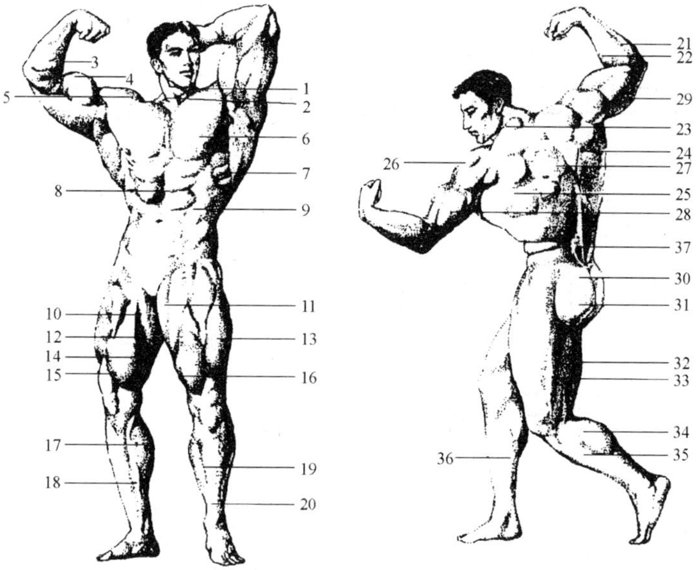

图 10-1

表 10-1　人体正面和背面浅层肌肉部位与名称

1	颈部	胸锁乳突肌	14	大腿	大收肌	27	背部	菱形肌
2	颈部	颈阔肌	15	大腿	股四头肌	28	上臂	肱肌
3	前臂	肱桡肌	16	大腿	股内肌	29	上臂	肱三头肌
4	上臂	肱二头肌	17	小腿	腓肠肌	30	臀部	臀中肌
5	肩部	三角肌	18	小腿	比目鱼肌	31	臀部	臀大肌
6	胸部	胸大肌	19	小腿	胫骨前肌	32	大腿	股二头肌
7	肋部	前锯肌	20	小腿	趾长伸肌	33	大腿	半膜肌
8	腹部	腹直肌	21	前臂	前臂伸肌肌群	34	小腿	腓肠肌
9	腹部	腹外斜肌	22	前臂	前臂屈肌肌群	35	小腿	腓肠长肌
10	大腿	缝匠肌	23	颈肩	斜方肌	36	小腿	比目鱼肌
11	大腿	长收肌	24	背部	背阔肌	37	腰部	骶棘肌
12	大腿	股薄肌	25	背部	冈下肌			
13	大腿	股外肌	26	背部	三角肌			

一、发达各部位肌肉的练习手段

1．胸大肌

宽厚、结实的胸膛是男子健美的重要标志，发达的胸大肌就是关键。在练习中，肌肉形成与发达的过程如下：

胸大肌外侧翼——下缘沟——由下往上、由两侧向中间发展，出现明显的中间沟——最后与三角肌前束群相衔接，形成两大块完整、饱满、结实的胸大肌。

一般经三个月到半年有计划的锻炼后，可初见成效，即先形成胸部的外侧翼，再出现下缘沟的肌肉群。继续锻炼下去，经过一两年，可以获得比较理想的胸膛。

发达胸大肌的主要动作有：

（1）卧推举（图10-2）

功能：发达胸大肌、三角肌（前束）、肱三头肌和前锯肌。

中握距——发达胸大肌外侧翼和下缘沟、三角肌等，适于初学者。

宽握距——发达胸大肌两侧翼的中上部位，使外侧翼宽厚，适于有一定锻炼基础者。

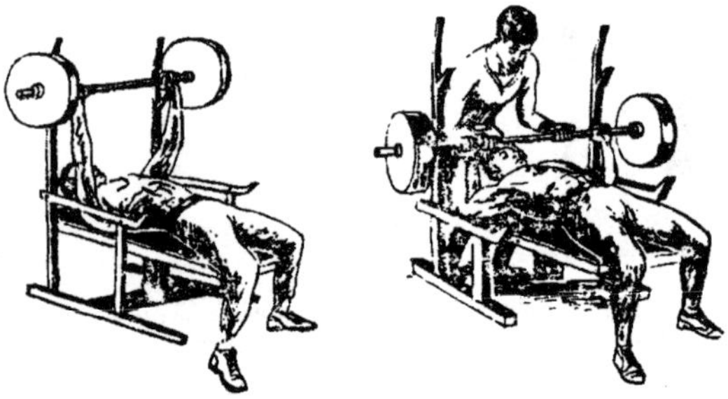

图 10-2

上斜卧推——主要发达外侧翼上部和上胸部连接三角肌前束处。

下斜卧推——主要发达胸大肌外侧翼下部和下缘沟。

技术要领：仰卧凳上，两手握杠铃置于胸前，然后用力将杠铃向垂直上方推起，直至两臂伸直。

图 10-3

（2）仰卧飞鸟（图10-3）

功能：发达胸大肌、前锯肌和三角肌（前束）。

技术要领：仰卧凳上，两手上举哑铃（拳心相对），两臂缓慢向侧下分开，直至肘部低于体侧，分开的同时逐渐屈肘，然后胸大肌用力收缩，两臂内收至胸上伸直。

图 10-4

(3) 双臂屈伸(双杠)(图 10-4)

功能:发达胸大肌、三角肌和肱三头肌。

技术要领:支撑在双杠上,作臂屈伸,将身体降低与撑起。屈臂时尽量降低身体,撑起时手臂要完全伸直。

(4) 拉力器夹胸

功能:发达胸大肌、三角肌、背阔肌。

技术要领:双手握拉力器把时,手肘稍屈(肘间约成120°角),以胸大肌收缩的力量,使手肘始终保持这个角度,一直向下拉至手把位于小腹前,再慢慢向上还原。动作过程中,躯干应略向前含胸,两腿稍屈站立。

(5) 俯卧撑(图 10-5)

功能:发达胸大肌、三角肌、肱三头肌和前锯肌。

技术要领:练习时,应保持身体水平,不要下沉腹部及拱起臀部。用双脚垫高或背上负重的方法,效果更好。

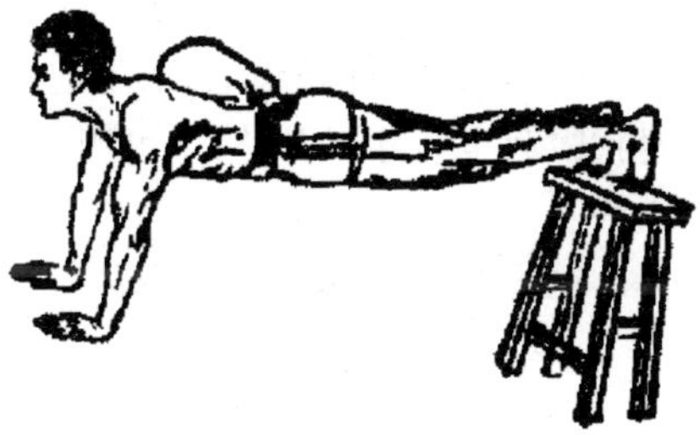
图 10-5

图 10-6

2. 三角肌(图 10-6)

肩部健美的关键是宽度,锻炼三角肌可明显增宽肩部。三角肌可以分为前束、中束、后束。发达三角肌的练习方法有:

(1) 前束——直臂前平举、颈前推、直立上拉。

(2) 中束——哑铃侧平举。

(3) 后束——颈后推、俯立侧平举。

3. 背阔肌

男子宽阔的背部、"V"字体形的雄伟健壮是健、力、美的综合反映,这有赖于背阔肌的发达。

(1) 俯立上拉(划船)

技术要领:上体前屈近 90°,抬头,两臂垂直正握杠铃，双肘夹着身体，把杠铃沿大腿提拉至胸腹部。

图 10-7

（2）俯立飞鸟

技术要领：双手握哑铃，俯身成水平状，两臂向上振，使哑铃高于肩，躯干保持不动，主要以背部肌肉用力。

（3）拉力器练习

上斜扩背（颈后拉），下斜扩背（划船）。

（4）引体向上（颈后拉）

4．肱二头肌、肱三头肌（图 10-7）

（1）弯举

（2）颈后推

（3）颈后肘屈伸

（4）直臂后抬

5．腰腹肌

（1）仰卧起坐

主要锻炼上腹部位。

技术要领：仰卧垫上，双手抱在头后，屈膝，脚固定，快速收腹起坐。除平卧外，也可用斜板或坐在凳上等多种方法练习。

图 10-8

（2）悬垂举腿（图 10-8）

主要锻炼下腹部位。

技术要领：悬垂，头、上体固定，直腿折体上举至最大幅度。

（3）俯卧挺身

主要发达骶脊肌（背肌）和臀大肌。

技术要领：俯卧在凳上，两手抱头，两脚固定，然后抬头挺身至最高点，稍停后还原。

（4）负重弓身

主要发达骶脊肌和臀大肌。

技术要领：直立，颈后负杠铃，腰背挺直，然后上体前屈至最低限度，稍停还原。此外，还可做颈后负铃左右转体，发达腹内、外斜肌。

6．股四头肌、臀大肌、小腿肌

（1）负重下蹲（图 10-9）

主要发达股四头肌、臀大肌。

技术要领：直立，两手正握杠铃负于颈后，下蹲，然后起立，可半蹲或全蹲。下蹲时，要做到“挺胸抬头腰紧张，慢慢下蹲快起立”。

图 10-9

(2) 弓箭步蹲

主要发达股四头肌。

技术要领:负重两腿分开成弓步,屈膝下蹲成一腿跪一腿半蹲,然后两腿同时蹬起。

(3) 腿弯举

主要发达股二头肌。

技术要领:俯卧,小腿向臀部收缩(要有阻力)。可在专用器材上练习。

(4) 负重提踵

主要发达小腿腓肠肌、比目鱼肌。

技术要领:颈后负铃,前脚掌垫高 3—6 厘米,做直膝提踵动作。

二、健美锻炼的方法

健美锻炼的主要方法是"动力训练法"。这一方法的特点是:肌肉收缩时,长度发生变化,协同用力肌群缩短,对抗肌拉长,人体在运动状态中进行练习。负重抗阻练习是增强肌肉力量的基本手段,而"超负荷法则"对于健美训练更是十分必要的。要使肌肉的体积和力量不断增大,就必须进行超量负荷的训练。只有不断进行超负荷的训练,才能使机体不断获得"超量恢复",这也正是增长肌肉、练出健美体型的根本途径。另外,肌肉力量练习的效果与训练中的多种因素有关。

1. 练习的重量、次数、组数

在力量练习中,常用"RM"表示运动强度,而不是用心率加以判断。RM 是表示能重复的最高次数,即进行某一重量的练习时,用一次连续练习的最大重复次数衡量负荷的大小。如果练习者对该重量只能连续举起 6 次,则该重量对练习者来说是 6RM;如果可连续举起 15 次,则该负荷为 15RM。可见,RM 仅代表能最高重复重量的次数,而不反映重量的绝对值。

组数:一般每个动作的一次练习可为 3—6 组。

研究表明,进行 3—4 组,6RM 的负荷能有效地增加肌肉的力量。如要改善肌肉耐力,一般采用 4—6 组、18—20RM。

重　量	最高重复次数(RM)	作　用
大重量(85%—100%)	3—6 次	发展力量
中重量(70%—85%)	6—12 次	发达肌肉,发展力量
小重量(65%以下)	14 次以上	降脂肪,增肌肉

2. 练习的间隔时间

(1) 每组练习的间隔时间

力量练习时,各组的间隔时间一般以肌肉能完全恢复为准。肌肉在练习后的3—5秒时已恢复50%，2分钟时完全恢复。如果练习是为了增强肌肉的力量，练习的间隔时间就不太重要，一般在1分钟左右；如果是为了增加肌肉的耐力，在6—8周的训练中，练习的间隔时间应从2分钟逐渐减少到30秒。

（2）每次练习的间隔时间

如果是进行全身的肌肉练习，每隔一天进行练习会获得最佳的锻炼效果。如果休息时间较短，身体不能完全恢复，锻炼效果也会较差。假如每天坚持力量练习，应训练不同的肌肉群。例如，星期一、三、五练习上肢力量，二、四、六练习下肢力量。但是，要注意，恢复时间不能过长（不超过四天），否则练习获得的力量和耐力便会消退。

健美锻炼中，练习顺序一般是：先安排大肌肉群的练习，再做小肌肉群的练习；先上肢，后下肢，再腰腹；先进行以发达肌肉为主的练习，再进行以减肥或增强肌肉耐力为主的练习。

3. 几种不同类型的锻炼方法

定量间歇法——在一次训练中，所用的重量、组数、次数基本固定。此法是较常用的方法，适于初学者采用。

金字塔训练法——在一次训练中，所用的重量由轻逐组加重，再由重逐组减轻地进行。此法动作组数较多，适于有一定锻炼基础的人采用。

组合训练法——两个或两个以上动作合成一组进行练习。组合的方式有两种，一是相对部位动作组合，另一种是相同部位动作组合。此法适于有一定基础者。

连续递减法——采用负荷逐渐递减的方式增加练习次数，以达到最大的刺激限度。例如，在卧推时，大负荷练习后，在同伴帮助下不断减轻重量，使练习得以继续，直至力竭。

循环训练法——把几个不同的动作组合编排好，按顺序依次循环练习。此法负荷较大，可使身体得到全面锻炼，适于以减肥或健身为主者采用。

4. 健美锻炼的注意事项

（1）要因人而异、循序渐进、科学合理地训练，不能急躁冒进、盲目锻炼。

（2）要持之以恒、认真刻苦地按计划锻炼，方能长久见效，最忌随心所欲、“三天打鱼两天晒网”。

（3）每次动作都要按标准完成（包括动作的部位、起止路线等），尤其每组最后几次应尽力完成，才能保证锻炼的质量和效果。

（4）注意安全，防止受伤。在做卧举、深蹲等大重量器械练习时，要有人保护、帮助，还要了解自己的极限，防止因过度训练而受到意外伤害。

（5）必须重视准备活动和放松活动。每次练习前，一定要充分热身，以防拉伤肌肉。负重练习的准备活动一般包括慢跑、拉伸活动和三组15—20RM的练习。如果练习者打算举最大重量，还应增加准备活动的组数。

第四节 健美锻炼的原则与计划

一、健美锻炼的原则

1. 渐增阻力原则

渐增阻力原则是超负荷原则在肌肉力量、耐力练习中的应用。即肌肉力量、耐力因超负荷训练而增加，但是由于力量、耐力的增加，原来的超负荷变成了非超负荷或低负荷，此时如果不增加负荷，力量、耐力就不能增长。因此，力量练习必须遵循渐增阻力原则。

2. 专门性原则

力量、耐力练习要充分考虑不同的运动项目和专项力量、耐力的需求程度。首先，得到锻炼的肌肉应该是在耐力和力量方面需要改善的肌肉。其次，提高肌肉的力量和耐力应采用不同的运动强度。大强度运动（举重物时仅能重复4—6次）能增加肌肉的力量和体积，却不能增加肌肉的耐力；采用低强度、重复次数多的练习（能举轻的负荷15次或者更多）可提高肌肉的耐力，而肌肉的力量增加不明显。

3. 系统性原则

根据用进废退的原理，力量练习应全年系统地安排。研究表明，练习频率高、训练时间短、肌肉力量增长很快者，停止练习后消退也快；而练习频率低、训练时间长、肌肉力量增长缓慢者，力量保持的时间则相对较长。所以，每周进行3—4次力量练习，可使肌肉力量明显增长。

4. 健美营养原则

(1) 营养占健美训练成功的50%，所以首先要保证充足的营养素。如果饮食缺乏正常的营养，就不可能练出健美的肌肉。足量的蛋白质、碳水化合物、脂肪是肌肉训练所必需的。一个正常的健美练习者，有了额外的新陈代谢的需求，就必须有额外的营养补充。同时，摄入过多的热量会造成脂肪堆积，经过艰苦训练而获得的强健肌肉就会被一层厚厚的脂肪覆盖。所以，要想减少脂肪、保持肌肉强壮，除了训练外，更要注意合理的营养。

(2) 保持膳食平衡。营养学家所说的“食物平衡”与健美界所说的“食物平衡”有所不同。健美界认为，最理想的食物是吃净蛋白质、含淀粉和纤维素的碳水化合物以及少许脂肪，比例因人而异。

(3) 每天营养食谱的大致比例：蛋白质占25%—30%，碳水化合物占55%—60%，余下就是脂肪、维生素、矿物质和水。

二、健美锻炼的计划

健美锻炼应有短期和长期的目标。确定目标对保持锻炼的兴趣和热情非常重要,关键在于设置的短期目标应能在最初的几周练习中达到,这可以激励练习者进一步实现长期的训练目标。

健美力量练习一般可分为三个阶段:开始阶段、慢速增长阶段和保持阶段。

周	阶　段	频　率	组	最高重复次数
1—3	开始	2 次/周	2—3	12—15
4—20	慢速增长	2—3 次/周	3—4	6—8
20 以上	保持	1—2 次/周	3	6—8

1. 开始阶段

在计划的开始阶段,应避免举最大重量,过大的重量会增加肌肉和关节损伤的危险性。如果选定的重量能轻松地重复 12 次,则可增加重量;如果练习者不能重复举起 12 次,则说明重量过大。

2. 慢速增长阶段

经过开始阶段的力量练习,如果肌肉已经适应练习动作,就可以增加重量,并能重复举起 6—8 次。当肌肉力量进一步增强时,可再增加重量。在此阶段的练习中,一般每次可安排 5—8 个动作,每个动作练习 3—4 组,总组数 15—25 组,每组练习 6—10 次。

3. 保持阶段

根据用进废退的原理,如果停止练习,获得的力量会自然消退。除非想继续在健美力量练习中获得进一步的提高,一般情况下,保持阶段力量练习的强度应比获得阶段小。研究表明,力量增长后,每周 1—2 次的练习即可保持原增长水平;若不训练,30 周(半年)后,原增长水平将完全消退。

第五节　健美标准与健美竞赛

一、健美体形的视觉评价法

1. 骨骼发育正常,身体各部位比例适当、匀称。

2. 五官端正,女性应眼大眸明、牙洁整齐、鼻子挺直、脖颈修长;男性应面孔轮廓清晰分明,五官和谐。

3. 双肩对称,男性应结实、挺拔、宽厚;女性应丰满圆润,微呈下削,无耸肩或垂肩之感。

4. 男性胸廓宽阔结实，胸肌隆起，背部成“V”字形(肩宽腰窄)；女性乳房丰满有弹性而不下坠，侧视有曲线美感。

5. 小腿肌肉结实，稍隆起，足弓高，两腿并拢时正视和侧视均无弯曲感。男性上肢粗壮，双腿矫健；女性下肢修长，线条柔和。

6. 背视脊柱垂直，侧视有正常的生理曲线，肩胛骨无翼状隆起和上翘之感。

7. 女性臀部圆满，男性臀部鼓实。

8. 腰细而有力，微呈圆柱形，腹部扁平，无明显的脂肪堆积。男性在放松状态时也有腹肌隐现。

9. 男性肌肉匀称发达，收缩时轮廓清晰；女性体态丰满而不臃肿。

10. 整体无粗笨、虚胖、瘦弱、歪斜和畸形、比例失调等形态异常现象。

二、健美体形分级统计表

中国男子业余健美运动员

级别 指标 项目			60 公斤级	65 公斤级	70 公斤级	75 公斤级	80 公斤级	85 公斤级	90 公斤级	90公斤 以上级
身高(厘米)			161	167	169	168	171	172	175	177
颈围(厘米)			37	37	37	38	39	41	42	41
肩围(厘米)			114	119	120	125	126	128	128	130
胸围	常态		101	106	106	109	111	114	114	113
	扩大		105	108	110	113	114	118	118	119
上臂围	左	伸直	34	34	35	37	38	38	39	40
		弯曲	36	38	39	40	42	42	42	43
	右	伸直	33	34	35	37	38	37	38	39
		弯曲	37	38	40	41	42	41	42	43
腰围(厘米)			69	70	72	74	74	78	82	84
臀围(厘米)			88	86	90	91	93	97	96	101
大腿围	左		53	53	55	57	57	60	60	63
	右		53	53	56	57	58	60	60	63
小腿围	左		35	36	37	39	38	40	40	42
	右		35	36	37	39	39	40	41	42

三、健美竞赛

(一) 竞赛性质

国际性健美比赛可分为：职业比赛和业余比赛。

职业比赛是世界健美比赛中水平很高、由职业运动员参加的赛事，如奥林匹亚大赛、超级铁人赛、阿诺德传统赛。

业余比赛有世界业余健美锦标赛、各洲健美锦标赛等。

（二）竞赛类别

1. 按性别分：男子个人、女子个人、男女混合双人、女子双人、集体造型。

2. 按体重分（男子）：60 公斤级、65 公斤级、70 公斤级、75 公斤级、80 公斤级、85 公斤级、90 公斤级和 90 公斤以上级。

3. 按年龄分组：青年组 21 周岁以下，成年组 21 周岁以上，元老组男子 40 周岁以上、女子 35 周岁以上。

（三）比赛时间

男子个人为 60 秒，女子个人为 90 秒，男女混合双人为 120 秒，女子双人为 90 秒，集体造型为 60 秒。

（四）比赛动作

1. 规定动作

男子有七个规定动作（图 10-10）：（1）前展肱二头肌；（2）前展背阔肌；（3）侧展胸部；（4）后展肱二头肌和小腿；（5）后展背阔肌；（6）侧展肱三头肌；（7）前展腹腿部。

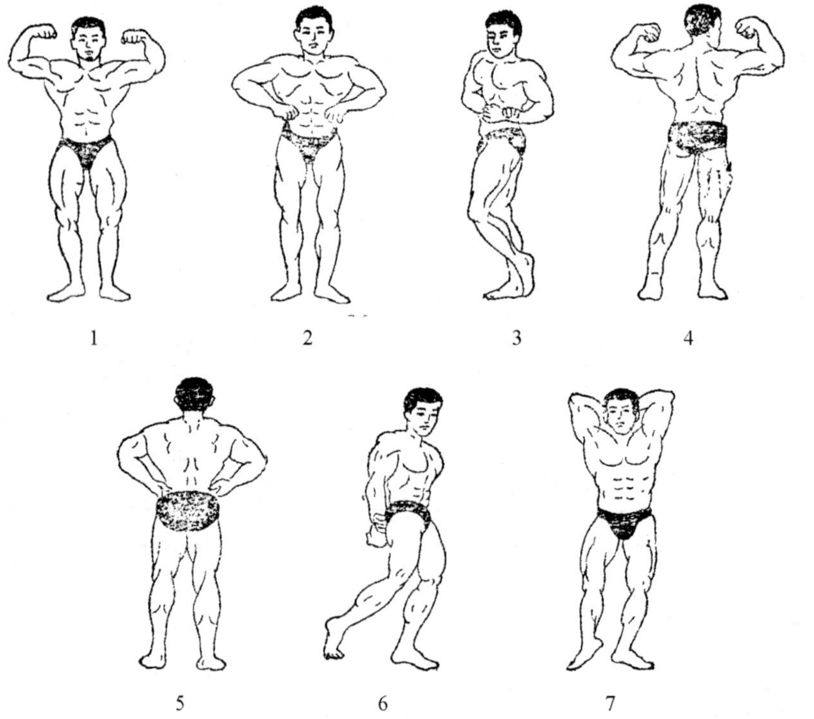

图 10-10

女子有五个规定动作，少了前展背阔肌和后展背阔肌两个动作，其他与男子同。

2. 自选动作

个人自选编排，进行表演。

（五）健美比赛的评判准则

1. 肌肉的发达情况和匀称性。

2. 体形比例。

3. 肌肉的明显度：指全身肌肉的皮下脂肪含量，肌肉线条应该非常明显，而不是单纯的肌肉块大。

4. 皮肤：光洁柔和，无文身、斑痕等。

5. 造型姿势：动作表演是否完整、刚劲、优美，衔接是否自然、连贯，动作和音乐是否协调，整套动作要有鲜明的个性和艺术感。

6. 总体感觉：形象、气质、姿态、风度以及赛场表现等。

第十一章 形体训练

第一节 概 述

形体训练是以人体科学为基础的形体动作训练，是在音乐伴奏下进行的、融体操和舞蹈为一体的徒手练习，是既能增进健康、优美体态、端庄仪表，又能陶冶情操、培养韵律感、提高气质风度的健身健美运动。它既注重外在美的训练，又注重内在美的培养。练习者在优美、动听的乐曲伴奏下，经常性地进行形体训练，可使身心得到全面发展，有利于培养健美的体态和高雅的气质，使形体更富有魅力。

一、形体训练的起源与发展

形体训练起源于生产、生活以及人们对人体美的追求，逐步与音乐、舞蹈、体操相结合，是人类的一种社会文化现象，是体育形式美的重要方面。它始终伴随人类的文明和社会的进步而发展。

从断发纹身、披树叶遮羞、筑巢掘洞、敬神祭祖、乐歌舞踊之类活动产生起，人类就有了审美观和美学思想。我国古代也同样崇尚人体美，通过练功习武塑造健美的形体。长沙马王堆出土的一张西汉时代的《引导图》，上面画着 40 个栩栩如生的人物姿势图，从立、跪、坐的基本姿势开始，做屈伸、转体、弓步、跨跳等动作。在文学作品中，有很多描写人体美的词句，如“虎背熊腰”“英俊潇洒”“亭亭玉立”“婀娜多姿”。

如今，为了塑造健美人体，欧洲的一些生理学家、音乐家和舞蹈家都主张以身体动作为基础，在音乐伴奏下做有节奏的身体活动，从而发展身体的柔韧性，形成正确的身体姿态和优美的动作。形体训练就是在这些理论的基础上发展起来的运动项目，是一项以单个、组合、成套等动作的形式作为练习的手段，增进健康，塑造健美的形体，培养高雅的气质和风度的非竞技性的健身健美运动。

随着社会经济的快速发展，人们的生产方式、生存与社会需要随之产生一系列的变化，社会交往也越来越多，因而对人才素质提出全方位的要求，不仅影视歌舞演员、时装模特儿等要求有健美的形体，而且各行各业都要求有良好的外部形象。因此，形体训练深受广大爱美女性的喜爱，是一项时尚的运动，也是全民健身运动的内容之一，现已成为学校体育的内容，也是美育的组成部分。

二、形体训练的特点

（一）以自然性动作为基础的节奏运动

形体训练是以人体活动为主要形式的练习。在完成动作时，上肢、下肢和躯干动作都是根据人体运动的自然法则，从胸、腹的中线开始出发，传递到各部位完成动作的。每个动作都有它的起点和终点，都有节奏和用力的分配规律。

（二）全面性和针对性

形体训练内容丰富，动作变化多样，各类动作的编排都是严格按照人体的解剖部位，为达到身体匀称、均衡、协调、健美的目的而进行的，可以促进人体的正常发育和身体素质的全面发展。形体训练的针对性强，选择某一单个动作有重点地锻炼身体的某一部位，或为专门发展某项身体素质而进行练习，能进一步提高身体的全面发展水平。

（三）优美性和艺术性

形体训练是在人体解剖学、运动心理学、运动训练学、体育美学、人体艺术造型学等学科的理论指导下进行的，其动作内容符合人体的生理和心理特点，各类动作不仅体现出优美性和艺术性，而且充分展现出协调、韵律、优美等健美气质。

（四）内容丰富，易于普及

形体训练动作简单易学，练习形式简便，可根据不同的要求，不同的年龄、身体条件和训练水平，选择不同的练习内容和方法，有目的、有针对性地进行练习，以达到增强体质、促进健康美、塑造健美的形体的目的，因而深受人们的喜爱，也易于普及推广。

三、形体训练的作用

（一）增进健康

系统的形体训练可以经常保持正确的姿势，使身体各器官和系统正常生长发育，特别是通过脊柱的脊髓神经舒展地通向大脑，支配全身所有器官和系统正常活动，有利于身体健康。它不仅有专门的形体姿态练习，而且有发展力量、耐力、柔韧、灵敏等练习，因此能全面发展身体素质。

（二）塑造健美的形体

形体训练能提高神经系统的灵活性、协调性、准确性、稳定性，从而可以培养练习者健美的体态和风度，使其身体匀称、和谐、健美，轮廓清晰，体态优美。形体训练多采用中强度、大密度、持续时间长的有氧训练，无论运动还是静止时都能消耗多余的脂肪，达到减肥的目的，从而塑造出健美的形体。

（三）培养节奏韵律感和创造力

形体训练是在音乐伴奏下进行的，音乐能激发练习者的情绪和兴奋性，启发他们内在的美感,使他们随着音乐的韵律把动作完成得更准确、更优美;培养练习者的节奏感和韵律感,启发和帮助他们发展细腻的艺术感,培养欣赏美、表现美、创造美的能力。

(四)培养高雅的气质和风度

形体训练以它美的气质将美育寓于体育之中,使美育与体育得到完美的结合。形体训练本身包含着人的精神、气质、风度,练习者只要把握住精、气、神,就会逐渐形成一种高雅的气质和风度。

(五)与社会体育、终身体育接轨

形体训练不受年龄、性别、职业、场地、器材的限制,可以集体锻炼,也可以自我锻炼;可以表演,也可以自娱自乐,易于开展。形体训练已步入家庭和社会,与社会体育直接接轨,为终身体育打下基础。

第二节　形体美的评价标准

人的形体是世界上一种永远新鲜、永远洋溢着生命力的最动人的美。歌德曾经说过:“不断升华的自然界的最后创造物就是美丽的人。”人的美丽的直观表现首先在于形体美。

一、概述

(一)形体

形体是指人身体的形态,由体格、体型、姿态三个方面构成。体格指标包括人的高度(身高、坐高等)、体重、围度(胸围、腰围、臀围、臂围、腿围、颈围等)。其中,身高主要反映骨骼的生长发育情况;体重主要反映骨骼、肌肉、脂肪等重量的综合情况;胸围则反映胸廓的大小及胸部肌肉的生长发育情况。因此,身高、体重和胸围被列为人体形态变化的三项基本指标。体型是指身体各部分的比例,它主要取决于骨骼的组成与肌肉的状况。达·芬奇说过:“美感完全建立在各部分之间神圣的比例上。”由此可见,体型是否美,主要取决于身体各部分发展的均衡与整体的和谐。姿态是指人坐立、行走等各种基本活动的姿势。人的姿势主要通过脊柱弯曲的程度、四肢和手足以及头等部位体现。姿势的正确、优美,不仅体现出人的整体美,还反映出一个人的气质与精神风貌。

美国艺术史学家潘诺夫斯基深刻地指出:“美,不在于各种成分,而在于各个部位和谐的比例。”法国哲学家、艺术大师笛卡儿说:“恰到好处的适中与协调就是美。”在现实生活中,身材美与不美,关键看身高与体重的比例是否恰当。比例失调不能产生美感,比例适中则给人以和谐匀称的美感。此外,姿态美对充分体现体型美、烘托体型美起着重要的作用。因此，在鉴别与评价形体美时，切不可把体格、体型、姿态三大要素割裂开来，必须全面综合分析，着眼于整体。

(二) 形体美

形体美是指把人的形体作为审美对象所表现出来的美，是健壮体格、完美体型、优美姿态融会而成的和谐的美。它的实质是人体肌肉、骨骼、脂肪的含量和分布状况。

1. 形体美是自然美与社会美的统一体

形体美也称"人体美"，是指人的身体造型和自然形象所表现出来的形式美，即人外在的全身姿容仪态的美。形体美是介于自然美和社会美之间的人的外在美的重要组成部分。就人体的生理构成形态而言，它基本上属于自然美；就人体必然打上思想、性格烙印而言，它也属于自然美。但是，由于人体所能表现的人的思想、性格毕竟有限，人的形体美更偏重于自然美。

人体有对称的造型、均衡的比例、流畅的线条、弹性的肌肉、顾盼的眼神等，这些使人体美成为自然美的最高表现形态。形体美主要是天然生就的，但是人是社会的人，除遗传因素外，后天的劳动锻炼以及在一定社会环境中形成的审美习惯也是重要因素。因此，形体美是自然美与社会美的统一，是带有深刻社会性的自然美，只有社会化的人才有真正的形体美。

2. 形体美是体型美、姿态美、行为美和风度美的统一体

(1) 体型美

体型是指人的整体指数(如身高、体重)和各部位的比例关系(如坐高、腿长、胸围、肩宽)，以及人体解剖结构形成的外观特征。说到体型美，人们会自然地想到男性匀称强健的体魄、粗壮发达的肌肉，以及女性丰腴柔和的体态、高挑修长和优美苗条的身材；人们也会自然地想到著名的古希腊、古罗马的"海格拉斯"和"维纳斯"雕像那种令人难忘的形象，蕴涵着永恒的魅力。

人们对体型美的认识随着历史的发展在不断加深和变化，从而形成了不同时代的审美观和体型美的标准。但是，使身体匀称、和谐、健美地发展，使自己拥有健康美的躯体是人们的共同愿望。在体型美的特点上，男女有别：男性应有阳刚之美，把健、力、美和谐地统一于躯体；女性应有阴柔之美，使身体各部位肌肉匀称和谐地发展，同时又保持身体曲线美的自然魅力。

(2) 姿态美

人的外在美，除了人体本身的静态美外，还表现为运动中的动态美。姿态美是人体几种基本姿态所表现出来的静态和动态的美感，包括站立、行走、坐、卧等方面的美感。它要求人的一举一动、一颦一笑都是协调的。坐立时，要优美挺拔，显得精力充沛；行走时，要抬头挺胸、英姿焕发、刚劲有力；卧时，也要姿态平稳、规矩端正、舒适大方，这样才能显示出人的健康美。人的体型在一生的不同

阶段中是在不断变化的，而姿态动作是持续的、动态的，比较稳定。因此，与体型相比，姿态美更为重要。

（3）动作美

动作是指全身或身体一部分的活动。人的动作是在高级神经系统支配下实现的，绝大多数动作都是有意识、有目的的。人的动作是自己行为的组成部分，受到一定动机的支配。不同的动作特点会给人留下不同的感觉和印象。高尚的动机可以指导出美好的动作，卑劣的动机则往往引出丑恶的动作。准确、灵敏的动作给人以应付自如、连贯流畅的感觉，有力量、有节奏的运动给人以信心和气魄的感觉。如果所有这些要求都能达到，就会给人以轻松、活跃的动感，随之给人带来美感。

人体的动作美和体型美相比较，动作美显得重要得多。英国哲学家培根曾经说过："相貌的美高于色泽的美，而秀雅合适的动作的美，又高于相貌的美，这是美的精华。"确实如此，人体不同于石膏塑像，它通过空间活动的变化和样式确定自身和周围环境的关系。稳健、优雅、端正的姿态，敏捷、准确、协调的动作，不仅本身就是一种美的造型，而且可以弥补体型上的某些缺陷。如果一个人虽外表体型无可挑剔，但做起动作来却鲁莽、粗俗，举手投足令人生厌，又如何能称得上美？如果一个人表现得风度翩翩，或稳健持重，或举止文雅，或谈吐不俗，则自然可以让人联想到美，联想到此人思想境界之深度。

（4）风度美

风度泛指人的仪表、言谈、举止、作风和态度的总和。风度既是人的行为举止的综合，也是人的性格品质的外在表现。精神世界的美丑是风度的内在依据，风度则是精神世界的外在表现形式。风度有着丰富的内涵，既表现人的静态美，又表现人的动态美，从而反映出内在美。风度比外表更富有内涵、更含蓄、更偏重于修养。

一个人风度的形式，与他的生活经历、文化素质、性格、兴趣等有关，同时也受到时代、阶级、职业、生活理念、道德情操等因素的影响。风度贵在自然，贵在内涵的自然流露，妙在天然适度，"浓妆淡抹总相宜"。风度美指的是要以个人的行为姿态、言谈举止、衣着打扮表现出文明礼貌、朴实大方、优雅潇洒、活泼健康。这就要求一个人不断地加强自我修养，端正品行，陶冶情操，扩大知识面，开阔视野，提高审美能力。

总而言之，生活在社会里的人和各种静物不同，人是运动的，而且产生着地球上最高级的运动形式。人体的美绝不等同于孔雀一身绚丽的羽毛，也绝不等同于猛虎全身威严的斑纹。人是有思想、会语言的高等动物，在自己的思想支配下有各种静态的姿势和动态的动作，由这些姿态和动作联合起来构成风度。人的体型是要通过各种姿态和动作表现出来的，如舞蹈演员长得再美，如果站在舞台上不摆姿势、不做动作，就难以为美；世界上的选美比赛多是通过各种姿势和动作选拔或淘汰选手的；服装模特儿也是通过各种姿势和动作的表演，才反映出体形和服装的美。但是，人的姿态和动作必须以体型的美作为基础轮廓。体型不美的人，要做到姿态和动作的美，难度就较大；矮小的舞蹈演员要想做到动作幅度大、舒展大方，相对来说就比较困难。所以，要追求人体的美，必须将体型美、姿态美、行为美和风度美四者有机地结合起来，使人体的美具有更多的稳定性。

二、形体美的审美特征

（一）形体美是和谐统一的整体

形体美首先要求局部与整体、局部与局部应协调和谐。这包括身体的各部分大小、长短、粗细等要合乎正常比例。从古希腊开始，人们就提出了人体各主要部位的比例以近似于黄金分割比例最佳。达·芬奇在他的《芬奇论绘画》一书中，就人的和谐比例作过精辟描述："人的头应是全身高度的七分之一，人肩宽应是身长的四分之一……"我国古代也提出了"立七、坐五、盘三"的人体比例关系。这说明，人的形体应该是美的，形体美应该有一定的规律和标准。

（二）形体美应是均衡匀称的形态

人体在外部形态上都是左右对称的。一般形体匀称的人，身高与体重应该相称，其理想的比例接近黄金分割比例。

（三）形体美应是健、力、美的结合

健康匀称的体魄是人体美的首要条件。只有健康匀称的人体形象，才能表现出生命力的美。秀丽的维纳斯、矫健的掷铁饼者，都是健康匀称的人体形象，是健、力、美的结合，是人体美的典范。健美的形体，要求男性有发达的肌肉和强健的骨骼，女性体型匀称、姿态优美，赋予生命富有韵律的流动曲线。但是，有些女性认为柔弱、纤细才是女性的美，于是就采用节食、勒腰、束胸的办法使自己身体苗条。其实，这样做不仅达不到健美的目的，反而会影响身体的发育和健康。

三、形体美的评价标准

在人类历史发展的过程中，形体美的标准是随着时代的变化而变化的。即使是同一时代的人，由于民族特点、种族差异、地理环境和审美习惯的不同，对形体美的标准也不同。普列汉诺夫说："绝对的美的标准是不存在的，并且也不可能存在。"

形体美在人体美和对人体美的鉴赏中占有重要的地位。长期以来，人们都在探讨形体美的标准。古希腊人提出了人体各主要部位的黄金分割比例；文艺复兴时期意大利著名画家达·芬奇提出了绘画中人体各部位的最佳比例关系；

我国古代画家作画时也提出过类似的比例数据。在近代,国内外专家学者对形体美的评价标准取得了研究成果,将形态美、姿态美和气质美三方面作为形体美的评价标准。

（一）形态美

形态美的标准有如下几条:

1. 标准体重(千克)

标准体重计算的公式:

男性标准体重(千克)=[身高(厘米)-100]×0.9

女性标准体重(千克)=[身高(厘米)-100]×0.95

肥胖度(100%)=[(实际体重-标准体重)/标准体重]×100%

肥胖度(在)±10%范围内为正常,超过10.1%—20%为超重,超过20.1%则为中度肥胖。

2. 男性以股骨大转子为中心,上下身长相等;女性以肚脐为界,上下身比例为5:8。

3. 男女两肩的宽度等于1/4身高。

4. 男女两臂侧举时的长度等于身高。

5. 男女大腿长约等于1/4身高(女性两腿腿长加上足高应大于1/2身高)。

6. 男性胸围约等于1/2身高加5厘米;女性胸围不小于1/2身高。

7. 男性腰围约小于胸围18厘米;女性腰围不大于1/2身高。

8. 男性臀围等于胸围;女性臀围大于胸围2至3厘米。

9. 男性大腿围约小于胸围22厘米;女性大腿围约小于腰围8至10厘米。

10. 男性小腿围约小于大腿围18厘米;女性小腿围约小于大腿围18至20厘米。

11. 男性脚踝围小于小腿围12厘米,上臂围约等于1/2大腿围,前臂围约小于上臂围5厘米,颈围等于小腿围。

（二）姿态美标准

1. 站姿:正确、优美的站姿应是头、颈、躯干的纵轴在一条直线上,挺胸、收腹、梗颈、两臂自然下垂,形成一种优美挺拔的体态。人在站立时要做到挺、直、高,这样脊柱的曲线美也就表现出来了。

2. 行姿:除站立应保持正确、优美的姿态要求外,还要做到躯干移动正直、平稳,又不僵硬呆板;两臂自然下垂,前后摆动协调;膝盖正对前方,脚尖微外侧,行走落地时从脚跟过渡到前脚掌,两脚后跟几乎在一条直线上,两脚交替前移的弯曲程度不要太大,步伐稳健均匀。

3. 坐姿:优美的坐姿与站、行一样,仍然要保持挺胸、收腹。四肢的摆放要规矩端正,尤其是两腿不能摆得太开、太大,更不能翘起“二郎腿”,东倒西歪。

养成良好的坐姿有利于体型美的形成。

4. 卧姿：良好的卧姿能使心血管、呼吸系统在安静状态的工作中起到保证作用，并有助于消除肌肉的疲劳。人在实际睡眠中往往要翻来覆去地变换姿势，为避免心脏受压，一般应为右侧卧。为避免局部受压发麻甚至出现痉挛的现象，仰卧也比较好，但是不要把手放在胸上，以免压迫心脏使睡眠不宁或做噩梦。

（三）气质美的标准

聪慧、机智是男女共有的气质美的核心。然而，男女的气质美仍有区别。男性的气质美主要表现为阳刚气概，其特征是刚毅、顽强，善于自制，勇敢沉着，当机立断，胸襟开阔，豁达大度，粗犷豪放，待人诚恳，目光远大，勇于进取。女性的气质美表现为优雅、娴静、温和、柔顺、体贴、细腻、深情、宽容、纯真、善良等特征。

第三节　基本姿态的训练

基本姿态的训练是以人体科学为基础的形体姿态训练，是对练习者身体形态进行的基础的、系统的专门训练。练习者通过对身体各部位形态的基本训练，可进一步改变身体形态的原始状态，提高形体动作的灵活性和优美性，增强站姿、坐姿、走姿的规范化和美感。

一、身体基本姿态

（一）站立姿势

动作要领：两腿伸直并拢，脚尖外开约45°，挺胸，立腰，收腹，收臀，沉肩，稍抬头，目视前方。

练习要求：

(1) 初学时，一定要按照动作的要求，特别是髋要正，不能前倾或后倒。

(2) 不能端肩，要体会收腹、立腰、夹臀和两腿肌肉收紧的用力方法。

（二）坐姿

1. 高坐姿

动作要领：臀部坐在椅子的中后部，两腿并拢或交叉，上体保证端正的姿态，立腰，挺胸，提气，肩部放松，两臂自然下垂，两手放在两膝上。

练习要求：入坐时轻松自如，入坐后立腰，挺胸，收腹，双膝紧靠，脚尖向外。

2. 低坐姿

(1) 屈腿坐姿

动作要领：两腿并拢屈膝，两脚全脚掌着地，上体挺直，肩部放松，两手自然扶膝或抱膝。

练习要求：动作要端庄大方、自然舒适。

（2）盘腿坐姿

动作要领：两腿屈膝交叉盘腿坐，上体挺直，肩部放松，两手自然扶膝。

练习要求：上体立直，挺胸，立腰，收腹，颈部直立，抬头稍收下巴。

（3）跪坐姿

动作要领：两腿并拢屈膝跪地，臀部坐在小腿上或地上，肩部放松，两臂自然下垂，两手扶膝或随意摆放。

练习要求：上体立直，挺胸，立腰，收腹，颈部直立，侧坐时不松胯，上体始终保持直立。

（三）走姿

动作要领：上体保持站立姿势，左脚向前一步，由脚跟过渡到前脚掌着地，重心随之前移，右脚向前一步，两脚交替进行，重心平稳，两臂协调用力。

练习要求：

（1）髋要正，不能前倾或后倒，重心平稳。

（2）两臂自然下垂，前后摆动协调，膝盖正对前方，脚尖稍向外，两脚跟几乎在一直线上。

二、头部基本姿态

头部是人体中最引人注意、最富有表现力的部位，每一种头部姿态的变化都伴随着一种神态和体态美的展示。练习者通过头部姿态的练习，可以逐渐提高人体艺术性的表现力。

头部练习的预备姿势：八字步站立，两手叉腰，目视前方。

（一）头部的前、后屈

动作要领：

（1）头部前屈（低头），接着还原。

（2）头部后屈（抬头），接着还原。

练习要求：

（1）头颈部自然放松，前后屈幅度大，使颈部前后肌肉充分伸展。

（2）前屈时，下巴尽量靠胸；后屈时，后脑勺尽量触背。

（二）头部的左、右屈

动作要领：

（1）头向左侧屈，耳部对准左肩，还原。

（2）头向右侧屈，耳部对准右肩，还原。

练习要求：

（1）头颈部自然放松，左右屈幅度大，使颈部两侧肌肉充分伸展。

（2）向左侧屈时，左耳向左肩靠；向右侧屈时，右耳向右肩靠，肩下沉。

（三）头部的左、右转

动作要领：

（1）头颈向左转90°，接着还原。

（2）头颈向右转90°，接着还原。

练习要求：

（1）颈部保持直立，头部转动时要正，不要前屈或后仰。

（2）头部转动时，颈部对抗肌要相对放松。

（四）头部的转与屈

动作要领：

（1）左转头45°的同时抬头，然后还原。

（2）右转头45°的同时低头，然后还原。

（3）左转头45°的同时抬头，然后还原。

（4）右转头45°的同时低头，然后还原。

练习要求：转屈时，颈部要梗直，动作缓慢而匀速。

（五）头部的绕与绕环

动作要领：

（1）头从左侧屈，经前屈绕至右侧屈，换反方向做。

（2）头从左屈开始，经前屈、右屈、后屈绕环360°，换反方向做。

练习要求：

（1）头颈部自然放松，颈部肌肉充分伸展，幅度大，肩部下沉。

（2）动作连贯，用力舒缓，上体保持挺立。

三、上肢基本姿态

上肢是指手臂，手臂的线条优美与否在很大程度上取决于手的形状，它赋予整个手臂以生命。优美的手臂姿态可以给人以艺术美的享受。

（一）手型

动作要领：五指自然伸展，稍靠拢，拇指与中指相对稍向里合。

练习要求：手指放松伸展，不要过分紧张用力。

（二）芭蕾手臂的基本部位

动作要领：

一位：两臂弧形下垂于体前，稍抬肘，两手间距约一拳，手指相对。

二位：两臂弧形前举于胸前，稍低于肩，掌心相对。

三位：两臂弧形上举（稍偏前），手指相对。

四位：一臂弧形上举，一臂弧形前举。

五位：一臂弧形上举，一臂弧形侧举。

六位：一臂弧形前举，一臂弧形侧举。

七位：两臂弧形侧举，稍低于肩，掌心向前下方。

练习要求：

（1）在练习七个手位时，注意两臂始终保持弧形。

（2）肩要下沉，肘关节和腕关节不能下垂。

（3）注意站立的正确姿势。

（三）常用手臂的基本部位

动作要领：

两臂同方向举：如侧上举、前上举、后下举等，掌心可向上（下）、前（后）、内（外）。

两臂不同方向举：如一臂前上举，另一臂前举；一臂前上举，另一臂后下举；一臂前下举，另一臂后上举。

练习要求：手臂充分伸直，肩放松。

四、下肢基本姿态

（一）腿形

大腿外旋，开髋，脚踝外展，膝和脚面绷直，简称"开""绷""直"。

（二）芭蕾脚的基本部位

动作要领：

一位：两脚跟靠拢，脚尖向两侧，两脚成一横线。

二位：两脚跟相隔约一脚，脚尖向两侧，两脚成一横线。

三位：两脚跟前后平行，脚向两侧，相靠于两脚的中部。

四位：两脚前后完全平行，中间相距约一脚，脚尖向两侧。

五位：两脚前后完全平行重叠在一起，脚尖向两侧。

练习要求：

（1）初学时可先扶把杆练习，然后离开把杆进行练习。

（2）注意两腿外开的练习（即髋关节外旋），初学时不能勉强180°外开，可由100°开始，逐渐加大。

（3）在练习脚位时，必须注意站立的基本姿势。

（三）常用脚的基本部位

动作要领：

正步：两脚并拢，脚尖向前。

八字步：两脚跟靠拢，两脚尖向斜前方分开，成八字形。

丁字步：两足尖各向斜前方，前足跟靠于后足踝处，成丁字形。

练习要求：注意保持正确的站立姿势。

第四节　把杆训练

把杆训练是指借助扶持把杆进行下肢基本动作的训练,是一种辅助身体形态练习的重要手段。通过把杆练习,使练习者掌握身体形态的控制能力、基本姿态、身体重心、转体的稳定性,建立准确的肌肉用力感觉,增强腰、腿部力量、柔韧性、灵敏性和协调性,为中间基本姿态和基本动作的练习打下良好的基础。

一、擦地

动作要领:以脚尖带动脚掌向前、侧、后擦出,整条腿伸直外开,然后以足尖带动脚掌收回,脚尖始终不离地。

练习要求:

(1) 身体始终保持正确的站立姿势。

(2) 可以结合左右、前后移重心做。

二、小踢腿

动作要领:动力腿用脚尖经擦地猛力向前、侧、后方向踢出25°或45°,然后突然停住。

练习要求:

(1) 上体要正直,腿要伸直。

(2) 侧踢出时,擦地绷脚踢出,髋外旋(不能内转),膝向外;收回时,擦地收回。

(3) 身体重心在支撑腿上,上体不能向左右、前后倾斜。

(4) 在面对扶把做的基础上,可单手扶把练习。

三、大踢腿

动作要领:在小踢腿基础上,尽量快速有力向前上、侧上、后上踢起,踢的高度要在90°以上。

练习要求:

(1) 身体保持正直,支撑腿和动力腿都要伸直。

(2) 踢腿时,要快速有力;落地时,要有力控制,经点地收回。

(3) 髋要正,不要前送或后坐;腹部肌肉收紧;双肩下沉,控制不动。

四、蹲

动作要领:

半蹲:大腿和膝、踝向外开,蹲时脚跟不离地,半蹲到最大限度为止。起立时,慢慢站起到腿部完全伸直。

全蹲:大腿和膝、踝向外开,蹲至半蹲继续下蹲至全蹲,逐渐起踵至臀部接近脚跟时为全蹲。起立时,脚跟往下压,腹部和臀部肌肉要有力控制,再慢慢起立至腿部完全伸直。

练习要求:

(1)下蹲时,上体正直,重心始终保持在两腿上。

(2)大腿和膝盖对准两脚尖,腿部和臀部肌肉收紧。

(3)下蹲和起立时,要有一种对抗力的感觉。

(4)先做双手扶把练习,再做单手扶把练习。

第五节　基本动作训练

通过各种基本动作练习,掌握基本动作的正确方法,使人体的肌肉得到全面发展,有效改善关节的灵活性,培养身体动作的协调性、节奏感和表现力,以及动作姿势的优美性,增强控制身体平衡的能力,促进体态美的形成。

一、手臂基本动作的训练

手臂动作是肢体语言的重要组成部分。手臂在形体训练中是一个非常重要的部位,它永远积极地参与舞蹈,并担负着美化造型、体态的艺术性功能。

(一)手臂的摆动和绕环

动作要领:

摆动:是指以肩关节为轴,由上臂带动肘、腕、掌、指在各种面上完成钟摆动作。

绕环:是指移动范围在360°以内的弧形动作,包括以肩为轴的大绕环、以肘为轴的中绕环和以手腕为轴的小绕环。

练习要求:

(1)练习摆动时,先单臂,再双臂同时,然后两臂依次。

(2)做大绕环时,肩应放松,臂自然伸直,并向远伸;做中绕环时,肘关节放松,上臂固定;做小绕环时,腕关节放松,肘关节相对固定。做各种同方向、不同方向、同时或依次的绕环。

(二)手臂波浪

动作要领:从肩关节开始,由上臂带动肘、腕、掌、指各关节依次做柔和、连贯的弯屈和伸展动作,形成波浪。

练习要求:

(1)动作应做得柔和圆滑,而且波浪一直做到手指尖有伸长的感觉。

（2）先练单臂或双臂的波浪，再做两臂依次的波浪练习。

（3）动作熟练后，可配合其他动作加大波浪练习。

二、躯干基本动作的训练

躯干是身体的主体，其关键部位是腰，它是身体上、下肢连接的枢纽，是躯干中最为灵活的部位。身体的各种曲线美所产生的各种富有艺术魅力的体态都是运用腰部动作体现的。通过训练，能增强胸、腰、髋的柔韧性、灵活性以及控制能力，还可以改善躯干的曲线美。

（一）躯干的弯屈

动作要领：

（1）上体前屈：八字步立，两臂侧举，两腿伸直，然后腰、胸、肩、头依次前屈，胸部紧贴两腿，两手抱小腿。

（2）上体后屈：两脚开立，两臂上举，然后头、肩、胸、腰依次向后弯屈。

（3）上体侧屈：两脚开立，重心在两腿上，两臂上举，上体最大限度向左（右）伸展弯屈，使肩膀与腿在一个平面上，梗头。

练习要求：

做动作时，下肢相对固定，躯干充分伸展弯屈，幅度大，方向正。

（二）躯干的摆动

动作要领：

（1）前后摆动：两脚开立，两臂侧举，以腰为轴，上体前屈摆动一次，接着后仰摆动一次，掌心向上。

（2）左右摆动：两脚开立，两臂左侧举，以腰为轴，上体向右经体前屈摆至右侧并还原直立，两臂随上体摆至右侧举，然后反方向做一次。

练习要求：

（1）两腿伸直，利用上体的重力作用做前后、左右的摆动。

（2）上体放松，动作协调、连贯，摆动幅度大。

（三）躯干的绕环

动作要领：两脚开立伸直，两臂左侧举，上体经左前、向右、向后、向左后再至体前做屈体最大限度的绕环一周，然后反方向做一次。

练习要求：

（1）绕环时，要连续不断并在同一平面；后屈时，抬头，肩部放松。

（2）绕环速度均匀，幅度充分。

（四）身体波浪

身体波浪是由踝、膝、髋、腰、胸、颈的依次弯屈和伸展形成的柔软、圆润、富有弹性的多曲线的身体动作。

1. 全身向前波浪

动作要领：由半蹲、上体前屈、低头含胸、两臂上举开始，依次向前上方挺髋、伸腰、挺胸、抬头，两腿伸直，起踵站立，同时两臂向下经体侧绕至侧上举。

练习要求：

(1) 膝、髋、腰、胸依次向前移。

(2) 先扶把杆做，然后离开把杆进行练习。

2. 全身向后波浪

动作要领：由站立、两臂上举开始，依次塌腰、挺胸、抬头，上体前屈，使背部成凹形。接着，膝、髋、腰、胸、颈各关节由下至上依次弯屈至含胸低头，背部成弓形，同时两臂向后经体侧绕至前上举，两腿伸直起踵站立，上体抬起。

练习要求：

(1) 动作柔和、连贯、幅度大。

(2) 动作熟练后，可离开把杆进行练习。

3. 身体侧波浪

动作要领：由右(左)脚站立、左(右)脚侧点地、上体左(右)侧屈、两臂右(左)侧上举开始，右(左)腿屈膝，经两腿弯屈，向左(右)侧移重心，同时膝、髋、腰、胸、颈依次向左(右)侧上方挺伸，成左(右)脚站立，右(左)脚侧点地，两臂向下经体前依次弧形摆至左(右)侧上举，上体右(左)侧屈。

练习要求：

(1) 动作圆滑、柔和、幅度大，身体参加动作的各关节依次向侧伸展。

(2) 初学时，可先双手扶把练习。

三、下肢基本动作的训练

练习者通过下肢基本动作的训练，可以增强腿部的力量和控制能力，提高下肢动作的协调性、柔韧性、灵活性和腿部线条的优美性，使身体形态更加规范、优美。

(一) 腿部的弹动

动作要领：两腿由髋、膝、踝同时弯屈至半蹲，两臂下落至体侧，接着髋、膝、踝向上伸展至两腿伸直，同时两臂向前摆至前举；两腿再继续屈、伸一次，同时两臂经前下摆至侧举。

练习要求：

(1) 两腿各关节要同时屈、伸，上体不能前倾后仰。

(2) 腿的屈、伸要柔和、连贯、有弹性、有节奏。

(二) 移重心

动作要领：由右脚站立、左脚左侧点地开始，屈右腿，重心左移，经二位半蹲，重心继续向左移至左脚,或左脚支撑,右脚侧点地。

练习要求:

(1) 动作连贯,重心移动明显。

(2) 先双手扶把杆练习左右移重心,单手扶把杆练习前后移重心,再离开把杆双手叉腰练习移重心,然后加手臂的摆动进行练习。

四、基本步伐和舞步的训练

步伐是人体最自然、最频繁的动态姿势,在日常生活中更具有节奏感和流动感。行走姿态的好坏直接反映出一个人的健康状况、文化修养和气质。通过基本步伐和舞步的训练,可以增强练习者腰、背、胸、腿、手臂的力量和控制能力,培养其协调性、节奏感和表现力,进一步改进人体原始的自然行走状态,使行走的姿态更规范、更优美而有风度。

(一) 柔软步

动作要领:由自然站立、两手叉腰开始,右腿直膝外开,脚面绷直,向前下方伸出,由脚尖柔软地过渡到全脚掌着地,重心随之前移。接着,换左脚向前下方伸出,两腿交替进行。

练习要求:

(1) 头部和上体保持正直,收腹,立腰,眼平视。

(2) 开始练习时可叉腰做,在动作准确的基础上,再配合手臂动作进行练习。

(二) 足尖步

动作要领:由起踵站立、两手叉腰开始,左腿直膝外开,脚面绷直,向前下方伸出,由脚尖过渡到前脚掌着地,重心随之前移,两腿交替进行。

练习要求:

(1) 收腹,立腰,眼平视,脚跟尽量提起,先可扶把杆进行练习。

(2) 步幅不宜过大,重心平移。

(3) 在动作准确的基础上,加上手臂动作进行练习。

(三) 弹簧步

动作要领:由两脚起踵立、两臂自然下垂开始,第一拍,右腿直膝外开,脚面绷直,向前一步,由前脚掌柔和而有控制地过渡到全脚掌落地,随之稍屈膝,右腿在后自然弯屈;第二拍,右腿膝、踝关节依次伸直起踵,同时左腿直膝,蹦脚面向前下方伸出。

练习要求:

(1) 动作柔和、连贯、富有弹性。

(2) 可先单手扶把杆做,步幅不宜过大。

（四）变换步

动作要领：普通变换步，由自然站立、两臂侧平举开始，第一拍，右脚向前做一次柔软步，接着左脚向右脚并步，同时两臂下垂落至一位；第二拍，右脚再向前做一次柔软步，重心前移至右脚站立，左腿直膝外旋蹦脚面，后点地，同时左臂前举，右臂侧举。

练习要求：

（1）开始练习时，两手叉腰，做脚步动作。

（2）配合手臂练习，注意动作要柔和、协调，上体正直，挺胸，收腹，立腰。

（3）在正确完成普通变换步以后，还可练习变换步前（后）举腿、半蹲变换步、转体变换步。

（五）华尔兹

动作要领：普通华尔兹，由两臂侧举、起踵立开始，第一拍，右脚向前柔软步，落地稍屈膝，重心随之前移；第二、三拍，左脚开始向前做两次足尖步。与三拍动作同时手臂做波浪一次。接着，换左脚做同样动作。

练习要求：

（1）必须采用3/4节拍的音乐练习。

（2）一动作第一步稍有起伏，即落地后稍屈膝，后两拍应走得柔和些。当左脚开始向前做时，身体稍向左侧，即重心随腿移动。

（3）可双手叉腰做脚步动作，然后加手臂动作进行练习，注意动作要柔和、协调。

（4）该动作掌握后，还可以做向侧华尔兹、向后华尔兹，也可以向左、右侧做，但是必须要有稍微屈膝的动作。

（六）踏跳

动作要领：由自然站立、两臂侧平举开始，右脚上步，经屈膝蹬地跳起，左腿后举，两臂经一位摆至六位，然后右脚落地，屈膝缓冲。

练习要求：

（1）跳起重心向上，上体保持正直。

（2）可先双手叉腰做脚步动作，然后加手臂动作进行练习。

（七）并步跳（卡洛泼步）

动作要领：由起踵立、两臂侧举开始，第一拍，右脚向前一大步，重心随之前移，经弓步，迅速蹬地跳起，同时左腿在空中与右腿并拢伸直成三位；第二拍，左脚落地，右脚向前一大步，继续进行。

练习要求：

（1）可先叉腰或两臂侧平举部位做，注意重心始终向前进的方向移动，哪个腿先出步，重心就移到哪个腿上，要有腾空。

（2）除向前做以外，还可以后退做和向左、右侧做，但是必须要有稍屈膝的动作。

（八）向前屈膝交换腿跳

动作要领：由自然站立、两臂侧平举开始，左脚向前一步，右腿屈膝向前上方摆起，左脚蹬地跳起后，迅速屈膝向前上方摆起，在空中与右腿做一次上下交换，接着右脚和左脚依次落地，两臂经一位、二位摆至三位，落地时还原至侧举。

练习要求：

（1）先扶把杆做交换腿的练习，体会和掌握空中两腿交换的动作。

（2）腿向上踢摆时，注意重心向上升，上体不能前倾和后倾；蹬地跳起时，应有力，落地要轻。

（3）手臂动作要配合协调，帮助身体向上腾空，使两腿有充分的时间进行交换。

（九）变身跳

动作要领：由自然站立、两臂平举开始，左脚向前一步，稍屈膝，右脚向前上方踢腿摆起，同时左脚蹬地跳起，双臂经下摆至上举，空中向左转体180°，此时前踢的右腿变成后举，双臂落下成侧平举。

练习要求：

（1）先扶把杆做前摆转体180°练习。

（2）起跳的脚蹬地要有力，尽量向上跳起，把重心升高。

（3）转体时，注意摆腿至最高点时，用足尖和髋的力量转身，不要过早转体；转体后，后腿不要掉，两腿尽量分开，要用后背肌肉有力地控制腿的后举。

五、转体动作的训练

通过转体动作的训练，可以培养练习者在转动的过程中身体形态的控制能力和身体重心的稳定性，建立准确的肌肉用力感觉，使练习者的姿态更挺拔优美。

（一）交叉转体360°

动作要领：由自然站立、两臂侧举开始，右脚向左脚外侧交叉一小步，同时两脚起踵向左转体360°，两臂摆至三位。

练习要求：转体时，收腹，立腰，起踵高，两腿夹紧，两臂配合协调。

（二）单腿屈膝前举，转体180°

动作要领：由自然站立、两臂侧举开始，左脚向前一步，重心移至左腿，经稍屈膝起踵向左转180°，同时右腿由侧向左前摆至屈膝前举姿势，两臂上举。

练习要求：左脚起踵，身体正直，身体重心向上升，摆腿要快，主力腿要稳。

第十二章　健身健美操

第一节　概　　述

健美操是在人类社会发展的进程中，随着现代科技的飞速发展，人们生活节奏的日益加快，生活水平的不断提高，追求健美体魄而逐步发展起来的，并成为提高生活质量的一个标志。近几年来，特别是随着我国“全民健身计划”的全面实施，城乡各地的男女老少都积极投身到各式各样的体育健身活动中来。健美操尤其生机无限，它简便、优美、愉悦而有效，给练习者带来健康和快乐，为人们美好的生活和充沛的精力提供源源不断的动力。

近几十年来，健美操已经风靡世界。早在 19 世纪，欧洲一些国家开始出现了身体活动和音乐伴奏相结合的韵律体操，并开办培养音乐体操教师的学校，将音乐体操作为体育教育的手段逐步传播。20 世纪 80 年代初，美欧一些国家的健美操被迅速推广，电视节目中健美操形成“热点”，学校的体育教学大纲也将此列入其中。英国在 1956 年就建立了大不列颠健美操协会。该协会通过举办健美操教师训练班，向学员讲授解剖学、人体造型学、教学法以及大量的体操和舞蹈动作，为健美操的广泛发展奠定了基础。美国在 60 年代兴起了一种健身舞，把徒手操和有扭动动作的现代舞结合起来，在节奏强烈、情绪欢乐的摇滚乐伴奏下，做发展身体各部位的动作。据报道，美国跳健美操的人数超过一千八百万，几乎与打网球的人数不相上下。从 1985 年开始，美国还多次举行全国性的健美操比赛，使健美操发展到了竞技性阶段。目前，美国健美操运动处在世界领先地位。法国在美国之后也开始盛行健美操运动，应运而生的健美操中心遍布全国各地，仅在巴黎就有一千多个。据报道，法国目前做健美操的人数已超过法国体操联合会的人数，达到四百多万人。在日本、菲律宾、新加坡等亚洲国家以及我国香港地区，健美操也很流行，包括徒手健美操、艺术杂耍、韵律健美操、健身操、爵士健美操、迪斯科健美操等，形式多种多样。

现代健美操在我国发展的历史并不长，发展速度却非常快。早在 1937 年，就由康健书局出版了马约翰等人所著的《女子健美体操集》一书。书中以“貌美与体美”“妇女健康的运动”“中年妇女的美容操”“增加内体美的五分钟美容操”“女子健康柔韧操”五个标题，阐述了人体美的价值、重要性和要求，介绍了徒手操的动作，其内容与现代女子健美操有诸多相似之处。随后，康健书局又出版了《男子健美操集》。这两本书以“增美之奇方”在我国流传。现代健美操在我国的兴起和流行是 70 年代以后的事。自 1979 年以来,我国在北京、上海、广州等地相继举办了各种健美操班,其中有的以芭蕾舞基本动作为主,有的以现代舞动作为主,并结合我国具体情况创编了多种多样的徒手健美操、健美球操、棍操等。1985 年,北京体育学院成立了健美操研究组,开设了健美操选修课。全国其他一些大、中、小学甚至幼儿园,也在体育课中增加了健美操的内容。1985 年 4 月,在广州举行了我国第一次女子健美操邀请赛。同年 7 月,在北京举行了首届“康康杯”儿童健美操比赛。1987 年 5 月,在北京举行了首届“长城杯”健美操友好邀请赛,第一次把健美操列为正式比赛项目。1989 年 5 月,国家体委(现国家体育总局)批准中国健美操协会在北京成立,这标志着我国健美操运动进入了一个有序发展、科学指导的新阶段。随后,健美操运动在全国风风火火地开展起来,先是在北京、上海、广州等地举办训练班,一些体育院系也将此列入体操教学大纲,为其推广普及培养了大批骨干。此后,广州、天津、北京、南京等大城市相继举行全国性健美操比赛。健美操项目由少到多,内容不断充实,形式逐步完善,参与者的层次自然地进行分流,向国际接轨,逐步形成了竞技型和大众型两大类运动架构。竞技型健美操水平提高很快,新人辈出,为我国健美操运动的发展打下了坚实的基础。

近年来,我国的报刊、杂志、电台、电视等纷纷介绍各种健美操和各类健美操比赛,促进了健美操在我国的普遍发展。总之,健美操正沿着健身和竞技的方向迅速发展,并以其独特的魅力吸引着越来越多的人参加这项运动。健美操运动作为一项具有极高健身价值的美的运动,必然会随着人们物质生活水平的不断提高而在世界各地更加广泛地开展起来,为健美人类作出贡献。

一、健美操的概念

健美操是根据练习者的生理和心理特点,按照健美锻炼的要求,把体操和舞蹈以及其他健美锻炼项目中的一些动作组编成操,在音乐伴奏下进行练习,以达到增进健康、培养正确的体态、塑造美的形体、陶冶美的情操的一种群众性健美锻炼的手段。关于健美操的归属,目前尚存在着分歧,归纳起来主要有两种:

(1) 健美操是体操运动体系的一个分支,是体操中基本体操内容的发展,同时吸收一些舞蹈中的简单动作。

(2) 健美操是健美体育的一个分支,其内容是多种项目的内容按照健美锻炼的要求进行的有机结合。健美操的“操”既不是广义的身体操练的含义,又不是狭义的体操概念,而是具有针对性、全面性、对称性、节奏性和重复性特点的一种运动形式。健美操虽然与体育有十分密切的联系,但是从其内容和特点上看,均已超出了体操的范畴,应归属于健美体操。

健美操的作用主要包括:

（1）促进身体的正常发育，增强肌肉韧带和内脏器官的功能，发展身体的柔韧、协调等基本素质，增进健康，增强体质。

（2）培养正确的身体姿势，矫正不良的身体姿势。

（3）协调发展人体各部位的肌肉群，使人体匀称、和谐地发展，塑造美的形体。

（4）培养正确的审美观念，形成良好的风度、性格和品德，陶冶美的情操。

二、健美操的特点

健美操是在音乐伴奏下，以操化动作的方式，融入体操、舞蹈、武术等内容，组成单个动作、成套动作，通过参与者的身体练习，达到健身效果，追求完美体形的一项新颖运动项目。其特点大致可归纳为以下几个方面：

1. 锻炼的目的性

健美操的目的是在健身的基础上，把形体美、姿态美、动作美和精神美有机结合起来，既注重外在美的训练，又强调内在美的培养。这种健与美的统一，是健美操本质特征的表现，也是健美操区别于其他健身操、卫生操的重要标志。

2. 编操的针对性和科学性

健美操的编操是以练习对象的性别、年龄、职业、身体状况等具体情况为依据，以人体生理学、人体解剖学、营养学、心理学、人体造型学、体育美学等多学科科学理论为指导进行的。每套操的动作结构、数量、顺序、时间、身体各关节的作用、形体、心率、氧代谢等诸多因素，都经过科学的测定和分析，因而具有明确的针对性和严密的科学性。

3. 动作的整体性

健美操的动作来源于体操中的徒手动作和队列队形，以及舞蹈中的现代舞、古典芭蕾和民族民间舞的基本动作等。但是，这些动作已不再是单纯的体操和舞蹈动作，而是按照健美操的特点，经过再创造所形成的健美操的特有动作，具有讲求实效、简单易行、造型美观、活泼多变、富有弹性、小关节和对称活动多等特点。这些动作通过科学有序的排列组合和重复，成为具有特定功能的动作整体。

4. 音乐的和谐性

音乐与健美操有着十分密切的关系，是健美操不可缺少的内容。它与动作协调一致，具有鲜明的节奏，能够产生振奋人心的效果，使练习者进入意境，充分发挥自己的想象力，达到调节情绪、消除疲劳、陶冶情操的目的。

三、健美操的分类

健美操是体育中的一个综合性边缘学科。随着健美操运动的不断发展，出现了种类繁多的类型。为了便于区分和运用,有必要对这些健美操进行合理的分类。目前,常用的健美操分类依据主要包括目的、性别、年龄、练习方式、人体解剖结构、参加人数等。参照这些依据,本文对健美操采用如下分类:

(1)依据目的,分为健身性健美操和竞技性健美操;

(2)依据性别,分为女子健美操和男子健美操;

(3)依据年龄,分为老年健美操、中年健美操、青年健美操、幼儿健美操;

(4)依据练习方式,分为徒手健美操和持轻器械或专门器械的健美操,例如健美球操;

(5)依据人体解剖结构,分为颈部健美操、腹部健美操、腿部健美操等;

(6)依据参加人数,分为个人健美操和集体健美操。

在创编某种健美操的过程中,应根据上述主要特征确定其分类位置并予以命名。对于一些采用某人名或某事物名称命名的健美操,如简·方达健美操,迪斯科健美操、健身操等,应按照上述依据进行分类。

四、创编健美操的基本原则

要创建一套理想的健美操,使之符合健美锻炼和比赛要求,就必须掌握创编健美操的基本原则和程序,同时对健美操发展的现状有清楚的认识。创编整套健美操的基本原则主要包括:

1. 明确的目的性

健美操总的目的是增进健康,培养正确的体态,塑造美的形体,陶冶美的情操。从事健美操锻炼的对象男女老少都有,其身体状况、兴趣爱好、锻炼条件、锻炼目的各不相同。例如,有些人做操侧重于形体训练,有些人是为了增强身体素质或实现身体某部位的健美。因此,具体到某一套健美操,其具体任务也会有所不同。所以,在创编任何一套健美操时,都应进行认真的调查研究,针对不同对象的不同生理和心理特点以及客观可能具备的条件,提出明确的具体任务。

2. 鲜明的针对性

各种形式的健美操是根据练习者的不同年龄、性别、职业、能力、爱好、身体情况,以及发展或改善身体某部分的需要编制的,具有很强的针对性。创编任何一套健美操时,都要进行认真的调查研究,针对不同对象的不同生理和心理特点以及时间、场地、器材条件,提出的任务应与练习对象的要求相一致。

创编儿童健美操,应具有游戏性质,能给儿童带来愉快和欢乐,在设计和选择动作时,应选择一些自然活泼、轻松愉快、造型美观、易于模仿的动作。

创编青年健美操,应多选择刚劲有力、健美大方、富有朝气、积极快速、振幅较大、结合舞蹈动作现代特点突出、有明显锻炼价值的动作。

创编老年人健美操,应选择简单易学、幅度较小、速度稍慢、具有牵拉性质的摆动动作和弹动动作。

创编竞技健美操,除应符合一般健美操编排原则外,还必须符合健美操竞赛规则的要求(难度和难度数量、时间、场地等要求)。成套动作要在时间短、节奏快、动作多、变化多和强度大的情况下完成。因此,具有一定身体训练水平的人才易于接受。

3. 全面性

全面发展身体是指全面发展身体各个部位和各个器官系统的机能,以实现健美操的总目的。人体美的最本质表现就是健康,健康是人体美的基础。因此,在创编健美操时,必须坚持全面发展身体的原则。

坚持全面发展身体原则,首先,应根据人体解剖学的特征,选编能够锻炼身体各部位的动作。其次,应根据做操对象的具体情况和要求,选编诸如有利于增强肌肉力量、关节灵活性、身体韧性等不同方向、幅度、频率、速度、节奏的动作。动作的方向不同,所影响的肌肉群不同;动作的幅度不同,所需要的运动量不同;动作的频率和速度不同,则直接影响肌肉的负担量。恰当运用动作的诸要素,有利于全面发展身体。最后,为使内脏各个器官系统得到充分的锻炼,应选编一些能加深呼吸、增强心血管机能的跳跃动作。为了检查整套健美操对身体各部分的实际锻炼效果,可以通过对全套动作中身体各关节次数的统计进行分析,并根据分析情况及时进行调整和删补。

4. 合理的动作设计、动作顺序和运动量

健美操的动作设计应从整套健美操的具体任务出发,紧紧围绕总体构思,精心设计,避免东拼西凑。同时,应力求动作简单易学,讲求实效,使其符合人体艺术造型的规律和人体生理特征,不应一味追求形式的美。

健美操的动作顺序与健美操的结构是相适应的,可依次分为准备动作、主体动作(基本动作)和结束动作。准备动作中应包括脊柱伸展、呼吸等练习。主体动作中一般采用从头颈、上肢、肩、胸、躯干、髋到下肢的练习,最后过渡到多关节、多部位的全身运动和跳跃运动。结束动作中应有意安排幅度大、速度慢的放松动作。

健美操的运动量安排应符合人体运动的生理曲线要求,使心率的变化由低到高,出现最高峰后,再逐渐恢复到平静状态。健美操的成套动作是由若干节构成的,每节动作侧重于锻炼身体的某一部位。由于每节动作的幅度、速度、强度各不相同,其运动量亦不相同。因此,应通过心率变化的测定确定各节之间的连接顺序,使整套动作符合上述生理曲线的要求。测定心率变化的方法是在每节动作完成后,测一次心率,标出心率变化曲线。

日本神户女子大学外园一仁教授对健美操的运动强度与健身作用的关系进

行了比较详细的研究。他把同年龄组运动最高心率和实际运动中的心率进行比较，划分出三个区域：

表　12-1

心脏负荷	20至24岁	25至29岁	30至34岁	35至39岁	40至44岁	45至49岁	50至54岁	55至59岁	60至64岁	65至69岁	70至74岁	75至79岁	80岁以上	强度分区
100%	205	200	195	190	185	180	175	170	165	160	155	150	145	强化训练区
90%	185	180	175	170	165	160	155	150	145	140	135	130	125	
80%	170	165	160	155	150	145	140	135	130	125	120	115	110	健身指标区
70%	155	145	145	140	135	130	125	120	115	110	105			
60%	143	135	135	130	125	120	115	110	108	105	103	100	98	
50%	133	130	125	120	115	110	108	105	103	100	98	95	93	消遣活动区
40%	125	120	115	110	108	105	103	100	98	95	93	90	88	
30%	113	110	108	105	103	100	98	95	93	90	88	85	83	

当运动者的平均心率达到同年龄组最高平均心率的80%以上时，为强化训练区，该区运动强度大，对身体影响强烈，是具有一定训练水平的人提高素质的有效训练区。当心率数值为60%—80%之间时，为健身指标区，该区内指数越高，对身体的影响就越大，锻炼效果就越显著。当心率数值为60%以下时，为消遣活动区，该区的运动强度只起到一般活动的作用。

这种测定运动强度和健身作用的方法对创编健美操具有一定的参考价值。

5. 动作与音乐的统一性

音乐与健美操有着十分密切的联系。音乐不仅能够培养练习者的节奏感和动作的协调性，而且也是激发练习者情绪、启发和帮助练习者更有效地进行训练的一种手段。

健美操的配乐方法一般有三种：一是先编动作，后选乐曲；二是先选乐曲，后编动作；三是先编动作，后创编乐曲。这三种方法需根据具体情况和条件选择，总的目的都是使动作和音乐配合默契、和谐，显示出独特的风格。

健美操的创编步骤可以概括为：

（1）明确编操对象和编操目的。

（2）调查做操人的具体情况和拟订编操方案。调查内容应包括做操人的年龄、性别、身体状况、场地器材条件等。编操方案应包括操的名称、任务、特点、形式，动作的难易程度，节数及顺序，运动量的大小，对身体各部位的影响，对动作的数量和重复次数进行适当的调整。

6. 合理安排动作顺序

测定整套操的运动量，编排运动量曲线图，对运动量进行分析和调整。

成套健美操的编排结构可分为三部分：

第一部分为准备动作。一般先从远离心脏的部位开始，如踏步、进行脊柱的伸展、加深呼吸等，或从头颈活动开始，再进入主体部位的活动。这部分要求动作柔和、速度缓慢，为完成整套动作作好身体和精神上的准备。

第二部分为基本动作。一般先从头颈或上肢动作开始，再进行肩、胸、腰、髋、下肢和多关节部位的全身运动和跳跃运动。

第三部分为结束部分。一般应选择一些幅度不大、速度缓慢、轻松自如的放松四肢和躯干的练习，使身体和脉搏尽快恢复到正常状态。

每套动作由若干大节构成，每一大节侧重发展某一部位的任务，可从各个不同的角度影响某一部位，使某个部位得到充分、全面的锻炼。

7. 动作设计的创造性

健美操动作内容极其丰富多彩，动作素材来源于生活，从社会实践中获得的动作，经过精心的加工，可创造出多种多样的、新颖的、优美的、符合时代特点的动作。健美操动作要不断地创新，才能保持其旺盛的生命力，动作的设计要力求新颖、独特。

设计动作时，要根据健美操的特点，将体操和舞蹈动作结合起来再创造，所设计的动作必须突出“操”的特点。现代健美操的每节动作多以组合的形式出现，同时突出某个主要部位的活动。例如，做肩部提、绕、绕环、转动动作，同时配合下肢的屈伸和髋部扭动动作。另外，可将一些动作素材通过改变开始姿势、动作方向、幅度、速度、节奏、路线等方法以及结合具体对象，创造出结构合理、实效性强的新颖、优美的动作。成套动作中，动作之间的衔接也要有创造性，要协调、巧妙，给人以流畅、新颖的感觉。

8. 记写成套动作

编操之后，需把每节操的图解和文字说明写下来，记写的内容和顺序如下：

（1）记写每节动作的名称和动作的重复次数，如第一节伸展运动（2 个 8 拍）。

（2）绘制动作简图，简图包括预备姿势，每拍动作的主要姿态、动作路线和结束姿势。

（3）记写每节操的要求和做法，写出每拍动作的说明，力求简明扼要、术语正确。首先写明预备姿势，其次写明每拍动作的做法和结束姿势。记写动作时，一般是先下肢后上肢、先左边后右边，并明确指出动作的方向、路线和做法等。

（4）记写做操的注意事项。

（5）进行实验和修改。

可以选择具有代表性的对象进行实验，收集对动作、音乐、运动负荷等方面的意见进行修改。

第二节　健身健美操介绍

一、高—低强度有氧操（HI-LO）

1. 什么是高—低强度有氧操

高—低强度有氧操是传统的有氧操，它的锻炼目的是健美形体，内容以带有体操、舞蹈特点的健美操动作为主。低强度有氧操没有双脚同时跳跃的动作，上肢和躯干活动相对增加，受伤机会较少。高强度有氧操经常有跳跃动作，运动消耗更大些，对心肺功能要求也较高，下肢和脊柱容易因运动强度大而受伤。

2. 高—低强度有氧操的优缺点

高—低强度有氧操运动的优点：动作难度、运动强度可以控制，比较适合不同年龄、性别的健身者锻炼，能提高人的心肺功能，提高人体的协调和灵敏度、力量等。

高—低强度有氧操运动的缺点：如果动作变化不多，持续时间长，就会显得比较单调、枯燥。

3. 高—低强度有氧操的音乐选择

高—低强度有氧操的音乐一般选择使用比较流行的 Disco 音乐，音乐的速度选择范围较广，可在每分钟 110—160 之间。一般而言，音乐的速度加快，运动强度就会增加。

4. 高—低强度有氧操的运动强度控制

高—低强度有氧操强度控制的方法有以下几种：

（1）通过音乐的速度控制运动强度：速度快，强度增加；速度慢，强度减少。

（2）通过减少新动作频度减少强度：在新动作之间用踏步连接，减少强度。

（3）通过增加动作变化增加运动强度：如 8 拍完成 2 个动作变为 8 拍完成 4 个动作。

（4）通过增加动作幅度增加运动强度：如屈臂动作变为直臂动作等。

（5）通过增加动作力度增加运动强度：如放松的动作变为感觉有阻力的用

力动作等。

二、有氧舞蹈(Aerobic Dance)

1. 什么是有氧舞蹈

有氧舞蹈是配合音乐有节奏地舞动身体的有氧运动。有氧舞蹈一方面能消耗较多热量,另一方面能把许多舞蹈动作健美操化,通过有氧健美操的锻炼形式,反复进行组合练习。跳有氧舞蹈并不一定要去舞蹈教室,在家也能跳,可配合年龄编舞,有较大的自由性。有氧舞蹈运动还有助于各种舞蹈技艺的提高,可以增加社交等。

2. 比较流行的有氧舞蹈种类有哪些

有氧舞蹈根据不同的音乐和特点分为:Aerobic Dance、Hip-Hop、Funk、Salsa 等。

(1) Funk:是带有自由舞、黑人舞、街舞风格的有氧舞蹈,现在也时常被用来健身。

(2) Hip-Hop:是结合 Funk 和爵士舞、拉丁舞、非洲舞风格的有氧舞蹈,小动作变化较多,膝、髋、肩部在练习时往往很放松。

(3) Salsa Aerobics(萨尔萨有氧舞):是一种比较快的拉丁舞风格的有氧舞蹈,吸取了曼波舞、恰恰舞、探戈、桑巴舞等许多舞蹈的风格。

3. 有氧舞蹈锻炼什么

有氧舞蹈是通过带有舞蹈特点的健美操动作的练习,提高练习者的心肺功能、耐力、力量、爆发力、柔韧性、协调性、韵律、形体和舞蹈基本功,让练习者在锻炼中同时理解更多的舞蹈和音乐知识,提高练习者的创造、想象、表现和艺术修养等综合能力。

4. 有氧舞蹈的课程

(1) 暖身和伸展运动。

(2) 有氧舞蹈内容。

(3) 专门的腹、臀、臂、腰、髋、腿的舞蹈练习。

(4) 放松和伸展运动。

可以根据学生的具体情况开设学习课程、创编课程、表演课程等。

5. 有氧舞蹈的受伤情况

有氧舞蹈最容易受伤的部位依次为胫骨、脚、背、膝、踝,产生的原因是运动过度、脚扭伤、韧带拉伤等。

6. 发生有氧舞蹈损伤的原因

外因:服装、鞋的问题,准备活动阶段放松、伸展不充分,动作有问题。

内因:舞蹈技术掌握不够,调整不够,腿太紧,脚部没力,急于求成。

三、有氧踏板操(Step Aerobics)

1. 什么是有氧踏板操

踏板操是有氧运动的一种,通常在一块长约 90 厘米、宽约 40 厘米的专门健美操踏板及地面上进行健身运动。踏板最低高度一般为 10 厘米,高度还可以调节(一般 5 厘米为一档)。踏板高度越高,对脚的负荷越重,运动的强度就越大。

踏板操是能有效提高有氧运动水平的中高强度的有氧运动。有氧踏板操非常具有挑战性和娱乐性,能提高练习者的协调能力和全身的力量控制。通常,练习者主要在自己的踏板周围运动。高级的有氧踏板操课程中,一人可以同时使用两块踏板。

2. 有氧踏板操运动的优缺点

有氧踏板操运动的优点:增加了一或两块踏板的垫块,就增加了运动的难度、强度,动作的变化就会更丰富。此外,有氧踏板操运动更能提高人的心肺功能、协调性、灵敏性以及力量(特别是下肢力量)。

有氧踏板操运动的缺点:由于脚部的上下板动作太多,如果动作不协调、技术掌握得不好,容易造成膝盖、脚踝损伤。

3. 有氧踏板操的踏板高度选择

踏板高度选择的目的是增加运动强度。踏板高度的选择决定于练习者的健康和运动水平以及目前的踏板技术。膝关节的弯曲度通常达到 90%—60% 比较好。初学者的踏板高度应保持在 10 厘米左右。目前,踏板高度在 15—20 厘米比较普遍。

4. 如何增加踏板操的运动强度

增加运动强度的方法有几种:(1) 增加踏板的高度;(2) 加长手臂幅度;(3) 手脚同时参与练习。高强度练习一般不超过 1 分钟,通常在上板时强度大、下板时强度小,一般不适用初学者。

5. 踏板的音乐速度选择

通常,踏板的音乐速度选择在 118—122 拍/分钟。在音乐速度很快时,技术和安全一定要考虑;在音乐速度太慢时,人体的运动幅度不会很大,这样就不能有效地运动所有的肌肉。

6. 有氧踏板操运动的基本要求

(1) 身体保持正直,抬头,肩向后和向下,挺胸,腹部和臀部收紧,保持身体平衡。

(2) 不要屏气。

(3) 在学协调性的动作时,手可以先放在腰部。

(4) 动作重复不要超过 5 次。

(5) 膝盖放松,以防震和减轻背部紧张,支撑腿避免过多扭转。

(6) 手脚不要同时变化太多,低高强度要交叉进行,高强度练习不超过 1 分钟。

(7) 上板时,尽量整个脚与板中央接触,以防止板的不稳定。

(8) 上板时,小腿前倾而非身体前倾,以防止腰、跟腱受伤。

(9) 上下板,弓步练习不要超过 12 英寸,后脚跟提起。

(10) 上下板,做动作尽量不要跳跃。

(11) 下板时,脚在板旁边,先脚尖再脚跟与地面接触,使脚部得到缓冲。

(12) 在做弓步或重复踏板时,重心要在板上的前腿上。

(13) 在做较高难度的动作时,尽量不要使用加重量的哑铃等。

(14) 任何以前有膝关节问题的练习者在上有氧踏板操课前,必须进行体格检查。

此外,遇有腿部已疲劳和不协调、身体任何部位已有明显的疼痛、头晕、心跳过快等情况时,锻炼者可考虑停止运动。

四、搏击有氧操(Kickboxing Aerobics)

1. 什么是搏击有氧操

搏击有氧操是结合音乐、舞蹈、拳击、搏击等特点而形成的新型有氧健美操。搏击有氧操是有氧操运动的一大发展,它吸取了拳击运动能耗大的特点。但是,搏击有氧操又与拳击不同,前者以健身为主,后者以竞技比赛为主,更易受伤,不适合大众健身。

2. 搏击有氧操锻炼什么

搏击有氧操是对有氧操和拳击的补充。它可以提高练习者自信心、肌肉的协调性与必要的技巧和柔韧性,增强心肺功能。搏击有氧操对腰部、臀部的健美效果比其他项目更明显。

3. 什么人可以参加搏击有氧操

搏击有氧操不是一项竞技运动,男女老少都能参加。

4. 搏击有氧操课程的特点

搏击有氧操一节课的时间为 30—60 分钟,主要包括三部分内容:

(1) 准备活动(5—10 分钟):关节活动和伸展运动(音乐速度:100—135 拍/分钟)。

(2) 基本部分(20—40 分钟):搏击有氧健美操(音乐速度:120—134 拍/分钟)。

(3) 结束部分(5—10 分钟):放松运动(音乐速度:95—120 拍/分钟)。

5. 搏击有氧操锻炼的注意事项

(1) 热身时间充分且使身体得到足够的伸展,上课时腿部应每 15—20 分钟做一次伸展。

(2) 腹部、下颚收紧,两手握拳于下颚前(防御姿势),保持呼吸,不屏气。

(3) 避免和专业运动员一样进行长时间的训练,应交替进行大运动量和低运动量的练习。

(4) 做侧踢时,前扭胯、绷脚尖会使压力集中,因此膝盖应向脚尖方扭胯,以减轻膝盖压力。

(5) 膝盖不要僵直,以减轻缓冲,转身时要抬起膝盖,否则会扭伤十字韧带。

(6) 击拳时要由腰、肩部带动出拳,眼睛在完成击拳和踢腿动作前要一直注视目标。

(7) 避免在拥挤的房间里进行后踢的动作,这样很可能会踢伤别人。

(8) 避免肘部、膝盖用力过猛,避免动作过大、过猛而出现脱臼,避免扭转动作。

(9) 若发生腿部疲劳、局部出现痛状而感到不适和眩晕、心率过快等情况,可停止练习。

五、水中有氧操(Aquatic Aerobics)

1. 什么是水中有氧操

水中有氧操是一种新型的有氧健身项目。它结合了不同节奏的身体动作、游泳动作和舞蹈步伐,在水中进行健身有氧运动项目。在水中进行有氧操锻炼,能充分利用水的阻力和浮力。通过水的阻力,水中有氧操可以锻炼人的力量、耐力,塑造完美的形体;通过水的浮力,水中有氧操可以锻炼人的柔韧性,减少运动损伤。水中有氧操是老少皆宜的锻炼项目,只要在齐腰水中,无论你是否会游泳,都可以锻炼。水中有氧操运动更是幼儿健身锻炼的最佳选择,他们在水中锻炼不容易受伤。水中有氧操同时也是许多运动损伤康复的有效手段。

2. 水中有氧操运动的目的

水中有氧操运动的目的主要是提高身体的有氧机能。由于水的阻力和浮力,水中有氧操可以提高肌肉力量、柔韧性、耐力和平衡能力。

3. 水中有氧操的康复锻炼效果

水中有氧操作为康复锻炼,能提高人体平衡,改进姿态,加强人的力量和耐力,减轻疼痛。同时,它也可作为运动员手术后的恢复性练习。

4. 什么人可以参加水中有氧操运动

水中有氧操运动适合各年龄层的人参加。当人在齐胸的水中时,浮力可达到体重的 85%—90%。所以,与陆地上的运动相比,水中有氧操对身体各关节的压力并不是很大。水中有氧操运动不仅适合健身,也适合进行康复锻炼(如关节炎、颈部和背部的疾病、中风、肥胖病等)。对羞于在大众面前锻炼的人来说,水中有氧操运动更能让人接受,不失为一种很好的健身选择。

5. 水中有氧操运动的能耗情况

由于水的阻力,水中有氧操运动的能耗通常要大于陆地上的运动。由于人的比重大于水,所以锻炼者只有不断地运动,才能控制人体的平衡并完成一定的动作,这样也就增加了水中有氧操运动的能耗量。

6. 水中有氧操运动的优点

(1) 水中有氧操运动比较安全、舒适。

(2) 由于水的浮力大于空气的浮力,人在运动中关节、骨骼、肌肉的压力会相对减少,运动的疼痛感也会相对减少。

(3) 由于水的阻力大于空气的阻力,运动时就会增加阻力,因此水中有氧操运动可增强身体的耐力和健美形体。

(4) 水中有氧操运动可提高柔韧性,由于水的浮力,身体的关节活动更加自如。

(5) 水中有氧操运动可使人长寿。

(6) 水中有氧操运动去热效果明显,理想的水温一般在27—30℃。

7. 水中有氧操运动在推广中存在的主要问题

(1) 对健身设施要求较高,比如水的清洁、卫生情况、场地情况等都影响到这项运动。

(2) 水中有氧操运动的费用较高,特别是在有专业健身教练指导的室内温控游泳池锻炼,消费就更高。当然,也可以在一般的游泳池里自己锻炼。

8. 水中有氧操运动的安全问题

水中有氧操是一项耗能的运动,所以必须注意以下事项:

(1) 锻炼前的身体检查(过去病史、损伤、心脏病及服药情况等)。

(2) 不要在水中单独锻炼,即使是会游泳的人。

(3) 在下水前了解水的深度,否则投人浅水容易产生运动损伤。

(4) 参加室外水中有氧操运动,身上要尽可能涂抹一些抗水防晒膏(防晒系数在15以上)。

9. 水中有氧操课程的内容

水中有氧操课程分为基础课程和高级课程。基础课程包括四肢、躯干的各种动作的运动;高级课程包括更复杂的动作和难度较高的健美体操动作。水中有氧操一般在齐腰、齐胸或深水中(在深水中要用浮标)进行。在一些课程中,还运用浮板、浮标等增加浮力和阻力的各种健身设备等。典型的水中有氧操课程时间为40—50分钟,包括暖身、伸展、有氧操、力量、灵敏、柔韧和放松等练习。

10. 水中健身运动的主要课程项目

(1) 浅水锻炼项目:比较受欢迎,不会游泳的人也可以参加。

(2) 水中踏板项目:锻炼平衡、力量、形体、柔韧性和灵敏性,提高有氧能力。水中上下踏板,难度增加,运动量更大。

(3) 深水锻炼项目:更能增加全身肌肉的参与,特别对下肢力量较差的人不失为很好的锻炼手段。一些人由于浮力的作用或身上的浮力腰带,往往不能使自己的身体成一直线,通过课程可让他们克服阻力,保持身体的平衡。如果一些运动员感觉水中的负荷不如陆地上大,还可以通过哑铃和阻力橡皮筋的方法增加负荷,以提高他们的力量。

六、瑜伽健身(Yoga)

1. 瑜伽健身的特点

瑜伽能矫正形体,祛除疾病和消极的情绪,使心神达到镇静与平和。通过瑜伽锻炼,能疏通关节肌理,使身体年轻化,充满活力,富有弹性,使人的灵活性、平衡性、坚韧性、抵抗力增强。瑜伽健身还可消除疲劳和安定神经,从而使人在睡眠中得到真正的休息,使身心得到完美的平衡。

2. 瑜伽健身的时间

清晨早饭之前是瑜伽锻炼的最佳时间,傍晚或其他时间也可练习,但是要保证空腹或完全消化。大体上,练习时间是饭后3—4小时,喝入流质食物或饮料可在半个小时后练习。事实上,更为具体的练习时间是:早晨在太阳出来以前进行练习,中午在太阳到头顶时进行练习,晚上在日落以后进行练习,凌晨在入夜12点时进行练习。不同时间要练习不同的内容。例如,早晨多练习体位法,中午多练习庞达,晚上多练习冥想,等等。练习者应该选择对自己最为方便的时间,争取每天都在同一时间内练习。练习瑜伽时,身体应保持正常和安静状态。如果此时身体有不适的地方或病状,则尽量不要练习过于强烈的瑜伽方法,也可以完全不进行练习。当然,要尽可能多地练习瑜伽,但是绝不可以超出身体的能力。

3. 瑜伽健身的地点

练习瑜伽时,要选择安静、清洁、空气新鲜的地方,尽量离开房间,选择露天的自然地。在房间中练习时,应注意保持空气的流通,这对于调息练习尤为重要,必须养成经常开窗透风的习惯。练习瑜伽时,可以在旁边摆放绿色植物,地上需铺上松软的毯子,柔软度控制在能轻松地保持站立,不能让脚下打滑。在练习坐式的瑜伽时,可以使用蒲席,这样可有效地防止疲劳。

练习瑜伽时,必须保持安静,避免交谈和心理活动,可以播放轻松简单的乐曲。总之,要使身心能够专心集中。

4. 瑜伽健身与休息

瑜伽休息不是普通的休息,每一种休息其实都是一种冥想,能够放松身体,也可以锻炼身心意志。休息有两种:一种是短时间的休息,这主要是体位法中常采取的 10—30 秒的休息,一般占用练习的 1/5 左右;另一种是专门的休息,有时达数小时之久,例如瑜伽锻炼者常练习的仰卧放松术等。

5. 瑜伽健身的服装

瑜伽练习时,穿着要尽可能简单,可穿短裤、宽筒裤或中国传统的练功裤,女子可穿短裤或弹力裤,上身要宽松。

6. 瑜伽健身的呼吸方法

通常,初学者的第一课是"呼吸"。练习瑜伽者强调以鼻子呼与吸,平和缓慢的深呼吸可以让紧张的身心松弛下来。每练习一个体位法,都有相应的呼吸方式。有时要求身体保持某种姿势,自然地呼吸;有时则配合动作屏息数秒钟。由于呼吸很重要,练习瑜伽体位法时,新鲜的空气就成为必要的条件。瑜伽呼吸的种类有:

(1) 胸部呼吸:胸部向上、向外运动,使横膈膜向上提,因此呼吸的空气量不大。

(2) 腹部呼吸:由横膈膜收缩和向下降,产生腹壁向外扩张的运动,因此呼吸的空气量较大。

(3) 胸腹呼吸:腹部呼吸加上胸部呼吸,因此呼吸的空气量更大。

7. 瑜伽体位法的练习程序

练习之前,要先沐浴,然后做暖身运动,柔软筋骨、关节、肌肉。练习之后,应做全身按摩,尤其是关节的部位。按摩不但可以舒缓肌肉,促进血液循环,还可以排除体内毒素,恢复身体机能。按摩的部分包括脚底、耳朵和全身经络。按摩完毕后,应平躺在地上,全身放松,休息两分钟以上。

8. 瑜伽体位法的姿势介绍

(1) 山式站姿:两脚并起站直,双手相握,掌心向上举到头顶,两臂夹住头部,尽量往上伸臂并达到最大的极限(不踮脚跟),收腹,保持做几次呼吸,吸气,然后呼气向右侧弯,保持 15 秒钟,再轮换到左边。

(2) 前弯屈:双脚分开约 6 英寸,双膝微弯,身体向前弯屈,在旁边准备一块砖头,双手自然下垂放松,休息颈部。保持这种姿势一会儿后,把砖头放到脚前,双臂弯屈放在砖头上,然后慢慢伸直膝部,持续 15 秒钟。

(3) 倒"V"字形:从以上的姿势开始,把砖头移开,两手着地,双腿后移 4 个脚长的距离,膝部弯屈,抬起脚跟,提臀,使尾骨方向冲着天花板,让脊柱充分伸展,把头埋到双臂间,放松喉部,慢慢地伸直膝部并把脚跟平置于地板。每一种姿势都要保持一小会儿,均匀地呼吸。

（4）孩子式的姿势：依上面的姿势，弯屈膝盖，使整个人爬坐在地上，臀部挨着脚后跟，双脚合拢，双膝微分，放松地把身体压在上腿部位，把脸部放在毯子或枕头上，让臂部和肩部放松。吸气、呼气时，尽量压低身体并保持1分钟左右。

（5）伸腿：平躺在地上，左腿牢牢贴在地板上，右腿屈膝贴向胸部，用一块毛巾放在脚掌处，双手拉住毛巾，伸直右腿，并慢慢地尽量把腿往下拉，膝部要保持伸直状态。放松颈部保持1分钟后，再换左腿。

（6）盘腿：前屈式盘腿坐好，腰部伸直，双手叉开，五指放在地上做支撑，挺胸，深呼吸，吸气时充分扩展腹腔，呼气时尽量收紧腹腔，保持1分钟。在呼气时，慢慢使上身前屈直至臂部、头部到地上，放松颈部、肩部，保持1分钟。

（7）双腿靠墙式：躺在地上，臀部靠紧墙壁，双腿靠在墙上，手臂轻松地放在身体两侧，掌心向上，放低肩部向臀部的方向持平，保持5分钟。

（8）放松式：身体全部放松躺在地上，双腿分开约6英寸，左臂离身体左侧6英寸，右臂同位，掌心向上，闭上眼睛，做几次深呼吸后慢慢过渡到正常的均匀呼吸，完全放松休息。

第三节　各种健身健美操课程的特点

进入健身中心，许多人面对各种各样的健身课程却不知如何选择，这可能是因为多数课程使用了英文名称。下面就健身中心的主要健身课程作一些简单的介绍。

一、传统有氧操类

1. 低强度的有氧操（Low Impact Aerobics）

低强度的有氧操是指仅在地板上进行的没有跳跃的有氧健美操运动（不包括踏板操），也包括一些哑铃练习或地面垫上运动。它比较适合中老年练习者和初级健美操爱好者。

2. 高—低强度的有氧操（Hi-Lo）

高—低强度的有氧操是指在地板上进行的有氧运动（不包括踏板操）。低强度有氧操比较简单，音乐速度较慢，在运动中始终有一个脚接触地面；高强度有氧操有难度，音乐速度快一些，可增加有腾空和跳跃的动作（双脚可以同时离地）。相比较而言，高强度有氧操能量消耗更大些，运动强度和难度也大些。

3. 综合有氧操（20/20/20）

综合有氧操是指在一次课程中通常结合两种或多种健美操内容。比如，高—低强度健美操/踏板操/搏击有氧操（Hi-Lo/Step/Kick Boxing）。20/20/20表示三者各占20分钟，总共60分钟。根据练习者的要求，综合有氧操也可以是其他健美操内容的组合。

4. 孕妇健身操(Pregnant &Post-Natal Workout)

孕妇健身操是指适应孕妇或产妇的健身操。它的内容有:简单的有氧运动、肌力的恢复、柔韧等。

二、踏板类

1. 踏板操基础课程(Basic Step)

踏板操基础课程是指低强度的踏板操课程,是以学习简单的踏板动作为主的有氧踏板操。

2. 踏板哑铃课程(Cardio Step Body Sculpting)

踏板哑铃课程是指手握哑铃的有氧踏板操课程。在做踏板练习的同时,手持哑铃,增加手臂和总体的运动强度。

3. 低强度有氧踏板操课程(Low Step Comb)

低强度有氧踏板操课程的内容包括:简单的踏板技术、动作组合练习、地面练习(如腹肌、腿部练习等),最后是放松运动。

4. 一般有氧踏板操课程(Step Aerobics/Step)

一般有氧踏板操课程有基本动作学习、组合动作的有氧练习、新踏板技术动作学习等,踏板高度可根据学员的水平自我调节,有氧运动时间可以是30、45、75分钟不等。

5. 双踏板有氧操课程(Double Step)

使用双踏板的踏板操课程对练习者的协调性要求较高,主要适合中高级健美操练习者。在练习中,学员需要在两块板之间不断地上下并变换动作,可充分体现踏板操的灵活、多变、运动负荷强的特点。

三、舞蹈类

1. 有氧舞蹈(Cardio dance)

有氧舞蹈属中低强度的有氧健身运动,它结合健美操和各种现代舞的内容(如拉丁舞、摇摆舞等),幅度相对大些。

2. 有氧热舞、街舞、方克有氧舞(Cardio Hip-Hop/Funk)

有氧热舞、街舞或方克舞课程是中等强度的有氧舞蹈课程,运用现代流行音乐、方克音乐等的旋律,选择许多带有街舞、方克舞特点的动作。这种有氧舞能活动全身的许多关节(特别是小关节),在练习时,要求放松膝部,同时髋部动作也很多且动作幅度大、灵活、潇洒,深受广大青年健身爱好者的喜爱。

四、自行车类

自行车类健身课程主要是有氧室内固定自行车课程(Cycle/Spinning)。该课程是在健身教练的指导下进行室内的有氧自行车练习,通过调节自行车的难度档次,使人有如在山坡、平地等地方进行自行车锻炼的感觉。该课程的特点在于:疯狂的音乐、鼓动性的教练和集体锻炼的气氛。通常,有氧室内固定自行车课程比单人进行自行车有氧锻炼效果要好。

五、搏击类

搏击类健身课程主要是拳击有氧操课程(Kick Boxing)。拳击有氧操课程是指像拳击运动员那样戴着手套(不戴也可以),在音乐中结合健美操、拳击和自由搏击的技术而形成的有氧操。该课程的动作有:各种步伐、踢腿、刺拳、冲拳、勾拳等。该课程对人体的躯干部分锻炼效果明显。

六、瑜伽伸展类

1. 瑜伽健身课程(Yoga)

瑜伽健身课程是指结合呼吸的瑜伽伸展课程。该课程可以使人身心完全得到伸展、放松,精神得到恢复。该课程集健美、伸展、放松于一体,深受广大健身爱好者(特别是妇女)的喜爱。

2. 瑜伽高级课程(Adv. Yoga)

瑜伽高级课程对锻炼者的柔韧性和肌肉控制水平要求更高,动作难度更大。通常,练习者需要有初级瑜伽的水平。

3. 伸展课程(Stretch)

伸展课程结合伸展、力量和平衡等内容,主要练习提高人的柔韧性。该课程能使人形体更健美,同时也能减轻人的紧张和压力。

七、水中运动类

水中运动类健身课程主要是水中有氧运动(Aquatic/Water Aerobics)。水中有氧运动是指在水中,在音乐伴奏、教练指导下完成的有氧运动。它可以提高人的平衡、协调、力量和控制水平,是一项老少皆宜的水中有氧健身运动。

八、力量训练类

1. 健美课程(Body Sculpt)

健美课程是指以锻炼肌肉力量、肌肉线条为目的的器械健美课程。通常,健美教练会专门制定适合练习者的健美计划,包括锻炼部位(肌肉)、使用的锻炼手段(器械、杠铃、哑铃等)、锻炼的重量、锻炼的次数、如何进行呼吸、组间的休息等。

2. 活力健美课程(Body Pump)

活力健美课程是指在鼓动性极强的教练指导和节奏强劲的音乐下,练习者不分水平高低,使用适合自己的杠铃,进行集体的以杠铃组合练习为主的课程,如卧推、屈臂举、弓步下蹲等。该课程能快速提高肌肉力量,增加骨质密度,增强免疫能力,消耗脂肪,健美形体。该课程比较重视音乐在健美中的运用,教练对音乐的特点很了解,练习者可根据音乐的节奏变化杠铃的动作或节奏。

3. 局部健美课程

局部健美课程具有针对性,比如健美手臂、腿部、腹部和燃烧脂肪的课程(Arms,Abs,Thighs & Buns)。该课程一般根据大多数练习者的要求,重点进行人体的肌肉雕琢。

第四节 有氧操组合

一、大众健美操组合练习

1. 初级组合

表 12-2

音乐	动　　作
2×8	原地踏步
2×8	踏并步(双手叉腰,左踏右并,右踏左并)
2×8	踏并2步(双手叉腰,左踏右并2次,然后再右踏左并2次)
2×8	踏并2步(双手变化,如侧伸、前推等)
2×8	侧弓步(双手叉腰,左踏弓步,右腿右侧伸,成侧弓步;右侧类同)
2×8	侧弓步2次(同侧连续2次侧弓步,双手叉腰1×8,双手变化1×8)
8×8	踏并2步+侧弓步2次(左踏并步2步,侧弓步2次;右侧类同,重复4次)
2×8	后屈腿(双手叉腰1×8,双手加推手1×8)
2×8	前提膝(双手叉腰1×8,双手加推手1×8)
2×8	前点步(双手叉腰1×8,双手变化1×8)
2×8	侧点步(双手叉腰1×8,双手变化1×8)
2×8	后点步(双手叉腰1×8,双手变化1×8)
2×8	左右前弓步下蹲(双手叉腰或有手部动作)
2×8	左右侧弓步下蹲(双手叉腰或有手部动作)

注:2×8表示2个8拍的音乐。

2. 中级组合

表　12-3

音乐	动　　作
4×8	右前后踏步：① 右脚前踏，左脚屈；② 左脚下地；③ 右脚后踏④左脚屈；④ 同②
4×8	左前后踏步：① 左脚前踏，右脚屈；② 右脚下地；③ 左脚后踏④右脚屈；④ 同②
4×8	V 型步：① 左脚上左上；② 右脚上右上；③ 左脚退原地；④ 右脚退原地，手加动作
4×8	左、右曼波舞步：①②③ 斜上 3 步；④ 提膝；⑤⑥⑦ 退 3 步；⑧ 提膝
4×8	动髋转身步（左转身：左脚为轴不动，右脚点转 4 次，每次转 90°；右转身类同）
4×8	脚尖、脚跟、脚尖跳（后脚尖、侧脚跟、前脚尖、跳换重心，做另一侧）
2×8	前踢脚（双手叉腰 1×8，双手变化 1×8）
2×8	侧踢脚（双手叉腰 1×8，双手变化 1×8）
2×8	后踢脚（双手叉腰 1×8，双手变化 1×8）
2×8	跳扭腰（在跳跃时双手与髋方向相对变化）
4×8	原地的分并腿跳（双手叉腰 1×8，双手变化 1×8）
4×8	踢腿＋转身分并腿跳（4 次踢腿结合 4 次转身分并腿跳，每次转 90°）

注：4×8 表示 4 个 8 拍的音乐。

二、有氧踏板操

（一）课程内容介绍

踏板操是消耗能量较大的有氧操，踏板一般长为 110 厘米、宽为 40 厘米、高为 10 厘米以上（可调节）。

有氧踏板操对腿和臀的运动量要求相对大些。课程形式如下：

1. 准备活动（10 分钟）

（1）地面暖身运动及伸展运动。

（2）熟悉踏板，准备练习。

2. 基本部分（20 分钟）

（1）横板练习

双手叉腰——右基本步 4 次（2×8）；

双手叉腰——左基本步 4 次（2×8）；

双手屈臂——右基本步 4 次（2×8）；

双手屈臂——左基本步 4 次（2×8）；

交替屈臂——右基本步 4 次（2×8）；

交替屈臂——左基本步 4 次（2×8）；

双臂上下右——基本步4次(2×8);
双臂上下左——基本步4次(2×8);
两侧查尔斯顿步——外侧脚跟触板(2×8);
两侧查尔斯顿步——手触外侧脚尖(2×8);
两侧查尔斯顿步——内侧肘触外侧膝盖(2×8);
两侧查尔斯顿步——内侧手在体后触外侧脚尖(2×8);
双手叉腰的V型步(2×8);
双手画图的V型步(2×8);
双手冲拳的V型步(2×8);
双手叉腰的转身步(2×8);
双手画圈的转身步(2×8);
双手上下的转身步(2×8)。

(2) 纵板练习

双手叉腰的上下板组合(6×8)(左右脚上纵板头、左右脚板侧下、左右脚上板、左右脚下纵板头);

双手变化的上下板组合(6×8)(左右脚上纵板头、左右脚板侧下、左右脚上板、左右脚下纵板头);

双手叉腰的左右下板步(2×8);
左右推手的下板步(2×8);
双手叉腰的过板步(2×8);
双手画圈的过板步(2×8)。

3. 结束部分(5分钟)

伸展放松。

三、搏击有氧操课程

(一) 课程内容介绍

1. 准备活动(10分钟)

(1) 暖身运动。

(2) 伸展运动(颈部伸展—胸腰伸展—四肢伸展—腿部伸展)。

2. 基本部分(30分钟)

(1) 4次向左侧开立转身右刺拳(1×8拍);
4次左右单并步(1×8拍);
4次向右侧开立转身左刺拳(1×8拍);
4次左右单并步(1×8拍);
4次向左侧开立转身右刺拳(1×8拍);

4 次分并跳(1 ×8 拍);
4 次向右侧开立转身右刺拳(1 ×8 拍);
4 次分并跳(1 ×8 拍)。

(2) 连续左侧踢 4 次(1 ×8 拍);
连续右侧踢 4 次(1 ×8 拍);
连续左右侧踢 2 次(1 ×8 拍);
4 次分并跳步(1 ×8 拍)。

(3) 组合练习(1):
1 拍:右步踏步;
2 拍:左脚侧踢;
3 拍:左脚下点地;
4 拍:左脚侧踢;
5 拍:左脚下点地;
6 拍:右脚并左脚;
7、8 拍:分并跳。

(4) 组合练习(2):
1 拍:左步踏步;
2 拍:右脚侧踢;
3 拍:右脚下点地;
4 拍:右脚侧踢;
5 拍:右脚下点地;
6 拍:左脚并右脚;
7、8 拍:二分并跳。

(5) 循环练习:
重复(1)、(2)、(3)的动作。

3. 结束部分(5 分钟)

伸展放松。

(二) 基本动作介绍

1. 热身:两脚开立,深呼吸,原地踏步,侧点步,交叉步等,全身伸展。

2. 直拳:站立,面向目标,臂和肩部成一直线,发力顺序为腿、腰、肩、拳。目标:颚、肋、鼻。

3. 摆拳:站立,面向目标,出拳时臂和肩成一弧形,发力顺序为腿、腰、肩、拳。目标:颚、肋、鼻。

4. 左勾拳:左腿在前,重心在前,臂夹角呈 90°,左右脚替换,出拳尽可能长。目标:颚、肋、鼻。

5. 前腿前踢:脚与肩同宽,重心在后脚,看着目标,抬膝,上身微后仰,脚掌踢目标,回开始位。

6. 后腿前踢:脚与肩同宽,重心在前脚,看着目标,抬膝,上身微后仰,脚掌踢目标,回开始位。

7. 侧踢—左踢(反方向为右踢):两脚开立,与肩同宽,重心在右腿,目视左侧目标,抬起左膝,向身体靠,上身微向右倾斜,右脚脚尖转离目标,右臂放低,保持平衡,用脚侧缘攻击,脚尖朝下,踢出左腿,回到侧面。目标:胫部(正对时)、膝盖骨侧面(正对时)、鼠蹊(正对时)、大腿骨侧面(正对时)、腰部以上。

8. 摆踢:右侧为目标,两脚开立,与肩同宽,重心在右腿,屈前腿,目视右侧目标,抬起左膝,向身体靠,扫向目标,重心在前腿,动作完成时,放松膝盖,身体向右微倾,右脚脚趾转离目标,左膝弯屈,指向目标,右臂放低,保持平衡,用脚侧缘攻击,脚尖朝下,左脚放下时,两脚距离比肩宽,最终站位左侧为目标(与开始时相反)。目标:膝盖骨侧面(正对时)、大腿骨侧面(正对时)、腹部两侧、腰部以上。

四、水中健身课程

水中健身课程一般不宜在海边或旅游时进行,锻炼时要注意身体的温度(体温太低不利于健康)。

(一)最大吸氧量的方法

1. 基本原理

计划每星期锻炼一次,使身体充分使用氧。科学研究表明,人体能量的新陈代谢最终都依靠氧的使用。人们很难估计一次最大无氧运动的氧耗,这样就不能估计能耗的多少。由于心率与能耗有关,所以我们用心率测定运动强度。在某强度下,一个人能锻炼的最长时间如果是 20 小时,则我们设定 10 强度就是他的最大吸氧量。

2. 课程内容

(1) 暖身(5 分钟)

① 原地跑;

② 蛙泳手式划水;

③ 脚跟交替踢臀部等;

④ 跪姿态的伸展脚部练习;

⑤ 前后屈体振动,伸展前后躯体;

⑥ 左右屈体振动,伸展体侧躯体。

(2) 基本课程(35 分钟)

① 5 分钟跑:在水中不断地跳,做不确定的快慢反弹;

② 5 分钟间隙强度练习(中高强度):做踢、跳、分并腿等大动作,教练纠正动作,并鼓励学员;

③ 15 分钟恢复练习(中强度):跑、爬涉、踢、摇摆、弹跳、直体、悬,使用大幅度、小阻力,提高肌肉平衡;

④ 重复 5 分钟间隙强度练习(中高强度):如上②;

⑤ 5 分钟身体薄弱部位力量锻炼(由于人在水中时间较长,教练要注意控制水温和人的体温)。

(3) 放松(5 分钟)

身体大肌肉块的伸展。

(二) 提高无氧域值的水中健身课程

1. 基本原理

乳酸是运动的副产品,乳酸域值反映出锻炼者的锻炼水平。当乳酸堆积时,就会限制锻炼者的运动能力。锻炼者采用低于自己乳酸域值的运动强度,就不会出现问题。提高乳酸域值可以提高锻炼者的运动水平,也就能提高锻炼者的无氧域值水平。一般可以使用心率检测器,使运动心率达到锻炼者最大心率的85%—95%。30 分钟的运动可分为 10—15 分钟两段,中间有休息。

2. 课程内容

(1) 暖身(5 分钟)

① 原地跑;

② 蛙泳手式划水;

③ 脚跟交替踢臀部等;

④ 跪姿态的伸展脚部练习;

⑤ 前后屈体,伸展前后躯体;

⑥ 左右屈体,伸展体侧躯体。

(2) 基本课程(45 分钟)

① 5 分钟跑(50%—60% 的力量):手臂可以快速地变化动作,增加动作幅度等,在水中不断地保持平衡;

② 15 分钟力量、速度练习(70%—80% 的力量):爬涉、踢、摇摆、跳跃各 3 分钟,身体侧躺(手伸出可增加负荷);

③ 10 分钟灵活性练习:保持动作快连接,选动作(走、跑、踢、跳、移、振、平衡等,使用阻力,增加幅度);

④ 15 分钟耐力练习:选动作,做加速训练,游动,控制平衡(可使用阻力,不同的幅度,力量和柔韧占 15 分钟)。

练习时,应注意:腿踢太高会对下腰不利;跳跃可单腿、双腿,用或不用手,手在水上或水下,尽量增加高度或远度。

(3) 放松(5 分钟)

(三) 消耗脂肪的水中健身课程

1. 基本原理

脂肪比碳水化合物消耗更多的能量。在中等强度练习中,脂肪和碳水化合物消耗的能量差不多。当运动持续 1 小时左右时,糖原基本用完,这样,以后脂肪的消耗会逐渐增加。为了使身体消耗更多的脂肪,就不应消耗过多的糖原,锻炼者必须每月进行 2—3 次 2 小时左右的课程,这样会提高锻炼者的糖原储存,以适应以后的急需。运动时,应注意控制运动强度在 50%—60% 之间,心率达到锻炼者最大心率的 70%—80%。

2. 课程内容

(1) 暖身运动(5 分钟)

① 原地跑;

② 蛙泳手式划水;

③ 脚跟交替踢臀部等;

④ 跪姿态的伸展脚部练习;

⑤ 前后屈体振动,伸展前后躯体;

⑥ 左右屈体振动,伸展体侧躯体。

(2) 基本运动(50—100 分钟)

① 5 分钟慢跑(手臂交替前后划水,可加速、加幅度、加力,收腹提肋);

② 1—2 分钟的身体各部位伸展;

③ 6 分钟靠墙踢腿:踢腿 8 次大幅度、4 次一般幅度,加速,加强上下用力;

④ 5 分钟腹肌练习:手扶浮板/地面,双脚直腿交替踢腿,加速;

⑤ 7 分钟灵敏性练习:做各种动作,如走、跑、踢、跳、移、振、平衡,身体直、躺,在水中平衡等;

⑥ 5 分钟侧划练习:身体尽量伸直,不撅臀,用手臂划水等;

⑦ 5 分钟内侧踢腿;

⑧ 6 分钟踢腿:前踢腿,后踢腿,左、右侧踢。

(3) 放松运动(5 分钟)

五、瑜伽练习

想象一下,有这样一种运动,它不但可以改善你的健康状况,甚至还可以改变你的生活。这个目标听上去似乎太难以企及,而事实上,下面这种日常的瑜伽练习正是实现这一目标的最佳途径。练习者可以每天早上起床或晚间入睡前练习所有的姿势,或选择比较适合的几种。

开始前,先做 2 分钟的准备活动(伸展运动或原地踏步)。在练习过程中,每种姿势持续30—60秒,缓慢地深呼吸,感觉空气进入你的肺部。

(1) 全身伸展

这一姿势作用于身体底部的能量中心,即脊椎骨底端。

动作要领:坐在地上,右腿伸向前,左腿从膝盖向里弯,正好碰到右膝内侧,身体慢慢向前伸展,头尽量往下低,直到双手碰到右腿为止。只要感觉舒适,可以尽量向前伸展。然后,换左腿完成同一动作。

生理作用:这一练习伸展了坐骨神经、脊椎骨和后背,可以帮助缓解肌肉僵硬和疼痛。另外,它还作用于肾上腺、双腿、骨骼和大肠。当这一能量中心失去平衡时,体重会很容易增长,消化系统还会出现问题,如腹泻和便秘等。

(2) 猫的姿势

这一姿势作用于骶骨的能量中心,即腰部骨骼。

动作要领:四肢着地,头朝下,臀部和膝盖成一条线,肩膀和双手成一条线,手掌向下按在地上,背部慢慢弓起,像猫的躬腰姿势一样。坚持几秒钟,然后慢慢地抬起头,背部下陷。

生理作用:这一动作使脊背下部放松,作用于生殖器官并帮助缓解痛经,还可以减轻关节炎和加快血液循环。

(3) 交叉双腿

这一姿势作用于胸口的能量中心,即横膈膜以下部位。

动作要领:交叉双腿坐在地上,背部挺直,腿呈半莲花状,手掌向下放在双膝上。

生理作用:协调新陈代谢,作用于胃部、膀胱、肝脏和神经系统。

(4) 交叉双腿和双臂

这一姿势作用于心脏的能量中心,即胸部。

动作要领:双腿交叉坐在地上,交叉双臂,两手各搭在左右肩膀上。

生理作用:作用于心脏和血液循环,对哮喘、呼吸不规则以及高血压有一定疗效。

(5) 沉思的姿势

这一姿势作用于前额的能量中心。

动作要领:坐在地上,交叉双腿,背部挺直,双手放在膝盖上,食指和拇指捏成"O"型。

生理作用:作用于大脑下端、神经系统、鼻、眼,有助于治疗头痛与神经问题。

(6) 倒立

这一姿势作用于头顶的能量中心。

动作要领:做倒立。如果觉得太难了,双脚可以不必抬起。月经期间不要采用这一姿势。

生理作用:作用于大脑上端、脑下垂体,有助于治疗失眠症、减缓压力以及平复过度兴奋的神经。

(7) 放松的姿势

这一孩童样的姿势是结束练习的最佳方式。

动作要领:后背挺直,双臂轻松地置于身体两侧,呼气,向前伸展全身,前额向下,直至碰到膝盖前的地面为止,保持这一姿势6—10秒。

生理作用:这一姿势伸展了脊椎骨、背部底端、脖颈和手臂,是镇静和放松的绝好方法。

六、伸展运动介绍

适合大众练习的伸展运动(见表12-4),每个动作要维持10秒左右,呼吸节奏要慢,放松。练习者可以有选择地选用其中的动作。

表12-4 大众伸展运动伸展部位与动作名称

伸展部位	动作名称
颈部	颈部左右、前后屈伸、转、绕、移、绕圈等
肩部	向下压肩,肩后引臂
胸部	向下压胸
旁腰	体侧伸展
腹部	俯卧抬上体
下腰	分腿前下压上体
肱二头肌	双手合指,背后上抬
肱三头肌	对侧手颈上后拉引肘,对侧手胸前拉引肘
前臂	双手合十,指外翻,对侧手反拌手指
股四头肌	屈膝后拉(单腿站)
股二头肌	弓步(后膝可跪地)
腓肠肌	斜靠墙伸展小腿
胫骨前肌	坐脚背
臀、躯干	屈腿扭身后看

第五节 健身健美操运动损伤与预防

一、健身健美操运动会产生哪些运动损伤

一般有氧健美操运动可能引起的常见疾病有:肌肉韧带拉伤、关节扭伤、心力交瘁、运动疲劳、重力休克、心绞痛、中风、运动腹痛、脚底筋膜炎和神经刺痛、籽骨炎、肌腱炎、小腿肌痛、半月瓣症、关节炎、黏液囊炎、腰肌劳损、颈椎疾病、胫

骨膜炎等。

二、健身健美操运动损伤产生的主要原因

一般健美操运动损伤产生的主要原因有:鞋、地面、套路问题,过度使用某块肌肉。解决方法为:调节肌肉、柔韧性和力量,防止受伤。初学者应该在有经验的健身教练指导下健身,先做低强度的练习,循序渐进。在家里做操时,要确定健美操的难度和强度是否适合,动作是否完整,有无准备活动、放松活动。锻炼前做一些伸展运动,可防止肌肉过度拉伤。在运动前、中、后,都要注意运动饮水问题,防止并注意可能出现的脱水、头晕、肌肉疲劳酸痛、抽筋等问题。有的锻炼者常常低估放松的重要性,其实它能除去乳酸、肾上腺素,防止血液情况变差。刚开始锻炼的人往往锻炼过于频繁,这也会导致出现运动疲劳和损伤。比较安全的方法是一周 2 次左右,慢慢增加到最多一周 5 次。如果出现损伤情况,必须停止运动,不要试图越过疼痛阶段,这样会使你的疼痛从慢性发展到永久性的伤病。

三、一些有氧健美操受伤的主要情况、产生原因和预防方法

1. 踏板操

主要受伤情况:肌腱炎、小腿肌痛、胫骨炎、趾骨痛、膝腱伤、籽骨炎等。

受伤主要原因:踏板过高,脚上踏板位置不好,上下板过猛,下地离板远,运动鞋的前脚掌太软,脚趾柔韧性差等。

主要预防方法:将踏板调整到适合自己的高度,脚在踏板上要放平,从踏板上下地面要靠近踏板(练习者最合适的高度是使脚在膝部的角度控制在 83°—90°),练习者不要急于求成,教练要控制教学速度(放慢),穿前脚掌硬的鞋,注意自己脚的力量和柔韧性练习。

2. 热舞、有氧操、有氧舞

主要受伤情况:脚、踝、腰的拉伤或扭伤,运动抽筋,头晕,心力交瘁,疲劳等。

受伤主要原因:人体的生理结构原因,自己的运动能力和技术水平不够,用力过度,运动出汗过多,没有喝水,太多的侧向运动和跳、跃、转身动作,运动鞋或场地不好,教练教法不当等。

主要预防方法:锻炼要循序渐进,选择适当的运动鞋和运动场地,做好暖身、伸展放松活动,控制运动时间,注意运动饮水问题。

3. 地面练习

主要受伤情况:颈椎疾病、腰椎疾病、膝盖疾病。

受伤主要原因:做仰卧起坐时没有保护颈部,没有屈腿,经常做跪踢腿的练习。

主要预防方法:做仰卧起坐时用手托颈后,屈腿90°,踢腿时支撑腿下垫厚的东西。

第六节　如何成为一名合格的健身指导(健美操教练)

在健身中心,许多学员常为一些不合格的健身指导伤透了脑筋。许多健身指导是超级健身爱好者,有的是健美、健美操比赛者,还有的原来是体操运动员或者舞蹈演员等。他们的健身知识并不一定很丰富,常常会遇到疑难问题而没有办法解决。有些健身指导虽然在参加健身学习班后有健身指导证书,但是实际能力却非常有限。

一、成为一名合格的健身指导必须具备的条件

1. 合格的健身指导需要有良好的运动素质

健身指导特别是健美操指导不同于其他指导。这是因为,健身指导的内容不仅包括语言,还包括动作。所以,合格的健身指导就需要有良好的运动素质,主要包括:良好的力量、耐力、柔韧性、弹跳、灵敏度、协调性,良好的肌肉控制能力和动作表现力,在指导中动作准确、到位、优美、大方等。

2. 合格的健身指导需要有良好的语言表达能力

作为健身指导,良好的语言表达能力也特别重要。如果教练只是一味让学员跟着自己做,学员很容易发生不必要的运动损伤。所以,在带操过程中,健美操指导的口令一定要有提前量,让学员有下个动作的准备时间。良好的语言表达能力还包括:使用术语恰当、清晰、果断,声音响亮、不刺耳、有节奏、抑扬顿挫,语言有鼓动性等。

3. 合格的健身指导应具有丰富的健身知识

在健美操教学中,健美操指导有时要不断地指导学员的动作,介绍健美操的知识。丰富的健身知识可使健美操课程变得更生动活泼。健美操知识包括:运动解剖、运动生理、运动生化、运动生物力学、运动心理、教育学、教学法、运动保健学、健康学、运动损伤学、营养学、音乐等。

4. 合格的健身指导需要有一定的实践经验

一定的健美操示范、表演、比赛经验对于健美操组合动作的教学很有帮助。有经验的教练会让健美操更像健美操,而不是广播操的组合。没有表演经验的指导,其动作的表现力、优美性往往不足,教法也会显得太简单、枯燥。

5. 合格的健身指导需要有一定的健美形象

健美操指导良好的健美形象,往往更能激发学员的锻炼热情。如果教练自己的身材没有练好(比如,小腿很粗、身体肌肉不成比例),就很难起到良好的示

范作用。所以，良好的健美形象也是健美操教练所必须具备的。这包括五官端正、身材匀称、皮下脂肪少、肌肉健美（女指导有一点肌肉当然更好）。

6. 合格的健身指导应是合格的教育者

许多健美操教练本身是体操、健美操运动员，有一定的表演、比赛水平和经验，也有健美的外形。但是，他们中有许多人并不太受学员欢迎，因为他们时常只顾自己的表演，使教学只按准备的计划进行。作为一名合格的健身教练，应懂得教育规律、教育心理、教育方法和手段等，要有与学员交流的技能，有洞察学员的能力，有丰富的教学知识和经验并乐于为学员服务，等等。

7. 合格的健身指导要有编排课程内容的能力

许多健美操教练，他们的教学内容都是学习和模仿别人的，等学习和模仿别人的东西教完了，自己也就没有办法了。优秀的教练应该善于编排与创新。

8. 合格的健身指导应懂得健美操的音乐使用

健美操音乐丰富多彩，有初学者的音乐，也有中级、高级锻炼者的音乐，这些音乐的节奏、速度都不相同。同时，准备活动音乐和放松活动音乐也不同。目前，健身健美操又有了许多新的风格，如 Funk、Hip-Hop、Salsa 等。所以，好的健美操教练就应该多学习这方面的知识，不能用同一种音乐从开始跳到结束。

9. 合格的健身指导需要不断地创新进取

健美操运动发展迅速，目前锻炼的内容已经非常丰富了，比如 Hi-Lo、有氧踏板操、搏击有氧操、瑜伽健身、水中健美操、有氧舞蹈、Funk、Salsa 等。所以，不仅要有健美操跳操的指导，还要有其他有氧器械的指导。比如，有氧跑步器、划船器、登楼器、滑雪器、Spinning 有氧自行车课程等。如果健身教练不能创新进取并不断地学习新的知识，就容易被淘汰。

合格的健美操指导还必须热爱自己的事业，对健美操充满热情，在课堂教学中善于创造幽默和快乐的气氛，善于调动学员的创造力和积极性，善于不断地从学员中得到反馈信息，并指导自己今后更好地教学。

二、健美操教练的教学技巧和教学技术

一名优秀的健美操教练员，不仅仅是做一系列的动作让别人模仿，还在于是否有能力教学，以及是否具有在课堂上与学员建立特殊关系的能力。在教学过程中，教练必须让学员在课堂上学到真正有用的东西。这涉及将复杂的健美操动作分解成简单的形式，逐步完成整套动作。对有些教练而言，不断分解动作、提供技术信息可能让他们觉得乏味，而这却是优秀教练的核心所在，应当把它当做成为优秀教练的目标。

健美操教练要考虑的另一个重要因素是教学风格，这与个人风格有极密切

的关系。乐观、外向的风格对健美操教练来说最为理想。当然,其他风格也一样能够获得成功。最重要的是,要培养一种属于自己的独特风格。

在指导有氧运动的时候,教练必须学会一系列的教学技能,除了掌握扎实的技术外,还需加强对理论的理解和对知识的实际运用。教练要掌握这些技能并不断地提高,能够在听懂音乐、提示与沟通、课程设计和动作的编排等方面获得熟练的技能。

要上好一堂有氧操健美课,健美操教练应考虑以下几点:

(一) 课堂计划(3 个 M)

上课前,教练要计划好整堂课,包括热身、基本部分、放松,使学员有所收获是很重要的。课堂计划需要考虑很多组织方面的因素,而其中最重要的是三个M,即动作(Moves)、音乐(Music)、激励(Motivation)。

1. 动作(Moves)

要编排好整节课的动作,必须使这些动作适合学员的基本水平。教练每次授课,都要有教案,为学员提供多样化的训练内容,并且兼顾难易。每个教练都有自己最喜欢的动作,不过多样化和平衡使用肌肉群是很重要的。除了多样化之外,教练必须记住整节课的内容。下面两种方法对教练可能会有帮助:

(1) 书面记录(教案):要学会把整节课的内容以书面的形式写下来。这个方法很好,即使课堂上用不到,只要知道笔记在身边,就会让教练感到信心倍增。

(2) 教案记录:这是连续记录课堂内容的好方法。通常,教练每次上课时只会对其中少部分的内容作调整,尤其是在没有多余的时间准备新课时,这些记录就非常有用。如果很仔细、精确地保留一份课堂记录,就能很方便地一次次重复使用它。

2. 音乐(Music)

对于有氧健美操,音乐能激发感情,为课堂定下基调。对任何一堂课来说,音乐是成功的重要组成部分。有氧操的音乐与普通音乐的要求不同,它必须经过特别挑选和安排,一盘音乐带通常要连续几次才换。但是多样化是很重要的,千万不要一连几个月使用同一盘音乐带。上课前,一定要检查音乐带是否卷到正确位置,还应准备一份备带以防万一。使用新购置的音乐带前,一定要先听一次,并和着音乐编排整节课的动作,这样就能够较好地利用音乐。

音乐是由一系列按规则节奏方式排列的节拍组成的,与其他语言一样,是一种沟通的方式。1 个节拍就是 1 拍,一个短句就是一个音乐句。在有氧运动中,一个短句相当于 8 个节拍或 8 拍音乐。一段就是一个音乐段,由 4 个短句或 32 拍构成。

以下是做一个动作需要的拍数以及一个短句中的重复次数表格:

表　12-5

动作名称	拍数	一个短句中的重复次数
Step Touch	1 拍	4 次
Grapevine	4 拍	2 次
Easy Walk	4 拍	2 次
Knee Up	2 拍	4 次
Jumping Jack	2 拍	4 次

3. 激励(Motivation)

激励是一门艺术,激励学员是一项既富挑战性又有乐趣的工作。激励涉及鼓励自己和其他人去行动,激励学员尽最大的努力去实现目标。

教练可以用一些关键性的语言激励学员,鼓励那些做得好的、勤奋的学员,努力与学员们建立和谐的关系。教练应该有一套自己的激励性话语,如“好极了”“干得不错”“相当努力”“今天你的状态不错”等,让学员感到自己是集体的一分子。这种口头表扬是合适的,效果也是不错的。教练还可以用非语言性激励,包括微笑、眨眼睛示意和竖起大拇指称赞等。教练要让学员们确信他们在整节课上的表现和所取得的进步,从而争取让他们下次再来学习更多的东西。

（二）上课术语

随着技能和经验的提高,教练将有机会学习各种动作的名称,并开始熟练地运用。学会每个动作的常用术语是沟通的重要组成部分,教练应努力使用标准的语言。所有有氧操教练使用同样的词汇是很重要的,这能避免学员迷惑不解或不能肯定某个词的确切含义。另外,教练所用的术语在班与班之间要保持一致。

（三）教练示范

学员会把教练上课时所做的每一个动作都当做模仿的对象,所以教练的动作应该正确而又充满激情。如果教练的动作不准确、方法不正确,那么学员也将跟着一起错下去。另外,教练不要在课堂上检查自己的动作,可以在课后自己练习,或与同事切磋时对着镜子纠正自己的姿态。要记住,在整堂课中,学员大概只投入你的努力的50%,教练要教育学员正确掌握动作的要领。

1. 镜面示范

在整堂课中,镜面示范占70%。镜面示范适合于简单动作,或用在课的后半段学员已基本掌握了组合动作的情况下,以便于观察学员所掌握的情况,同时也便于课堂上的交流与沟通。

2. 背面示范

背面示范适合于动作方向、路线与身体各环节配合较复杂的动作。在刚开始教新动作或方向变化、转体动作、左右脚转换、连续难度动作时,教练都可采用背面示范。但是,要避免整节课总是背对学员。

3. 侧面示范

侧面示范适合于身体前后走向的动作。

(四) 口令

口令是健美操教练上好一堂课的关键。

1. 教练的口头提示

(1) 正确:动作名称要正确、统一、规范。

(2) 时机:在将要变换动作前发出的口令一定要有“提前量”,这是很重要的,一般提前2拍或4拍,或更早。

(3) 清晰:发音吐字要清晰,音量要让每一个学员都能听见。

(4) 吻合:口令必须和音乐节奏相吻合。

2. 教练的非口头提示

非口头提示可以归类为以下几种,每一种都能在“什么”“何时”“如何”口令中起辅导作用:

(1) 标志或符号

标志或符号代表朝向、重复次数和动作方式。教练有了一套自己的提示方法,学员就很容易识别和跟上。例如,手势、拍手、线路指示或竖起大拇指表示动作正确。

(2) 脸部表情

脸部表情在教练风格中占较大比重,一个微笑、眼神接触、点头或者其他姿势能够起到鼓励学员的作用。脸部表情要真诚、自然,正确使用能使学员感觉轻松。在课前、课中、课后,教练要经常用目光和微笑与学员交流,一个微笑常能吸引另一个微笑。

(3) 肢体语言

肢体语言是沟通的重要部分。上课时,动作要编排均衡。示范新或旧的动作时,身体要定位于在学员中走动,以便让他们模仿。如果需要改变学员的动作,一定要碰身体上较硬的部位如肩、肘,千万不要去碰柔软的部位如臀、胸、腹。

3. 护声

(1) 要经常备水在身旁,确保在课前喝足水,以湿润声带。

(2) 如果连续上课,一定要带够水,课间要尽量多喝。

(3) 预先练练嗓子,尤其是早上有课时,可以对着磁带或自己哼几首小曲,这样声带就为上课作好了准备。

(4) 提示、讲话要声音清晰、简明扼要、切中要点。

(5) 课前不可饮用任何一种利尿饮料,如可乐或咖啡,因为这会让身体包括声带脱水。

(6) 练习腹式呼吸,让声音从腹部深处出来,而不是从喉咙或上胸部出来。

(7) 不要把音乐放得太响。

(五) 教练的位置

教练既要让大家看到,又要在跳操房里来回走动,观察学员的动作情况。在地面训练和力量训练中,教练就需要来回走动以纠正学员的动作和技术。但是,在整节课中,教练不能抢占跳操房作为个人表演的"舞台",让学员做观众而冷落了真正需要锻炼和指导的对象。教练要尽量接近学员,让他们更容易看清动作,使他们得到真正的锻炼。

三、健美操的教学方法和教学内容

(一) 教学方法

健美操的教学方法主要有线行渐进法、金字塔法、逐加法、前后段连接法、叠加法、加减并用法、层层变化法七种。

1. 线行渐进法

线行渐进法是所有健美操教学方法中最简单的,它不会发展成一个组合。每次动作和动作之间的连接只有一些小小的变化,这种改变可以是一种手臂或脚的基本动作变化,但是每次只能改变一种姿势。线行渐进法一般只适合在热身部分使用。例如:

表　12-6

序　号	动作名称	节　拍	手臂动作
A	Step Touch	1—16	没有手臂动作
B	Step Touch	1—16	加双手屈伸
C	Tow Step	1—16	双手屈伸
D	Tow Step	1—16	变双手侧拉

注:每次过渡都要充分想好,有效过渡是指上一个动作很容易地过渡到下一个动作。

2. 金字塔法

金字塔法是指动作重复慢慢增加。例:Side Point

1 × R　1 × L→2 × R　2 × L→4 × R　4 × L→8 × R　8 × L

Side Point + Knee Lift

倒金字塔法是一个动作或动作组合重复次数慢慢减少,然后过渡到一个复杂的组合,俗称"化小"。

3. 逐加法(递增法)

逐加法也叫"记忆法"。在逐加法中,每次只增加一个动作,动作 A 总是第一个动作,不论你教到哪个动作,都要回到 A 动作,重新开始。逐加法是个简单

的教学法,存在的问题可能是把太多的动作加在一起,使练习者很难回忆起整套动作(所有动作都要从 A 动作开始)。例如:

表 12-7

序　号	动作名称
A	Grapevine
B	Step Touch
C	Step Curl
D	Easy Walk

即:A→B→A + B→C→A + B + C→D→A + B + C + D

4. 前后段连接法

前后段连接法是先把动作 A + B 教完,连接成两个动作,接着教 C 和 D,动作连接同 A + B,最后把动作 A + B 组合和 C + D 组合连接成由 4 个动作组成的组合,还可进一步连上 E + F 和 G + I 等组合。例如:

表 12-8

序　号	动作名称	次　数	拍　数
A	Easy Knee	4	16
B	Repeater Knee	2	16
C	Heel	8	16
D	Jack	8	16

即:A→B→A + B

A + B + C + D

C→D→C + D

如想把动作变得复杂,就减少次数。

5. 叠加法

叠加法是指在一个原有的组合中,慢慢加入更多的动作。这个方法是把简单动作过渡到复杂动作,使这个组合更活、更生动,强度也更高。但是,需记住,改变动作花样,每次只能加入一个变化。例如:

表 12-9

序　号	动作名称	变化以后动作名称
A	Double G × 1	Double G × 1 慢→2 快
B	Step Touch × 4	Scoop × 4
C	Step Curl × 4	Double Curl × 2
D	Easy × 2	Easy × 1→PV × 1

以上介绍的五种教学方法是在有氧操教学中最常用的方法，教练必须熟练掌握。

（二）教学内容

有氧操的一节课（以 45 分钟为标准）主要包括热身部分（Warm Up）、有氧部分即中心部分（Aerobics）和放松部分（Cool Down）。

1. 热身部分

（1）热身的作用

① 热身可以提高体温，只有在体温较高的情况下，身体有了充沛的精力，心脏才有充分的氧气和营养，锻炼起来才真正有效。

② 热身可以使肌肉和关节为即将到来的练习作好准备，使肌肉有更大范围的伸展，从而预防关节的运动损伤。

（2）注意事项

① 从心脏输入到肌肉的血流速度较快，因此要避免强度大的动作。在热身阶段，不要做手强度过大的动作，因为那样会对心脏造成很大的压力。

② 如果想增加一些伸展拉伸动作，应以五大肌群（胸大肌、背部的下半身肌群、大腿的前部肌群、大腿的后部肌群和小腿肌群）为主，这将有助于防止受伤。但是，要切记，应将头部保持在心脏位置以上（不要弯下腰而使头部向下）。

热身部分一般为 5—8 分钟（以 45 分钟一节课为标准），可以先从基本步伐开始，然后配合一些简单的上肢动作，可以是一个简单的组合。热身的内容为低撞击力动作、关节活动和拉伸。例如，上 Hi-Lo 课程时，有的教练不用伸展拉伸动作，只要热身动作移动大，加上上肢动作充分，达到热身的作用就可以。如加入拉伸动作，要花去 1—2 分钟，这势必会降低心率，浪费一些不必要的时间。

2. 有氧部分

有氧操的中心部分一般为 30—35 分钟（以 45 分钟一节课为标准），占整个课时的 70%，主要内容都安排在这一部分。其目的是让学员掌握基本知识和所练习的动作，从而提高身体的有氧代谢，提高平衡协调能力，发展身体的柔软度（如想减肥，45 分钟的课程比较合适；如既想减肥又想增加肌肉线条，则可选择 60 分钟的课程）。

在整节有氧操的教学过程中，中心部分最为关键。通常，可以为整节课编排 3—6 个组合，组合常规是 32 拍（即 4 个 8 拍）动作。课的难度不同，要求的组数也不同。难度低的初级班一般为 3—4 个组合，难度高的高级班可以安排 6 个组合。会员的接受能力不一样，其组合安排也应有所不同。学员程度高的可多设计些组合，程度低的则应少设计些组合。组合和组合之间连接的方法不同，所教的组数不同，其组合也要有所变化。例如，每个组合左右对称，那么安排组数可少些；反之，则可多教一些组合。前者只适合初级班，后者适合中、高级班。

3. 放松部分

放松部分是每个教练都不能忽视的内容,随着音乐节奏和动作速度放慢,心率也慢慢降低,这时可选择一些舞蹈性或瑜伽、太极等动作作为过渡。放松拉伸和热身拉伸不同,这一部分的拉伸动作内容更丰富些,除了大肌肉群,还要加上小肌肉群;静止停留的时间更长,一般需要10—20秒。

放松整理的作用有以下几点:

(1) 帮助血液回流,防止眩晕;

(2) 消除代谢产物,预防肌肉僵硬和酸痛;

(3) 促进消除疲劳,使心率逐渐恢复到安静状态。

第七节 健美操的比赛规则与裁判法

一、竞赛通则

1. 竞赛项目

竞赛项目分为男子单人、女子单人、混合双人、男子3人、女子3人、混合6人(男3人、女3人)。

2. 运动员年龄

参加成年组竞赛的运动员在竞赛之年不小于18周岁,不大于40周岁。参加少年组竞赛的运动员在竞赛之年不小于12周岁。

3. 运动员服装

男运动员:背心、短裤。

女运动员:背心式健美裤、泳装或紧身裤。

男、女运动员均穿旅游式运动鞋,可加护腿或护腕。

运动员不准戴除发带、发卡外任何装饰品(首饰)或手表。

二、竞赛内容和时间

1. 内容要求和时间

健美操只进行自选动作比赛,自选动作必须符合规则要求。6人项目整套比赛时间为90—120秒。

2. 音乐

运动员必须自备录音带,录音必须从空白磁带的“A”面开始。运动员采用的各项比赛的录音带,必须事先在录音带盒的端面标明运动员的所属队名、姓名和竞赛项目的名称,并在运动员报到时将登记卡交给大会。

3. 竞赛程序和计分方法

竞赛程序:健美操竞赛分为预赛和决赛两种。

计分方法:凡报名参加竞赛的运动员,均需参加预赛。预赛中取得前6名成绩的运动员可参加决赛。预赛中团体总分为各单项成绩之和。得分多者,名次列前;总分相等时,以单项中高分多者名次列前;成绩相等,名次并列,下一名为空额。

决赛:参加决赛的前6名运动员所获得的预赛得分和决赛得分之和为决赛总分,以预赛总分多者,名次列前;成绩相等,名次并列,下一名次为空额。

4. 参加比赛的队的人数要求

每队6人(男3人、女3人),每个运动员兼项最多不得超过3项。

5. 男子3人、女子3人、混合6人竞赛场地要求

场地为12×12平方米的地板或地毯,并用5厘米宽的白标志带固定(该带宽计算在12平方米之内)。

6. 男子单人、女子单人、混合双人竞赛场地要求

场地为9×9平方米的地板或地毯,并用5厘米宽的白色标志固定(该带宽计算在9平方米之内)。

三、裁判法

1. 裁判长

(1) 组织裁判员进行规则学习,统一评分标准,研究评分细则。

(2) 赛前5分钟召集裁判组人员准备入场。

(3) 发出比赛开始信号,领导裁判组现场评分。

(4) 检查评分情况,如发现裁判不公正,应向其提出批评,情节严重者,应向仲裁委员会报告处理。

(5) 在记录员的协助下,查看成套动作的时间,视情况给予扣分。

(6) 检查评分差距,计算并出示最后得分。

(7) 有权召集裁判员会商。

(8) 对教练员、运动员行为错误给予扣分,情节严重者,给予警告或取消其比赛资格。

2. 裁判员

(1) 熟悉竞赛规程,精通竞赛规则及裁判法,进行独立评分。

(2) 必须在裁判员评分表上做好记录,作为评分依据,便于检查。

(3) 遵守裁判员守则,按照规则进行评分。

(4) 尊重并服从裁判长的领导,有权用适当的方式在适当的场合向裁判长提出意见。

3. 计时员

（1）了解比赛规则，熟悉成套动作规定时间。

（2）赛前熟悉计时器性能和使用方法。

（3）运动员动作开始时开表，运动员最后动作结束时停表；集体项目第一人动作开始时开表，最后一人动作结束时停表。

（4）熟练、准确地向裁判长报告成套动作的时间。

4. 记录员

（1）赛前20分钟负责进行第一次点名，赛前5分钟集合运动员讲解有关比赛的注意事项。

（2）发现有弃权运动员应立即通知裁判长。

（3）比赛开始时或发奖时，负责带领运动员入场或退场。

5. 总记录员

（1）登记并审核记录员填写的“比赛评分记录表”。

（2）准确、迅速地计算出运动员名次、得分和团体总分及名次。

（3）比赛结束后，协助竞赛委员会编写成绩册，负责整理比赛用的所有表格资料。

6. 放音员

（1）在运动员报到时，负责收存比赛用的录音带，根据比赛出场顺序进行编号。

（2）比赛过程中，不准任何人借用或复制录音带。

（3）比赛结束后，把录音带及时归还运动员。

7. 评分方法

（1）公开亮分制

比赛采用公开亮分制时，运动员的最高得分为10分，裁判员评分精确到0.1分，运动员最后得分精确到0.01分。最后得分超出小数点后两位的，按四舍五入原则计算。

（2）最后得分

在裁判员评分中，去掉一个最高分，去掉一个最低分，中间分数的平均分为运动员的最后得分。如中间分差超出规定范围，可调整个别分数。

（3）中间分差范围

中间分平均值在：

9.50—10.10分	分差为0.2分
9.00—9.47分	分差为0.3分
8.50—8.97分	分差为0.5分
8.50分以下	分差为1分

例如,五位裁判的评分是9.90、9.80、9.60、9.90、9.60分,则平均分为9.77分,中间分差为0.3分,此分无效;若评分是9.90、9.80、9.90、9.70、9.60分,则平均分为9.73分,中间分差为0.2,此分有效。

(4)会商

当中间分差超过规定范围时,裁判长有权召集裁判员会商调整分数;若得不到解决,则采用裁判长分数与中间数的平均分相加被2除的办法,计算出最后得分(基分)。计算公式如下:

(裁判长分+中间分的平均分)/2=基分

8. 评分的特点

(1)正确的造型

健美操的评分应着眼于正确的动作造型和熟练的技术,而对故意吸引观众的表演手段,则要予以相应的减分。

(2)动作对身体的影响

健美操把动作是否有利于身体健康列为评分范畴,明确规定:不得做经倒立位置的技巧动作,不得做易造成伤害的动作。这是区别于其他竞技体育项目的一个显著特点。

(3)自身特点

健美操广泛吸收和借鉴邻近项目的动作,如体操、舞蹈、武术等,同时又区别于这些项目。比赛中,具有独立于其他项目的技术、能力,才能获得高分;完全照搬,不加以改进的拼凑则被认为是低水平的。

(4)基本姿态

健美操的评分强调动作的基本姿态。成套动作的完成过程中,均要有身体形态和基本姿态的意识。基本姿态要求:重心向上、身体放松、躯干正直、尾闾中正、收腹挺胸、两肩下沉。

(5)创造性

健美操的动作应充分伸展、幅度大,成套动作应流畅、有节奏,连接动作和方法应有创造性——巧妙、新颖。

(6)音乐的选配

健美操的音乐应与所选动作的性质相符合,音乐的节奏应与每个动作合拍。

(7)一致性

集体项目应注意节奏、表演风格、高度、幅度与体型、姿势的一致性。

综上所述,健美操评分特点可以归纳为:形、力、健、美、新、意、气、神。

9. 成套动作的评分方法

健美操的成套动作是根据规则要求,结合本人和项目的特点,把不同类型的动作和特定动作协调地、不间断地、有机地编排连接起来的自编动作。在成套动作中,不得多次重复某个动作。

(1) 特定动作(占3分)

成套动作中必须有6类特定动作,即连续4次俯卧撑,连续4次仰卧起坐,连续4次俯卧体后屈,连续4次高踢腿,转体360°2次,高腾空、大幅度的姿态跳2次,每类动作占0.5分。

(2) 特定动作均视为依据

每类特定动作均视为一个动作。每个特定动作必须完成规定数量,如未达到规定数量(无论几次),均判缺少该类动作,扣分值0.5分。凡规定做的连续动作,中间不得中断、停顿及加连接动作。成套动作中少一类特定动作,除扣除分值外,追加扣0.3分。因为缺少一类特定动作降低了整套动作的价值,有利于运动员节省体力,不利于运动员身体的全面发展。集体项目中,个别运动员未做某类特定动作,判缺少该类特定动作,扣除其分值0.5分。完成某个特定动作时,动作错误,则扣分。集体项目中,如发现由其他队员代做特定动作的,则扣除1分。

(3) 加分因素(特定动作的加分)

加分方法:加分因素分值为0.6分,每类特定动作加0.1分。

加分条件:在没有改变特定动作类型的前提下,增加技术难度;本身难度价值虽没有增加,但有新意。

具体评分方法有详尽规定。

10. 组织编排

组织编排是反映运动员能力及创造性的一个方面,分值为2分。

组织编排的评分依据主要是看特定动作种类是否齐全。特定动作的分配与连接应合理,成套动作素材要多样化,不得多次重复某个动作,应注意动作对身体的影响。成套动作要多次经过位移而产生位置变化,利用场地要充分。编排风格要独特,与众不同,超出习惯范围。音乐选配与动作性质、节奏、风格、情绪要同一。如有的乐曲因剪辑成音乐节拍不完整或动作结束时音乐不完整,按轻微错误扣0.2分。成套动作时间超过规则定时,超过部分的动作应给予评分,只扣除超过时间的0.1分。

11. 完成情况

成套动作中,动作完成质量是决定能否有好的成绩的重要因素。它包括动作技术和姿势的正确、幅度、熟练性、协调性等,分值为3分,每类0.6分。

12. 总印象

总印象是裁判员对健美操成套动作主观的综合评定。它包括特点、体型、表现力、优美性四个方面,分值为1.4分。

(1) 各项目特点

女子单人项目:应具有刚柔结合的气质,动作优美,有感染力,突出女性特征。

男子单人项目:应具有阳刚之气,动作豪放,力度感强,肌肉素质好。

双人与集体项目:除具有上述两项目的特点外,还应有动作节奏、表演风格、情感交流等,体形姿态和技术要素(方向、幅度、高度、姿势等)要具有一致性、整体性。

(2) 体型分类

体型分健美型(标准型)、一般型或粗壮型以及肥胖型或瘦弱型三种。除健美型外,按不同类型进行相应减分。

(3) 表现力和优美性

表现力是指人的内在精神气质和外在动作表现的统一,它反映在表情、情绪、激情等方面。动作完成情况是优美性的基础,表现得淳朴、真实、自然,就给人以美的感受;反之,矫揉造作,赛场上有戏剧性的表演或过分呆滞,均会严重影响成套动作的整体效果。因此,裁判员对成套动作的表现力和优美性应进行综合评定。

队及个人特点	0.5 分
表现力	0.3 分
优美性	0.2 分
体型	0.4 分

13. 集体项目的评分

集体项目对运动员整体的协调一致性要求非常高。因此,在比赛中,由于人数多,运动员诸方面存在差异,均会造成错误机会的增加。集体项目与单人项目成套动作均采用 10 分制评分方法,所以裁判员在评分过程中应有一定的灵活性,即遵从个人项目评分从严、集体项目评分从宽的原则。

第十三章　羽　毛　球

第一节　概　　述

现代羽毛球运动诞生于英国。19 世纪 60 年代,一批退役的英国军官把印度孟买的“普那”(Poona,球用圆形硬纸板插上羽毛制成,板是木质的,一种类似羽毛球运动的游戏)带回英国。早期的场地呈葫芦状,中间狭窄处张挂球网进行活动,后来加以改进,成为现代的羽毛球场地。1873 年,在格拉斯哥附近的鲍弗特公爵的伯明顿庄园里举行了羽毛球表演。为了表示纪念,便以“伯明顿”命名羽毛球,所以英语中羽毛球被称为“Badminton”。

现代羽毛球从伯明顿庄园开始,有了一定的分数、场地、人数限制。1877 年,英国出版了第一本羽毛球比赛规则。随着羽毛球运动的发展,1939 年,国际羽联制定了会员国共同遵守的羽毛球规则。现代羽毛球运动在英国开展起来后,逐步在欧洲发展,随后流传到美洲、亚洲、大洋洲,最后传到非洲,至今已成为全世界盛行的体育项目。1934 年,国际羽毛球联合会成立,第一任主席是英国人汤姆斯,总部设在伦敦。1978 年,世界羽毛球联合会在香港成立。1981 年,两个联合会正式合并,组成国际羽毛球联合会。从 1948 年开始,有了国际男子羽毛球团体锦标赛,即汤姆斯杯赛,每三年举行一次。从 1956 年开始,有了国际女子羽毛球团体锦标赛,即尤伯杯赛,每三年举行一次。从 1977 年开始,有了世界羽毛球单项比赛,即世界羽毛球锦标赛,也是每三年举行一次。从 1984 年开始,这三大赛事都改为每两年举行一次。1992 年起,国际奥委会将羽毛球列为奥运会正式比赛项目,从而使羽毛球运动得到了前所未有的发展。羽毛球运动技战术发展的总趋势正向着快速、全面、进攻、多拍方向发展,世界羽坛正朝着多元化格局方向发展。

第二节　基本技术

羽毛球运动是在一块长方形的平地上,画上单打和双打合用的场地线,线宽 0.04 米,长 13.4 米,单打场地宽 5.18 米,双打场地宽 6.1 米,中间悬挂球网,网两边在支柱顶端处高 1.55 米,中间高 1.524 米(图 13-1),参加活动的双方共用一只羽毛球,各备一把羽毛球拍进行的运动。双方运用发球、拉球、杀球、吊球和跨步、垫步等各种击球技术和步法,以及重复球、追身球、吊杀上网、压底线、四方球、发球抢攻等战术,将球在网上往返对击,以把球击落在对方场区内或使对方击球失误为胜。羽毛球的基本技术包括握拍法、发球法、击球法和步法四大部分。

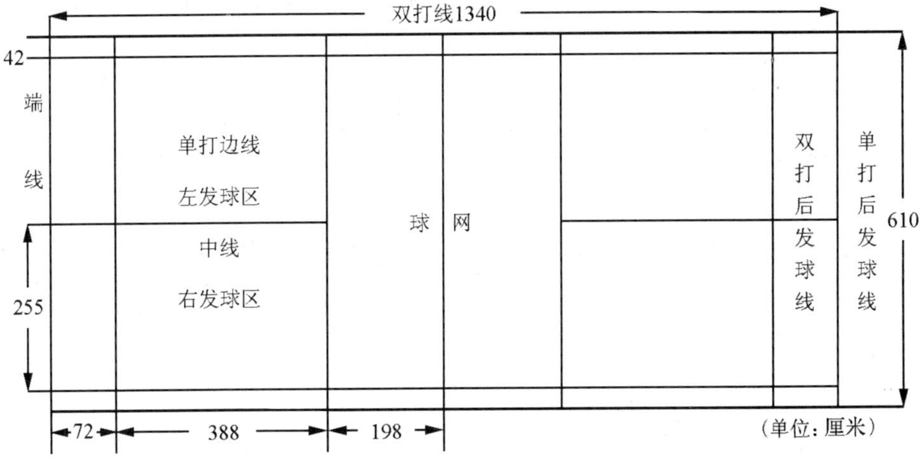

图 13-1

一、握拍法(本章的全部技术动作均以右手握拍为例)

羽毛球运动以运动员握球拍往返击球的方式进行,所以握拍法就成了初学者首先要掌握的羽毛球运动的基本技术之一。握拍法可分为正手握拍法和反手握拍法。

1. 正手握拍法

用握拍手手掌同一个朝向的拍面击球叫正手击球,正手击球时的握拍方法叫正手握拍法。(图 13-2)

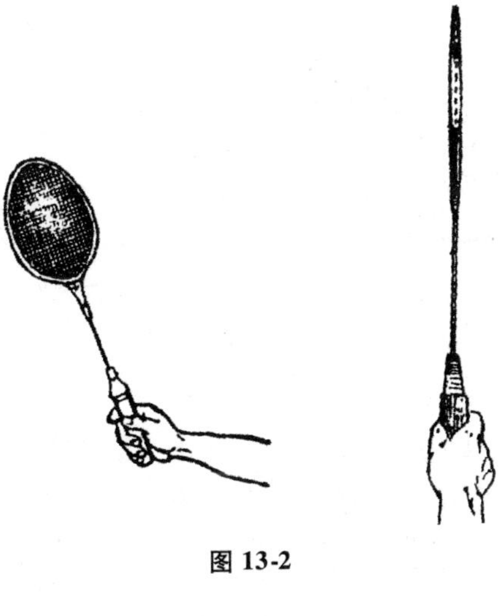

图 13-2

方法：握拍时，先用左手拿住拍颈，使拍面与地面垂直，再张开右手，使右手的小鱼际肌靠在拍柄底托处，虎口对准拍柄的内侧小棱边，然后小指、无名指和中指并拢握住拍柄，小指和无名指在拍柄的末端应稍紧，使球拍不脱手，食指与中指稍微分开，用食指和拇指轻松地环扣住拍柄。

2. 反手握拍法

用握拍手手背同一个朝向的拍面击球叫反手击球，反手击球时的握拍方法为反手握拍法。

方法：在正手握拍法的基础上，拍柄稍向外转，食指收回，拇指第二指节顶贴在拍柄内侧的宽面上，其余四指并拢握住拍柄，手心与拍柄之间应有一个明显的空洞。

除上述区别以外，正手握拍法和反手握拍法共同的技术关键是：一要放松，二要灵活。

二、发球法

发球的基本姿势可分为正手发球和反手发球两种。

（一）正手发球

姿势：左脚在前（脚尖对网），右脚在后（脚尖斜向侧方），两脚距离与肩同宽，上身自然伸直，重心放在右脚上，成左肩斜对球网之势。右手握拍自右后侧举起，肘部稍屈，左手用拇指、食指、中指夹持羽毛球的中间部位，举在身前，两眼注视对方准备接球的动作。（图 13-3）

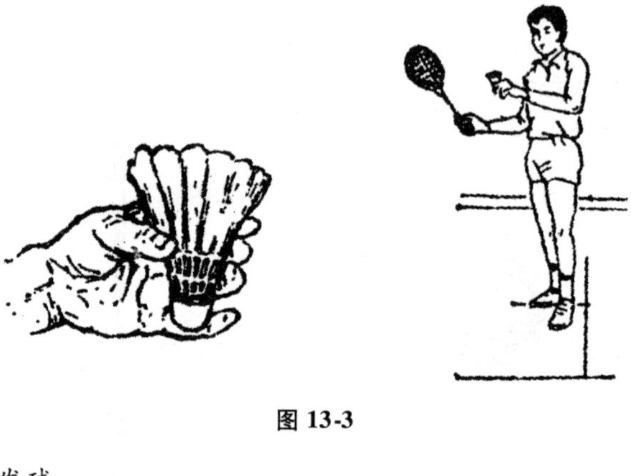

图 13-3

（二）反手发球

姿势：右脚在前，左脚在后，上身自然伸直，重心放在右脚上。面对球网，左手以拇指、食指和中指捏住羽毛球置于腹前腰下，右手反手握拍，肘部略抬起，使拍垂于左腰侧，两眼注视对方准备接球的动作。

反手发球的发力主要靠挥动前臂和伸腕闪动，动作小，力量小，但是速度较快，动作一致性好。

(三) 发球类别

按发出的球在空中飞行的弧线不同，发球可分为发高远球、发平高球、发平快球和发网前球。(图 13-4)

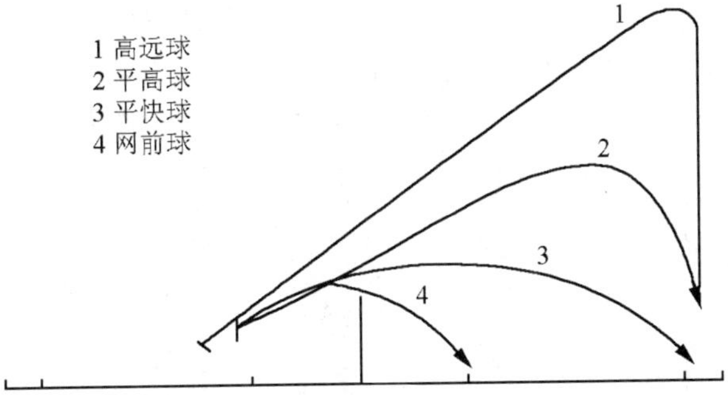

图 13-4

本节主要介绍正手发高远球和反手发网前球。

1. 正手发高远球

把球发得既高又远，使球近乎垂直地落在对方后发球线附近的发球区内，称为发高远球。该发球方式使接发球员难以实施威胁性大的杀球，在单打比赛中使用率较高。

方法：正手发球的准备姿势参见前述。发球时，左手撒手放球，紧接着转体，上臂挥动带动前臂，形成臂在前、球拍随后的姿势。在球拍与球快要接触前，前臂挥动速度加快，并带动手腕向前上方闪动，由原来的伸腕经前臂内旋至屈腕，造成击球瞬间的爆发力。在拍面后仰的情况下，将球向前上方击出，击球点应在右侧前下方。在球击出后，球拍随着惯性经左侧前上方挥摆。随着挥拍，重心由右脚移到左脚，脚跟稍提起，以保持身体的平衡。(图 13-5)

图 13-5

正手发高远球的关键是球拍击球的瞬间要控制好拍面的角度，由原来的伸腕经前臂内旋至屈腕时击球应有强劲的、向前上方的爆发力。

2. 反手发网前球

发出的球贴网而过，落在对方前发球线附近的发球区内，称为发网前球。该发球方式具有动作小、出球快、对方不易判断的特点，在双打中被较多地采用。发网前球分为正手和反手两种技术，本节主要介绍在实际中运用较多的反手发网前球。

方法：反手发球的准备姿势参见前述。发球时，前臂牵动手腕，使球拍从左下方向右前上方做弧形挥动，在球拍将要击到球之前，左手自然地撒手放球，用球拍对球做横切推送，使球贴网而过，落在对方前发球线附近的发球区内。（图 13-6）

图 13-6

发球要点：

（1）严格控制击球力量，掌握好用力方向。

（2）击球时，球拍面略反仰，在不过腰、不过手的限度内尽可能提高击球点，使球过网时的弧线尽可能低一些。

发球易犯的错误：

（1）挥拍路线不正确或击球后球拍不往左上方挥动，致使发球用力不充分。

（2）挥拍手臂僵硬，用力动作不协调。

（3）放松与挥拍配合不好，造成击球不到位。

发球的纠正方法：

（1）多做正确挥拍路线的慢动作练习，逐渐过渡到正常速度的挥拍练习。

（2）在右侧对墙约 50 厘米处做高远球的挥拍动作练习，以纠正横扫球拍错误，保证挥拍路线正确。

（3）多做放松协调的发球练习，开始时不强调击球的爆发力。

（4）反复练习放准球，即落点固定在身前，保持球托朝下落。

（5）发球时，眼睛看球。

发球的练习方法：

（1）按不同的发球方法，反复做挥拍练习。

（2）准确性发球：在端线内的 40 厘米处画一条横线，要求发高远球落在这 40 厘米的区域内；在前发球线后约 30 厘米处画一横线，要求发网前球落在这 30 厘米的区域内；在发球区四个角上画好小方框，要求发球落在小方框内。

(3) 发球动作一致性练习:用同一个准备姿势,交替发不同飞行弧线和不同落点的球。

(4) 发球、接发球对拉练习。

三、击球法

羽毛球运动的各种挥拍击球技术统称为击球法。在比赛过程中,运动员要根据实际情况,随心所欲地灵活交替运用各种击球方法,使击球力量的大小、落点的远近、飞行弧线的高低、飞行路线的直斜、飞行速度的快慢以及球的旋转等经常发生变化,这样才能做到攻有手段、守有招数,赢得比赛的主动权。击球法有很多技术动作,根据这些技术动作的特点,大致可分为高手击球、低手击球和网前击球三大类。

(一) 高手击球

一般将击球点高于头部的击球称为高手击球。按其技术特点和球的飞行弧线的不同,高手击球可分为高远球、平高球、扣杀球和吊球等。它一般在后场用来主动进攻或调动、控制对方,所以也是后场主要进攻技术。根据击球点的不同,可分为正手击球、头顶击球和反手击球。下面主要介绍最为常用的正手高手击球的动作技术。

1. 击高远球

击高远球是把球以较高的弧线击到对方的底线附近,起到削弱对方进攻威力的作用,从而消耗对方的体力。

方法:击球前,首先对来球的方向、落点进行准确判断,后退、移动,使球位于右肩稍前上方的位置,左脚在前,右脚在后,重心在右脚,右手持拍,大小臂自然弯屈,举拍在右肩上方,两眼注视来球。击球时,上臂右后引至头后,自然伸腕,左手自然高举,随后在后脚蹬地转体和腰腹的协调用力下,以右肩为轴,以上臂带动前臂快速向前上方甩动手腕用力,在手臂伸直的右肩上方稍前的最高点击球。(图 13-7)

图 13-7

平高球的动作技术与高远球相似。

2. 吊球

吊球是把对方击过来的后场高球轻击、轻切或轻劈至对方网前区的击球技术。

动作方法:击球准备姿势与正手高远球基本相同,区别在于:吊球击球力量要小,击到球以前的一刹那,突然减慢挥拍速度,以手指控制使拍面适当前倾,做放松收腕、屈腕动作,使球落在对方网前区域。(图 13-8)

图 13-8

3. 扣杀球

扣杀球是把对方击来的高球全力向下扣压,是最具威力的进攻技术和得分手段。

动作方法:击球准备姿势与正手高远球基本相同,不同的是:扣杀球的最后用力方向朝下,击球点比高远球稍偏前,手臂应基本伸直,要充分利用蹬地、转体、收腹以及手臂和手腕的爆发力,全力将球向前方击出,击球的一刹那要紧握球拍。(图 13-9)

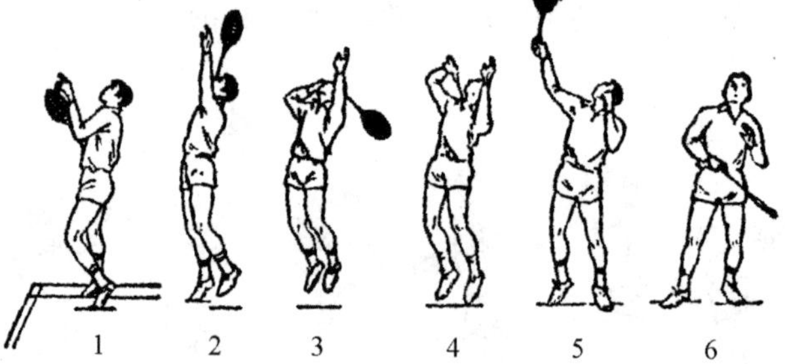

图 13-9

(二) 低手击球

击球点低于头部高度的击球称为低手击球。低手击球技术主要有半蹲快打、接杀球和抽球。半蹲快打和接杀球主要用于中场区，抽球在中场或后场都有应用。在后场，抽球主要对付对方的长杀，并在对方压底线两角时作为反控制的手段。

1. 半蹲快打

在中场区，对对方打过来的约肩以上至略高于头部之间的平快球，采用半蹲姿势，争取在较高部位上快速地将球平击回去，称为半蹲快打。半蹲快打技术表现出快速、凶狠、紧逼对方、主动进攻的特色，多用于双打比赛中。

方法：在中场区，两脚平行站立或右脚稍前，两膝弯屈成半蹲，屈肘举拍于肩上。击球时，以前臂带动手腕快速挥拍，争取在身前较高部位上将球平击回去。它要求反应敏捷、果断，能控制好拍面角度，挥拍幅度小，快而有力。（图 13-10）

单蹲正面击球　　半蹲右侧击球　　半蹲头顶击球

图 13-10

2. 接杀球

把对方扣杀过来的球还击回去称为接杀球，一般较多采用挡球、抽球和推球的技术。

挡球方法：两脚平行站立，屈膝，两眼注视杀过来的球，对身体右侧的来球用正手挡球，重心移向右脚，右臂向右侧伸出，放松握拍，拍面略后仰对准来球，将球挡回对方网前区。（图 13-11）

1　　2　　3

图 13-11

抽球和推球的方法与挡球相似，区别在于：抽球时，先有一个向后引拍的预摆动作，握紧球拍，然后以前臂为主，带动手腕向前上方急速挥拍抽球；推球时，在球拍触球前的瞬间要握紧球拍，以前臂和手腕的爆发力为主，向前上方甩腕。

3. 抽球

将低于头部的球用抽击的方法还击称为抽球。抽球分正手抽球和反手抽球两种。抽球时,只要掌握好发力方向,调整好拍面的角度,即可把球回击成高远球、平快球和抽吊网前球。

抽球方法:当对方击来右后场低球时,快步向右后场移动到适当的位置上,最后一步以右脚向球下落的方向跨出,侧身对网,上身向右后倾,重心在右脚上。用正手握拍法,右臂屈肘举拍于右肩上方,在右脚跨步着地的同时,主要靠前臂带动腕部做“抽鞭式”闪动挥拍,将球抽向对方。抽球后,即以右脚蹬地,向中心位置回动。(图 13-12)

图 13-12

(三) 网前击球

网前击球技术包括放网前球、搓球、挑球、扑球和钩球等。

1. 放网前球

当对方击来网前球,用球拍轻轻一托,将球向上弹起,恰好一过网就朝下坠落,称为放网前球。

动作方法:引拍时,两脚前后成弓箭步,重心在前脚,持拍手臂前伸,同时另一手臂自然前伸,以起平衡作用。击球时,轻托球托把球轻送过网。

2. 其他

其他几种网前击球技术,如搓球、挑球、推球、钩球和扑球的身体姿势与放网前球的准备姿势一样,只是击球时的用力不同:搓球是以肘关节为轴,通过小臂的外旋及收腕动作发力;挑球是以肩为轴,主要以小臂带动手腕发力;推球是以前臂内旋,用腕部的转动和手指的力量向前快速推击;钩球是以前臂内旋带动屈腕动作,使拍面斜向左边,用球拍击球托的右后部分,将球钩向对方的右网前区;扑球主要运用前臂和手腕的力量,正手扑球屈腕,在体前用前倾的拍面向前下方挥击。

击球易犯的错误:

(1) 发力不好,挥拍无力,球打不到后场。

(2) 打不到球。

(3) 球过网或过网弧度太高。

击球易犯错误的纠正方法：

（1）进一步领会技术要领的同时，反复体会"抽鞭式"用力顺序及击球要领。

（2）多做力量性的辅助练习，如手握沙袋、小哑铃、矿泉水瓶、网球拍等做挥拍发力击球的模仿练习。

（3）面对墙壁站立，肘关节高举，前臂在肩后，前臂往上挥动并带动手腕和球拍往前上方挥动，直至拍面碰到墙为止。另外，也可在适当高度悬吊羽毛球进行击球练习。

（4）握拍灵活放松，以维持用手指灵活控制拍面角度和掌握用力大小。击球点近网，拍面角度适当大一点；反之，则小一些。

击球的练习方法：

1. 高手击球的练习方法

（1）高远球的练习方法

① 定点徒手模仿，做高远击球技术的挥拍动作。

② 用细绳把球悬挂在适当的高度上做击球练习。

③ 陪练者站在高台上将球抛下，练习者挥拍击球。

④ 陪练者以高远球发向练习者右侧，练习者回击高远球。

⑤ 练习者站在端线前约 2 米处，陪练者发高远球至练习者的左方或右方，练习者做并步后退回击。

⑥ 一对一直线定点往返击高远球。

⑦ 已有一定移动击球的基础后，可做起动、回动的多球练习。

⑧ 同上，击回直线和斜线的球落点要到位。

（2）扣杀球的练习方法

① 手持羽毛球站在半场区，模仿扣杀球的方法向对方场区下压掷球。

② 练习者站在半场区，陪练者发半场高球，练习者做扣杀练习。

③ 一攻一防：一人防守，一人扣杀。

④ 一攻两防：练习者应交替向两个陪练者杀球，以练习控制杀球路线的能力。

⑤ 两点杀一点：陪练者交替将球击向右后场区和左后场区，练习者应积极移动，将球杀向陪练者方位。

（3）吊球的练习方法

① 定位劈吊对角。

② 一点吊两点：练习者交替将球吊对角线和直线，两个陪练者将球挑高击回固定点。

③ 两点吊一点：陪练者往对方后场底线挑高球，练习者应积极移动，将球吊

回对方网前固定点。

④ 待吊球练熟后,可做高、吊、杀的综合练习,以培养灵活运用这些技术的能力。

2. 低手击球的练习方法

(1) 半蹲快打的练习方法

① 按手势指令做不同部位的半蹲快打的挥拍练习。

② 陪练者以平快球发向练习者,练习者站在中场区或中后场区做半蹲快打回击。

③ 一对一(或二对二)站在中场区做半蹲快打练习。

④ 一对一(或二对二)站在中后场区做半蹲快打练习,边打边压网。

(2) 接杀球的练习方法

① 按手势指令做接杀球的步法移动和挥拍练习。

② 练习者发高远球,陪练者杀球,练习者用规定的手法、球路接杀球。

③ 用多球做接杀球练习。

④ 半场、全场一攻一守练习。

3. 网前击球技术的练习方法

(1) 原地或跨一步做模仿练习。

(2) 原地或跨一步做多球练习。

(3) 从场区的中心位置,开始做上网步法结合击球练习。

(4) 从场区的中心位置,开始做定点、定动作的上网击球的多球练习,再做不定点、不定动作的多球练习。

(5) 吊上网、杀上网练习。

(6) 半场、全场单打比赛。

四、步法

羽毛球比赛时,运动员在场上为了跑到适当的位置击球而采用的快速、合理、准确的移动方法,称为步法。

(一) 主要环节

步法包括起动、移动、到位配合击球和回动四个环节。

1. 起动:对来球一有反应判断,即从中心位置上的准备姿势转为向击球位置出发。

2. 移动:从中心位置起动后到击球位置。移动的方法有垫步、交叉步、小碎步、并步、蹬转步、蹬跨步、腾跳步等。

(1) 垫步:当右(左)脚向前(后)迈出一步后,紧接着以同一脚向同一方向再迈一步。垫步一般用做调整步距。

(2) 交叉步:左右脚交替向前、向侧或向后移动。经另一脚前面超越的为前交叉步,经另一脚后面超越的为后交叉步。

(3) 小碎步:小的交叉步。由于步幅小、步频快,小碎步一般在起动或回动起始时用。

(4) 并步:右脚向前(或向后)移动一步时,左脚即刻向右脚跟并一步,紧接着右脚再向前(向后)移一步。

(5) 蹬转步:以一脚为轴,另一脚做向后或向前蹬转迈步。

(6) 蹬跨步:在移动的最后一步,左脚用力向后蹬的同时,右脚向来球的方向跨出一大步。

(7) 腾跳步:起跳腾空击球的步法。

3. 到位配合击球:根据不同的击球方式,运动员应站到最适合这种击球的有利位置上,从而更好地为击球作好准备。

4. 回动:击球后,应尽力保持或尽快恢复身体平衡,并立即向中心位置移动,以便在中心位置上作好迎击下一个来球的准备。所谓“中心位置”,一般是指场区的中心略靠后的位置,因为这个位置有利于向场区各个方向迎击来球。

(二) 主要步法

步法主要有后退步法、两侧移动步法、上网步法。

1. 后退步法:从中心位置移动到后场各个击球点的位置上击球。

2. 两侧移动步法:从中心位置向左右侧移动到击球点的位置上击球。

3. 上网步法:从中心位置移动到网前击球,由交叉步(或并步、垫步等)和蹬跨步(或蹬跳步)构成。

步法易犯的错误:

(1) 反向移动,球的落点在后场,却往前场移动;球的落点在网前,却往后移动。

(2) 反应慢,移动慢。

(3) 步法与击球动作配合不协调。

(4) 哪里打完球就在哪里停着,缺乏回中心位置的意识。

步法易犯错误的纠正方法:

(1) 多进行教学比赛,提高对假动作及出球路线的识别判断能力。

(2) 通过多球训练,做反应起动练习。

(3) 通过各种下肢力量练习,增强脚弓、踝关节和下肢的力量。

(4) 要强调做到最后一步正确。

(5) 依手势指令,在羽毛球场地上反复做起动、到位挥拍“击球”、回动的练习。

(6) 进行耐力与速度耐力的训练,以加强移动能力。

步法的练习方法：

(1) 准备姿势,看手势信号做起动练习。

(2) 看手势信号做蹬转步练习。

(3) 逐个进行不同步法的练习。

(4) 按手势指令做步法的综合练习。

(5) 多球练习。

(6) 进行一对一的教学比赛。

第三节 基本战术

一、打法类型

(一) 单打的打法类型

1. 压后场底线:以高球压对方后场底线,迫使对方后退,然后寻找机会用大力扣杀或吊网前空当以争取得分。这种打法主要是以力量和后场的高吊、杀球进行较量。

2. 打四方球:以高球或吊球准确地将球击到对方场区的四个场角,调动对方前后、左右跑动,打乱其阵脚,在对方来不及回中心位置或回球质量较差时,向其空当部位发动攻击。这种打法要求运动员步伐灵活,防守好,有准确控制落点的能力。

3. 快拉快吊:以平高球快压对方后场两底角,配合快吊网前两角,吸引对方上网,以网前搓球、钩对角球结合推后场底线,迫使对方疲于奔命,被动回球,从而为本方创造中后场大力扣杀或网前扑杀的机会。这是一种积极主动、快速进攻的打法。

4. 后场下压:通过后场扣杀、吊球等技术,先发制人,然后快速上网,利用搓、推、钩、扑等技术,高点控制网前。这是一种全攻型的打法,具有先发制人、快速凶狠等特点。

5. 守中反攻:利用拉、吊四方球及防守中的球路变化调动对方,伺机反攻。这种打法适合本身进攻能力不强,但是防守技术较好、反应较快、身体灵活且身形较矮的选手。

(二) 双打的打法类型

1. 快攻压网:从发球、接球抢攻开始,以左、右分边站位,平抽平打,快速杀球为主,压在前场进攻。这种打法要求运动员有网前意识和抽打技术。

2. 前场打点:通过网前搓、钩对角及推半场或找空隙进攻,打乱对方站位,创造后场进攻机会。这种打法要求运动员有细腻的网前技术。

3. 后攻前封:基本保持前后站位,后场逢高球就积极下压,当对方回球到前场或网前时,即予以致命的扑杀。这种打法要求后场运动员有连续扣杀的能力,前场运动员有较强的封网意识和网前技术。

4. 抽打底线:以快速的平高球和长抽球压住对方底线两角,在对方扣杀球时,能以平抽反击或挑高球到两角调动对方,伺机进攻。这种打法要求运动员有较强的防守能力和较好的底线平抽球技术。

二、战术

战术根据双方的打法和场上情况而定,是指运动员在比赛中根据双方的情况合理运用技术,有针对性地组织自己的球路以争取胜利的策略。羽毛球比赛中有单打战术和双打战术两种。

(一) 单打战术

1. 发球战术:从发球的第一拍起,争取控制对方,以攻杀得分。这种战术一般为发网前低球结合平快球、平高球,争取第三拍的主动进攻。

2. 攻后场战术:通过击高球,重复压对方的底线两角,造成对方的被动,然后寻找机会进攻。

3. 攻前场战术:对付网前技术较差的对手,可运用此战术先将其吸引到网前,然后再攻击其后场。

4. 打四方球战术:若对方步子较慢,体力较差,技术不全面,可以快速、准确的落点攻击对方场区的四个角落,寻找机会向空当进攻。

5. 杀、吊上网战术:当对方击来后场球时,即以杀球或吊球下压;当判断对方挡回网前球时,即刻快速上网,高点控制网前。

6. 打对角线战术:对付身体灵活性差、转体较慢的对手,不论是进攻还是防守,均应以打对角线为主。

(二) 双打战术

1. 站位

双打比赛的站位有一前一后站位和两人分边站位两种。

(1) 一前一后站位:站在后场的人分管后半场的球,站在前场的人负责前半场的球。这种站位有利于进攻,但是不利于防守。

(2) 分边站位:各人分管半边场地。这种站位多在防守时采用。

站位形式在比赛中随着进攻与防守之间的不断转换而变化。双打的轮转站位多在配对选手相差不大时采用。如果水平相差悬殊,则技术水平好者固定站在后场,除了主要负责后半场的来球之外,同时还要兼顾中场附近或前场的球;而技术水平差者则固定站在网前,主要负责网前来球。

2. 战术

双打除了有站位以外,还要有战术,这样才能在比赛场上发挥出更好的水平。

(1) 攻人战术:集中攻击对方中有明显弱点的人,并伺机攻击另一人因疏忽露出的空当,或偷袭此人。

(2) 攻中路战术:当对方分边站位防守时,将球攻击到两人的中间;当对方前后站位防守时,可将球下压或平推至两边半场。这样可使对方防守时因互相争抢或避让而出现失误。

(3) 攻后场战术:对方后场扣杀能力差时,本方可采用平高球、推平球、接杀挑底线战术,把对方一人紧逼在底线两角移动。当对方被动还击时,则抓住机会大力扣杀。当另一对手后退支援时,即可攻网前空当。

(4) 后攻前封战术:当本方处于主动进攻前后站位时,站在后场的队员见高远球就杀或吊网前,迫使对方接球挡网前,这可为本方前场队员创造封网扑杀机会。前场队员要积极封锁前场,迫使对方被动挑高球。一旦对手挑高球达不到后场,就为本方创造了再进攻的机会。

羽毛球比赛中,只有在技术水平相当的情况下,战术才能起到决定性的作用。在正确运用战术时,要注意三点:(1) 要知己知彼地制定战术;(2) 比赛时坚持赛前制定的战术;(3) 要随机应变,根据赛场上的实际情况适时改变战术。

第四节　羽毛球竞赛规则简介

羽毛球竞赛规则是羽毛球比赛的法律性文件,运动员和裁判员在场上都是依据它进行比赛和工作的。掌握规则与裁判法,裁判员可提高临场裁判水准,让运动员充分发挥技战术水平,使比赛顺利进行,从而搞好羽毛球竞赛活动。下面简单介绍一下羽毛球竞赛规则。

1. 用球

正式比赛时,应使用羽毛插在软木上制成的羽毛球,球重应为 4.74—5.5 g。一名运动员从端线用低手充分向前上方击球与边线平行,球能落在另一端线内 30—76 cm 之间,则应认为速度正常。

2. 计分

比赛采用三局两胜制,率先得到 21 分的一方赢得当局比赛;如果双方比分打成 20 比 20,获胜一方需超过对手 2 分才算取胜;如果双方比分打成 29 比 29,则率先得到第 30 分的一方取胜。

3. 发球和接发球站位

在单打和双打比赛中,发球方的得分为零或双数时,必须在右发球区发球;

得分为单数时,应在左发球区发球。接发球的一方必须相应地在斜对角的发球区内接球。双打比赛中,发球方每得一分后,同队两队员互换发球区,由原来发球员继续发球,而对方不得互换位置。发球方输球后,对方得分,并且发球方两名队员按输球时的站位接对方发球。发球和接发球员的同伴站位不限,但是不得阻挡对方视线。

4. 得分和换发球

发球后,发球方胜,则得一分,由原发球员换一发球区继续发球。发球方输,对方得一分,由对方发球。

5. 交换场地

每球得分制下,每一局结束后,双方交换场区继续比赛。第三局比赛中,一方先得 11 分时,也需要交换场地。

6. 间歇

当一方在比赛中得到 11 分后,双方队员休息 1 分钟。此时,教练员可以进行指导,但是运动员不能离开场地。两局比赛之间的休息时间为 2 分钟。

7. 发球违例

(1) 过腰:发球时(在球和球拍接触的瞬间),球的任何部分高过发球员的腰部。

(2) 过手:发球时(在球和球拍接触的瞬间),球拍顶端未向下,整个拍框没有明显低于握拍手的整个手部。

(3) 踩线:发球时,脚踩在发球区四周的线上或线外的地面。

(4) 移动:发球时(从球拍第一次向前挥动开始——如抛球在先,挥拍在后,则从抛球开始到球从拍面弹出瞬间为止),发球员的两脚或任何一脚离开地面或移动。

(5) 假动作:在发球员和接球员均做好准备姿势后,发球员在发球过程中有任何破坏发球连续性的动作。

(6) 违例:发球时,在击球瞬间不是首先击中羽毛球的球托。

(7) 不过网:球未发过网,或从网下穿过。

(8) 错区:发过去的球落在非规定的一个发球区内。

(9) 短球:发过去的球落在网前发球线之间的区域内。

(10) 长球:双打比赛,发过去的球落在双打发球线之后与端线之前的区域内。

(11) 界外:发过去的球落在边线、端线以外的地区。

8. 接发球违例

(1) 移动:接发球时(从发球员拍第一次向前挥动开始——如抛球在先,挥拍在后,则从抛球开始到球从拍面弹出瞬间为止),接发球的两脚或任何一脚离开地面或移动。

（2）踩线:接发球时,接发球员踩在发球区四周的任何线上或踏出线外。

9. 击球违例

（1）连击:挥拍连续击球两次,或同队两名运动员各击一次。

（2）持球:击球时,球停滞在球拍上,紧接着又有拖带动作。

（3）界外:球的整体落在对方边线后端线以外(球的任何部分压线为界内球)。

（4）触网:比赛进行中,球拍或运动员身体、衣服触及球网或球网的支撑物。

（5）过网:击球时,球拍或球的接触点在对方场区上空(如果击球点在本方上空,球拍可随球过网)。

（6）碰障碍:击出的球碰到障碍物。

（7）违例:队员的身体被球击中。

（8）妨碍:比赛进行中,运动员有妨碍对方的行为,如当对方在靠近网前上空有机会向下击球时,运动员将球拍在网前举起,企图通过拦截使球反弹回去;运动员侵入对方场区;球拍扔进对方场区等。

（9）不过网:击出的球落在本方场区外,或从网下击入对方场区。

第十四章 网　　球

第一节 概　　述

一、起源和演变

网球运动的起源和演变可以这样概括:孕育在法国,诞生在英国,开始普及和形成高潮在美国,现盛行于全世界。

原始的网球是 13 世纪法国的一种宫廷游戏,其方法是徒手打球,那时的球是用皮布裹着毛发制成的。裹球的皮布来自埃及的坦尼斯镇,故名“Tennis”,这个名称沿用至今。直到现在,我们使用的球还保留着一层柔软的绒面。

1896 年在雅典举行的第一届奥运会上,网球的男子单打与双打被列为正式比赛项目。后来,由于国际奥运会和国际网球联合会在“业余运动员”的定义上有分歧,已经连续七届奥运会都进行的网球比赛被取消。直到 1984 年的洛杉矶奥运会上,网球才被列为表演项目。1988 年的汉城奥运会上,网球重新被列为正式比赛项目。

二、四大公开赛

1. 温布尔登网球锦标赛

温布尔登网球锦标赛是现代网球史上最早的比赛。该项赛事于每年 6 月最后一周至 7 月初定期举行,已经形成了传统,参加资格是按前一年在各种重大比赛中获胜的得分累计而确定的。该项赛事由全英俱乐部和英国草地网球协会于 1877 年创办。首次正式比赛在全英俱乐部位于伦敦西南角的温布尔登总部进行,名为“全英草地网球锦标赛”。首届比赛定位为业余选手参加的比赛,而且只设男子单打项目。当时决赛的门票只售 1 个先令。一位来自哈罗公学的名叫斯班塞·高尔的学生在 22 名参赛者中独占鳌头,获得“挑战杯”(冠军奖杯的名称)。1884 年,组委会首次设立了女子单打,姆德·沃特森战胜了其他 12 位选手,成为温布尔登历史上第一个女单冠军。同年,男子双打也成为正式比赛项目。1899 年,又增加了女子双打和混合双打。从 1901 年开始接受外国选手参赛,当时只限于英国自治领地内的小国参加,1905 年正式开放,美、法等国选手才跨海而来参加比赛。1922 年进行了两项改革,一是修建了可容纳 1.5 万名观众的中央球场,二是废除了“挑战赛”。从这一年起,要取得冠军,从第一轮打起,男子必须连胜7场比赛,女子必须连胜6场比赛。1968年起,国际网球联合会同意职业选手参加该项比赛,同时组织者还募集巨额奖金,吸引全世界一流好手参加,因此竞技水平逐年提高。凡夺得各个单项比赛冠军的选手,立即会成为世界知名人物。因此,比赛期间,精英荟萃,好手云集,争夺十分激烈,它体现了网球技术的最高水平和发展趋势。截至2008年,温布尔登网球锦标赛已举办了122届,其中由于两次世界大战停赛10次。若从1877年开赛算起,该项赛事至今已有百余年的历史了。

2. 澳大利亚网球公开赛

澳大利亚网球公开赛由澳大利亚网球运动中心管理,是每年四大公开赛中最早开始的,一般安排在1—2月。该项赛事是四大公开赛中最迟创建的,第一次比赛于1905年在墨尔本的威尔霍斯曼板球场举行。其中,男子比赛创建于1905年,女子比赛始于1922年。刚开始举办比赛使用的是草地网球场,到1988年才改为硬地网球场。1968年国际网球职业化后,澳大利亚网球公开赛被列为四大公开赛之一。1972年,为了吸引更多的观众,这项赛事定在了澳大利亚的大城市墨尔本举行。在创办后的相当长的一段时间里,赛事冠军均为本地人所得。从1946年到1978年,男、女单打冠军多为澳大利亚选手获得,而进入80年代后,却又没有一位本地选手有幸获此殊荣。随着比赛规模的不断扩大、知名度的不断提高,比赛场地的设施需要随之进行改进,“碎片公园”体育场也就应运而生。这个多功能的运动中心在1986年开始动工,1988年1月完工,并于同年在此成功举办了1988年福特澳大利亚网球公开赛。此后,这个运动中心又进行了进一步的扩建,在1995年开始了比赛场地的二期工程,并在1997年的比赛中正式使用。1996年1月29日,“碎片公园”体育场正式改名为“墨尔本公园”球场。

3. 美国网球公开赛

美国网球公开赛的影响虽比不上温布尔登网球公开赛,却高于澳大利亚甚至法国网球公开赛。该项赛事每年一届,通常在8—9月举行,开始名为“全美冠军赛”,只是业余选手参加的一项锦标赛。经过组委会不懈的努力,美国网球公开赛才从业余赛事发展到现在世界上奖金最丰厚的大满贯赛事。如今,每年夏天在美国国家网球中心进行的美国网球公开赛都能吸引超过50万的球迷到现场观看。首届美国网球公开赛于1881年在罗得岛新港举行,当时只是国内赛事,而且只有男子单打。后来,为了追求更多的娱乐因素,才增加了女单、男双、女双、混双四个项目。女子比赛始于1887年。1968年起,美国网球公开赛正式被列为四大公开赛之一,设有5个单项的比赛,是每年四大公开赛中最后举行的大赛。1915年起,该项赛事移至纽约林山进行。1970年,美国网球公开赛改名为“全美公开赛”。美网历史上第一个男单冠军被纽波特俱乐部的卡西诺获得,当时只有在美国国家网球联合会注册的俱乐部才有资格参赛。美国是一个高度商业化社会，它的职业网球商业化程度绝不亚于职业拳击。获美国网球公开赛男、女单打冠军者均可获得150万美元，而该项赛事的总奖金是四大公开赛中最高的，高达1600多万美元。由于美国网球公开赛的地位和高额奖金，以及中速硬地场地，每年都会吸引众多好手参加。据世界网球杂志统计，1989年美国公开赛涉及的金钱往来总额高达1亿美元。

4. 法国网球公开赛

法国网球公开赛始创于1891年，比温布尔登网球锦标赛晚14年，开始时只限于本国人参加，1925年以后对外开放，成为公开赛。该项赛事开赛至今已经超过100年了，其间除了因两次世界大战被迫停赛11年外，其余均是每年举行一届。获得法国网球公开赛男子单打冠军头衔最多的是瑞典选手博格，他在1974年到1981年的8年中6次夺冠。1989年，17岁的美籍亚裔选手张德培爆出了网坛80年代最大的冷门，他先后挫败了伦德尔、埃德博格，成为法国网球公开赛历史上最年轻的单打冠军，也是第一位亚洲血统的选手获此殊荣。女子单打方面，埃弗特、纳芙拉蒂诺娃、格拉芙等当代明星都夺得过奖杯。而埃弗特在1974年至1986年的12年间曾7次夺标，创造了该项赛事的纪录。法国网球公开赛通常在每年的5—6月举行，是继澳大利亚网球公开赛之后第二个进行的大满贯赛事。法国网球公开赛规定男子单打每场比赛采用5盘3胜淘汰制，所以一场比赛打上四五个小时是司空见惯的。在这样的球场上，花这么长的时间去打一场比赛，球员要有超群的技术和惊人的毅力才行。法国网球公开赛与温布尔登锦标赛一样，是在世界网坛上享有盛名的传统比赛。

表14-1　四大公开赛历年单打冠军(1999—　)

温布尔登网球锦标赛		
年份	男单冠军	女单冠军
1999	桑普拉斯(美国)	达文波特(美国)
2000	桑普拉斯(美国)	大威廉姆斯(美国)
2001	伊万尼塞维奇(克罗地亚)	大威廉姆斯(美国)
2002	休伊特(澳大利亚)	小威廉姆斯(美国)
2003	费德勒(瑞士)	小威廉姆斯(美国)
2004	费德勒(瑞士)	莎拉波娃(俄罗斯)
2005	费德勒(瑞士)	大威廉姆斯(美国)
2006	费德勒(瑞士)	毛瑞斯莫(法国)
2007	费德勒(瑞士)	大威廉姆斯(美国)
2008	纳达尔(西班牙)	大威廉姆斯(美国)
2009	费德勒(瑞士)	小威廉姆斯(美国)

（续表）

温布尔登网球锦标赛		
年份	男单冠军	女单冠军
2010	纳达尔（西班牙）	小威廉姆斯（美国）
2011	德约科维奇（塞尔维亚）	科维托娃（捷克）
2012	费德勒（瑞士）	小威廉姆斯（美国）
澳大利亚网球公开赛		
年份	男单冠军	女单冠军
1999	卡费尼科夫（俄罗斯）	辛吉斯（M. Hingis）瑞士
2000	阿加西（美国）	达文波特（美国）
2001	阿加西（美国）	卡普里亚蒂（美国）
2002	约翰森（瑞典）	卡普里亚蒂（美国）
2003	阿加西（美国）	小威廉姆斯（美国）
2004	费德勒（瑞士）	海宁（比利时）
2005	萨芬（俄罗斯）	小威廉姆斯（美国）
2006	费德勒（瑞士）	毛瑞斯莫（法国）
2007	费德勒（瑞士）	小威廉姆斯（美国）
2008	德约科维奇（塞尔维亚）	莎拉波娃（俄罗斯）
2009	纳达尔（西班牙）	小威廉姆斯（美国）
2010	费德勒（瑞士）	小威廉姆斯（美国）
2011	德约科维奇（塞尔维亚）	克里斯特尔斯（比利时）
2012	德约科维奇（塞尔维亚）	阿扎伦卡（白俄罗斯）
美国网球公开赛		
年份	男单冠军	女单冠军
1999	阿加西（美国）	小威廉姆斯（美国）
2000	萨芬（俄罗斯）	大威廉姆斯（美国）
2001	休伊特（澳大利亚）	大威廉姆斯（美国）
2002	桑普拉斯（美国）	小威廉姆斯（美国）
2003	罗迪克（美国）	海宁（比利时）
2004	费德勒（瑞士）	库兹涅佐娃（俄罗斯）
2005	费德勒（瑞士）	克里斯特尔斯（比利时）
2006	费德勒（瑞士）	莎拉波娃（俄罗斯）
2007	费德勒（瑞士）	海宁（比利时）
2008	费德勒（瑞士）	小威廉姆斯（美国）
2009	德尔波特罗（阿根廷）	克里斯特尔斯（比利时）
2010	纳达尔（西班牙）	克里斯特尔斯（比利时）
2011	德约科维奇（塞尔维亚）	瑟托斯（澳大利亚）
2012	穆雷（英国）	小威廉姆斯（美国）

（续表）

法国网球公开赛		
年份	男单冠军	女单冠军
1999	阿加西（美国）	格拉芙（德国）
2000	库尔滕（巴西）	皮尔斯（法）
2001	库尔滕（巴西）	卡普里亚蒂（美）
2002	科斯塔（西班牙）	小威廉姆斯（美）
2003	费雷罗（西班牙）	海宁—哈德恩（比利时）
2004	高迪奥（阿根廷）	米斯金娜（俄罗斯）
2005	纳达尔（西班牙）	海宁—哈德恩（比利时）
2006	纳达尔（西班牙）	海宁—哈德恩（比利时）
2007	纳达尔（西班牙）	海宁—哈德恩（比利时）
2008	纳达尔（西班牙）	伊万诺维奇（塞尔维亚）
2009	费德勒（瑞士）	库兹涅佐娃（俄罗斯）
2010	纳达尔（西班牙）	斯齐亚沃妮（意大利）
2011	纳达尔（西班牙）	李娜（中国）
2012	纳达尔（西班牙）	莎拉波娃（俄罗斯）

三、国际性团体赛

1．戴维斯杯

戴维斯杯网球赛（Davis Cup）是每年一度的世界男子网球团体赛，也是世界网坛层次最高、影响最大的国际性团体赛，由国际网球联合会主办，是除奥运会网球比赛外历史最长的网球比赛。因该项赛事系美国人戴维斯倡议举办，并捐赠银质奖杯授予冠军队，故名“戴维斯杯网球赛”。首届戴维斯杯网球赛于1900年在美国波士顿举办，仅美国和英国参加，戴维斯本人是美国队的队长兼运动员，并在当年的比赛中带领美国队以3:0战胜英国队捧走奖杯。由于参加国家的增多，1923年起，该项赛事分为美洲区和欧洲区，两个区先进行分区预赛，然后再进行决赛。1981年开始，该项赛事采取分为两级的升降级比赛的办法。1952年，由于参赛队的增加，除原美洲区和欧洲区外，又增加了一个东方区，分3个区先进行预赛，然后产生次冠军队，再向上届冠军队挑战。1966年，欧洲参赛队剧增，又从3个区分成4个区，即美洲区、东方区、欧洲A区、欧洲B区（非洲国家参加欧洲B区）。1970年，成立了一个委员会，研究讨论竞赛规则的改革。较多国家认为，卫冕国家以逸待劳，迎战疲惫不堪的挑战队，未免太有失公允。所以，该委员会1971年通过一项决议，取消了“挑战赛”制度，从1972年起冠军队也毫无例外地必须从第一轮开始比赛，至于决赛地

点的选择,由抽签决定。这项变革一定程度上避免了出现像美国和澳大利亚那样,年复一年地垄断这项赛事桂冠的局面。

随着比赛历史的增加,原有的制度不再适合新的形势,所以戴维斯杯网球赛的规则也随之改变。赛事委员会分别在1980年和1988年两次对规则作了比较大的修改,把原东方区改为亚太区,又分为亚太1组和亚太2组,水平高的在1组,1组的上、下半区各出线一个队;把原欧洲A区、欧洲B区,改为欧非区1组,其中仍分为A区和B区,每区的前两名出线参加世界组的资格赛;又增设了非洲区2组和欧洲区2组,所有区的2组水平都是该区较低的。这样,亚太区1组、美洲区1组和欧非区1组的A区和B区,各出线2个队,共8个队,进入世界组的预选赛,与当年世界组16个队中第一轮被淘汰的8个队抽签对阵,捉对厮杀,胜者升到第二年世界组,成为16强,参与争夺戴维斯杯;负者回到各区的1组,第二年再战。

戴维斯杯网球赛采用4单1双,5场3胜制。无论哪一级的团体赛,比赛时间都是3天。第一天两场单打,第二天一场双打,第三天又是两场单打。第一天和第二天为5盘3胜制,第三天为3盘2胜制。获得戴维斯杯次数最多的国家有美国、澳大利亚、英国和法国等。

表14-2　戴维斯杯网球赛冠军国家(1999—2008)

年份	冠军国家
1999	澳大利亚
2000	西班牙
2001	法国
2002	俄罗斯
2003	澳大利亚
2004	西班牙
2005	克罗地亚
2006	俄罗斯
2007	美国
2008	西班牙

2. 联合会杯

联合会杯网球赛(Fed Cup)是每年一度的世界女子网球团体赛,它是1963年为庆祝国际网联成立50周年创办的。联合会杯网球赛是与戴维斯杯网球赛齐名的团体赛事,是各国网球整体实力的大检阅。第一届联合会杯网球赛是在伦敦的女子俱乐部进行的,共有16支代表队参加。联合会杯网球赛每年进行一次,至2004年已进行了42届。随着女子网球运动的不断普及,参加联合会杯网球赛的国家也慢慢增多起来。

联合会杯网球赛仿效戴维斯杯网球赛的比赛办法,实行“联合会杯新赛制”,由上年1/4决赛的8个队组成世界组,其余8个队成为A组。这两组的比赛采用一次主场和一次客场的比赛方法。在世界组中,第一轮获胜的4个队进行半决赛,第一轮失败的4个队与A组中获胜的4个队进行比赛,比赛中获胜的队进入下年度世界组。A组中第一轮失败的队与各区中获胜的队进行比赛,然后由4支获胜的队进入下年度A组比赛,4支失败的队则参加下年度的区级比赛。

表14-3　联合会杯网球赛冠军国家(1999—2008)

年份	冠军国家
1999	美国
2000	美国
2001	比利时
2002	斯洛伐克
2003	法国
2004	俄罗斯
2005	俄罗斯
2006	意大利
2007	俄罗斯
2008	俄罗斯

世界组和A组的比赛采用5场3胜制,第一天进行两场单打,第二天进行两场单打和一场双打,双打放在最后进行。

3. 霍普曼杯

与久负盛名的戴维斯杯和联合会杯相比,霍普曼杯(Hopman Cup)的名字还不是很响亮。它是以澳大利亚网坛传奇人物哈里·霍普曼(Harry Hopman)的名字命名的世界网球混合团体赛,其地位相当于羽毛球的苏迪曼杯。

霍普曼是澳大利亚著名的网球选手,而他更伟大的成就是作为教练取得的。澳洲无数天皇巨星级的球员都出自他的门下,其中有唯一两次夺得男子网球“大满贯”的巨星拉沃尔(Rod Laver)、拥有12个大满贯男单冠军的埃默森(Roy Emerson)等等。澳大利亚队在他的率领下令人难以置信地15次夺取戴维斯杯。20世纪70年代移居美国后,他又培养出麦肯罗(John McEnroe)、戈麦斯(Andres Gomez)等巨星。霍普曼一直希望举办一个能与戴维斯杯和联合会杯相当的混合团体赛。在他的门生Paul McNamee和Charlie Fancutt的努力下,第一届霍普曼杯终于在1988年12月28日开幕,有8支队参加了淘汰制的比赛。每队男女选手各1人,进行男单、女单和混双3场比赛,每场比赛采用3盘2胜制(这一方式延续至今)。Lucy Hopman 夫人每年均亲自为冠军发奖。目前,该比赛由韩国现代集团赞助,总奖金达 90 万美元,杯赛赛制由淘汰赛改为分组循环赛,两个小组的第一名争夺冠军。

霍普曼杯的影响不断扩大,许多世界级高手均前来参赛。网坛女皇格拉芙(Steffi Graf)从第一届就开始参加,使赛会增色不少。第四届时还出现了格拉芙和贝克尔(Borris Becker)这样空前绝后的梦幻组合,可惜他们时运不济,因格拉芙染病而与冠军失之交臂。格拉芙的不懈努力在第五届终于得到了回报,她与另一位超级球星 Michael Stich 合作首次将霍普曼杯捧回德国。其他参加过霍普曼杯的明星还有桑切斯兄妹、塞莱斯、诺沃特娜、辛吉斯、麦肯罗、维兰德、卡什、科达、伊万尼塞维奇等。

表 14-4　霍普曼杯网球赛冠军国家(2000—2009)

年份	冠军国家,运动员
2000 年 1 月 1 日—2000 年 1 月 8 日	南非,费雷拉/科泽尔
2000 年 12 月 30 日—2001 年 1 月 6 日	瑞士,费德勒/辛吉斯
2001 年 12 月 29 日—2002 年 1 月 5 日	西班牙,罗布雷多/桑切斯
2002 年 12 月 28 日—2003 年 1 月 4 日	美国,布雷克/小威廉姆斯
2004 年 1 月 3 日—2004 年 1 月 10 日	美国,布雷克/达文波特
2005 年 1 月 1 日—2005 年 1 月 8 日	斯洛伐克,赫巴蒂/汉图楚娃
2005 年 12 月 30 日—2006 年 1 月 6 日	美国,邓特/雷蒙德
2006 年 12 月 30 日—2007 年 1 月 5 日	俄罗斯,图萨诺夫/佩特洛娃
2007 年 12 月 29 日—2008 年 1 月 4 日	美国,费什/小威廉姆斯
2009 年 1 月 2 日—2009 年 1 月 9 日	斯洛伐克,赫巴蒂/齐布尔科娃

1996 年,霍普曼杯被国际网球联合会(ITF)正式承认为官方的世界混合团体赛,虽然其影响力目前还远远不及戴维斯杯和联合会杯,但相信今后它将越来越受到重视,比赛也将更加精彩。

四、网球大师杯赛

网球大师杯赛诞生于 1999 年 12 月 9 日。这一天,四大满贯赛委员会、ITF(国际网球联合会)和 ATP(男子职业网球选手协会)共同宣布 ATP 年终总决赛和男子大满贯杯赛将不再继续,取而代之的将是一项新的赛事——由三个组织共同拥有的男子职业网球巡回赛的年终总决赛——网球大师杯赛。

新的网球大师杯赛意味着网球界各方之间有了新的合作关系,一个拥有决定权的网球大师杯赛管理实体也宣告成立。

网球大师杯赛是 ATP 巡回赛的年终总决赛,它汇集了世界排名前八的网坛顶尖好手，争夺高达 445 万美元的总奖金及男子职业网坛年终第一的至高殊荣，向全世界的网球观众呈现史上最强的视觉震撼。

作为男子职业网球巡回赛的总决赛，网球大师杯赛是网坛最高级别的赛事，覆盖 ATP 系列赛事、大师系列赛、四大满贯赛事。从每年的 1 月 1 日起，男子职业选手从四大满贯赛、九大大师系列赛和个人成绩最好的五站 ATP 巡回赛上获取积分，到每年最后一场 ATP 巡回赛结束后的周一为止，在“ATP 锦标积分排行榜”上位列前七名的选手有资格进入网球大师杯赛，第八个名额则留给排名前二十并且是当年的四大满贯赛冠军之一的选手，或者排名第八位的选手。因此，大师杯赛是真正的风云际会、高手争雄，是代表了当今网坛最高水准的较量。

大师杯总决赛在世界各大城市轮流举行，上海有幸承办了 2002 年大师杯，使之成为史上最成功的赛事之一，得到了 ATP 及参赛球员的一致好评，也在上海掀起了一阵网球狂潮。

回首 2002 年上海大师杯，当年网坛“八大天王”聚首上海滩，为中国观众奉献了一场惊心动魄的争夺战：雷顿·休伊特、安德烈·阿加西、马拉特·萨芬、胡安·卡洛斯·费雷罗、卡洛斯·莫亚、罗杰·费德勒、阿尔伯特·科斯塔。激烈角逐后，最终“澳洲野兔”休伊特成功卫冕。

大师杯 2005 年再次落户上海，于 2005—2008 年在上海旗忠森林体育城网球中心驻留。位于上海市西南部的闵行区马桥镇的旗忠网球中心距上海市中心约 27 公里。比赛区内，设主赛场 1 座、室外网球场 18 片（其中 10 片为设有看台的比赛用场地，另外 8 片为练习场地）。屋顶为钢结构，可开启，其开启方式仿佛上海市市花白玉兰的开花过程，为世界首创。这一网坛超级盛典再次上演大师们的巅峰对决，在国内掀起了新一轮的网球热浪。

2009 年大师杯移师伦敦，上海将举办 ATP1000 系列赛。

表 14-5　网球大师杯赛历届冠军（2000—2008）

年份	比赛地点	冠　军
2000	里斯本	库尔滕（巴西）
2001	悉尼	休伊特（澳大利亚）
2002	上海	休伊特（澳大利亚）
2003	休斯顿	费德勒（瑞士）
2004	休斯顿	费德勒（瑞士）
2005	上海	纳尔班迪安（阿根廷）
2006	上海	费德勒（瑞士）
2007	上海	费德勒（瑞士）
2008	上海	德约科维奇（塞尔维亚）

五、网球打法的三种类型

1. 底线型

运动员基本上保持在底线抽球，较少上网，或利用球的落点、速度和旋转变化打出机会时偶尔上网。这种打法原来偏重防守，比较被动。近年来，在上网型打法的威胁下，出现了一种攻击性的底线打法，运动员用凶猛的底线双手抽击，使对方难以截击。优秀底线型运动员一般都能掌握扎实的正、反手抽球，并具有相当强的攻击能力，利用快速有力的抽球打出落点深而角度刁的球，能够一拍接一拍地使用大角度的猛抽，并带有较强的上旋，迫使对手处于被动局面。

2. 上网型

运动员积极创造一切机会和条件上网，发球后积极争取上网，并在空中截击来球，使对手措手不及。这种打法积极主动，富有攻击性，同时也有一定冒险性。运动员上网后，利用速度和角度造成对手还击困难。优秀上网型运动员一般都能掌握发球上网和抽球上网的战术，发球技术凶狠、力量大、有威胁性，截击球和高压球的攻击力也很强。

3. 综合型

底线和上网两种打法综合使用，结合对手情况采用不同打法，随机应变。优秀综合型运动员一般都能掌握全面技术，无论是发球、接发球，还是截击和高压球，都具有很高水平，能够根据不同的对手、不同的比分、不同的临场情况采用相应的战术：有时底线对抽，有时伺机上网截击；有时发力猛抽，有时稳抽稳拉；有时削放小球，有时挑出上旋高球，充分发挥多样化技术，并结合敏捷步法，机智灵活地争取主动。

由于网球运动兼健身与娱乐为一体，因此越来越受到大学生的喜爱。现在，无论是在网球场上，还是在大学校园里，到处可以看到网球爱好者潇洒挥拍的身影。作为网球运动的初学者，首先应学会并巩固规范化的击球方法，然后再学习一些基本的战术运用和比赛规则。

第二节　基 本 技 术

一、握拍法

一般而言，握拍方法大体分为以下五种：

1. 东方式握拍法（图 14-1）

技术要求：拍面与地面垂直，大拇指与食指呈“V”字形，握在拍柄的中部，由

图 14-1

于恰好像握手的形状,因此也被称为“握手式握拍法”。优点:容易发力。缺点:反手击球要变换握拍方法。

这里介绍一个正确采用东方式握拍的小窍门:将手平放在拍弦上,然后下滑到拍柄根部抓握;或者把球拍平放在桌面上,闭上眼睛,将球拍拿起。从技术的角度讲,东方式正手握拍就是先以大陆式握拍法持拍,然后逆时针方向旋转球拍(左手握拍的选手需顺时针方向转动),直到食指的根部压到下一个接触的斜面为止。

优势:东方式正手握拍被称为“万能握拍法”。采用这种握拍,拍面可以通过摩擦球的后部击出上旋球,还可以打出有很大力量和穿透性的平击球。同时,东方式握拍很容易转换到其他握拍方式。因此,对于那些喜欢上网的选手,东方式握拍也是不错的选择。

劣势:与大陆式握拍相比,尽管东方式握拍的击球点在身体前部要更高、更远一些,但是它仍不适用于打高球。虽然东方式握拍击出的球比较有力量和穿透性,但是更多的是平击球,这就导致稳定性会差一些,很难适应多回合的打法。因此,东方式握拍不适合那些希望打出更多上旋球的选手。

2. 大陆式握拍法(图 14-2)

这种握拍法还被称为“榔头”式握拍法,因为采用这种握拍时,食指根部压在与拍面水平的那个平面上,拍面的角度几乎与地面垂直,所以仿佛在用拍框的侧面钉钉子一样。大陆式握拍法适合用来击打任何类型的球,在发球、打截击球、打过顶球、削球以及防守球时效果更好。

优势:运用大陆式握拍法可以使你在发球或打过顶球时手臂自然下压,这样不但攻击的效果最好,而且给手臂的压力也最小。由于在打正手和反手球时不需要调整握拍法,因此大陆式握拍法也是打网前截击球的最佳选择,采用这种握拍法可以使攻防转换十分迅速。同时,它还适合于在防守时击打已到达身体侧面、击球点较晚的球。

劣势:用大陆式握拍法很难打出带上旋的击球或削球。这就意味着击球点必须要比球网高,由于球在这一点停留的时间非常短暂,所以留下的击球时间就很短。另外,这种握拍不容易处理高速的落地球。

技术要求:拍面与地面垂直,大拇指与食指成“V”字形,握在拍柄的中部。与东方式握拍法不同的是,采用大陆式握拍法时,大拇指与食指互相接触而不分开,由于其形状像握着锤子的样子,因

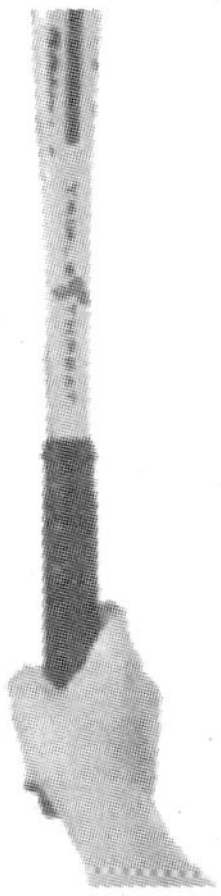

图 14-2

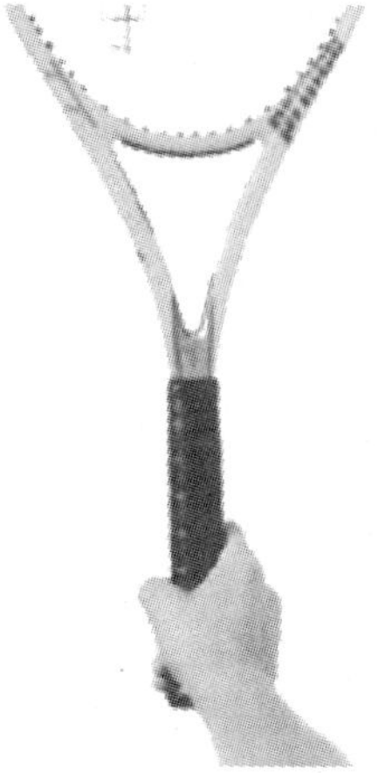

图 14-3

此也被称为“握锤式握拍法”。优点:无论是正手还是反手,都能以不变的握法进行击球。缺点:对手腕的要求较高。

3. 西方式握拍法(图 14-3)

在半西方式握拍的基础上,逆时针转动拍面(左手握拍顺时针转动),使食指根部接触到下一个平面,这种握拍就是完全的西方式握拍法。喜欢打强烈上旋的土场选手多采用这种握拍法。

优势:这是一种很“极端”的握拍,手腕的位置迫使拍面强烈地击打球的后部,从而产生更多的上旋。你可以让击出的球恰好过网,但是球在过网后就会立刻下坠,在落地后还会高高地弹起,这就会迫使对手退至底线后回球。这种握拍法比其他任何一种正手握拍法的击球点都要更高、更远。正是因为西方式握拍法对高球的良好控制,许多土场选手和青少年都很青睐这种握拍法。

劣势:回击低球是这种握拍法的致命点。这就是为什么许多采用这种握拍的职业选手在球速较快、球的反弹较低的硬地或草地场上比赛时表现得不尽如人意的原因。同时,你需要以更快的挥拍动作给球加上必要的旋转,否则击出的球就会既没有速度也没有深度。对于一部分选手来说,采用这种握拍法也很难打出线路较平的球。

技术要求:拍面与地面平行,手掌从上面握住拍柄,就像提长柄锅那样。优点:打各种球时都会有很大的威力。缺点:对近网低球比较难以处理。

4. 反手双手握拍法(图 14-4)

使拍面处于大陆式和东方式反手握拍的中间位置,另一只手以东方式正手握拍法放在持拍手的前方。

优势:适合单手力量不足或双手具有良好协调性的选手使用。比起单手反手击球,双手反手握拍借助肩部的转动和小幅度的挥拍发力。因此,采用双手反拍接发球的成功率比较高。这种握拍法还适合处理低球,而且在回球时力量很足。

劣势:因为是双手握拍,限制了跑动,所以在进行大幅度移动击球时会很困难,而且不容易转身挥拍。同时,双手反拍选手过分依赖于上旋球。要想有效地击出削球,在双臂挥出的同时,还要保持前肩的稳定性。对于习惯扭臀转肩的双手反手选手来说,这可并非易事。

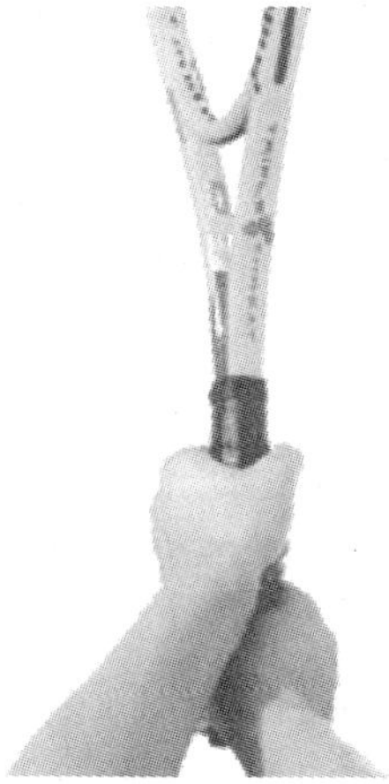

图 14-4

另外,上网截击对许多双手反手选手来说也是一件很头疼的事,他们在上网时会感到很不舒服。

技术要求:右手(以右手持拍为例)以大陆式握拍法握住球拍,左手以东方式握拍法持在右手的上面握住球拍,两手靠紧。优点:易于击球时固定手腕,击出强有力的上旋球,并易于击出较高的球。缺点:双手不协调的选手击球较困难,击球范围较小。

5. 单手反手握拍法(图 14-5)

以大陆式握拍开始,顺时针旋转球拍(左手持拍为逆时针),使食指根部压在上一个斜面,便形成东方式反手握拍。

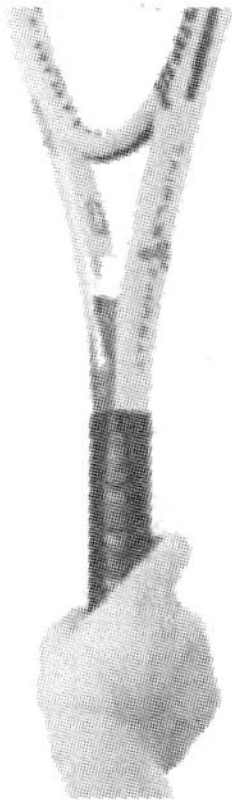

图 14-5

优势:与东方式正手握拍法一样,这种握拍法可以给手腕提供良好的稳定性。你打出的球可以略带旋转,或直接打出很有穿透力的球。同时,采用这种握拍只要作非常小的调整就能回到大陆式握拍,这样在削球或在网前截击时都会比较轻松。

劣势:尽管这种握拍法能很好地处理低球,但是它不适合打高于肩部的上旋回球。所以,在多数情况下,选手只能采用防守式的削球将球打回对手场内。

技术要领:右手以大陆式握拍法开始,顺时针旋转球拍,使大拇指与食指形成的"V"字形正对球拍的左上斜面,食指根部压紧球拍正上面。

练习提示:

(1) 使用自己最顺手的握拍方法。

(2) 握住球拍时,能够随时迅速地改变握法。

(3) 不击球时,左(右)手拿住球拍的颈部,右(左)轻轻地握住球拍。

二、正拍(手)击球

正拍(手)击球指的是在本人握拍手同侧的地方对落地球的击打,它是网球基本技术中最常用的击球方法,也是初学者要最先学习的技术。从理论上讲,正手击球的动作比较深长,击球有力,速度也快。在比赛中,正手击球的机会比较多,击球后可使本人在场上的位置更有利。由于现代网球速度的加快,不少网球爱好者过多地担心反手球的质量,因此经常采用偏近于反手的正手握拍法,结果在正手击球时使用了许多手腕动作,以致造成偏差和失误。

(一) 正拍击球的动作要领(以右手为例)

1. 准备姿势

面对球网,双脚向前自然分开与肩同宽,双膝微屈,身体略向前倾,重心落在双脚的前脚掌上，右手握拍，左手轻托拍颈，双肘微屈，球拍舒适地放在身前，托面垂直于拍头指向对方，两眼注视对方来球，作好击球准备。

2. 后摆引拍（图 14-6、图 14-7）

图 14-6

萨芬在开始移动前，已经提早做好了引拍的准备动作。这里，他向我们展示了世界级正手击球必备的三个要素：首先，他采用半西方式的握拍；其次，他拍头后摆的高度已经超过头部，从而提供了大力击球所需要的较长挥拍距离；最后，他把自己的左臂向身体右侧伸展，以辅助完成转体动作。

图 14-7

为获得更多的击球力量，萨芬已将身体的重心移到右腿，并以右腿为支点开始挥拍动作。在击球的过程中，最值得学习的就是他良好的动态平衡，即在移动的过程中还能保持身体的稳定性。请注意他上身的姿势，看他是如何把右腿和躯干的力量转移到球上的。这是打正手球理想的示范动作。

当判断来球需用正拍回击时，转动双脚，左脚跟抬起并向右前方上步，右脚向右转 90°与底线平行，同时转肩、转髋带动右手向后摆动引拍。此为关闭式步法，适用于初学者转体。另一为开放式步法，左脚不必上步，两脚平站，但是需要更多的向右转体动作。引拍时，肘部弯屈，自然下垂，拍头低于膝盖，左手伸向前方，保持身体平衡。后摆引拍时，身体重心移向右脚，左肩对着右侧的网柱，手腕固定，挥拍转动约 180°，拍头指向后挡网。

3. 击球动作（前挥击球）（图 14-8、图 14-9）

从后摆进而向前挥动时，紧握球拍，手腕后伸、固定，用力蹬脚，转动身体并挥拍。正拍的击球点在身体的右侧前方不超过腰的高度，击球时的挥拍速度最快，球打在拍面的中心，拍头是自上而下的，挥臂使球稍带上旋。

图 14-8

为了能够打出强烈的上旋球，萨芬的拍头最先经过了一条下降的轨迹，以便击打到来球的中下部。就在发力的一瞬间，他的臀部和肩部同时展开。这一动作对采用西方式握拍法的球员来说相当正常。切记，握拍方法越是接近西方式，臀部和肩部打开的时间就越要早。此时，萨芬的左腿开始向右移动，身体重心也同时向左移动。不过，这样的移动会给他击打下一球制造一些麻烦，因为他为了调整好身体的平衡而不得不在随挥的时候顺势多跑一步。好在他并不缺少调整的时间，所以这不会影响到他的比赛。

图 14-9

在击球时，萨芬的身体重心已经几乎完全移到左腿上了，而且这一过程还在继续（请注意他的右脚跟已经离开了地面）。现在，他的上身已经完全展开，原先侧向的肩部已经转到与球网平行的位置，击球点恰好处在身体的前部。同样，握拍方法越是接近西方式，击球点就越应该靠前。尽管萨芬的臀部和肩部此时已经基本转移过来了，但是他的头部却基本保持不动，始终面对击球区域。

4. 随挥跟进动作（图 14-10、图 14-11）

球触拍后，使拍面平行于网的时间尽量长些，挥拍沿着球飞行的方向前送，重心前移落在左脚，身体也随着转向球网，挥拍动作在左肩上方结束，拍头指向上方，高出头部。随挥跟进动作要比后摆动作大而充分，保证击球的稳定性，随挥跟进结束，立即恢复准备姿势，准备下一次击球。

几种不同的正拍击球方法，按球的旋转性能分类，有上旋球、下旋球、平击球、侧旋球（内侧球）等不同旋转的打法。可见，网球的各种打法与旋转有很大关系。

图 14-10

还记得萨芬向后拉拍的高度吗？现在，他的随挥也很高。看看这个出色的自下而上的随挥，就可以知道萨芬打出的是一记强烈的上旋球。他的右腿已随身体的转动惯性离开了地面，这为他完成击球动作的最后环节提供了帮助。他借助腿部和身体的巨大力量良好地保持住了上身的姿态，协调地完成了击球。

图 14-11

在击球动作的最后，萨芬的左腿已开始向场地中央移动了，而随挥动作却没有结束。看看球拍的位置——正处于他身体的侧面。这样的动作在近年来的职业比赛中经常可以看到。萨芬击球的加速度十分强烈，所以打出去的球充满了速度与旋转。如果还采用传统的挥到颈部的随挥动作，是达不到这样的击球效果的。萨芬正是借助这种肩膀内转、掌心向下的动作完成整个挥拍的加速和减速的。

（二）正拍击球法

1. 上旋球

正拍上旋球是球拍自后下方向前上方挥动，摩擦整个球体，使球由后下方朝前上方转动。这种打法是在击球时加大向上提拉挥动的幅度，使球产生较为强劲的上旋。上旋球的特点是：飞行幅度高，下降快，落地弹起的反射角度较小，前冲力较大。打上旋球最大的优点是便于加力控制，它是正拍击球中既能发力重打，又能减少进入场区失误的击球方法。在快速跑动中调整精确的击球点很难，而打上旋球有较大的把握性，其他击法很容易失误。另外，正拍上旋球的飞行路线呈彩虹状，过网后有急剧下降的特点，可以打出短的斜线球，把对方拉出场外回击以取得主动。上旋球还是破坏对方上网的有力武器，打较低的上旋球落在对方的脚下，使其难于还击。

2. 下旋球

和上旋球相反方向的是下旋球，俗称“削球”。击球时，球拍稍向后倾斜，挥拍由后上方至前下方打球的后下部产生下旋转，球由前上方向后下方旋转并向前飘行，过网时很低，落地后弹起也很低，并伴有回弹(走)现象。下旋球的落点容易控制，也可以打对方的深区，常用于随击上网，可以协调连贯地把随击与上网结合起来，利用球的飞行时间和深而准的落点冲至网前截击。另外，下旋球也可以作为变换旋转和节奏的打法，扰乱对方的节奏，使其失误。

3. 平击球

挥拍击球的路线向上较平缓，击球时拍面几乎垂直于地面，击球的正后部。用同样的力量击球，平击球的球速最快，球落地后前冲力大，球的飞行路线较平直，但是其准确性和控制力较差，因此在比赛中较少使用。

4. 侧旋球

击球时，球拍由后部向内侧平行挥动(也称"滑击")，使球产生由外向内的侧旋转。这种球呈水平向外侧的弧线飞行，落地后向外跳，常用于正拍直线进攻。在实践中，球的旋转常是混合性能的，与来球的方向、力量、旋转速度，击球时的挥拍路线，触球时的拍面角度等因素有关。

因此，要掌握正拍击球的不同旋转球方法，必须在平时训练中反复练习。

练习提示：

(1) 击球过程中要始终注视球。

(2) 后摆动作要早、要及时。

(3) 在左髋前击球。

(4) 初学者以平击球起步为宜。

三、反拍(手)击球

反拍(手)击球指的是与握拍手相反的落地球击打法，它也是网球的基本技术中最常用的击球方法。初学者一般先学习正拍，再学反拍。这是因为，用右手的人习惯于在身体的右侧做事，正拍的拉拍动作既方便又容易，身体向右转动已成习惯。正拍有了一定的基础，对球的弹跳规律已熟悉，再学习反拍就比较容易。反拍的许多动作要领与正拍相似，只是方向相反。反拍击球用的是左眼和右手，由于三叉神经不协调，使人感到别扭。

(一) 反拍击球的动作要领(以右手为例)

1. 准备姿势

面对球网，双脚向前自然分开与肩同宽，双膝微屈，腰部略向前，用非握拍手轻托拍颈，拍头与下巴齐平，双肘弯屈，将球拍舒适地伸在前面，身体前倾，重心落在双脚上。当判断对方来球朝你的反拍方向飞来时，轻握拍颈的左手应迅速帮助右手握拍，变换为反拍握拍法。正拍若使用东方式握法或西方式握法，在打反拍时应变换为相应的反拍握拍法。双手握拍的人大多也需要变换握法。

2. 后摆引拍(图 14-12、图 14-13)

图 14-12

克里斯特尔斯的进攻从第一次引拍开始。面对来球,她不会仓促行事,一定会给自己留出充裕的时间,将双脚移动到理想的击球位置。为了在击球时获得足够的力量,她开始时会将身体的重量向左腿移动,肩膀在引拍时转动的幅度相当大,远远超过了与球网垂直的角度——从图片中我们甚至能看到她右侧的部分后背。请注意她拍头的位置,既没有超过肩膀的高度,也没有过分拉到身体后面。通过上述动作,她的挥拍轨迹会很大,足以产生巨大的拍头速度制造上旋,使击球更具攻击性。

图 14-13

当球进入击球区域的时候,请注意克里斯特尔斯向前挥拍前的手腕动作。她弯屈手腕,将拍头按到了身体后面,低于来球的高度,使得拍面能够经过自下而上的轨迹触球了。想打出有力的一击,最重要的是将身体的重量顺畅地转移到挥拍之中。克里斯特尔斯此时的身体重心就已经完全移到了左腿上。从图片中看,球虽然进入了合适的击球区域,但是克里斯特尔斯的球拍却依然处于身体靠后的位置,她的触球的确略有迟缓。

向左肩转髋带动右手向左后方摆动,左脚向左转 90°与底线平行,同时右脚向左前方上步,右肩对着球网,手腕绷紧、后伸,双肩夹紧,右手拇指靠近左腿的上部。后摆时,肘关节自然弯屈、下垂,重心移向后方的脚上。反拍的后摆动作应比正拍后摆更早地完成。单手反拍时,左手可轻托拍颈,伴随着向左转的协调动作;若是双手反拍挥臂,则需要更充分的转体动作,右肩转向左侧的网柱。

3. 挥拍击球(图 14-14、图 14-15)

从后摆进入向前挥动时,应紧握球拍,手腕固定,右脚与网成 45°角,转动双肩、躯干和臀部,挥拍向球。反拍的击球点应在身体的左侧前方,击球时球拍与右脚应在一条直线上。击球的瞬间,挥拍头的挥动最快,对准来球把球打正,肘部应伸直,球拍与手齐平,双眼盯住球。随着身体重心从后脚移向前脚,反拍上旋球的击球动作的拍头轨迹是自上而下的。

图 14-14

击球的瞬间,克里斯特尔斯的身体是打开的,但是重心却依然落在左腿上。对一般人来说,这样的击球位置并不舒服,但是克里斯特尔斯恰恰可以借此更接近来球,更早击球。图片中,拍面在触球时已完全打开,球恰好落在甜区内。请注意,克里斯特尔斯的手腕依然弯屈,严格控制挥拍的轨迹,以便让打出的上旋球控制性更好。

图 14-15

双手反拍击球过程中,左手(也就是非持拍手)是发力的主要来源。在球拍挥过击球区后,克里斯特尔斯的左手已经充分伸展,几乎完全打直,使得击球的落点更深、更具有穿透力。此时,她的双脚虽然已离开地面,但是对身体平衡和姿态的保持却丝毫没有减轻。业余球员的最大问题就是在发力击球后不是有俯身动作,就是重心偏向了身体一侧。在这张图片中,球从克里斯特尔斯头顶,经由身体重心的边线,恰到好处地与地面垂直。

4. 随挥动作(跟进)(图 14-16)

球击出后,拍面平行于网的时间尽量长些,挥拍沿着球飞行的方向前送,球拍

图 14-16

克里斯特尔斯的随挥动作十分放松,身体的重心已经完全转移到了右腿上,左腿已经扭转过来,冲向球场的中心,作好了迎击对手下一记回球的准备。但是,克里斯特尔斯随挥的伸展程度有些过分,髋和肩膀已经完全打开,和最初的准备动作相比,几乎转动了 180°。这样剧烈的随挥虽然可以有效地增加拍头速度,但身体要花费更多的时间才能恢复到准备姿势。当然,如果能够像克里斯特尔斯那样打出高质量一击,付出这点儿代价或许还属划算。

随球向前的距离小于60厘米,重心前移,落在右脚,身体也随着转向球网,挥拍在右肩上方结束,拍头指向上方(削击球则不同)。完成好随挥动作有助于控制球的落点和方向。随挥动作要比后摆动作大而充分,从而保证击球动作的完整和稳定。随挥跟进动作结束,身体转向球网,迅速恢复原来的准备姿势,准备下一次击球。

(二)反拍击球法

从球的旋转性能分类,反拍与正拍一样,也有以下几种不同旋转的击球方法:

(1)上旋球

球拍自左后方向前上方挥击,这时球由后下方向前上方旋转,因此称为"上旋球"。要想产生急剧上旋,需加大向上提拉的幅度。上旋球的最大优点是便于加力控制。尤其在快速跑动中,其他的打法容易失误,而上旋球则有较大的把握。这是因为,反拍上旋球的飞行路线呈彩虹状,过网后有急剧下降的特点,可以打出短的斜线球,把对方拉出场外回击以取得主动,同时也是破坏对方上网的有力武器。较低的上旋球落在对方的脚下,使其难于还击。

(2)下旋球

下旋球俗称"削球",与上旋球方向相反,它是由后上方向前下方挥拍,打在球的后下部产生旋转,球由后前方向下方旋转。下旋球的飞行路线是向上的弧线,过网时很低,可以打对方的深区(后场),落点容易控制,比较稳健和准确。下旋球常用于随击上网,可以协调连贯地把随击与上网结合起来,利用球的飞行时间和深而准的落点冲至网前截击;也可以作为变换旋转和节奏的打法,扰乱对方,从而取得主动。

(3)平击球

挥拍击球的路线是从后向前上方较平缓地挥击,击球时拍面几乎垂直于地面,击球的正后部。用同样的力量击球,这种击球方法的球速最快,球的飞行路线最平直,而球落地后的前冲力量也较大。但是,平击球准确性较差,尤其在快速奔跑中很难控制球的准确性,易造成球失误或出界。

(4)侧旋球

击球前的动作与平击相似,击球时球拍由后部向内侧滑击(平挥动),使球产生由外向内的侧旋转,由水平向外侧的弧线飞行,落地后向外跳。这种击球方法常用于正拍直线进攻。

在实践中,球的旋转常是混合性能的,这与球的方向、力量,旋转、挥拍路线,击球时的拍面角度等因素有关。

因此,要掌握反拍击球技术,必须在平时训练中反复练习。

练习提示:

(1)移动迅速到位,确定左脚的位置。

（2）腰部扭转幅度要大。

（3）手、肘伸直，手腕固定。

四、削球

削球的动作小，主要是借对方来球之力将球削出。即使是在身体平衡遭到破坏的情况下，仍然可以打出削球。此外，当来球很远时，反手双手击球的选手也可以双手变单手，采取反手削球的回击方法，从而扩大防守范围，有效地将球击回对方场地。

1. 握拍方法

球拍拍面与反手单手击球的击球点相吻合，左手支撑着球拍（指右手选手），用右手从上面抓握拍子。

握拍的方法不同，拍面会因此而变化，而且挥拍回击也会因此而改变。首先应以单手反手击球时使用的握拍方法开始练习，基本上是使用东方式反手握拍法。只要是单手反手击球，无论是削球、平击球还是猛抽球，基本上是以采用东方式握拍法为宜。

2. 引拍方法

为了能削出旋转球，引拍方法实际上比击球时的挥拍更重要。能否正确地完成后摆引拍，作好削球准备，决定着削球的成功与否。反手削球技术的要点是：后摆引拍后拍子的高度、位置；完成向后引拍，作好准备的时间早晚；削击球的时机。

3. 后摆动作

在考虑削球挥拍动作之前，首先必须集中精力做好后挥引拍、摆好拍面的准备动作。只有做好引拍动作，才有充分时间做到预测好时机后再去削击球。

4. 削球

挥拍是“走”自肩起至腰之间的一条直线。首先应该集中精力做好削球，而不必有意识地做随挥动作。反手削球技术不使用腰的转动和膝关节的伸屈动作以及重心的移动。双手反手击球的人特别容易利用腰的转动击球，因此应特别注意不要使用腰的转动工作。此外，如果削球时球不向前飞，有些人就企图使用身体动作，或是击球时有了挑球的动作，这些都是不正确的。实际上，球不向前飞主要是因为挥臂所走的轨道不正确，是由于未能沿一条直线挥拍造成的。

反手双手击球的选手如果削球时仍以双手击球，方法很简单。双手击球的人以双手削球时，也许不能很好地对付追身球或高球，但是由于动作本身与打平击球和上旋球时没什么区别，所以可丝毫不感到别扭地削球。

无论是双手削球还是单手削球，所要求的技术要点是相同的，即要求动作直到最后都保持横向，而且不展开身体。

五、发球

1. 稳定情绪

发球是进攻、得分的开始,而稳定情绪又是发球必不可缺的前奏,心浮气躁的情况下是很难发出一个好球的。通常的做法是:在发球的位置上做几次深呼吸,再拍拍球,然后站定,准备发球。各人习惯不同,因而稳定情绪的做法也各有差异。这一环节最好不要被略掉,并尽量延续至准备动作中去。

2. 东方式反手握拍或大陆式握拍

3. 准备动作(图 14-17)

双脚自然分开站立,两脚的连线根据球员的不同习惯可以与底线相垂直,也可以保持另外一个合适的角度;身体自然前倾;最好只持一个球,球自然地落在持球手拇指、食指和中指三指上,无名指和小指自然屈于球的后部,切忌用力将球握在手里或捏在手里。

图 14-17

莎拉波娃在发球前会抬起头来,用凶狠的眼睛瞪着对手,其实这正是她已经对战术安排了然于胸的表现。高水平的网球运动员都是在开始发球前,就已经拿捏准了自己要打出的落点和战术。抬眼盯着对手,也是为了观察接发球者的站位。这里,莎拉波娃准备进行一发,对手很少会大范围改变站位。因为接速度更快的一发,采用最保险的站位是职业球员的首选。

4. 抛球(图 14-18)

持球手的肘部渐渐伸直,并向下靠近持球手同侧的大腿,然后从腿侧自下而上将球抛起。球脱手的最佳点在手掌走势的最高点。

5. 挥拍击球

抛球与挥拍击球是同时进行的。挥拍击球的环节包括:

（1）后摆球拍（图 14-18）

以准备姿势为基础向持拍手一侧转身，同时持拍手引导球拍贴近身体，像钟摆一样将球拍摆至体后（不一定要直臂后摆，但掌心一定要朝向身体）。一发抛球，球的位置较靠前；二发抛球，球的位置较靠后。

图 14-18

当莎拉波娃开始抛球的时候，膝盖弯屈，髋部和肩膀都完成了转动。膝盖弯屈的角度略大于 90°，这是较为合适的，因为过于弯屈膝盖会导致腿部肌肉紧张，妨碍力量的传送。莎拉波娃的上身保持竖直姿态，充分放松。另外，她抛球的手臂保持伸直，能避免上升过程中不必要的震动，确保将球抛到最理想的位置。

图 14-19

开始挥拍击球的时候，莎拉波娃一面用力蹬地，一面进行“搔背”动作。因为发球所需的力量要经由脚、腿、髋、肩膀、肘和手腕的链条最终传递给球拍，所以蹬地动作是产生力量的最初来源。请注意，莎拉波娃的肩膀已经开始转动了，持拍手臂的肘部已经转到前面来了——这证明力量已经传送到了肘部。

（2）背弓动作（图 14-19）

球拍后摆至一定高度后（此高度因各人习惯而异，至少大臂不应紧夹在体侧），以肘为轴，小臂、手、拍头依次向体后、背部下吊，同时屈双膝并伴随身体后展呈“弓”状。

（3）击球（图 14-20）

在屈膝、背弓动作的基础上，自下而上依次蹬直踝部、膝部，反弹背弓并向出球方转体，同时仍以肘为轴，带动手、拍头摆向击球点，最后在力的爆发点上击中抛送于空中的球。

（4）搔背动作（图 14-19）

挥拍击球时，肘部有一个引导小臂、球拍下吊至背后，再以肘部为轴，带动臂、拍摆向击球点的过程。这一过程好像在用拍头给后背搔痒，因此被称为“搔背动作”。

（5）击球点的位置（图 14-20）

球员手持球拍在空中所能争取到的最高一点就是击球点。

图 14-20

在空中对身体重心的良好控制，是莎拉波娃卓越运动天赋的表现。从图片中，我们能够看出她上体的平衡保持得多么好。莎拉波娃的头始终抬起，眼睛紧紧盯着击球点，保证了身体的上升趋势——这是很值得青少年球员学习的。手臂充分伸展，拍头顺畅地划过头顶来到最高点，使击球点恰好落在拍面的甜区。

(6) 随挥(图 14-21、图 14-22)

虽然击中球时挥拍击球动作已告完成，但是整个发球过程却仍在继续。到

图 14-21

图 14-22

莎拉波娃击球后有一个明显的向外扣腕的动作，这是很趋于男性化的动作。因为她采用的是偏向东方式反拍的握拍方式，所以就可以根据这一手腕外旋动作判断出她是用平击的方式发球的。我们通常认为平击发球中的扣腕就是简单地向身体方向压腕，其实情况完全不是这么简单。由于肢体运动会受杠杆作用原理的支配，肘部在完成平击的时候会产生外旋的效果，手腕只是在这一外旋方向上顺势进行发力。如果仅仅依靠手腕的发力，是无论如何也不能完成大力发球的。

莎拉波娃在击球的时候保持了良好的身体重心，因此她的落地动作十分稳定、扎实。请注意图片中她的头部，是不是依然没有低下，继续看向前方？发球的最后阶段，将头低下，是较为普遍的问题。保持头的高度，不仅能帮助保持身体的平衡，还能通过眼睛随球运动，及时观察对手的接球动向，为下一次回球提供方便。

达击球点后，球员应顺着身体及挥拍的惯性做收腹、转肩和收拍的动作，最终拍子由大臂带动收向持拍手的异侧体侧，结束发球动作。这一过程被称为“随挥”。

练习提示：

（1）抛球方向要合适，抛球点要高、要稳。

（2）在击球的瞬间，身体、手臂以及球拍要完全展开。

六、接发球

要接好发球，必须掌握比较全面的基本技术，因为接发球之前，接球员对于对手可能发过来的球的方向、旋转、力量、速度等都无法控制。一旦对方将球发出来，就要迅速作出判断和反应，并选择恰当的击球方式完成接发球动作。

接发球站位一般位于端线附近，力求在接发球时向前移动击球。准备姿势：保持两脚平行站位，比肩略宽，右手持拍者一般右脚稍前，两膝微屈，上体稍前倾，脚跟提起，将球拍置于体前。

在接发球的全过程中，眼睛始终要注视来球，一直到完成还击动作。

对方第一次发球时多采用大力发球，站位应偏后一些；如果是第二次发球，可略向前移，以利于采取攻击性的还击。接大力发球时，不要做大幅度的后摆动作，主要是控制好拍面角度，并握紧球拍，以免拍面被震转动。

还击来球前，要观察对方行动，对自己的回球路线和落点要有所考虑。选择好接发球落点，对控制对手发球后抢攻有重要意义。

练习提示：

（1）当对方发球离手后，眼不要离球，重心应偏前，并在身前击球。

（2）要明确接发球的目的是使球“活着”，不要盲目追求没有可能性的“直接得分”。

第三节 网球竞赛规则简介

一、基本规则

1. 场地和发球的选择

场地的选择和在第一局中成为发球员还是接球员由掷币决定。掷币获胜的一方可以选择或要求他的对手选择：（1）成为发球员或接球员的权利，在这种情况下，另一个运动员应该选择场地；或（2）选择场地，在这种情况下，另一个运动员应该有选择成为发球员或接球员的权利。

2. 脚误

在球的整个发送过程中，发球员应该：（1）不通过走动或跑动改变他的位置。如果发球员轻微地移动而没有从本质上影响到他原来的站位，则不认为他是"通过走动或跑动改变他的位置"。(2) 发球员的双足不能触及除了端线后、中心标志的假定延长线之间的区域以外的任何地方。

3. 运动员何时交换场地

运动员应该在每一盘的第一局、第三局和后面依次相错的局数结束后，以及每盘结束后双方所得局数之和为单数时，交换场地。如果发生了错误，没有按照正确的顺序站位，则错误一旦被发现，运动员就应立刻继续正确的站位并按原先的顺序进行交换。

4. 运动员妨碍对手

如果一名运动员的任何举动妨碍了他的对手击球，那么如果这种行为是故意的，他将失分；如果不是故意的，这一分要重赛。

5. 压线球

落在线上的球被认为是落在由该线作为界线的场地内。

6. 有效回击

下列情况属有效回击：(1) 如果球触到球网、网柱、单打支柱、网绳或钢丝绳、中心带或网带，并且从上面越过后落在对方场地内；(2) 无论是发球时还是回击球时，在球落到有效区内后又反弹或被风吹回过网时，该轮击球的运动员越过网击球；(3) 如果回击的球从网柱或单打支柱以外，无论是高于还是低于球网的上部高度，即使触到网柱或单打支柱，只要落在有效的场地内；(4) 如果运动员的球拍在击球后越过球网，而不是在球过网前击打并且回击有效时；(5) 无论是发球还是回击球时，如果运动员的球击到了停在场内的另一个球时。

7. 运动员受到妨碍

假如一名运动员受到他无法控制的任何原因的妨碍而不能击球时，除了场地上的永久固定物以外，都应该重赛。

8. 比赛的最多盘数

一场比赛最多的盘数为男子 5 盘、女子 3 盘。

9. 连续比赛

从第一次发球开始到全场结束，如第一次发球时失误，发球员必须毫不延误地开始第二次发球。接球员必须按发球员合理的速度进行比赛，即当发球员准备发球时，接球员必须准备接球。

交换场地时，从前一局结束至下一局开始发第一个球，最多有 1 分 30 秒的间歇。男子比赛打完第三盘、女子比赛打完第二盘后，双方球员可以有不超过 10 分钟的休息时间。

在团体赛中，在交换场地时可由在场内的队长给予指导，但是在决胜局换边时不得进行指导。如果比赛被暂停至第二天才能恢复，则在第二天打完第三盘

(女子第二盘)之后才有休息权,第一天未打完的一盘作一盘计算。国际网联承认的国际巡回赛和团体赛的组织者,可以决定分与分之间允许间歇的时间。在任何时候,间歇的时间都不得超过 30 秒,决不应该为了使运动员能够恢复体力而暂停、延误或干扰比赛。但是,如果运动员受伤,裁判员可允许一次暂停(3 分钟)。

当有外界干扰使比赛无法连续进行时,裁判员可酌情处理。当需要且适宜时,裁判员在任何时候都可以暂停或延缓比赛。锦标赛的委员会应给运动员做准备活动的时间,但是不可超过 5 分钟,并且必须在比赛开始前宣布。

二、计分规则

1. 运动员失分

如果运动员违反了下列规定中的任何一条将失分:

(1) 活球状态下,在球连续两次触地前不能将球直接回击过网;

(2) 在活球状态下的回击触到了对方场地界线以外的地面、固定物或其他物体;

(3) 截击球失误,即使是站在场地外面;

(4) 故意用球拍拖带或截住处于活球状态中的球,或故意用球拍触球超过一次;

(5) 在活球状态下的任何时候,身体、球拍(无论是否在手中)、穿戴或携带的任何物品触到球网、网柱、单打支柱、网绳或钢丝绳、中心带或网带、对手场地的地面;

(6) 在球过网前就截击;

(7) 活球状态下,球触到了除手中的球拍以外的身体、穿戴或携带的任何物品;

(8) 抛拍击球,并且击到球;

(9) 故意从材料上改变球拍的形状。

2. 一局中的计分

(1) 单打

运动员获得的第一分计为 15,获得的第二分计为 30,获得的第三分计为 40,获得的第四分计为他赢得该局,但是不包括下列情况:如果两名运动员都获得了三分,比分计为平分,一名运动员获得的下一分计为该运动员占先,如果同一名运动员又赢得了一分,他就赢得该局;如果另一名运动员又获得了一分,比分仍被记为平分,如此计分直到有一名运动员在平分后立即获得两分,则该运动员赢得该局。

从 1999 年 1 月 1 日至 2000 年 12 月 31 日,无占先计分法可以作为传统的计分方法的候补计分法,但在比赛前要提前宣布。

如果采用无占先计分法,应该按照下列规则执行:运动员获得的第一分计为15,获得的第二分计为30,获得的第三分计为40,获得的第四分计为他赢得该局,但是不包括下列情况:如果两名运动员都获得了三分,比分为平分,这时双方加赛一分决定胜负,接发球的运动员可以选择他希望从场地的左半区接球还是右半区接球,获得决定分的运动员赢得该局。

(2) 双打

在双打比赛中,采用与单打相似的程序,平分后接发球的一队选手可以选择他们希望从场地的左半区接球还是右半区接球,获得决定分的一对选手赢得该局。

(3) 混合双打

在混合双打比赛中,按照如下略有不同的程序进行:平分时,如果是男运动员发球,他应该将球发向对方男运动员所站的半场;如果是女运动员发球,她应该将球发向对方女运动员所站的半场。

3. 一盘中的计分

一名运动员先取得6局的胜利即赢得一盘。除此以外,他还必须净胜对手两局。在这种情况下,一盘的比赛可能一直延续,直到达到净胜两局的情况为止(通常称为"长盘"比赛)。

假如在比赛前提前决定,也可以采用平局决胜局制的计分替代(1)中的比赛规则。在这种情况下,将按照下面的规则进行:当比分为局数6比6时,采用平局决胜局制计分。除非事先声明,否则三盘两胜制比赛的第三盘或五盘三胜制比赛的第五盘仍按普通的"长局"进行。

决胜局计分制——在每盘的局数为6平时,有以下两种计分制:

一是长盘制:一方净胜两局为胜1盘。

二是短盘制:决胜盘除外,除非赛前另有规定,一般应按以下办法执行:第一,先得7分者胜该局及该盘(若分数为6平时,一方须净胜两分)。第二,首先发球者发第一分球,对方发第二、三分球,然后轮流发两分球,直到比赛结束。第三,第一分球在右区发,第二分球在左区发,第三分球在右区发。第四,每6分球和决胜局结束都要交换场地。

短盘制计分方法如下:

① 第1个球(0:0),发球员A发1分球,1分球之后换发球。② 第2个球(报1:0或0:1,不报15:0或0:15),由B发球,B连发两分球后换发球,先从左区发球。③ 第4、5个球(报0或1:2,2:1,不报40:0或15:30, 30:15),由A发球,A连发两球后换发球,先从左区发球。④ 第6、7个球(报2:4,4:2,或1:5,5:1,或6:0,0:6),由B发1分球之后交换场地,若比赛未结束,B继续发第7

个球。⑤ 比分打到5∶5,6∶6,7∶7,8∶8……时,需连胜两分才能决定谁为胜方,但在记分表上则统一写为7∶6。决胜局打完之后,双方队员交换场地。

(1) 单打

先获得七分并且净胜两分的运动员即获得这一局以及这一盘的胜利。如果比分达到6∶6时,则这一局必须继续进行下去,直到有一方运动员达到净胜对手两分为止。在决胜的这一局中,自始至终使用从零开始的普通的数字计分。

发球的运动员首先发第一分球,他的对手接着发第二分球和第三分球,然后按照这个顺序双方轮流连续发两分球,直到这一局以及这一盘的获胜方产生为止。

第一分发球从右半场开始,之后的发球都应该按照顺序轮流从右半场到左半场进行。如果发生从错误的半场发球的情况并且无法消除,那么从错误的半场发球所产生的比赛结果全部有效,但是一旦发现应该立即更正不正确的站位。运动员应该在每六分后即决胜局结束时交换场地。

换球时应将决胜局计为一局,而如果正好应该在决胜局前换球,则应该推延到下一盘的第二局再进行。

(2) 双打

单打比赛中的规则同样适用于双打比赛。发球的运动员发第一分球,然后每个运动员按照在那一盘前面的发球顺序轮流发两分球,直到那一局以及那一盘的获胜者产生为止。

三、场地和器材

1. 场地(图14-23)

单打场地是一个长23.77米(78英尺)、宽8.23米(27英尺)的长方形。中间由一条挂在最大直径为0.8厘米(1/3英寸)粗的绳索或钢丝绳上的网分开。网的两端应附着或跨在两个网柱上,网柱应为边长不超过15厘米(6英寸)的正方形方柱或直径为15厘米(6英寸)的圆柱。网柱不能超过网绳顶端以上2.5厘米(1英寸)。每侧网柱的中点应距场地0.914米(3英尺),网柱的高度应使网绳或钢丝绳的顶端距地面垂直距离1.07米(3英尺6英寸)。

在一块双打与单打兼用的场地上悬挂双打球网进行单打比赛时,球网应该用高1.07米(3英尺6英寸)的网柱支撑起来。这两根网柱被称为“单打支柱”,它们应该是边长不超过7.5厘米(3英寸)的正方形或最大直径是7.5厘米(3英寸)的圆柱。每侧单打支柱的中点应该距单打场地0.914米(3英尺)。球网应该充分伸展开,填满两个网柱之间的空间,网孔的大小以能防止球穿过为宜。球网中心的高度应该是0.914米(3英尺),并且用不超过5厘米(2英寸)宽的完

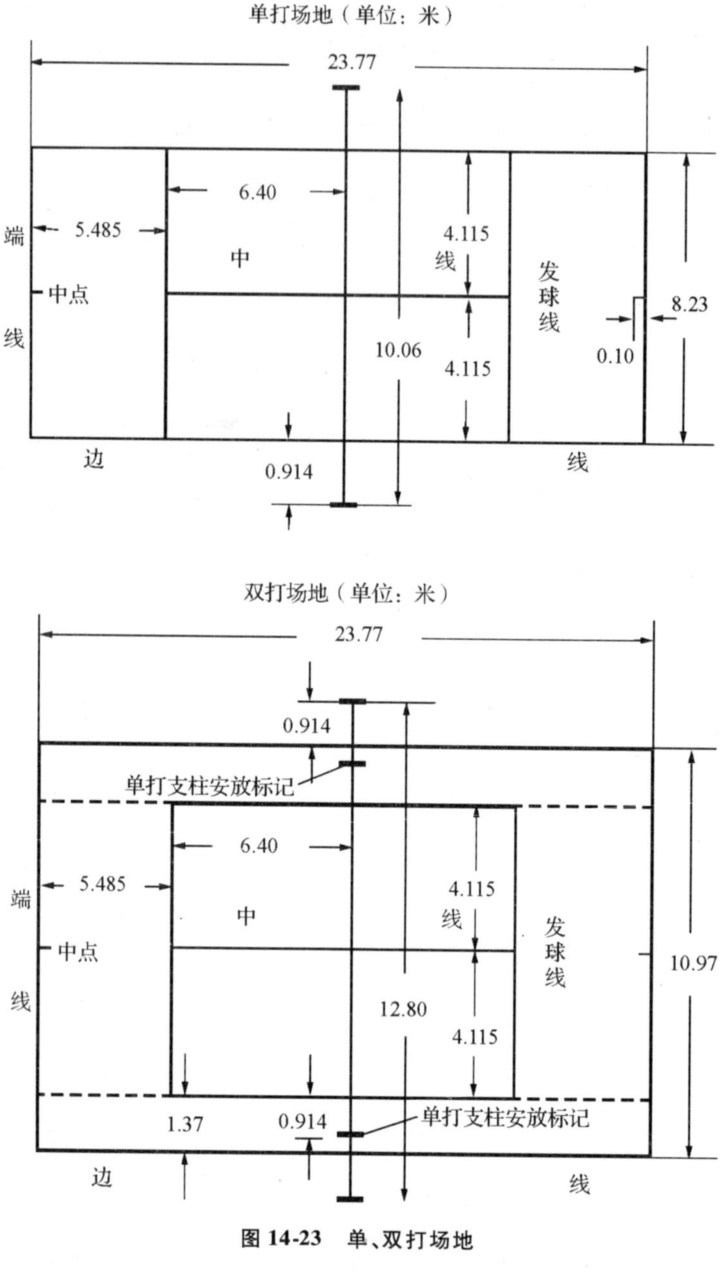

图 14-23　单、双打场地

全是白色的网带向下绷紧固定。球网上端的网绳或钢丝绳要用一条白色的网带包裹住，每一面的宽度不得小于 5 厘米（2 英寸），也不能大于 6. 35 厘米（2 又 1/2 英寸）。在球网上，网带及单打支柱上均不得有广告。

球场两端的界线叫做端线。在每一边距离球网 6. 40 米（21 英尺）的地方画一条与球网平行的线，叫做发球线。球网与每一边的发球线和边线组成的场地被发球中心线分为两个相等的部分，叫做发球区。发球中线是一条连接两条发球线的中点与边线平行的线，线宽必须是 5 厘米（2 英寸）。每一条端线都被一条长 10 厘米（4 英寸）、宽 5 厘米（2 英寸）的发球线的假定延长线分为相等的两部分，这条短线叫做中心标志，它与所触的端线呈直角相连，自端线向场内画。除了端线的最大宽度可以不超过 10 厘米（4 英寸）以外，其他所有的线的宽度均应大于 2.5 厘米（1 英寸）而小于 5 厘米（2 英寸），所有的测量都应该到线的外沿为止。

2. 永久固定物

球场固定物包括球网、网柱、单打支柱、绳或钢丝绳、中心带、网边白布，还包括球场四周的挡网、看台、固定的或可移动的坐椅及其占有人；安置在场地周围上空的设备，以及在各自位置上的裁判员、辅助裁判员、脚误裁判员、司线员、捡球员等。

3. 球

球的外表是用纺织材料统一制成的，颜色应该是白色或黄色。球如果有接缝，应该没有缝线。球的直径是 6.35—6.67 厘米（2 又 1/2—2 又 5/8 英寸），重量是 56.7—58.5 克（2—2 又 1/16 盎司）。

当球从 2.54 米（100 英寸）的高度落在混凝土地上时，弹跳范围应该是 1.35—1.47 米（53—58 英寸）。

4. 球拍

球拍总长不得超过 81.28 厘米，总宽不得超过 31.75 厘米。拍框内沿总长不得超过 39.37 厘米，总宽不得超过 29.21 厘米。

拍框，包括拍柄，不应有附设物和设备。如有附设物和设备，只限用以限制和防止拍框和拍柄的磨损、振动或分散重力。任何附设物和设备，其大小和布局必须合理。

拍框，包括拍柄和弦线，在每一分的比赛期间，不应有任何可使运动员实质上改变其球拍形状或重力分配的设备。

球拍的击球面必须是平的，由弦线上下交替编织或联结组成，其组成格式应完全一致。每条弦线必须与拍框联结，特别是穿弦后，其中心密度不能小于其他任何区域。

弦线不应有附设物或突起物。如有附设物，只限用以限制或防止弦线的磨损、振动或分散重力，其大小或布置均应合理。

国际网联应裁决某一球拍或原型是否符合以上规格或能否在比赛中使用。

四、网球术语

Racket　网球拍

Love　0分(出自法语)

Grand Slam　连续赢得

Wimbledon \ U. S. Open \ French Open \ Australian Open　四大赛事

Ground Strock　球落地弹起后再击球即最基本的打法(抽球)

Vollry　截击

Smash　扣球

Kill　杀球即使对方无力防守之球

Lob　吊高球

Drop Shot　吊小球

Forehand　正手拍

Backhand　反手拍

Top Spin　上旋球

Back Spin　下旋球

Serve　发球

Net　触网球

Toss　挑边

Practise for Five Minutes　练习五分钟

Two Minutes　还有两分钟

One Mimutes　还有一分钟

Time　时间到

Ready　准备

Play　比赛开始

First Serve　第一发球

Second Serve　第二发球

Fifteen-love15:0　(1:0)

Thirty-all30:30　(2:2)

Deuce　平分

Fault　失误

Double Fault　双误

Foot Fault　脚误

Net　触网

Out　出界

Let　重赛

Not up　双跳

Through　穿越球

Foul Shot　犯规

Advantage Server　发球占先

Advantage Receiver　接球占先

Codevilation, Delay of　违反准则,延误

Game, Warning, Mr—　比赛,警告,——先生

Wrong Court　错区

第十五章 武　　术

第一节 武术概述

武术是以中华文化为理论基础,以技击方法为基本内容,以套路、格斗、功法为主要运动形式的传统体育。

> **窗口与链接**
> 更多武术知识请参阅中华武术博览网:http://www.zhwsbl.com

一、武术运动的价值

武术在中国流传了几千年,直到今天而没有被历史所淘汰,这个事实本身就说明武术随着历史的进程不断地发展着,它没有由于火器的进步,使直接用身体进行格斗的技击技术在实战中的作用逐渐减小而停止自身的发展。相反,随着社会生产力的提高,为满足人们更高的物质和精神生活的需要仍在不停地发展变化着,在不同的历史时期对社会有着多方面的积极作用,表现出了旺盛的生命力。所以我们在探讨武术的社会价值时,应特别注意要用发展的、变化的观点来审视。

(一) 武术的健身价值

练习武术是通过人的身体运动实现的,练习者只要进行适度的身体运动就能够增进健康,即使是在以武术作为技击手段的古代,人们也没有忽略它的健身价值。所谓"搏刺强士体",一方面说明通过"搏刺"这种形式使人体运动可以"强士体",另一方面也说明为了更好地"搏刺",需要很好地"强士体",所以说"搏刺"和"强士体"是相互依存的。

中国人历来重视运动,重视生命,注重养生之道,所以在武术发展的过程中必然和中国养生导引之术相互影响、相互渗透,增强了武术的健身价值。如轻柔缓慢的太极拳,以其独特的运动方式受到海内外人群的青睐,它松静自然、气沉丹田,属于中等强度的运动,不仅对心血管、呼吸系统有良好的影响,而且有利于调节神经系统、陶冶情操、缓解压力等,在当代社会有重要的意义。

由于武术的内容丰富,不仅有套路练习形式,还有对抗练习形式;套路练习中不仅有拳术,还有多种器械;不仅有单人练习,还有对练,并且还有多种拳种和流派。这些不同的练习形式和内容各有其运动特点,所以对人体健康有多方面的影响，并相互补充，可以全面地促进人的身体素质的发展。武术锻炼对人的力量、耐力、速度、灵敏、柔韧等各种身体素质的发展都有良好的影响，不同的人可以根据不同的爱好和条件，选择适合自己的武术内容进行锻炼，以达到更好地增强体质的目的。

（二）武术的技击价值

武术本是一种武技，是一种技击术，进行武术练习一方面可以全面地提高人的身体素质，随着体能的增强也必然提高人进行技击对抗的能力；另一方面练习者通过武术锻炼也可以学会一些攻防技击技术，直接提高练习者进行技击对抗的水平。

在以冷兵器为主要兵器的时代，武术的技击价值是非常突出的，上至通过军队活动而体现的关系到社稷安危的国家大事，下至黎民百姓为小团体或个人利益而进行的格斗，都离不开武术，因此，武术是国家乃至个人自卫的重要手段。历代统治者无不极力加强军队建设，提高装备水平和士兵作战的技能。民间的团体或个人间的格斗尽管常常是为了团体或个人的私利，没有明确的攻治目的，但格斗的技术仍然受到普遍的重视，所以武术的技击价值在古代就显得尤为重要。

到了现代，武术的技击价值虽然已不如古代那样突出，但在战争中仍不可避免会有近距离搏斗的可能，在公安部门执行公务时格斗技术仍有极其重要的作用，即使在人们的日常生活中也会有在善恶斗争时运用格斗技术的情况，善良的人们在掌握了一些武技后，往往会有一些特殊的安全感。所以，武术仍然有它不可忽视的技击价值。

由于武术本身就具有攻防技击特点，所以通过武术训练可以使练习者了解、熟悉、掌握一些攻防技击技术。虽然有些动作是经过加工、改造的，已不完全等同于原来在生死搏斗中所运用的攻防实战技术，但这些技术中仍包含着原来实战技术的主要环节，所以在掌握了这些技术以后，再经过必要的训练，就可以使之还原成原来的生死搏斗中的实战技术。同时在其训练的过程中，练习者也随之提高了必要的专项身体素质，这也更有利于练习者掌握和运用这些技术，进一步提高其自卫的能力。

（三）武术的观赏价值

武术可供观赏以丰富人们的文化生活。体育是一种人的身体活动，所有的体育活动都有运动员表演和观众观赏这样一个相互活动的过程。武术既是一种人的身体活动，具有人体运动的一般审美价值，又是一种武技，能表现人在攻防技击时的技巧和能力，所以又具有一种技击性的神秘色彩和审美价值。同时它既有单练又有对练，既有套路训练又有对抗性练习，使它可以满足人们不同的欣赏需要。另外，在其产生的过程中得到了加工、改造、提高，因而它又具有一定的艺术性。所以武术有其特殊的观赏价值。又因为武术在中国有广泛的群众基础,存在于民间,所以在民间各种喜庆集会活动中常有武术表演,这就使武术对丰富人民的文化生活具有更重要的作用。

各种类型的有组织或自发的武术表演活动一直持续到现在。在农村,每逢冬季农闲或庙会、春节、赶集时,常有武术爱好者逢场作戏,在南方还常与舞狮舞龙相结合,自发地进行表演,不收钱物,不较胜负,演者观者都自以为乐,又异于卖艺。这种季节性的民间武术表演已成了一种民俗时尚,是中国民间文化生活的一部分。

此外,还有许多有组织的武术比赛或表演,也都吸引了大量的观众,其中有许多武术爱好者,观看的目的在于观摩、学习,而一般观众则是在观赏的过程中得到一种精神上的满足和享受。

(四)武术的教育价值

教育价值体现了武术在学校教育中的作用和地位。中国在秦以前的学校教育中即重视有关军事武技的教学内容。《周礼》中说:"乃教之六艺",即礼、乐、射、御(驭)、书、数。其中,射、御就是和军事、攻防有关的技术。《孟子》中说:"设为庠序学较以教之。庠者,养也;校者,教也;序者,射也。"其中,"序者,射也"是说序的意思是习射练武。以后虽然文武分途,并有重文轻武的倾向,但对于国家来说,文事武备不可或缺。

自民国以来,武术在学校体育中逐渐受到重视,1915 年武术被正式列为学校体育课程,编写教材,改革教学,目的不仅在于向学生传授一些武术技艺,而且也有提高学生民族意识的作用,这和当时中国国力衰微、民族危机日益深重,需要激发人们穷则思变、奋发图强的精神是相一致的。

新中国成立以来,武术在学校教育中的地位进一步得到加强,多年来武术教材始终是各级学校体育课的必修内容之一,在开展校园体育活动、丰富学校生活、增强学生体质方面都起到了重要作用,特别是武术作为一种民族的传统体育活动,在举国上下为振兴中华而努力奋斗的背景下对提高民族自信心有着重要的作用。

武术是一种武技,学习武术对人还有一种武德的教育作用。武德可以理解为掌握武技的人所应具备的道德,是习武者为把握社会、实现社会价值而建立的自我约束与精神自律体系。在学习武术时注重武德,可以增强人的社会责任感,对自我修养的提高、维护社会的正常秩序起到积极的作用。

(五)武术的经济价值

发展体育运动的最终目的是促进经济的发展。因为体育和经济的发展有一种内在的联系,这就是经济发展需要健康的劳动力,体育的发展需要足够的物质和财富上的保证,同时体育本身就是一种产业,体育事业的发展能够直接带动经济的发展，这也就决定了体育在整个国民经济中的地位。所以在中国体育是国民经济中的一个独立的部分，有其独特的职能。由于武术是中国的一项传统的体育项目，拥有更为广泛的群众基础，所以它在促进经济发展中又有其特殊的价值。

首先，增强人的体质就是发展劳动力。在社会生产中，劳动者是首要的能动因素，从事体育锻炼可以增进劳动者的健康，从而保护劳动力。同时参加体育锻炼可以提高人的素质，包括身体素质和思想素质。在生产活动中有了健康的劳动力，不仅可以提高生产效率，而且可以延长人的寿命，从而延长了劳动力使用的时间。所以参加体育锻炼，对于个人来讲增强了体质，促进了健康，而对于整个社会来讲则发展了生产力。

武术是一种精神产品，是一种社会享受的消费品，它和其他体育项目一样以劳务的形式为社会服务。在人的社会生活中，物质产品是不能缺少的，同样精神消费也是不可缺少的。特别是随着人们物质生活水平的提高，对精神产品的需求也随之提高，对体育的需要也相应增加，武术作为一种精神产品也展现了它的经济价值。

武术活动，包括各种表演、比赛、训练、教师上课、爱好者之间的传播等，都是以精种产品为社会提供服务的。人们需要学武术、练武术、了解武术、观赏武术表演和比赛，这都是对武术这种精神产品需求的表现。参加武术锻炼的人数增加，正说明人们对这种精神产品的需求增加。而人们对武术进行探讨、议论，研究其技术的发展，也正好说明了要围绕着这种精神产品的供需情况来提高这种产品，以适应人们对武术的需要。群众对武术的评价、议论，正是消费者对这种精神产品好坏的品评。随着国际体育交往的增多，武术具有越来越多的外国爱好者，这也表明了国际上对武术这种精神产品的需求。当武术以精神产品提供给社会的时候，提供这种精神产品的人也就提供了劳务。这种劳务可以创造财富，具有价值，可以进行交换。这表现为进行武术的教学、训练可以收取学费，举行武术比赛、表演可以出售门票，武术咨询、辅导也可以收费，个人办武术馆、校，则要按规定收费并向国家交纳税金，对外国人进行武术教学、训练，还可以为国家收取一定的外汇，都是因为在进行这些活动的对候提供了劳务，以劳务进行交换所致，这种交换就为社会创造了财富。

同时，随着武术运动的发展，与武术相关的器材、服装等用品的消费也随之增加，虽然这不是武术本身所创造的价值，但和武术的发展有着直接的关系。

二、武术运动的作用

武术具有健身、防身、修身养性、娱乐观赏等多方面的作用，是人们增强体质、振奋精神的一种好手段。

（一）改善和增强体质

武术运动具有强身健体的作用，它不仅是形体上的锻炼，而且使人身心得到更全面的锻炼。对外能利关节、强筋骨、壮体魄；对内能理脏腑、通经脉、调精神，尤其是武术的许多功法注意调息行气和意念活动，对调节内环境的平衡、调养气血、改善人体机能和增强体质是十分有益的。

（二）提高防身自卫的能力

武术具有技击的特点，通过习武，不仅可以掌握各种踢、打、摔、拿、击刺等技击方法，而且还可以提高身体的灵活性和反应能力。持之以恒地练功，还能增长劲力、抗击摔打、克敌制胜，具备防身自卫的能力。若系统地训练，掌握技击术，可以为国防、公安建设服务。

（三）磨炼意志，培养道德情操

武术的学艺和练功，不仅要有吃苦耐劳的精神，而且还需要常年不懈、坚持有恒；不仅能培养坚忍不拔、勇敢无畏的意志品质，而且也是一种修心养性的良好手段。

武术在长期的延绵中，一向重礼仪、讲道德。“未曾学艺先学礼，未曾习武先习德”，培养武德是武术的传统。武德教育作为培养共产主义精神道德的一个组成部分，通过练武习德可以培养尊师重道、讲礼守信、见义勇为、不凌弱逞强等良好的心理素质和高尚的道德情操，有益于社会主义精神文明建设。

（四）娱乐观赏，丰富文化生活

武术具有很高的观赏价值，无论赛场上两人斗智斗勇的对抗性搏斗，还是显现武术功力与技巧的套路演练，都会引人入胜，给人以美的享受，丰富人们的文化生活。此外，群众性的武术活动，可以成为人们切磋技艺、交流思想和增进友谊的良好形式。随着武术在世界上的广泛传播，将会对与世界各国人民的友好交往发挥更大的作用。

第二节　套路运动起步阶段学练内容与方法

一、基本动作与方法

（一）手型

1. 拳：四指并拢卷握，拇指紧扣食指和中指的第二指节（图 15-1）。

要求与要点：拳握紧，拳面平，直腕。

2. 掌：四指并拢伸直，拇指弯曲紧扣于虎口处（图 15-2）。

3. 勾：五指第一指节捏拢在一起，屈腕（图 15-3）。

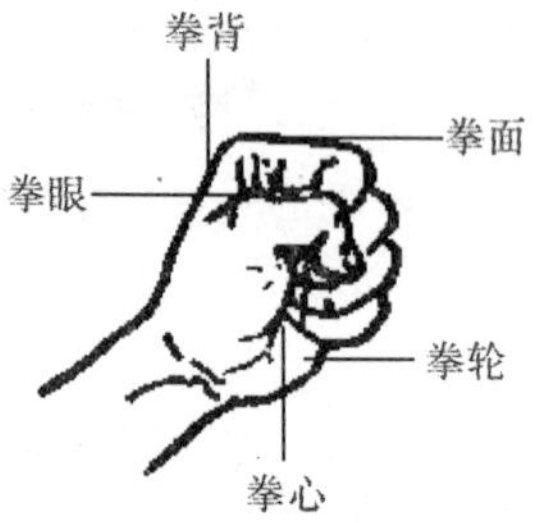

图 15-1

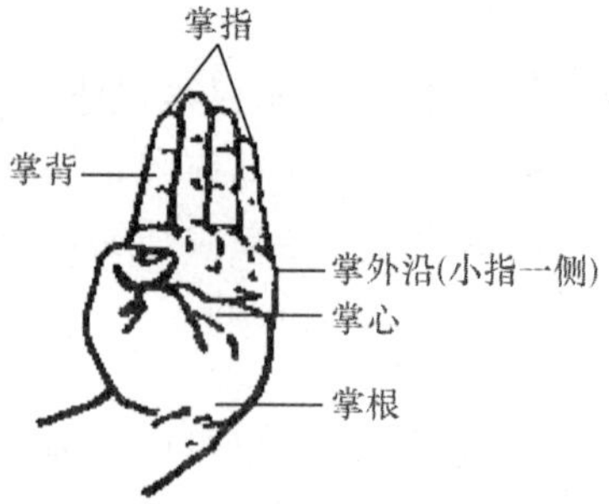

图 15-2

图 15-3

（二）步型

1. 弓步:左脚向前一大步(约为本人脚长的 4—5 倍),脚尖微内扣,左胆屈膝半蹲(大腿接近水平),膝与脚尖垂直,右腿挺膝伸直,脚尖内扣(斜向前方),两脚全脚着地。上体正对前方,眼向前平视,两手抱拳于腰间(图 15-4)。弓右腿为右弓步,弓左腿为左弓步。

要求与要点:前腿弓、后腿绷,挺胸、塌腰、沉髋,前脚与后脚成一直线。

练习步骤:

(1) 逐步延长练习时间,弓步可交替练习。

(2) 原地保持弓步姿势不动,加做左右冲拳或推掌练习,左右弓步可交替练习。

(3) 行进间练习。左弓步冲右拳再上步接做右弓步冲左拳,这样连续进行。

易犯错误和纠正方法:

(1) 后脚拔跟、掀掌。

纠正方法:提高膝和踝关节的柔韧性,并强调脚跟蹬地。

(2) 后腿屈膝。

纠正方法:强调后腿挺膝和用力后蹬。

(3) 弯腰和上体前俯。

纠正方法:强调头部上顶,并注意沉髋。

图 15-4

2. 马步：两脚平行开立（约为本人脚长的三倍），脚尖正对前方，屈膝半蹲，膝部不超过脚尖，大腿接近水平，全脚着地。身体重心落于两腿之间，两手抱拳于腰间（图 15-5）。

要求与要点：挺胸、塌腰、脚跟外蹬。

练习步骤：

（1）逐渐延长练习时间。

（2）原地做马步蹲起练习，即蹲马步和站立交替进行，还可做马步左右冲拳或推掌的练习。

（3）行进间练习，连续上步做马步架打练习。

易犯错误和纠正方法：

（1）脚尖外撇。

纠正方法：经常站立做里扣脚尖的练习，或强调两脚跟外蹬。

（2）两脚距离过大或过小。

纠正方法：量出三脚距离后再下蹲做马步。

（3）弯腰跪膝。

纠正方法：强调挺胸、塌腰之后再下蹲，膝不得超过脚尖的垂直线，或手扶一定高度的物体做动作。

图 15-5

3. 虚步：两脚前后开立，右脚外展 45°，屈膝半蹲；左脚脚跟离地，脚面绷平，脚尖稍内扣，虚点地面，膝微屈，重心落于后腿上。两手叉腰。眼向前平视（图 15-6）。左脚在前为左虚步，右脚在前为右虚步。

要求与要点：挺胸、塌腰、虚实分明。

练习步骤：

（1）可先手扶一定高度的物体进行练习，或先把姿势放高一些，然后逐渐按规格要求做正确的动作。

(2) 逐渐延长练习时间。

(3) 可结合手型、手法练习。如做“左虚步勾手挑掌”跳转成“右虚步勾手挑掌”,可向左右跳换做。

易犯错误和纠正方法:

(1) 虚实不清。

纠正方法:前脚先不着地,等支撑腿下蹲后再以脚尖虚点地面成虚步。

(2) 后腿蹲不下去。

纠正方法:可做单腿屈蹲或双腿负重屈蹲等练习,以发展下肢力量。

图 15-6

4. 仆步:两脚左右开立,右腿屈膝全蹲,大腿和小腿靠紧,臀部接近小腿,右脚全脚着地,脚尖和膝关节外展;左腿挺直平仆,脚尖里扣,全脚着地。两手抱拳于腰间。眼向左方平视(图 15-7)。仆左腿为左仆步;仆右腿为右仆步。

要求与要点:挺胸、塌腰、沉髋。

练习步骤;

(1) 参看虚步的第 1、2 点。

(2) 加手型、手法,如做“仆步勾手亮掌”。

(3) 行进间连续做“仆步穿掌”。

易犯错误和纠正方法:

(1) 平仆腿不直,脚外侧掀起,脚尖上翘外展。

纠正方法:使平仆腿的脚外侧抵住固定物体(如墙壁),不让脚外侧掀起。

(2) 全蹲腿没蹲到底,脚跟提起。

纠正方法:多做仆步压服练习,同时强调平仆腿一侧用力沉髋、拧腰。

(3) 上体前倾。

纠正方法:轻胸、塌腰后再下蹲成仆步。

图 15-7

图 15-8

5. 歇步:两腿交叉靠拢全蹲,左脚全脚着地,脚尖外展;右脚前脚掌着地,膝部贴近左腿外侧,臀部坐于右腿接近脚跟处。两手抱拳于腰间。眼向左前方平视(图 15-8)。左胸在前为左歇步,右脚在前为右歇步。

要求与要点:挺胸、塌腰、两腿靠拢并贴紧。

练习步骤:

(1) 参看虚步的第(1)(2)点。

(2) 交替做左右歇步,并增加手法。如左右穿手亮掌。

易犯错误和纠正方法:

(1) 动作不稳健。

纠正方法:前脚脚尖充分外展,两腿贴紧。

(2) 两腿贴不紧。

纠正方法:强调后腿贴紧前腿外侧,并加强膝与踝关节柔韧性的练习。

(三) 手法

1. 冲拳:分平拳与立拳两种。平拳拳心向下,立拳拳眼向上。

预备姿势:两脚左石开立,与肩同宽,两拳抱于腰间,肘尖向后,拳心向上(图 15-9 之 1)。

1　　2

图 15-9

动作说明：挺胸、收腹、直腰，右拳从腰间向前猛力冲出，转腰、顺肩，在肘关节过腰后，右前臂内旋，力达拳面，臂要伸直，高与肩平；同时左肘向后牵拉（图15-9 之 2）。练习时，左右手可交替进行。

要求与要点：出拳要快速有力，要有寸劲（即爆发力），做好拧腰、顺肩、急转前臂的动作。

练习步骤：

（1）先慢做，不要用全力，注意动作的准确性，然后再逐步过渡到快速有力。

（2）结合各种步型、步法和腿法做冲拳练习。

易犯错误和纠正方法：

（1）冲拳时肘外展，使拳从肩前冲出。

纠正方法：强调肘贴肋运行，使拳内旋冲出。

（2）冲拳无力。

纠正方法：强调紧握拳和肩下沉。冲拳时，前臂要内旋，动作要快速。

（3）冲拳过高或太低。

纠正方法：可在练习人前面设一与肩同高的目标（如手掌），让他向目标冲击。

2. 架拳

预备姿势：与冲拳同。

动作说明：右拳向下、向左、向上经头前向右上方划弧架起，拳眼向下。眼看左方（图 15-10 之 1、2）。练习时，左右手可交替进行。

要求与要点：松肩，肘微屈，前臂内旋。

练习步骤：

1　　　　2

图 15-10

(1) 先慢做,不要用全力,着重体会动作路线,然后再逐步加力。

(2) 结合步型、步法和手法练习(如做“马步架打”)。

易犯错误和纠正方法:

经体侧亮拳,动作路线不对。

纠正方法:同伴对其头部冲拳(给以目标),让其体会上架动作要领。

3. 推掌

预备姿势:与冲拳同。

动作说明:右拳变掌,前臂内旋,并以掌根为力点向前猛力推击。推击时要转腰,顺肩,臂要伸直,高与肩平;同时左肘向后牵拉(图 15-11)。练习时,左右手可交替进行。

要求与要点:挺胸、收腹、直腰,出掌要快速有力,有寸劲;同时还要做好拧腰、顺肩、沉腕、翘掌等动作。

练习步骤、易犯错误和纠正方法均与冲拳同。

图 15-11

1 2

图 15-12

4. 亮掌

预备姿势:与冲拳同。

动作说明:右拳变掌,经体侧向右、向上划弧至头部右前上方时,抖腕亮掌,劈成弧形,掌心向前,虎口向下。眼随右手动作转动,亮掌时,注视左方(图 15-12 之 1、2)。练习时,左右手交替进行。

要求与要点:抖腕,亮掌与转头要同时完成。

练习步骤:

(1) 开始练习时,可用信号或语言提示,使抖腕、亮掌与转头配合一致。

(2) 结合手法与步型进行练习(如“仆步亮掌”等)。

易犯错误和纠正方法：

(1) 抖腕动作不明显,形成以臂部动作为主。

纠正方法:单做抖腕练习,并经常做转腕练习,借以提高腕部的灵活性。

(2) 抖腕、亮掌与转头不一致。

纠正方法:做亮掌时,用信号(如击掌)或语言提示,使其配合一致。

(四) 步法

1. 击步

预备姿势:两脚前后开立,同肩宽。两手叉腰(图 15-13 之 1)。

动作说明:上体前倾,后脚离地提起,前脚随即蹬地前纵。在空中时,后脚向前碰击前脚(图 15-13 之 2)。落地时,后脚先落,前脚后落。眼向前平视(图 15-13 之 3)

要求与要点:跳起空中时,要保持上体正直并侧对前方。

易出现损伤:踝关节韧带的损伤。

预防:平时要加强踝关节力量和柔韧性的训练,提高关节稳定性和活动范围;在做跳跃或高难度动作时要做好充分的准备活动;要正确掌握武术动作技术;要注意加强自我保护意识;做好场地和器械的维护。

处理与康复:受伤后立即冷敷、加压包扎,抬高伤肢并休息,以减轻出血和肿胀。24—48 h 后,拆除包扎固定,根据伤情可采用药物外敷、止痛药剂注射、理疗和按摩等。韧带完全断裂者,应在急救处理后马上送医院,以争取及早手术缝合或固定。

图 15-13

练习步骤:可结合挑掌等手法进行练习。

2. 垫步

预备姿势：与击步同。

动作说明：后脚离地提起，脚掌向前脚处落步；前脚立即以脚掌蹬地向前上跳起，将位置让于后脚，然后再屈膝提腿向前落步。眼向前平视（图 15-14 之 1、2）。

要求与要点、练习步骤均与击步同。

1　　　　2

图 15-14

3. 弧形步

预备姿势：与击步同。

动作说明：两腿略屈，两脚迅速连续向侧前方行步，每步大小略比肩宽，走弧形路线。眼向前平视（图 15-15 之 1、2）。

1　　　　2

图 15-15

要求与要点：挺胸、塌腰，保持半蹲姿势，身体重心要平稳，不要有起伏现象。落地时，由脚跟迅速过渡到全脚掌，并注意转腰。

练习步骤：可结合“勾手推掌”进行，路线也可改为“S”形。

二、基础练习（“五步拳”）

动作：拗弓步冲拳——弹踢冲拳——马步架打——歇步盖打——提膝仆步穿掌——虚步挑掌。

预备姿势：并步抱拳（图 15-16）。

拗弓步冲拳：左脚向左迈出一步，成弓步。同时，左手向左平搂并收回腰间抱拳，右拳向前冲拳成平拳。目视前方（图 15-17）。

图 15-16

图 15-17

图 15-18

弹踢冲拳：重心前移，右腿向前弹踢。同时，左拳由腰间向前冲拳成平拳，右拳收回腰间。眼视前方（图 15-18）。

马步架打：右脚落地向左转体 90°，两腿下蹲成马步。同时，左拳变掌，屈臂上架；右拳由腰间向右冲拳成平拳。头部右转，目视右前方（图 15-19）。

歇步盖打：左脚向右脚后插一步，身体左转 90°。同时，右拳变掌经头上向左下盖，掌外沿向前；左掌收回腰间抱拳。目视右手（图 15-20 之 1）。

上动不停，两腿屈膝下蹲成歇步。同时，左拳向前冲出成平拳，右掌变拳收回腰间。目视左拳（图 15-20 之 2）。

图 15-19

图 15-20

提膝仆步穿掌：两腿起立，身体左转。随即左拳变掌，手心向下；右拳变掌，手心向上，由左手背上穿出。同时，左腿提膝，左手顺势收至右腋下。目视右手（图 15-21）。左脚落地成仆步，左手掌指向前沿左腿内侧穿出。目视左掌（图 15-22）。

易出现损伤：大腿内侧韧带损伤。

预防：加强腿部柔韧性的训练。

处理与康复：受伤后立即冷敷、加压包扎，24—48 h 后，拆除包扎固定，根据伤情可采用药物外敷、止痛药剂注射、理疗和按摩等。韧带完全断裂者，应在急救处理后马上送医院，以争取及早手术缝合或固定。

图 15-21

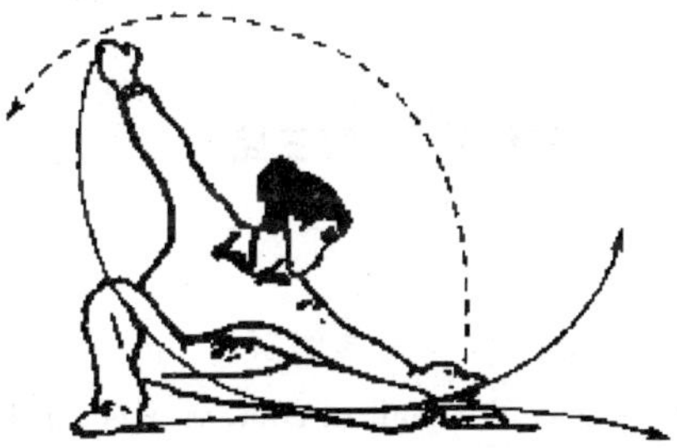

图 15-22

虚步挑掌：左腿屈膝前弓，右脚蹬地向前止步，成右虚步。同时，左手向上、向后划弧成正勾手，略高于肩；右手由后向下、向前顺右腿外侧向上挑掌，掌指向上，高与肩平。目视前方（图 15-23）。

继续练习，动作相同，方向相反。

收势：两脚靠拢，并步抱拳（图 15-24）。

图 15-23

图 15-24

要求与要点：

五步拳结合五种步型、步法和三种手型编成的组合。要求要点均与前同。

练习步骤：

（1）先做分解动作，按要点进行反复练习。

（2）进行组合练习。练习时，强调眼随手、身随步、步随势换，逐渐做到手、眼、身、步法协调一致。

思考题

1. 套路运动中最基本的动作和方法有哪些？
2. 练习武术基本功基本动作的作用有哪些？

第三节　套路运动提高阶段学练内容与方法

一、初级长拳（第三路）

窗口与链接

1. 初级长拳第三路图解：
http://wenku.baidu.com/view/026a12bfc77da26925c5b0ab.html
2. 初级长拳第三路教学视频：
http://www.56.com/u79/v_MjgzNjg5ODA.html

长拳是武术的主要拳种之一。“长拳”一词最早记载于明朝戚继光《纪效新书·拳经捷要篇》：“古今拳家，宋太祖有三十二势长拳”。明代程宗猷所著《耕余剩技·回答篇》中载：“……长拳有太祖温家之类，短打则有绵张任家之类。”由此可见，明代就有长拳的称谓，以及太组长拳和温家长拳等类别。所谓长是相对短而言的，长拳则是相对短打而立名，这正如明代圆帧之《武编》所言："逼近用短打，若远开则用长拳。"

现代武术运动中的长拳是沿用了明代长拳的称谓，将具有广泛群众基础的查、华、炮、红、少林等具有拳势舒展、快速有力、节奏鲜明等共同特点的拳术统称为长拳。以这些拳种的动作素材和基本技法为基础创编的现代长拳，以及由此衍发的长拳类器械，如刀、枪、剑、棍套路，是新中国成立后武术教学训练与竞赛的主要内容之一，在武术运动中影响较大，有广泛的群众基础。

长拳的内容包括基本功和基本动作、单练套路、对练套路。单练套路又分为规定套路和自选套路。

长拳的运动特点表现为撑拔舒展、势正招回、快速有力、灵活多变、蹿蹦跳跃、闪展腾部、起伏转折、腿法较多、节奏鲜明、气势磅礴。

长拳的技法特点表现为手要快捷、眼要明锐、身要灵活、步要稳固、精要充沛、气要下沉、力要顺达、功要纯青、四击合法、以形喻势。

（一）动作名称

预备动作

预备式

1. 虚步亮掌
2. 并步对拳

第一段

1. 弓步冲拳
2. 弹腿冲拳
3. 马步冲拳
4. 弓步冲拳
5. 弹腿冲拳
6. 大跃步前穿
7. 弓步击掌
8. 马步架掌

第二段

1. 虚步栽拳
2. 提膝穿掌
3. 仆步穿掌
4. 虚步挑掌
5. 马步击掌
6. 叉步双摆掌
7. 弓步击掌
8. 转身踢腿马步盘肘

第三段

1. 歇步抡砸拳
2. 仆步亮掌
3. 马步劈拳
4. 换跳步弓步冲拳
5. 马步冲拳
6. 弓步下冲拳
7. 叉步亮掌侧踹腿
8. 虚步挑掌

第四段

1. 弓步顶肘
2. 转身左拍脚
3. 右拍脚
4. 腾空飞脚
5. 歇步下冲拳
6. 仆步抡砸拳
7. 提膝挑掌
8. 提膝劈掌弓步冲拳

结束动作

1. 虚步亮掌
2. 并步对拳

还原

（二）动作说明

预备动作：两胸并步站立，两臂垂于身体两侧，五指并拢贴靠腿外侧。眼向前平视（图 15-25）。

要点：头要端正，颏微收，挺胸，榻腰，收腹。

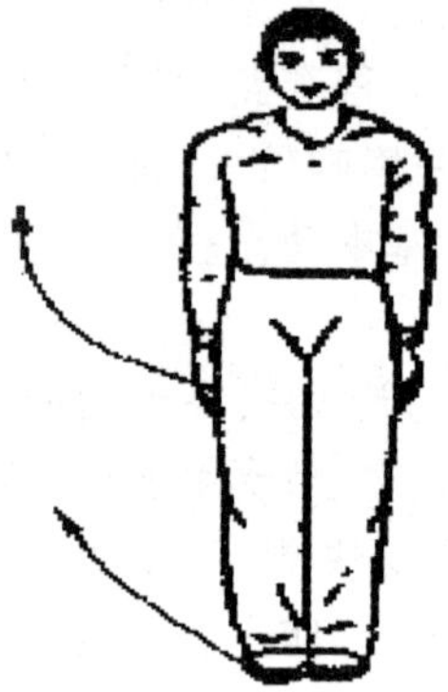

图 15-25

1．虚步亮掌

（1）右脚向右后方撤步成左弓步。右掌向右、向上、向前划弧，掌心向上；左臂屈肘，左掌提至腰侧，掌心向上。目视右掌（图 15-26 之 1）。

（2）右腿微屈，重心后移。左掌经胸前从右臂上向前穿出伸直；方臂屈肘，右掌收至腰侧，掌心向上。目视左掌（图 15-26 之 2）。

（3）重心继续后移，左胸稍向右移，脚尖点地，成左虚步。左臂内旋向左、向后划弧成勾手，勾尖向上；右手继续向后、向右、向前上划弧，屈肘抖腕，在头前上方成亮掌（即横掌），掌心向前，掌指向左。目视左方（图 15-26 之 3）。

要点：3 个动作必须连贯。成虚步时，重心落于右腿上，右大腿与地面平行；左腿微屈，脚尖点地。

1　2　3

图 15-26

2. 并步对拳

(1) 右腿跟直,左腿提膝,脚尖里扣,上肢姿势不变(图 15-27 之 1)。

(2) 左脚向前落步,重心前移。左臂屈肘,左勾手坐掌经左肋前伸;右臂外旋向前下落于左掌右侧,两掌同高,掌心均向上(图 15-27 之 2)。

(3) 右脚向前上一步,两臂下垂后摆(图 15-27 之 3)。

(4) 左脚向右脚并步。两臂向外向上经胸前屈肘下按,两掌变拳心向下,停于小腹前。目视左侧(图 15-27 之 4)。

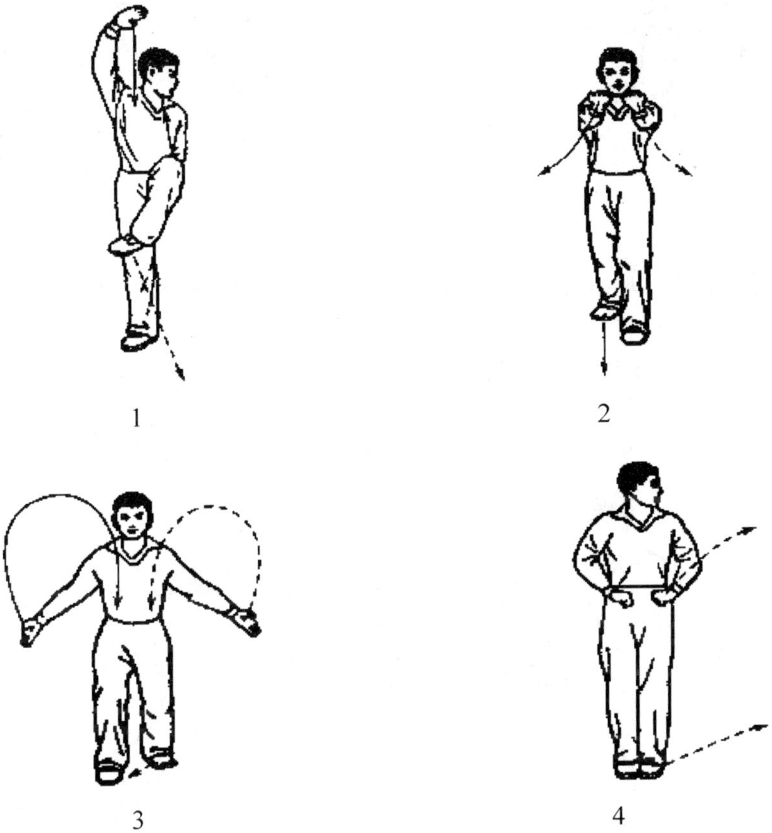

图 15-27

要点:并步后挺胸、塌腰,对拳、并步、转头要同时完成。

第一段

1. 弓步冲拳

(1) 左脚向左上一步,脚尖向斜前方;右腿微屈,成半马步。左臂向上、向左格打,拳眼向后,拳与肩同高;右拳收至腰侧,拳心向上。目视左拳(图 15-28 之 1)。

（2）右腿蹬直成左弓步。左拳收至腰侧，拳心向上；右拳向前冲出，高与肩平，拳眼向上。目视右拳（图 15-28 之 2）。

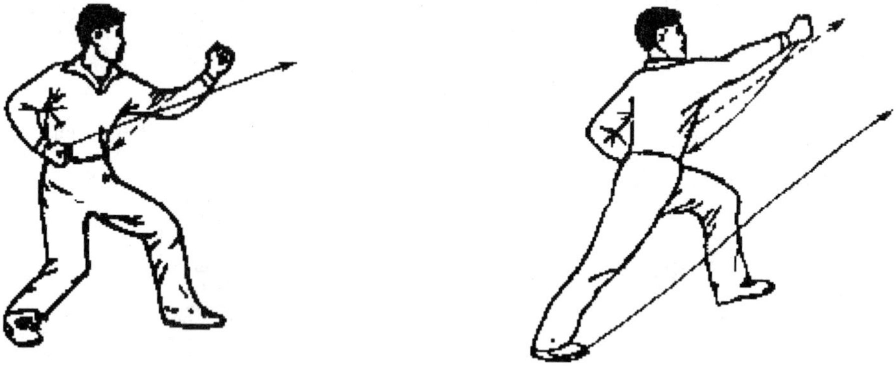

1　　　　2

图 15-28

要点：成弓步时，右腿充分蹬直，脚跟不要离地。冲拳时尽量转腰顺肩。

2．弹腿冲拳

（1）重心前移至左腿，右腿屈膝提起，脚面绷直，猛力向前弹出伸直，高与腰平。右拳收至腰侧，左拳向前冲出。目视前方（图 15-29）。

要点：支撑腿可微屈，弹出的腿要有爆发力，力点达于脚尖。

图 15-29

图 15-30

3．马步冲拳

右脚向前落步，脚尖里扣，上体左转，两腿下蹲成马步。左拳收至腰侧，右拳向前冲出。目视右拳（图 15-30）。

要点：成马步时，大腿要平，两腿平行，脚跟外蹬，挺胸、塌腰。

4. 弓步冲拳

(1) 身体右转90°,右脚尖外撇向斜前方,成半马步。右臂屈肘向右格打,拳眼向后。目视右拳(图15-31之1)。

(2) 左腿蹬直成右弓步。右拳收至腰侧,左拳向前冲出。目视左拳(图15-31之2)。

要点:与本段的弓步冲拳相同,唯左右相反。

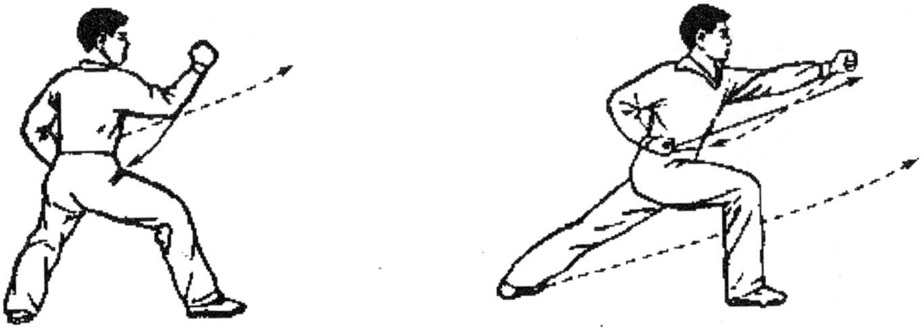

1　　2

图 15-31

5. 弹腿冲拳

重心前移至右脚,左腿屈膝提起,脚面绷直,猛力向前弹出伸直,高与腰平。左拳收至腰侧,右拳向前冲出。目视前方(图15-32)。

要点:与本段的弹腿冲拳相同。

图 15-32

6. 大跃步前穿

(1) 左腿屈膝。右拳变掌内旋,以手背向下挂至左膝外侧,上体前倾。目视右手(图15-33之1)。

(2) 左脚向前落步,两腿微屈。右掌继续向后挂;左拳变掌,向后、向下伸直。目视右掌(图15-33之2)。

（3）右腿屈膝向前提起，左腿立即猛力蹬地向前跃出。两掌向前、向上划弧摆起。目视左掌（图 15-33 之 3）。

（4）右腿落地全蹲，左腿随即落地向前铲出成仆步。右掌变拳抱于腰侧；左掌由上向右、向下划弧成立掌，停于右胸前。目视左脚（图 15-33 之 4）。

图 15-33

要点：跃步要远，落地要轻，落地后立即接做下一个动作。

7. 弓步击掌

（1）右腿猛力蹬直成左弓步。左掌经左脚面向后划弧至身后成勾手，左臂伸直，掌尖向上；右拳由腰侧变掌向前推出，掌指向上，掌外侧向前。目视右掌（图 15-34）。

图 15-34

8. 马步架掌

（1）重心移至两腿中间，左脚脚尖里扣成马步，上体右转。右臂外旋向左侧平摆，稍屈肘；同时左勾手变掌由后经左腰侧从右臂内向前上穿出，掌心均朝上。目视左手(图 15-35 之 1)。

(2) 右掌立于左胸前;左臂向左上屈肘抖腕亮掌于头部左上方,掌心向前。目向右转视(图 15-35 之 2)。

1　　　　2

图 15-35

要点:马步同前。

第二段

1. 虚步栽拳

(1) 右脚蹬地,右腿屈膝提起;左腿伸直,以前脚掌为轴向右后转体 180°。右掌从左胸前向下经右腿外侧向后划弧成勾手;左臂随体转动并外旋,使掌心向右。目视右手(图 15-36 之 1)。

(2) 右脚向右落地,重心移至右腿上,下蹲成左虚步。左掌变拳下落于左膝上,拳眼向里,拳心向后;右勾手变拳,右臂屈肘向上架于头右上方,拳心向前。目视左方(图 15-36 之 2)。

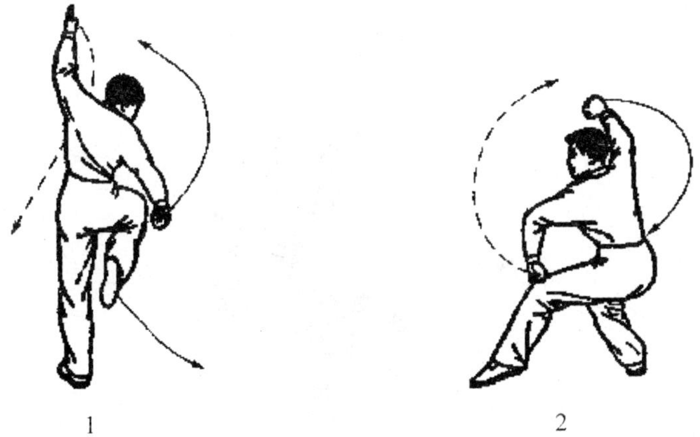

1　　　　2

图 15-36

2．提膝穿掌

（1）右腿稍伸直。右拳变掌收至腰侧，掌心向上；左拳变掌由下向左、向上划弧盖压于头上方，掌心向前（图 15-37 之 1），

（2）右腿蹬直，左腿屈膝提起，脚尖内扣。右掌从腰侧经左臂内侧向右前上方穿出，掌心向上；左掌收至右胸前成立掌。目视右掌（因 15-37 之 2）。

1　　　　2

图 15-37

要点：支撑腿与右臂充分伸直。

3．仆步穿掌

右腿全蹲，左腿向左后方铲出成左仆步。右臂不动，左掌由右胸前向下经左腿内侧向左脚面穿出。目随左掌转视（图 15-38）。

图 15-38

4. 虚步挑掌

(1) 右腿蹬直,重心前移至左腿,成左弓步。右掌稍下降,左掌随重心前移向前挑起(图 15-39 之 1)。

(2) 右脚向左前方上步,左腿半蹲,成右虚步。身体随上步左转 180°。在右脚上步的同时,左掌由前向上、向后划弧成立掌;右掌由后向下、向前上挑起成立掌,指尖与眼平。目视右掌(图 15-39 之 2)。

1　　　　2

图 15-39

要点:上步要快,虚步要稳。

5. 马步击掌

(1) 右脚落实,脚尖外撇,重心稍升高并右移。左掌变拳收至腰侧,右掌俯掌向外掳手(图 15-40 之 1)。

(2) 左脚向前上一步,以右脚为轴向右后转体 180°,两腿下蹲成马步。左掌从右臂上方成立掌向左侧击出,右掌变拳收至腰侧。目视左掌(图 15-40 之 2)。

1　　　　2

图 15-40

要点:右手做掳手时,先使臂稍内旋,腕伸直,手掌向下、向外转,接着臂外旋,掌心经下向上翻转,同时抓握提成拳。收拳和击掌动作要同时进行。

6. 叉步双摆掌

(1) 重心稍右移。同时两掌向下、向右摆,掌指均向上。目视右掌(图 15-41 之 1).

(2) 右脚向左腿后插步,前脚掌着地。两臂继续由右向上、向左摆,停于身体左侧,均成立掌,右掌停于左肘窝处。目随双掌转视(图 15-41 之 2)。

1　　2

图 15-41

要点:两臂要划立圆,幅度要大,摆掌与后插步配合一致。

7. 弓步击掌

(1) 两腿不动。左掌收至腰侧,掌心向上;右掌向上、向右划弧,掌心向下(图 15-42 之 1)。

(2) 左腿后撤一步,成右弓步。右掌向下、向后伸直摆动,成勾手,勾尖向上;左掌成立掌向前推出。目视左掌(图 15-42 之 2)。

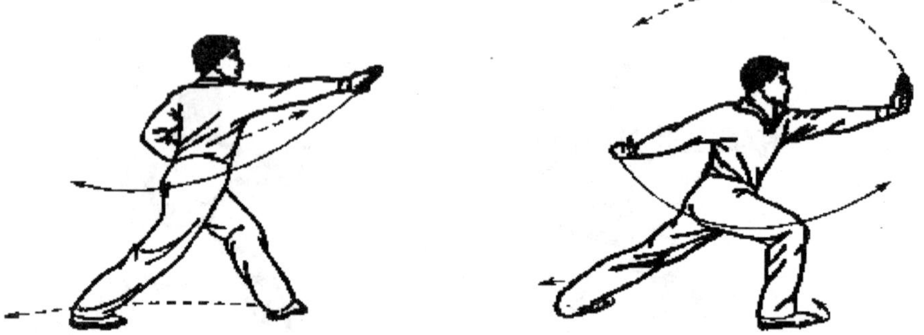

1　　2

图 15-42

8. 转身踢腿马步盘肘

(1) 两脚以前脚掌为轴向左后转体 180°。在转体的同时,左臂向上、向后划半立圆,右臂向下、向前划半圆(图 15-43 之 1)。

(2) 上动不停,两脚不动。右臂由后向上、向前划半立圆,左臂由前向下、向后划半立圆(图 15-43 之 2)。

(3) 上动不停,右臂向下成反臂勾手,勾尖向上;左臂向上成亮掌,掌心向前上方。同时重心前移,左腿伸直;右腿伸直,脚尖勾起,向额前踢(图 15-43 之 3)

(4) 右脚向前落地,脚尖里扣。右手不动,左臂屈肘下落至胸前,左掌心向下。目视左掌(图 15-43 之 4)。

(5) 上体左转 90°,两腿下蹲成马步。同时左掌向前、向左平搪变拳收至腰侧:右勾手变拳,右臂伸直,由体后向右、向前平摆至体前时屈肘,肘尖向前,高与肩平,掌心向下。目视肘尖(图 15-43 之 5)。

图 15-43

要点:两臂抡动时要划立圆,动作连贯。盘肘时要快速有力,右肩前顺。

第三段

1. 歇步抡砸拳

(1) 重心稍升高,右脚尖外撇。右臂由胸前向上、向右抡直;左拳向下、向左,使臂抡直。目视右拳(图 15-44 之①)。

(2) 上动不停,两脚以前脚掌为轴,向右后转体 180°。右臂向下、向后抡摆,左臂向上、向前随身体转动(图 15-44 之 2)。

(3) 紧接上动,两腿全蹲成歇步。左臂随身体下蹲向下平砸,掌心向上,臂部微屈;右臂伸直向上举起。目视左拳(图 15-44 之 3)。

1　　2　　3

图 15-44

要点:抡臂动作要连贯完成,划成立圆。歇步要两腿交叉全蹲,左腿大小腿靠紧,臀部坐于左腿接近脚跟处,左膝关节在右小腿外侧,脚跟提起;右脚尖外撇,全脚着地。

2. 仆步亮掌

(1) 左脚由右腿后抽出向前上一步,左腿蹬直;右腿半蹲,成右弓步。上体微向右转。左拳收至腰侧,右拳变掌向下经脑前向右横击掌。目视右掌(图 15-45 之 1)。

(2) 右脚蹬地,右腿屈膝提起,上体右转。左拳变掌从右掌上方向前穿出,

1　　2　　3

图 15-45

掌心向上；右掌平收至左肘下（图 15-45 之 2）。

（3）右脚向右落步，屈膝下蹲，左腿伸直，成仆步。左掌向下、向后划弧成勾手，勾尖向上；右掌向右、向上划弧，臂微屈，抖腕成亮掌，掌心向前。头随右手转动至亮掌时，目视左方（图 15-45 之 3）。

要点：仆步时，左腿充分伸直，脚尖里扣，右腿全蹲，两脚脚掌全部着地。上体挺胸塌腰，稍左转。

3. 弓步劈拳

（1）右腿蹬地立起，左腿收回并向左前方上步。右掌变拳收至腰侧，左勾手变掌由下向前上经胸前向左做掳手（图 15-46 之 1）。

（2）右腿经左腿前方向左绕上一步，左腿蹬直成右弓步。左手向左平掳后再向前挥摆，虎口向前（图 15-46 之 2）。

（3）在左手平掳的同时，右掌向后平摆，然后再向前、向上做抡劈拳，拳高与耳平，拳心向上；左掌外旋接扶右前臂。目视右拳（图 15-46 之 3）。

1

2

3

图 15-46

要点：左右脚上步稍带弧形。

4. 换跳步弓步冲拳

(1) 重心后移,右脚稍向后移动。右拳变掌,右臂内旋以掌背向下划弧挂至右膝内侧;左掌背贴靠右肘外侧,掌指向前。目视右掌(图 15-47 之 1)。

(2) 右腿自然上抬,上体稍向左扭转。右掌挂至体左侧,左掌伸向右腋下。目随右掌转视(图 15-47 之 2)

(3) 右脚以全脚掌用力向下震跺,与此同时,左脚极速离地抬起。右手由左向上、向前掳盖而后变拳收至腰侧;左掌伸直向下、向左、向前上方下按,左臂屈肘,掌心向下。身体右转,目视左掌(图 15-47 之 3)。

(4) 左脚向前落步,右腿蹬直成左弓步。右拳向前冲出,拳高与肩平;左掌藏于右腋下,掌背贴靠腋窝。目视右拳(图 15-47 之 4)。

图 15-47

要点:换跳步动作要连贯,协调。震脚时腿要弯曲,全脚掌着地。左脚离地不要高。

5. 马步冲拳

上体右转 90°,重心移至两腿中间,成马步。右拳收至腰侧,左掌变拳向左冲出,拳眼向上。目视左拳(图 15-48)。

6. 弓步下冲拳

右腿蹬直,左腿弯曲,上体稍向左转,成左弓步。左拳变掌向下经体前向上架于头左上方,掌心向上;右拳自腰侧向左前斜下方冲出。目视右拳(图 15-49)。

图 15-48

图 15-49

7. 叉步亮掌侧踹腿

(1) 上体稍右转。左掌由头上下落于右手腕上,右拳变掌,两手交叉成十字。目视双手(图 15-50 之 1)。

(2) 右脚蹬地并向左腿后插步,前脚掌着地。左掌由体前向下、向后划弧成勾手,勾尖向上;右掌由前向右、向上划弧抖腕亮掌,掌心向前。目视左侧(图 15-50 之 2)。

(3) 重心移至右腿。左腿屈膝提起,向左上方猛力蹬出。上肢姿势不变。

1 2 3

图 15-50

目视左侧(图 15-50 之 3)。

要点:插步时上体稍向右倾斜,腿、臂的动作要一致。侧踹高度不能低于腰,大腿内旋,着力点在脚跟。

易出现损伤:大腿内侧韧带损伤。

预防:加强腿部柔韧性的训练。

处理与康复:受伤后立即冷敷、加压包扎,24—48h 后,拆除包扎固定,根据伤情可采用药物外敷、止痛药剂注射、理疗和按摩等。韧带完全断裂者,应在急救处理后马上送医院,以争取及早手术缝合或固定。

8. 虚步挑拳

(1) 左脚在左侧落地。右掌变拳稍后移;左勾手变拳由体后向左上挑,拳背向上(图 15-51 之 1)。

(2) 身体左转 180°,微含胸前俯。左拳继续向前、向上划弧上挑,右拳向下、向前划弧挂至右膝外侧。同时右膝提起。目视右拳(图 15-51 之 2)。

(3) 右脚向右前方落步,脚尖点地,重心落于左脚,左腿下蹲成右虚步。左拳向后划弧收至腰侧,拳心向上,右拳向前屈劈挑出,拳眼斜向上,拳与肩同高。目视右拳(图 15-51 之 3)。

图 15-51

第四段

1. 弓步顶肘

(1) 重心升高,右脚踏实。右劈内旋向下直臂划弧以拳背下挂至右膝内侧,左拳不变。目视前下方(图 15-52 之 1)。

(2) 左腿蹬直,右腿屈膝上抬。左拳变掌,右拳不变,两臂向前、向上划弧摆起。目随右拳转视(图 15-52 之 2)。

(3) 左脚蹬地起跳,身体腾空,两臂继续划弧至头上方(图 15-52 之 3)。

(4) 右脚先落地,右腿屈膝;左脚向前落步,右脚着地。同时,两臂向右、向下屈肘停于右胸前,右拳变拳,左拳变拳,右掌心贴靠左拳面(图 15-52 之 4)。

(5) 左脚向左上一步,左腿屈膝,右腿蹬直成左弓步,左拳以左肘尖向左顶出,高与肩平。目视前方(图 15-52 之 5)。

图 15-52

要点:交换步时不要过高,但要快。两臂抡摆时要成圆弧。

2. 转身左拍脚

(1) 以两脚前脚掌为轴向右后转体 180°。随着转体,右臂向上、向右、向下划弧抡摆,同时左拳变掌向下、向后、向前上抡摆(图 15-53 之 1)

(2) 左腿伸直向前上踢起,脚面绷平。左掌变拳收至腰侧,右掌由体后向上、向前拍击左脚面(图 15-53 之 2)。

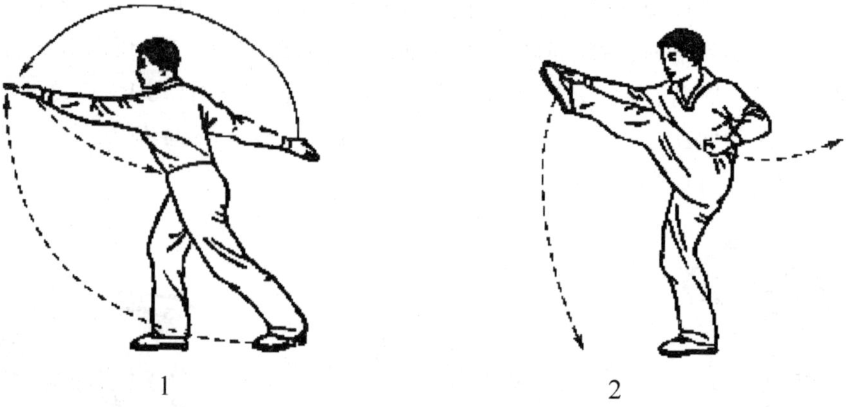

图 15-53

要点:右掌拍脚时手掌稍横过来,拍脚要准而响亮。

3. 右拍脚

(1) 左脚向前落地,左拳变掌向下、向后摆,右掌变拳收至腰侧(图 15-54 之 1)。

(2) 右腿伸直向前上踢起,脚面绷平。左拳变掌由后向上、向前拍击右脚面(图 15-54 之 2)。

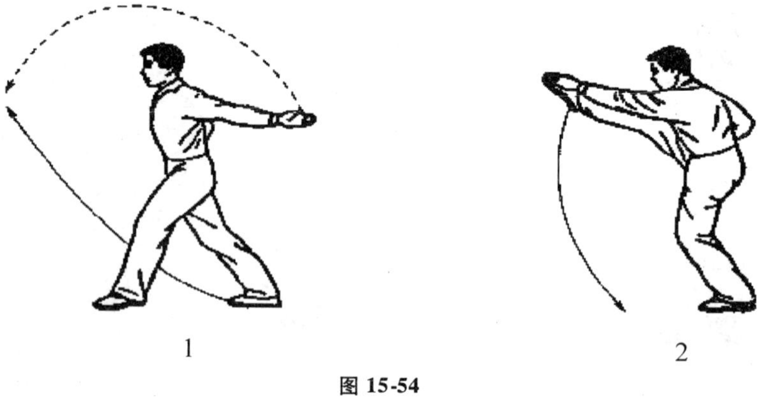

图 15-54

要点:与本段的转身左拍脚相同。

4. 腾空飞脚

(1) 右脚落地(图 15-55 之 1)。

(2) 左脚向前摆起,右脚猛力原地跳起,左腿屈膝继续向前上摆。同时,右拳变掌向前、向上摆起,左掌先上摆而后下降拍击右掌背(图 15-55 之 2)。

(3) 右腿上摆,脚面绷平。右手拍击右脚面,左掌由体前向后上举(图 15-55 之 3)。

1　　2　　3

图 15-55

要点:蹬地要向上,不要太向前冲,左膝尽量上提。击响要在腾空时完成,右臂伸直成水平。

易出现损伤:踝关节韧带的损伤。

预防:平时要加强踝关节力量和柔韧性的训练,提高关节稳定性和活动范围;在做跳跃或高难度动作时要做好充分的准备活动;要正确掌握武术动作技术;要注意加强自我保护意识;做好场地和器械的维护。

处理与康复:受伤后立即冷敷、加压包扎,抬高伤肢并休息,以减轻出血和肿胀。24-48 h 后,拆除包扎固定,根据伤情可采用药物外敷、止痛药剂注射、理疗和按摩等。韧带完全断裂者,应在急救处理后马上送医院,以争取及早手术缝合或固定。

5. 歇步下冲拳

(1) 左右脚先后相继落地,左掌变拳收至腰侧(图 15-56 之 1)。

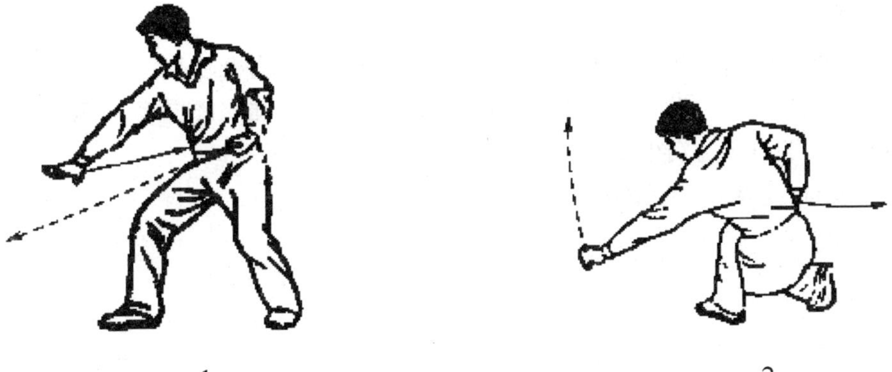

1　　2

图 15-56

（2）身体右转 90°，两腿全蹲成歇步。右掌抓握外旋变拳收至腰侧；左拳由腰侧向前下方冲出，拳心向下。目视左拳（图 15-56 之 2）。

6. 仆步抡劈拳

（1）重心升高。右臂由腰侧向体后伸直，左臂随身体重心升高向上摆起（图 15-57 之 1）。

②以右脚前脚掌为轴，左腿屈膝提起，身体左转 270°。左拳由前向后下划立圆一周，右拳由后向下、向前上划立圆一周（图 15-57 之 2）。

③左脚向后落一步，左腿屈膝全蹲；右腿伸直，脚尖里扣成右仆步。右拳由上向下抡劈，拳眼向上；左拳后上举，拳眼向上。目视右拳（图 15-57 之 3）。

要点：抡臂时一定要划立圆。

1　　2　　3

图 15-57

7. 提膝挑掌

（1）重心前移成右弓步。同时右拳变掌由下向上抡摆，右掌心向左；左拳变掌稍下落，左掌心向右（图 15-58 之 1）。

（2）左右臂在垂直面上由前向后各划立圆一周。右臂伸直停于头上，掌心向左，掌指向上；左臂伸直停于身后成反勾手。同时右腿屈膝提起，左腿挺膝伸直独立。目视前方（图 15-58 之 2）。

要点：抡臂时要划立圆。

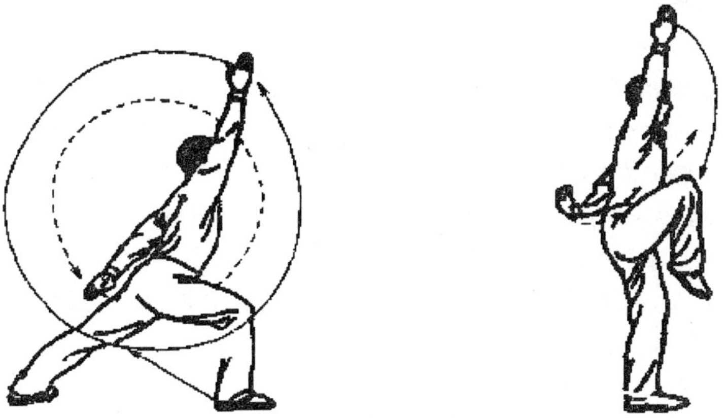

1 2

图 15-58

8．提膝劈掌弓步冲拳

(1) 下肢不动。右掌由上向下猛劈伸直,停于右小腿内侧,用力点在小指一侧;左勾手变掌,屈左臂向前停于右上臂内侧,掌心向左。目视右掌(图 15-59 之 1)。

(2) 右脚向右后落地,身体右转 90°。同时,左掌变拳收至腰侧,右臂内旋向右划弧做砍掌(图 15-59 之 2)。

(3) 上动不停,右腿屈膝,左腿蹬直成右弓步。右手抓握变拳收至腰侧,左拳由腰侧向左前方冲出。目视左拳(图 15-59 之 3)。

1 2 3

图 15-59

结束动作

1. 虚步亮掌

(1) 右脚扣于左膝后。两拳变掌,两臂右上左下屈肘交叉于体左前。目视右掌(图 15-60 之 1)。

(2) 右脚向右后落步,重心后移,右腿半蹲,上体稍右转。同时右掌向上、向右、向下划弧停于左腋下;左掌向左、向上划弧停于右臂上与右胸前,两掌心左下右上。目视左掌(图 15-60 之 2)。

(3) 左脚尖稍向右移,右腿下蹲成左虚步。左臂伸直向左、向后划弧成反勾手;右臂伸直向下、向右、向上划弧抖腕亮掌,掌心向前。目视左方(图 15-60 之 3)。

1　　2　　3

图 15-60

2. 并步对拳

(1) 左腿后撤一步。同时两掌从两腰侧向前穿出伸直,掌心向上(图 15-61 之 1)。

1　　2　　3

图 15-61

（2）右腿后撤一步，同时两臂分别向体后下摆（图 15-61 之 2）。

（3）左脚后退半步向右脚并拢。两臂由后向上经体前屈臂下按，两掌变拳，停于腹前，掌心向下，拳面相对。目视左方（图 15-61 之 3）。

还原

两臂自然下垂。目视正前方（图 15-62）。

图 15-62

二、简化太极拳

太极拳是武术的主要拳种。"太极"一词源自《周易·系辞》："易有太极，是生两仪"，含有至高、至极、无穷大之意。"太极拳"这个名称的取义是因为太极拳拳法变幻无穷，含义丰富，遂用中国古代的"太极""阴阳"这一哲学理论来解释和说明。

简化太极拳，是国家体委（现为国家体育总局）于 1956 年组织太极拳专家通过汲取杨式太极拳之精华编串而成的。尽管它只有 24 个动作，但相比传统的太极拳套路来讲，其内容更显精练，动作更显规范，并且也能充分体现太极拳的运动特点。

太极拳技法特点表现为虚灵顶劲竖项、沉肩坠肘坐腕、含胸拔背实腹、松腰敛臀圆裆、心静体松意注、呼吸深长自然、势势意连形随、轻沉虚实兼备。

窗口与链接

请参阅简化太极拳教学视频：

http://www.56.com/u48/v_NjIwMTk3ODU.html

（一）动作名称

第一组

1. 起势
2. 左右野马分鬃
3. 白鹤亮翅

第二组

1. 左右楼膝拗步
2. 手挥琵琶
3. 左右倒卷肱

第三组

1. 左揽雀尾
2. 右揽雀层

第四组

1. 单鞭
2. 云手
3. 单鞭

第五组

1. 高探马
2. 右蹬脚
3. 双峰贯耳
4. 转身左蹬脚

第六组

1. 左下势独立
2. 右下势独立

第七组

1. 左右穿梭
2. 海底针
3. 闪通臂

第八组

1. 转身搬拦捶
2. 如封似闭
3. 收势

（二）动作说明

第一组

1. 起势

（1）身体自然直立，两脚开立，与肩同宽，脚尖向前；两臂自然下垂，两手放在大腿外侧。眼向前平看（图 15-63 之 1）。

要点：头颈正直，下额微向后收，不要故意挺胸或收腹。精神要集中（起势由立正姿势开始，然后左胸向左分开，成开立步）。

1　　2　　3　　4

图 15-63

（2）两臂慢慢向前平举，两手高与肩平，与肩同宽，手心向下（图 15-63 之 2、图 15-63 之 3）。

（3）上体保持正直，两腿屈膝下蹲；同时两掌轻轻下按，两肘下垂与两膝相对。眼平看前方（图 15-63 之 4）。

要点：两肩下沉，两肘松垂，手指自然微屈。屈膝松腰，臀部不可凸出，身体重心落于两腿中间。两臂下落和身体下蹲的动作要协调一致。

2. 左右野马分鬃

（1）上体微向右转，身体重心移至右腿上。同时，右臂收在胸前平屈，手心向下，左手经体前向右下划弧放在右手下，手心向上，两手心相对成抱球状；左脚随即收到右脚内侧，脚尖点地。眼看右手（图 15-64 之 1、图 15-64 之 2）。

（2）上体微向左转，左脚向左前方迈出，右脚跟后蹬，右腿自然伸直，成左弓步；同时上体继续向左转，左右手随转体慢慢分别向左上右下分开，左手高与眼平（手心斜向上），肘微屈；右手落在右胯旁，肘也微屈，手心向下，指尖向前；眼看左手（图 15-64 之 3、图 15-64 之 4、图 15-64 之 5）。

（3）上体慢慢后坐，身体重心移至右腿，左脚尖翘起，微向外撇（大约 45°—60°），随后脚掌慢慢踏实，左腿慢慢前弓，身体左转，身体重心再移至左腿；同时左手翻转向下，左臂收在胸前平屈，右手向左上划弧放在左手下，两手心相对成抱球状；右脚随即收到左脚内侧，脚尖点地。眼看左手（图 15-64 之 6、图 15-64 之 7、图 15-64 之 8）。

④右脚向右前方迈出，左腿自然伸直，成右弓步；同时上体右转，左右手随转体分别慢慢向左下右上分开，右手高与眼平（手心斜向上），肘微屈；左手落在左胯旁，肘也微屈，手心向下，指尖向前。眼看右手（图 15-64 之 9、图 15-64 之 10）。

（5）与（7）解同，只是左右相反（图 15-64 之 11、图 15-64 之 12、图 15-64 之 13）。

（6）与（1）解同，只是左右相反（图 15-64 之 14、图 15-64 之 15）。

要点：上体不可前俯后仰，胸部必须宽松舒展。两臂分开时要保持弧形。身体转动时要以腰为轴。弓步动作与分手的速度要均匀一致。做弓步时，迈出的脚先是脚跟着地，然后脚掌慢慢踏实，脚尖向前，膝盖不要超过脚尖；后腿自然伸直，前后脚夹角约成 45°—60°（需要时后脚脚跟可以后蹬调整）。野马分鬃势的弓步，前后脚的脚跟要分在中轴线两侧，它们之间的横向距离（即以动作行进的中线为纵轴，其两侧的垂直距离为横向）应该保持在 10—30 厘米。

图 15-64

3. 白鹤亮翅

(1) 上体微向左转,左手翻掌向下,左臂平屈胸前,右手向左上划弧,手心转向上,与左手成抱球状。眼看左手(图 15-65 之 1)。

(2) 右脚跟进半步,上体后坐,身体重心移至右腿,上体先向右转,面向右前方,眼看右手;然后左脚稍向前移,脚尖点地,成左虚步,同时上体再微向左转,面向前方,两手随转体慢慢向右上左下分开,右手上提停于右额前,手心向左后方;左手落于左胯前,手心向下,指尖向前,眼平看前方(图 15-65 之 2、图 15-65 之 3)。

1 2 3

图 15-65

要点:完成姿势胸部不要挺出,两臂上下都要保持半圆形,左膝要微屈。身体重心后移和右手上提、左手下按要协调一致。

第二组

1. 左右搂膝拗步

(1) 右手从体前下落,向后上方划弧至右肩外侧,肘微屈,手与耳同高,手心斜向上;左手由左下向上、向右下方划弧至右肋前,手心斜向下;同时上体先微向左再向右转,左脚收至右脚内侧,脚尖点地。眼看右手(图 15-66 之 1、图 15-66 之 2、图 15-66 之 3)。

(2) 上体左转,左脚向前(偏左)迈出成左弓步;同时右手屈回由耳侧向前推出,高与鼻尖平;左手向下由左膝前搂过落于左胯旁,指尖向前。眼看右手手指(图 15-66 之 4、图 15-66 之 5)。

(3) 右腿慢慢屈膝,上体后坐,身体重心移至右腿,左脚尖翘起微向外撇,随后脚掌慢慢踏实,左腿前弓,身体左转,身体重心移至左腿,右脚收到左脚内侧,脚尖点地;同时左手向外翻掌由左后向上划弧至左肩外侧,肘微屈,手与耳同高,手心斜向上;右手随转体向上、向左下划弧落于左肋前,手心斜向上。眼看左手(图 15-66 之 6、图 15-66 之 7、图 15-66 之 8)。

图 15-66

(4) 与(2) 解同,只是左右相反(图 15-66 之 9、图 15-66 之 10)。

(5) 与(3) 解同,只是左右相反(图 15-66 之 11、图 15-66 之 12、图 15-66 之 13)。

(6) 与(2) 解同(图 15-66 之 14、图 15-66 之 15)。

要点:前手推出时,身体不可前俯后仰,要松腰松胯。推掌时要沉肩垂肘、坐腕舒掌,同时须与松腰、弓路上下协调一致。搂膝拗步成弓步时,两脚跟的横向距离保持约 30 厘米。

5. 手挥琵琶

右脚跟进半步,上体后坐,身体重心转至右腿上,上体半面向右转,左脚略提起稍向前移,变成左虚步,脚跟着地,脚尖翘起,膝部微屈;同时左手由左下向上挑举,高与鼻尖平,掌心向右,臂微屈;右手收回放在左臂肘部里侧,掌心向左。眼看左手食指(图 15-67 之 1、图 15-67 之 2、图 15-67 之 3)。

1 2 3

图 15-67

要点:身体要平稳自然,沉肩垂肘,胸部放松。左手上起时不要直向上挑,要由左向上、向前,微带弧形。右脚跟进时,脚掌先着地,再全脚踏实。身体重心后移和左手上起、右手回收要协调一致。

6. 左右倒卷肱

(1) 上体右转,右手翻掌(手心向上)经腹前由下向后上方划弧平举,臂微屈,左手随即翻掌向上;眼的视线随着向右转体先向右看,再转向前方看左手(图 15-68 之 1、图 15-68 之 2)。

(2) 右臂屈肘折向前,右手由耳侧向前推出,手心向前;左臂屈肘后撤,手心向上,撤至左肋外侧;同时左脚轻轻提起向后(偏左)退一步,脚掌先着地,然后

图 15-68

全脚慢慢踏实，身体重心移到左腿上，成右虚步，右脚随转体以脚掌为轴扭正，眼看右手（图 15-68 之 3、图 15-68 之 4）。

（3）上体微向左转，同时左手随转体向后上方划弧平举，手心向上，右手随即翻掌，掌心向上；眼随转体先向左看，再转向前方看右手（图 15-68 之 5）。

（4）与（2）解同，只是左右相反（图 15-68 之 6、图 15-68 之 7）。

（5）与（7）解同，只是左右相反（图 15-68 之 8）。

（6）与（8）解同（图 15-68 之 9、图 15-68 之 10）。

（7）与（3）解同（图 15-68 之 11）。

（8）与（7）解同，只是左右相反（图 15-68 之 12、图 15-68 之 13）。

要点：前推的手不要伸直，后撤的手也不可直向回抽，随转体仍走弧线。前推时，要转腰松胯，两手的速度要一致，避免僵硬。退步时，脚掌先着地，再慢慢全脚踏实，同时，前脚随转体以脚掌为轴扭正。退左脚略向左后斜，退右脚略向右后斜，避免使两脚落在一条直线上。后退时，眼神随转体动作先向左右看，然后再转看前手。最后退右脚时，脚尖外撤的角度略大些，便于接做“左揽雀尾”的动作。

第三组

1. 左揽雀尾

（1）上体微向右转，同时右手随转体向后上方划弧平举，手心向上，左手放松，手心向下。眼看左手（图 15-69 之 1）。

（2）身体继续向右转，左手自然下落逐渐翻掌经腹前划弧至右肋前，手心向上；右臂屈肘，手心转向下，收至右胸前，两手相对成抱球状；同时身体重心落在右腿上，左脚收到右脚内侧，脚尖点地。眼看右手（图 15-69 之 2、图 15-69 之 3）。

（3）上体微向左转，左脚向左前方迈出，上体继续向左转，右腿自然蹬直，左腿屈膝，成左弓步；同时左臂向左前方绷出（即左臂平屈成弓形，用前臂外侧和手背向前方推出），高与肩平，手心向后；右手向右下落放于右胯旁，手心向下，指尖向前。眼看左前臂（图 15-69 之 4、图 15-69 之 5）。

要点：绷出时，两臂前后均保持弧形。分手、松腰、弓腿三者必须协调一致。揽雀尾弓步时，两脚跟横向距离不超过 10 厘米。

（4）身体微向左转，左手随即前伸翻掌向下，右手翻掌向上，经腹前向上、向前伸至左前臂下方；然后两手下捋，随即上体向右转，两手经腹前向右后上方划弧，直至右手手心向上，高与肩齐，左臂平屈于胸前，手心向后；同时身体重心移至石腿。眼看右手（图 15-69 之 6、图 15-69 之 7）。

图 15-69

要点：下捋时，上体不可前倾，臀部不要凸出。两臂下捋须随腰旋转，仍走弧线。左脚全掌着地。

(5) 上体微向左转，右臂屈肘折回，右手附于左手腕里侧（相距约 5 厘米），上体继续向左转，双手同时向前慢慢挤出，左手心向后，右手心向前，左前臂要保持半圆；同时身体重心逐渐前移变成左弓步。眼看左手腕部（图 15-69 之 8、图 15-69 之 9）。

要点：向前挤时，上体要正直，挤的动作要与松腰、弓腿相一致。

(6) 左手翻掌，手心向下，右手经左碗上方向前、向右伸出，高与左手齐，手心向下，两手左右分开，宽与肩同；然后右腿屈膝，上体慢慢后坐，身体重心移至右腿上，左脚尖翘起；同时两臂用肘回收至腹前，手心均向前下方。眼向前平看（图 15-69 之 10、图 15-69 之 11、图 15-69 之 12）。

(7) 上式不停，身体重心慢慢前移；同时两手向前、向上按出，掌心向前；左腿前弓成左弓步。眼平看前方（图 15-69 之 13）。

要点：向前按时，两手须走曲线，手腕部高与肩平，两肘微屈。

8. 右揽雀尾

(1) 上体后坐并向右转，身体重心移至右腿，左脚尖里扣，右手向右平行划弧至右侧，然后由右下经腹前向左上划弧至左肋前，手心向上；左臂平屈胸前，左手掌向下与右手成抱球状；同时身体重心再移至左腿上，右脚收至左脚内侧，脚尖点地。眼看左手（图 15-70 之 1、图 15-70 之 2、图 15-70 之 3、图 15-70 之 4）。

(2) 同“左揽雀尾”(3) 解，只是左右相反（图 15-70 之 5、图 15-70 之 6）。

(3) 同“左揽雀尾”(4) 解，只是左右相反（图 15-70 之 7、图 15-70 之 8）。

(4) 同“左揽雀尾”(5) 解，只是左右相反（图 15-70 之 9、图 15-70 之 10）。

(5) 同“左揽雀尾”(6) 解，只是左右相反（图 15-70 之 11、图 15-70 之 12、图 15-70 之 13）。

(6) 同“左揽雀尾”(7) 解，只是左右相反（图 15-70 之 14）。

要点：均与“左揽雀尾”相同，只是左右相反。

图 15-70

第四组

1. 单鞭

(1) 上体后坐,身体重心逐渐移至左脚上,右脚尖里扣;同时上体左转,两手(左高右低)向左弧形运转,直至左臂平举,伸于身体左侧,手心向左,右手经腹前运至左肋前,手心向后上方。眼看左手(图 15-71 之 1、图 15-71 之 2)。

(2) 身体重心再渐渐移至右腿上,上体右转;左脚向右脚靠拢,脚尖点地;同时右手向右上方划弧(手心由里转向外),至右侧方时变勾手,臂与肩平,左手向下经腹前向右上划弧停于右肩前,手心向里。眼看左手(图 15-71 之 3、图 15-71 之 4)。

(3) 上体微向左转,左脚向左前方迈出,右脚跟后蹬,成左弓步,在身体重心移向左腿的同时,左掌随上体的继续左转慢慢翻转向前推出,手心向前,手指与眼齐平,臂微屈。眼看左手(图 15-71 之 5、图 15-71 之 6)。

图 15-71

要点:上体保持正直,松腰。完成势时,右臂肘部稍下垂,左肘与左膝上下相对,两肩下沉。左手向外翻掌前推时,要随转体边翻边推出,不要翻掌太快或最后突然翻掌。全部过渡动作上下要协调一致。如面向南起势,单鞭的方向(定脚尖)应向东偏北(大约为 15°)。

2. 云手

（1）身体重心移至右腿上，身体渐向右转，左脚尖里扣；左手经腹前向右上划弧至右肩前，手心斜向后，同时右手变掌，手心向右前。眼看左手（图 15-72 之 1、图 15-72 之 2、图 15-72 之 3）。

图 15-72

（2）上体慢慢左转，身体重心随之逐渐左移；左手由脸前向左侧运转，手心渐渐转向左方；右手由右下经腹前向左上划弧，至左肩前，手心斜向后；同时右脚靠近左脚，成小开立步（两脚距离约 10—20 厘米）。眼看右手（图 15-72 之 4、图 15-72 之 5）。

（3）上体再向右转，同时左手经腹前向右上划弧至右肩前，手心斜向后；右手向右侧运转，手心翻转向右；随之左腿向左横跨一步。眼看左手（图 15-72 之 6、图 15-72 之 7、图 15-72 之 8）。

（4）同（2）解（图 15-72 之 9、图 15-72 之 10）。

（5）同（3）解（图 15-72 之 11、图 15-72 之 12、图 15-72 之 13）。

（6）同（2）解（图 15-72 之 14、图 15-72 之 15）。

要点：身体转动要以腰脊为轴，松腰松胯，不可忽高忽低。两臂随腰的转动而运转，要自然圆活，速度要缓慢均匀。下肢移动时，身体重心要稳定，两脚掌先着地再踏实，脚尖向前。眼的视线随左右手而移动。第三个“云手”，右脚最后跟步时脚尖微向里扣，便于接“单鞭”动作。

3．单鞭

（1）上体向右转，右手随之向右运转，至右侧方时变成勾手；左手经腹前向右上划弧至右肩前，手心向内；身体重心落在右腿上，左脚尖点地。眼看左手（图 15-73 之 1、图 15-73 之 2、图 15-73 之 3）。

图 15-73

（2）上体微向左转，左脚向左前侧方迈出，右脚跟后蹬，成左弓步；在身体重心移向左腿的同时，上体继续左转，左掌慢慢翻转向前推出，成“单鞭”势（图15-73之4、图15-73之5）。

要点：与前“单鞭”势相同。

第五组

1. 高探马

（1）右脚跟进半步，身体重心逐渐后移至右腿上；右勾手变成掌，两手心翻转向上，两肘微屈，同时身体微向右转，左脚跟渐渐离地，眼看右前方（图15-74之1）。

（2）上体微向左转，面向前方；右掌经右耳旁向前推出，手心向前，手指与眼同高；左手收至左侧腰前，手心向上；同时左脚微向前移，脚尖点地，成左虚步。眼看右手（图15-74之2）。

1

2

图15-74

要点：上体自然正直，双肩要下沉，右肘微下垂。跟步移换重心时，身体不要有起伏。

2. 右蹬脚

（1）左手手心向上，前伸至右手腕背面，两手相互交叉，随即向两侧分开并向下划弧，手心斜向下；同时左脚提起向左前侧方进步（脚尖略外撇）；身体重心前移，右腿自然蹬直，成左弓步。眼看前方（图15-75之1、图15-75之2、图15-75之3）。

（2）两手由外圈向里圈划孤，两手交叉合抱于胸前，右手在外，手心均向后；同时右脚向左脚靠拢，脚尖点地。眼平看右前方（图15-75之4）。

（3）两臂左右划弧分开平举，肘部微屈，手心均向外，同时右腿屈膝提起，右脚向右前方慢慢蹬出。眼看右手（图15-75之5、图15-75之6）。

图 15-75

要点：身体要稳定，不可前俯后仰。两手分开时，腕部与肩齐平。蹬脚时，左腿微屈，右脚尖回勾，劲使在脚跟。分手和蹬脚须协调一致，右臂和右腿上下相对。如面向南起势，蹬脚方向应为正东偏南（约 30°）。

3. 双峰贯耳

（1）右腿收回，屈膝平举，左手由后向上、向前下落至体前，两手心均翻转向上，同时向下划弧分落于右膝盖两侧。眼看前方（图 15-76 之 1、图 15-76 之 2）。

（2）右脚向右前方落下，身体重心渐渐前移，成右弓步，面向右前方；同时两手下落，慢慢变拳，分别从两侧向上、向前划弧至面部前方，成钳形状，两拳相对，高与耳齐，拳眼都斜向内下（两拳中间距离约 10 — 20 厘米）。眼看右拳（图 15-76 之 3、图 15-76 之 4）。

要点：完成式时，头颈正直，松腰松胯，两拳松握，沉肩垂肘，两臂均保持弧形。双峰贯耳式的弓步和身体方向与右蹬脚方向相同。弓步的两脚跟横向距离同“揽雀尾”式。

图 15-76

4. 转身左蹬脚

(1) 左腿屈膝后坐，身体重心移至左腿，上体左转，右脚尖里扣；同时两拳变掌，由上向左右划弧分开平举，手心向前。眼看左手（图 15-77 之 1、图 15-77 之 2）。

(2) 身体重心再移至右腿，左脚收到右脚内侧，脚尖点地；同时两手由外圈向里圈划弧合抱于胸前，左手在外，手心均向后。眼平看左方（图 15-77 之 3、图

图 15-77

15-77 之 4)。

(3) 两臂左右划弧分开平举,肘部微屈,手心均向外;同时左腿屈膝提起,左脚向左前方慢慢蹬出。眼看左手(图 15-77 之 5、图 15-77 之 6)。

要点:与右蹬脚式相同,只是左右相反。左蹬脚方向与右蹬脚成 180°(即正西偏北,约 30°)。

第六组

1. 左下势独立

(1) 左腿收回平屈,上体右转;右掌变成勾手;左掌向上、向右划弧下落,立于右肩前,掌心斜向后。眼看右手(图 15-78 之 1、图 15-78 之 2)。

(2) 右腿慢慢屈膝下蹲,左腿由内向左侧(偏后)伸出,成左仆步;左手下落(掌心向外)向左下顺左腿内侧向前穿出。眼看左手(图 15-78 之 3、图 15-78 之 4)。

要点:右腿全蹲时,上体不可过于前倾。左腿伸直,左脚尖须向里扣,两脚脚掌全部着地。左脚尖与右脚跟踏在中轴线上。

(3) 身体重心前移,左脚跟为轴,脚尖尽量向外撇,左腿前弓,右腿后蹬,右脚尖里扣,上体微向左转并向前起身;同时左臂继续向前伸出(立掌),掌心向

图 15-78

右;右勾手下落,勾尖向后。眼看左手(图 15-78 之 5)。

(4) 右腿慢慢提起平屈,成左独立式;同时右勾手变掌,并由后下方顺右腿外侧向前弧行摆起,屈臂立于右腿上方,肘与膝相对,手心向左;左手落于左胯旁,手心向下,指尖向前。眼看右手(图 15-78 之 6、图 15-78 之 7)。

要点:上体要正直,独立腿要微屈,右腿提起时脚尖自然下垂。

2. 右下势独立

(1) 右脚下落于左脚前,脚掌着地,然后左脚前掌为轴,脚跟转动,身体随之左转;同时左手向后平举变成勾手;右掌随着转体向左侧划弧,立于左肩前,掌心斜向后。眼看左手(图 15-79 之 1、图 15-79 之 2)。

(2) 同"左下势独立"(2)解,只是左右相反(图 15-79 之 3、图 15-79 之 4)。

(3) 同"左下势独立"(3)解,只是左右相反(图 15-79 之 5)。

(4) 同"左下势独立"(4)解,只是左右相反(图 15-79 之 6、图 15-79 之 7)。

图 15-79

要点:右脚尖触地后必须稍微提起,然后再向右仆腿。其他均与"左下势独立"相同,只是左右相反。

第七组

1. 左右穿梭

（1）身体微向左转，左脚向前落地，脚尖外撇，右脚跟离地，两腿屈膝成半坐盘势；同时两手在左胸前成抱球状（左上右下），然后右脚收到左脚的内侧，脚尖点地。眼看左前臂（图 15-80 之 1、图 15-80 之 2、图 15-80 之 3）。

（2）身体右转，右脚向右前方迈出，屈膝弓腿，成右弓步；同时右手由腹前向上举并翻掌停在右额前，手心斜向上；左手先向左下再经体前向前推出，高与鼻尖平，手心向前。眼看左手（图 15-80 之 4、图 15-80 之 5、图 15-80 之 6）。

图 15-80

（3）身体重心略向后移，右脚尖稍向外撇，随即身体重心再移至右腿，左脚跟进，停于右脚内侧，脚尖点地；同时两手在右胸前成抱球状（右上左下），眼看右前臂（图 15-80 之 7、图 15-80 之 8）。

（4）同（2）解，只是左右相反（图 15-80 之 9、图 15-80 之 10、图 15-80 之 11）。

要点：完成姿势面向斜前方（如面向南起势，左右穿梭方向分别为正西偏北和正西偏南，均约 30°）。手推出后，上体不可前俯。手向上举时，防止引肩上耸，一手上举一手前推要与弓腿松腰上下协调一致。做弓步时，两脚跟的横向距离同搂膝拗步式，保持在 30 厘米左右。

2. 海底针

右脚向前跟进半步，身体重心移至右腿，左脚稍向前移，脚尖点地，成左虚步；同时身体稍向右转，右手下落经体前向后、向上提至右耳旁，再随身体左转，由右耳旁斜向前下方插出，掌心向左，指尖斜向下；与此同时，左手向前、向下划弧落于左胯旁，手心向下，指尖向前。眼看前下方（图 15-81 之 1、图 15-81 之 2）。

1

2

图 15-81

要点：身体要先向右转，再向左转。完成姿势，面向正西，上体不可太前倾。避免低头和臀部外凸，左腿要微屈。

3. 闪通臂

上体稍向右转，左脚向前迈出，屈膝弓腿成左弓步；同时右手由体前上提，屈臂上举，停于右额前上方，掌心翻转斜向上，拇指向下；左手上起经胸前向前推出，高与鼻尖平，手心向前，眼看左手（图 15-82 之 1、图 15-82 之 2、图 15-82 之 3）。

图 15-82

要点：完成姿势，上体自然正直，松腰松胯，左臂不要完全伸直，背部肌肉要伸展开。推掌、举掌和弓腿动作要协调一致。弓步时，两脚跟横向距离同“揽雀尾”式（不超过 10 厘米）。

第八组

1．转身搬拦捶

（1）上体后坐，身体重心移至右腿上，左脚尖里扣，身体向右后转，然后身体重心再移至左腿上；与此同时，右手随着转体向右、向下（变拳）经腹前划弧至左肘旁，拳心向下；左掌上举于头前，掌心斜向上。眼看前方（图 15-83 之 1、图 15-83 之 2）。

（2）向右转体，右拳经胸前向前翻转撇出，拳心向上；左手落于左胯旁，掌心向下，指尖向前；同时右脚收回后（不要停顿或脚尖点地）即向前迈出，脚尖外撇。眼看右拳（图 15-83 之 3、图 15-83 之 4）。

（3）身体重心移至右腿上，左脚向前迈一步；左手上起经左侧向前上划弧拦出，掌心向前下方，同时右拳向右划弧收到右腰旁，拳心向上。眼看左手（图 15-83 之 5、图 15-83 之 6）。

（4）左腿前弓成左弓步；同时右拳向前打出。拳眼向上，高与胸平；左手附于右前臂里侧。眼看右拳（图 15-83 之 7）。

要点：右拳不要握得太紧，右拳回收时，前臂要慢慢内旋划弧，然后再外旋停于右腰旁，拳心向上，向前打拳时，右肩随拳略向前引伸，沉肩垂肘，右臂要微屈。弓步时，两脚横向距离同“揽雀尾”式。

图 15-83

2. 如封似闭

（1）左手由右腕下向前伸出，右拳变掌，两手手心逐渐翻转向上并慢慢分开回收；同时身体后坐，左脚尖翘起，身体重心移至右腿。眼看前方（图 15-84 之 1、图 15-84 之 2、图 15-84 之 3）。

（2）两手在胸前翻掌，向下经腹前再向上、向前推出，胸部与肩平，手心向前；同时左腿前弓成左弓步。眼看前方（图 15-84 之 4、图 15-84 之 5、图 15-84 之 6）。

图 15-84

要点:身体后坐时,避免后仰,臀部不可凸出。两臂随身体回收时,肩、肘部略向外松开,不要直着抽回。两手推出宽度不要超过两肩。

3. 十字手

(1) 屈膝后坐,身体重心移向右腿,左脚尖里扣,向右转体,右手随着转体动作向右平摆划弧,与左手成两臂侧平举,掌心向前,肘部微屈;同时右脚尖随着转体稍向外撇,成右侧弓步。眼看右手(图 15-85 之 1、图 15-85 之 2)。

(2) 身体重心慢慢移向左腿,右脚尖里扣,随即向左收回,两脚距离与肩同宽,两腿逐渐伸直,成开立步;同时两手向下经腹前向上划弧交叉合抱于胸前,两臂撑圆,腕高与肩平,右手在外,成十字手,手心均向后。眼看前方(图 15-85 之 3、图 15-85 之 4)。

要点:两手分开和合抱时,上体不要前俯。站起后,身体自然正直。头要微向上顶,下颏稍向后收。两臂环抱时须圆满舒适,沉肩垂肘。

1　　2　　3　　4

图 15-85

4．收势

两手向外翻掌，手心向下，两臂慢慢下落，停于身体两侧。眼看前方（图 15-86 之 1、图 15-86 之 2、图 15-86 之 3）。

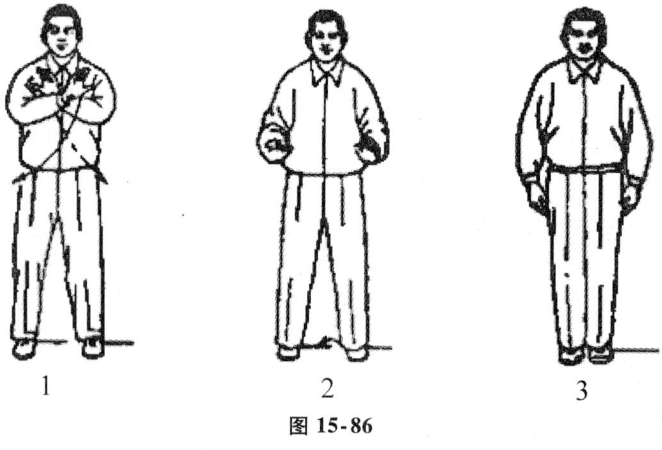

1　　2　　3

图 15-86

要点:两手左右分开下落时,要注意全身放松,同时气也徐徐下沉(呼气略加长)。呼吸平稳后,把左脚收到右脚旁,再走动休息。

主要参考文献

1.《中国武术百科全书》编撰委员会编:《中国武术百科全书》,中国大百科全书出版社 1998 年版。

2. 全国体育院校教材委员会审定:《武术》,人民体育出版社 1991 年版。

3. 全国体育院校教材委员会编:《中国武术教程》,人民教育出版社 2004 年版。

4. 徐才等主编:《武术学概论》,人民体育出版社 1996 年版。

第十六章　游　　泳

第一节　概　　述

游泳是水浴、空气浴、日光浴三者结合的运动，它不仅是广大青少年所喜爱的运动项目，而且也是适合男女老幼进行锻炼、简单易行的一项体育活动。

从健康意义上说，经常从事游泳锻炼，可以增强内脏器官的功能。人在水中游泳时，要承受水的一定压力，特别是吸气时，扩大胸廓就必须对抗水的压力。因此，吸气时必须用力，这就锻炼了吸气肌。呼气时，由于水的密度大而产生了阻力，因而锻炼了呼气肌。通过游泳呼吸，使呼吸肌变得强壮有力。

由于游泳时人体所有的肌肉群都参加活动，需要血液把氧气和营养物质不断地输送给各肌肉群，这就加重了心脏的负担，使之锻炼得更有力，从而使血管壁增厚，弹性加大，心血管的机能得到了加强。所以，游泳运动员平时的心跳比一般人慢而有力，大约每分钟 40—60 次，个别人甚至更少。长期从事游泳锻炼的人能使心肌适应异常快速的收缩。

游泳是在水这样一种特殊的环境里进行的运动，要比在陆地上消耗的热量大得多，这就必须尽快补充所散发的热量，以抵抗冷水刺激，从而促进体内新陈代谢过程的加强，使体温调节机能得到改善，以适应外界气温变化。

此外，坚持游泳锻炼，能使神经系统功能增强，肌肉发达，在力量、速度、耐力、柔韧等身体素质方面都会有明显的提高。

游泳包括多种多样的形式，其中有的是由于模仿动物的动作而得名，如蛙泳、蝶泳（海豚泳）；有的是按人体在水面上游动的姿势而得名，如仰泳、侧泳；有的是按动作的形象而得名，如爬泳（自由泳）。

目前，游泳主要分为竞技游泳与实用游泳两大类（如表 16-1）。竞技游泳包括爬泳（自由泳）、仰泳、蛙泳、蝶泳（海豚泳），实用游泳包括侧泳、潜泳、反蛙泳、踩水、救护、武装泅渡等。

表 16-1 游泳运动分类表

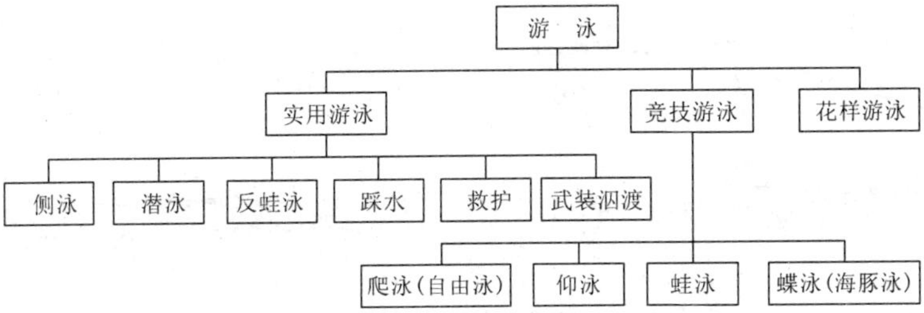

在竞技游泳中,男、女根据不同的泳式和不同的距离,规定了不同的项目(如表 16-2)。

表 16-2 游泳比赛项目

	男子	女子
自由泳	100 米 200 米 400 米 1500 米	100 米 200 米 400 米 800 米
仰泳	100 米 200 米	100 米 200 米
蝶泳	100 米 200 米	100 米 200 米
蛙泳	100 米 200 米	100 米 200 米
个人混合泳	200 米 400 米	200 米 400 米
接力	4×100 米 混合 4×100 米 自由泳 4×200 米 自由泳	4×100 米 混合 4×100 米 自由泳

第二节 游泳技术分析

一、爬泳(自由泳)

1. 概述

游泳竞赛规则规定,自由泳比赛中,可采用任何一种姿势游进。爬泳时,身体几乎水平地俯卧在水中,有较好的流线型;两臂轮流向后划水,动作结构简单、自然、合理;两腿上下交替打水,协调配合两臂动作。爬泳是速度最快的一种游泳姿势。正因为这样,所以在自由泳比赛中,人们都采用爬泳技术。爬泳是在人们生产劳动、生活、运动实践中产生和发展起来的。在一些古代遗物的考证中,有些图案描绘了当时人类劳动所采用的游泳姿势,有的就类似爬泳。

2. 技术分析(图 16-1)

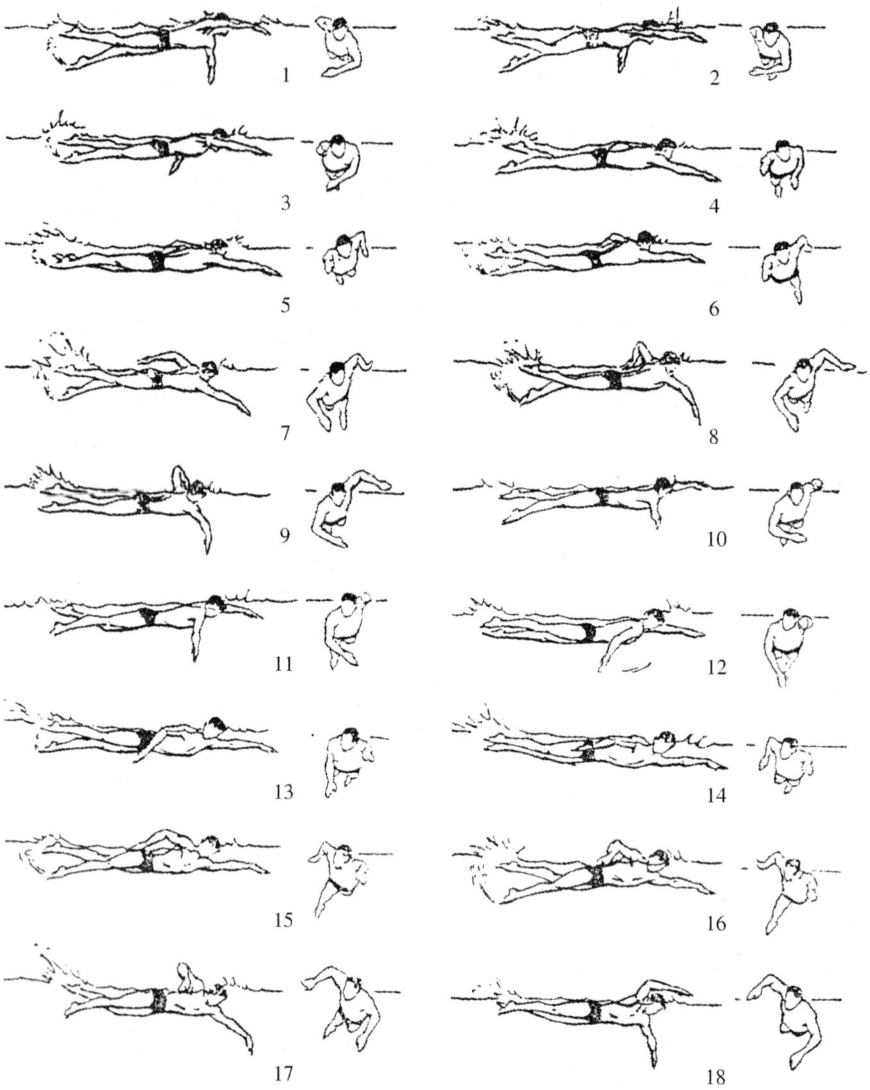

图 16-1

(1) 身体姿势

爬泳时,身体应伸直成流线型,几乎水平地俯卧在水面。背部和臀部的肌肉保持适当的紧张程度,以控制身体姿势。身体纵轴与水平面约为 3°—5°,头与身体的纵轴成 20°—30°。眼睛向前下方看,水平面接近发际。

实验证明,不同的头部姿势对上身和下肢肌肉群有着不同的影响。因此,在游泳中保持正确的头部姿势是很重要的。过去有人为了减少身体在水中的投影截面,采取抬头挺胸的姿势,利用水对身体迎角产生的上升力,使身体高浮在水面上。实际上,抬头挺胸不仅不能减少阻力,反而由于出现背弓而使下肢下沉,以至于需要通过更加用力地打腿提高和保持臀部和腿的位置,结果是消耗了体力,削弱了两臂划水的力量。

(2) 腿的动作

爬泳中,两臂划水是主要的推进力,打腿主要是起平衡作用,使下肢抬高,保持身体成流线型,以及协调配合两臂有力的划水动作。

打水时,两脚尖上下的垂直距离约为30—40厘米,两腿的动作基本上是相同的。因此,分析一腿的动作,便可以了解两腿的技术。

分析腿的动作时,是从腿向上动作开始的。当大腿带动小腿从下直腿向上移至踝关节、膝关节、髋关节与水平面成一条直线时,大腿稍微向上而完成动作,并开始向下打水,小腿和脚则随着惯性作用继续做向上打水动作,而使膝关节形成一个弯屈,约160°。这时,小腿和脚达到了最高点。大腿继续向下打水和股四头肌的有力收缩,带动了小腿和脚做向下打水。脚从下向上至完成向上动作的过程,叫做向上打水动作。

从上做向下打水时,小腿和脚由于受到水的阻力,与水保持一个有利的弯屈打水姿势,能造成较大的作用力。当大腿打水至最低部位而向上抬起时,小腿和脚由于股四头肌的收缩,保持着一个弯屈角度向下继续做打水动作,随着大腿继续向上和股四头肌完成强有力的收缩使小腿伸直,完成向下打水。接着,大腿又带动小腿和脚向上移动,开始了第二个循环动作。腿从上向下至完成向下动作的过程,叫做向下打水动作。

爬泳的打腿技术是以髋、膝、踝三个关节点为轴,利用杠杆原理,做复杂的鞭状打腿动作。

(3) 臂的动作

爬泳时,两臂划水是推动身体前进的主要动力。为了便于分析,可以把臂部动作的一个周期分为入水、抱水、划水、出水和空中移臂五个部分,它们之间并没有明显的界限,而是一个完整的动作。

① 入水

运动员完成了空中移臂动作之后,便把手臂浸入水中。臂入水的部位在同侧肩关节的纵轴线上(即与身体纵轴相平行的肩关节延长线上)。手的入水点一般在身体的纵轴线和肩关节的纵轴线之间,有的甚至在肩关节纵轴线的外侧。

手入水点的差别取决于游泳距离和肘关节弯屈的程度。长距离游泳时,臂的入水点靠近身体的纵轴线;短距离游泳时,移臂的惯性力增大,臂的入水点在肩关节纵轴线或肩关节纵轴线的外侧。

入水时,手指自然伸直并拢,肘部较高,手稍微向下,指尖对着入水的前下方。有些运动员由于前臂肌肉放松而使桡腕关节屈至160°左右。也有些运动员通过臂内旋而使手掌稍微倾斜,形成大拇指先入水。

② 抱水

手臂入水后立即用力划水是不正确的,因为这时全部或绝大部分支撑反作用力是向上的,如果立即用力划水,会使头和肩升高而不利于前进。

手臂入水后,要等到与水平面成40°左右才进入有效的划水阶段。在此以前,手臂应积极地抱水,做好划水前的准备。

③ 划水

划水是指手臂在前与水平面成40°起,至后与水平面成15°—20°止的动作过程,这是使运动员获得推进力的主要阶段。这一阶段又分两部分,从整个臂部划至肩下方与水面垂直之前称为拉水,过垂直面后称为推水。

拉水是从直臂到屈臂的过程。抱水结束时,屈肘为150°左右。拉水时,前臂的速度快于上臂,继续屈肘,当臂划至肩下方时,手在体下靠近身体中线,屈肘约为90°—120°。整个拉水应保持高肘姿势,使手和前臂能更好地向后划水。屈肘的程度应根据运动员身体条件和臂的长短不同而有所区别。一般来说,手臂较长和臂力较差的屈臂程度大些,手臂较短和臂力较好的屈臂程度小些。

从拉水转入推水,应该是连贯地加速完成,中间没有停顿,特别是经过肩下垂直线时,不要失去手对水的支撑感觉。要使上臂与前臂同时向后划动,同时使肩部后移,以加长有效的划水路线。

向后推水是通过屈臂到伸臂完成的。为了使前臂、手掌能以最大的面积对水,在推水中肘关节要向上并向体侧靠近。

④ 出水

划水结束后,臂由于惯性作用而很快地靠近水面,运动员立即借助三角肌的收缩将臂提出水面,这时由于手臂放松的关系稍微屈肘。肩部和上臂几乎同时出水,肩稍早一些。如果手划水尚未结束,提早转肩出水,则会影响有效的推水作用。

⑤ 空中移臂

臂在空中前移的动作是手臂出水的继续,不能停顿。移臂的动作应该放松自如,尽量不要破坏身体的流线型,要和另一臂的划水动作协调一致。臂在空中前移要用统一的节奏,移臂过慢和过快都是错误的。

臂移至肩部时,手和前臂赶上肘部,并逐渐向前伸出,掌心也从后上方转向前下方。接着,做准备入水的动作。移臂时,肩带肌肉应该向上、向前拉开,肩部靠近耳旁,使肩胛骨和锁骨转动,肩关节前移,这样有利于加大手臂动作的幅度和划水长度。在整个移臂过程中,肘部应始终保持比肩部高的位置。

在爬泳划臂的整个周期中,动作是不停顿的。随着阶段的不同,各部分所用的力量也不同,动作速度也有所区别。

(4) 两臂的配合

两臂的正确配合是保持前进速度均匀性的最重要条件之一，有利于发挥肩带力量，积极参加划水。

两臂配合动作是轮换进行的，当一臂做准备动作时，另一臂进行划水。准备动作是在空中和一小部分在水中完成的。所以，两臂是互相追赶的，当一臂完成划水时，另一臂又进入划水动作。

(5) 呼吸动作的配合

呼吸：运动员的游泳技术、划水力量和速度耐力等素质的表现，都与呼吸技术有密切关系。爬泳时，一般在两臂各划水一次的过程中作一次完整的呼吸，即吸气、闭气和呼气。吸气时，肩带和头应向一侧转动，如果头部姿势正确，只要在转头后稍许歪嘴，便能在低于水平面的波谷中吸到气。在转头吸气时，不应将头抬起，不然会使肌肉紧张，破坏身体平衡，导致下肢下沉。转头也不要过大或过猛，不然会造成身体围绕纵轴过分地摆动，以致破坏臂、腿动作的配合。

呼吸与臂的配合：以向右吸气为例，右手入水后，嘴和鼻开始慢慢地呼气。右臂划水至肩下，向右侧转头，呼气量开始增加。右臂推水即将结束时，呼气量进一步加大。右臂出水时，张嘴吸气。移臂至一半时，吸气结束并开始转头。继续转头、移臂并闭气，脸部转向前下方。头部姿势稳定时，右臂入水，开始呼气。

完整配合：臂、腿和呼吸完整的配合技术，是游泳运动员匀速地不断向前游进的保证，其中手臂动作是力的主要部分，头、躯干、腿部的动作都应服从于手臂的动作。

六次打腿的爬泳使运动员很有可能配合一个周期中的所有动作，这可以作为运动员的个人特点和协调能力加以考虑。六次打腿与划臂各阶段的配合形式如表 16-3 所示：

表　16-3

	划水阶段		向下打水	
	右臂	左臂	右腿	左腿
1	入水	推水		第一次
4	抱水	推水结束，出水	第二次	
7	拉水开始	移臂开始		第三次
10	推水	入水	第四次	
13	推水结束，出水	抱水		第五次
16	移臂开始	拉水开始	第六次	

二、仰泳

1. 概述

游泳竞赛规则规定，仰泳比赛时，运动员必须以仰卧的姿势游完全程。仰泳的动作结构和爬泳基本上相同，只是身体仰卧在水面上，两臂在体侧经空中向前做交替的划水动作，两腿上下交替打水，形状好似反爬泳，所以也叫“爬式仰泳”。

仰泳和其他游泳姿势一样，也是人们在长期的生产劳动中发展起来的。在长距离游泳中，人们发现，只要把身体仰卧在水中，手臂和腿稍加一些动作，就能自然地在水面上游动，同时又能获得休息的机会。在这个基础上，经过不断地实践，逐渐发展和完善了仰泳技术。

在游泳竞赛中，仰泳的速度仅次于爬泳和海豚泳。

由于仰泳游进时很难掌握方向，所以它的实用价值不如蛙泳大。在拖运较轻的物体时或在救护中，常用这种技术。

仰泳在教学中应用比较广泛，在教爬泳时也可以穿插仰泳的教学，因为两者的动作结构基本类似，穿插进行有助于爬泳技术的学习。

2. 技术分析(图 16-2)

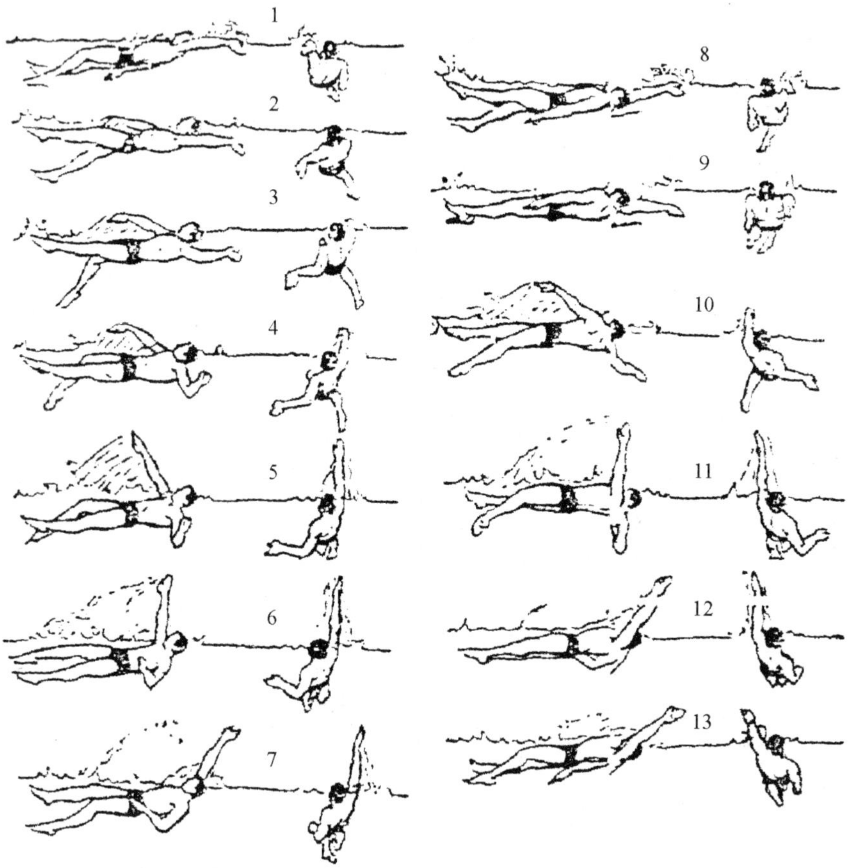

图 16-2

（1）身体姿势

仰泳时，身体平直地仰卧在水中，头和肩略高于臀，身体纵轴与水平面构成一个不大的仰角，整个身体处于较高的位置。

身体在水中时，胸部自然伸展，腹部微收，胸腹几乎成一直线。这种平直的姿势能构成很好的流线型，游进时截面阻力小。

仰泳的头和肩略高于臀，这也为两臂自由划动创造了良好的条件，且移臂时受水的阻力小。同时，使腿处于有利的部位，能更好地发挥腿的作用力。肩略高于臀，还可以使身体纵轴与水平面保持一个小的仰角，游动时可以利用水流动的上升力，使身体升高，减小身体的迎面阻力。

仰泳时，头的位置很重要，它好似掌握前进方向的舵。因此，在游进时要始终保持头部的稳定。仰泳时，头要自然地仰在水面，后脑浸入水中，肌肉放松，脸露出水面，水位在两耳际附近，眼看着后上方。

（2）腿部动作：仰泳时，腿部动作的主要作用是维持身体平衡，控制身体摇摆，形成一个好的流线型姿势，产生一定的推进力。

仰泳时，两腿动作是以髋关节为支点，由大腿发力，带动小腿和脚，有节奏地做上下鞭状踢水动作。

仰泳腿的动作与爬泳腿的动作很相似，但是由于仰泳的身体位置比爬泳低，所以腿的作用要比爬泳重要。仰泳踢水时，大腿比较靠近水面，动作幅度不大，比爬泳小；而小腿的弯曲角度要比爬泳大，约为135°左右，两脚上下的幅度约为45厘米。

仰泳两腿的整个配合过程就是“下压上踢”。向上踢水时，腿是由弯屈到伸直；向下压水时，腿几乎是伸直的。

（3）臂的动作

仰泳时，臂的动作与爬泳时一样，都是产生前进力量的主要因素。目前，一般都采用两臂交替在体侧屈臂划水的技术。为了便于分析，我们把一个周期的臂部动作分为入水、抱水、划水、出水和空中移臂五个部分。

① 入水

在空中移臂后，要紧接着入水。入水时，手臂自然伸直，手掌展平，小指领先入水，入水点在肩的延长线上。这样入水，可以减少由于手掌带进空气而产生的气泡量。

② 抱水

手臂入水后，躯干向入水的同侧方向转动，借助前移的速度，直臂向深水处积极抓水，并做转腕和肩臂内旋的动作，同时开始屈臂，使手掌、上臂和前臂处在最有利的划水位置，形成有利的划水面。这种动作通常叫“抱水”。完成抱水动作时，臂与身体纵轴构成的角度约为40°左右，手掌离水面30厘米左右，肘关节自然弯屈。

仰泳时,由于眼睛看不到自己手臂的入水和抱水动作,伸肩抱水动作又受到肩关节的一定影响,所以很容易一入水就划水,造成用力过早、对水面小和划水路线短。

③ 划水

仰泳的划水动作是推进身体前进的主要动力。整个动作是由屈臂抱水开始,以肩为中心,划到大腿侧下方为止。划水动作包括拉水和推水两个阶段。

从仰泳划水的动作轨迹可以看出,手掌在不同部位时所处的深度是不一样的,在整个划水动作中形成"S"形路线。这条路线是由屈臂划水、躯干和肩做合理转动而自然形成的。

仰泳划水时,手掌是臂划水的压力中心,手掌对水准确与否,直接影响到划水效果。仰泳划水时,手掌的变化比别的姿势大。开始入水时,手稍勾,手掌向侧后方;入水后,手掌转向下,使手撑住水;从抱水到拉水时,手掌转向上方;从拉水转向推水时,手掌再次转向前下方推压水;推水结束时,掌心向下。这种积极变换手掌的划水技术,能使手掌始终保持较大的划水面,使手在不同的水流层中不断划到"新水",从而增加推进力。

④ 出水

臂出水是指手臂划水结束后迅速提臂出水这一动作过程。当划水结束时,手掌自然转向下方,并靠近大腿,利用手臂内旋下压的反作用力和肩部三角肌收缩的力量,使手臂自然地提出水面。正确的出水动作是先压水、后提肩,使肩露出水面后,由肩带动上臂、前臂和手依次出水。

⑤ 空中移臂

臂出水后,应迅速地沿着与水平面接近90°的垂直面上由后向前移动。移臂时,手臂要自然伸直,速度要快。移臂的角度要适宜,角度过小,手臂在经空中前移时会造成肩带肌肉过分紧张,使肩下沉,增加水的阻力。移臂偏外,会形成身体的侧向反作用力,产生力偶,造成身体左右晃动,入水点容易偏外,导致划水路线短、肩位置低、阻力大。

仰泳时,两臂的动作应采用"连贯式"的配合技术。当一臂划水结束时,另一臂已入水,两臂几乎处在相对的位置上。因此,在仰泳划水的全过程中,两臂并不是经常处于同一平面内的,而是当一臂在水下划水时,另一臂在空中以较快的速度向前移动。这样能保持动作的连贯和速度的均匀,而且还有助于划水力量的加强。

(4)呼吸动作和呼吸、腿、臂的动作配合

仰泳时,身体成仰卧姿势,脸一直露出水面,因此呼吸技术简单、自然,只要张口有节奏地呼吸即可,但是不能用鼻子吸气,否则可能将水带进鼻腔而导致呛水。

三、蛙泳

1．概述

蛙泳是模仿青蛙游泳的一种姿势，是最古老的一种游泳项目。据现有的资料记载，早在两千多年前，古代中国、罗马、埃及就已经有类似这种姿势的游泳。

2．技术分析（图 16-3）

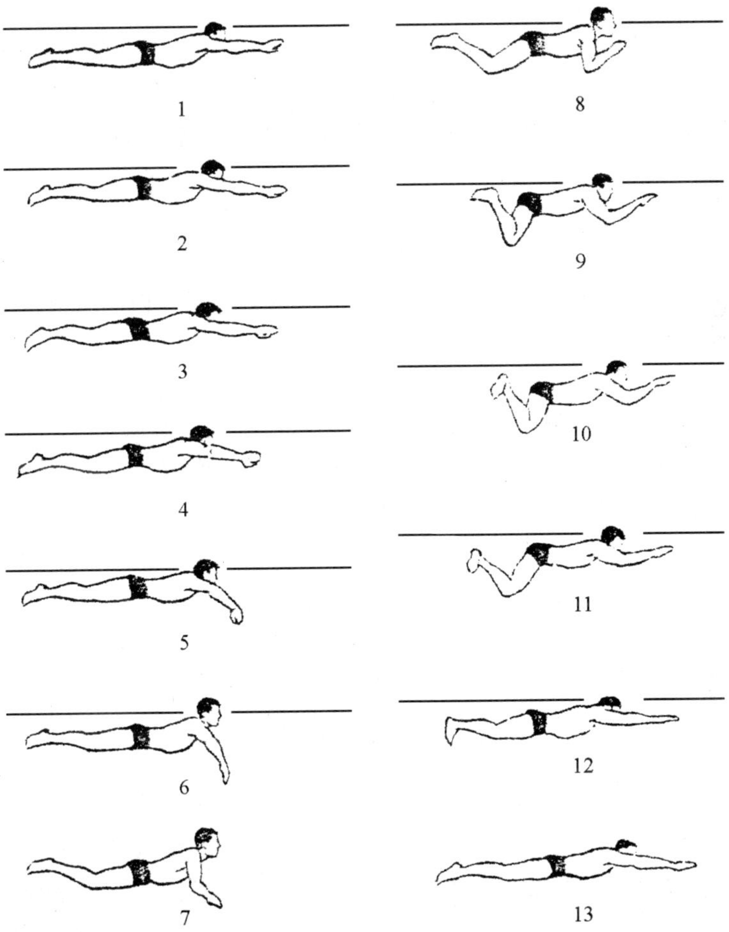

图 16-3

（1）身体位置和头的姿势

蛙泳时，当手臂和腿完成有效动作后，身体几乎是水平地俯卧在水面上，两臂向前伸直并拢，头略低，水齐前额，脸的下部浸入水中，胸的一部分、腹部、大腿和小腿完全处于水平姿势，身体纵轴与前进方向约成 5°—10°。

保持这种姿势,应稍挺胸、略收腹、微塌腰、稍抬头,眼睛注视水中前下方。吸气时,下颏露出水面并尽量向前伸,头不要抬得过高,以免下肢下沉。注意保持身体的流线型,不然会产生漩涡阻力。

(2) 腿的技术

蛙泳的腿部动作和臂部动作一样,都起着向前推进的作用。

蛙泳技术中,腿的动作变化很大。为了便于分析,我们把腿的动作分为开始姿势、收腿、翻脚和蹬水四个阶段。应注意的是,这几个阶段是紧密联系的完整过程。

① 开始姿势

在这个相当于滑行的阶段里,游泳运动员在鞭状蹬腿后借助惯性力向前滑行,两腿(包括脚尖)并拢向后伸直,大腿、腹部和一部分胸部位于一个平面上,与水面平行。臀肌、大腿股四头肌和腓肠肌稍稍紧张,防止大腿过早地下沉,以便为收腿动作作好准备。

② 收腿

要把腿收到最有利于蹬水的位置,使脚掌内侧和小腿内侧对准蹬水的方向。同时,收腿时力量要小,避免产生阻力。

③ 翻脚

蹬水时鞭状效果的好坏,取决于完成翻脚的技术。翻脚动作一般是在收脚接近臀部、两小腿稍向外移时即已开始,两脚向外侧翻,使脚和小腿内侧正好对准蹬水方向,而不是在完全结束收腿动作后才开始。

④ 蹬水

蛙泳的蹬水动作是推动身体前进的主要动力。蹬水时,以收腿和翻脚所创造的条件,用有力的伸腿动作造成水的反作用力。

(3) 臂的技术

蛙泳臂和腿在产生牵引力的过程中,起着同样的作用。当前世界上越来越多的优秀运动员强调发挥手臂的作用,并且在实践中获得了很好的成绩。现代蛙泳中手臂的作用是多方面的,包括:产生牵引力,在前进中加快速度;产生水对身体的向上作用力,使身体位置提高;与呼吸及腿配合,保持速度的节奏性。

蛙泳手臂动作在规则上明确规定:两臂要在水面或水下同时在同一水平面上向后划水,并同时从胸前伸出。这就要求臂的各个动作环节做得准确。所以,认真做好臂的划水动作很重要。

蛙泳臂的技术是一个完整不可分割的连续动作,为了便于分析,我们将其分成如下几个阶段:

① 开始姿势

当运动员蹬水结束时,两臂自然伸直,保持一定的紧张度,手掌向下(两手可以接近水面,或在水下 10—15 厘米处,后一种在较大的程度上可使身体平稳),手指自然并拢,使两臂和整个身体成一直线,形成良好的流线型。

② 抓水

现代蛙泳为了加快动作频率,而把一个周期内的各个动作时间缩短,减少了多余的动作。所以,在开始姿势时,手向前伸出后,前臂、上臂立即内旋,掌心转向外斜下方并稍勾手腕,两手分开向侧斜下方压水,当手掌和前臂感到有压力时,就开始划水。

③ 划水

划水与抓水是紧密连接的一个划水动作的两个过程。蛙泳划水动作主要是拉的力量,不像其他姿势还有推的力量。

蛙泳划水的方向是向侧、下、后、内方,划水的路线为椭圆曲线。划水时,肘部保持较高的部位,这样做是为了使臂能在最有效的角度内向后划水。因此,蛙泳的划臂在任何部位都要求肘比手高。

④ 收手

收手是由划水到向前伸臂的过渡动作,是划水的继续。动作是由向内到向前,手掌是由前向后,继而两手掌相对,最后掌心向下并前伸。

⑤ 伸臂

伸臂动作是由伸肩关节和肘关节完成的,肩关节的伸展最初比肘关节的伸展要快。因此,两手不是完全沿直线向前移动,而是先向前上、后向前移动,并且划两个圆滑的弧形。手掌由向内转向下(手掌转向下能发挥手臂撑水的作用),两手靠近(或使两拇指接触)。

蛙泳划水是一个完整的动作,划水轨迹是向侧—下—后—内—前方移动。划水力量开始时小,到划水主要阶段时逐渐加大。划水的速度是由慢到快,最后达到最快,只有到前伸结束,速度才慢下来。

(4) 呼吸动作和呼吸、臂、腿的动作配合

蛙泳呼吸与其他姿势呼吸相同,都是用嘴吸气,用嘴、鼻呼气。吸气时,头向上抬,使嘴露出水面。抬头是通过颞骨的横轴完成的,不能影响肩带的姿势和增大肩的摇动,也不能靠躯干的动作完成。

蛙泳臂、腿的配合动作特别重要,这是动作协调、连贯和速度均匀的关键。目前世界上广泛采用的配合动作,是臂和腿动作连续不断的配合方法。即臂划水结束时,抬头吸气,这时膝关节开始弯屈,当收手并前伸时迅速收腿和蹬腿。这种配合的优点是:可保证有效地划水,使身体平直和保持较好的流线型,能合理地发挥臂、腿的作用。

四、蝶泳(海豚泳)

1. 概述

蝶泳是蛙泳的变形,在蛙泳技术发展到第二阶段,即 1937 年到 1952 年,各国的蛙泳运动员都采用了两臂划到大腿后提出水面,从空中向前移臂的技术,由于形状好似蝴蝶,所以称为"蝶泳"。

2. 技术分析(图 16-4)

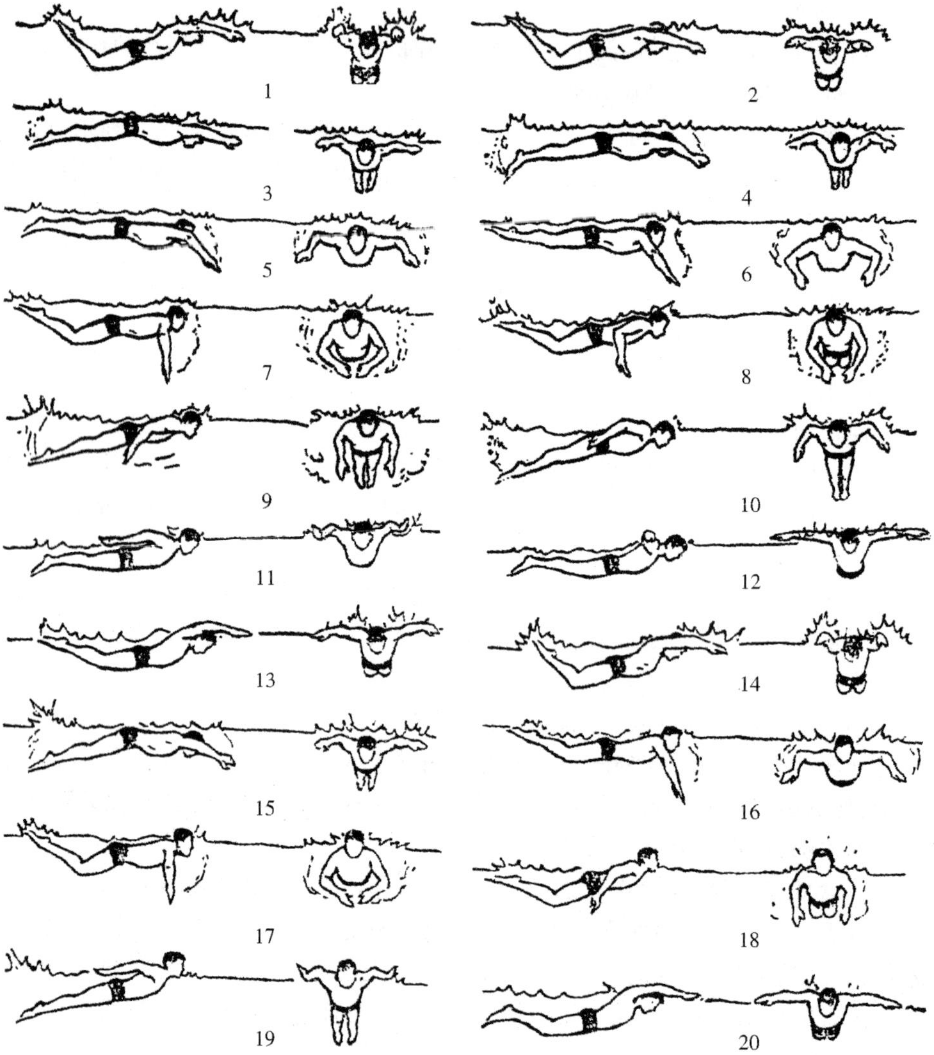

图 16-4

（1）身体姿势

蝶泳由于动作结构特殊，所以没有固定的身体位置，它和其他游泳姿势的根本区别，就在于躯干各部分和头部不断地改变彼此间的相对位置。由于动作结构的原因，蝶泳时，头和躯干有时露出水面，有时潜入水中，这种身体上下起伏动作是自然形成的。目前蝶泳技术和以前的大波浪技术相比已有明显的区别，波浪动作的幅度已大大减小。以前有人认为身体大幅度的起伏动作能起推进作用，而现在则认为这种动作对前进是不利的。但是，完全没有起伏动作也是不可能的，而且那样会对正确的移臂、呼吸，尤其是对做强有力的鞭状打腿动作产生不利的影响。

正确的蝶泳动作是以身体横轴为中心，躯干围绕横轴做有节奏的摆动，发力从腰部开始，以大腿带动小腿，做上下的鞭状动作。这些动作也是和头部、臂部有紧密联系的，即手臂入水的动作与大腿向上移动和脚向下移动相一致。在手臂入水时，肩随着头浸入水中，臀部向上抬起。在两臂进入划水的主要阶段时，两肩露出水面一直到空中移臂的后半部分，又和臀部同时开始下沉。

（2）躯干和腿的动作

蝶泳打水是由腰部发力，大腿带动小腿做鞭状的打腿动作，整个动作是和躯干联系在一起的。目前，蝶泳的打水动作都是在一个动作周期中打两次。

蝶泳打水是两腿自然并拢，当两腿在前一划水周期向下打水结束后，两脚向下达到最低点时，膝关节伸直，臀部上升至水面，髋关节屈成160°左右，然后两腿伸直向上移动，髋关节逐渐展开，臀部下沉；当两脚继续向上时，大腿开始下压，膝关节随大腿下压而自然弯屈，大腿继续加速向下；随着屈膝程度的增加，脚抬得接近水面，臀部下降到最低点，膝关节屈成110°—130°左右，这时，脚向上抬到最高点，准备向下打水；当脚向下打水时，踝关节必须放松伸直（这时是蝶泳打腿产生推进力的开始），然后脚、小腿随着大腿加速下压的动作，脚面、小腿加速向后推水；当两脚继续加速向下打水尚未结束时，大腿又开始向上移动，等膝关节完全伸直时，向下打水即告结束。

（3）臂的技术

蝶泳手臂的划水动作是推动身体前进的主要力量，它比其他姿势的划臂推进力都大，具体数字如表16-4所示：

表16-4　各种姿势的臂、腿力量（公斤）

部位＼姿势	蝶泳	爬泳	仰泳	蛙泳
臂	36	21	13	12
腿	15	10	6	38
总计	50	31	49	50

蝶泳手臂的动作是：两臂经空中前移后，在头前方以与肩同宽距离入水，入水的顺序是手（食指）、前臂、上臂。入水后不要前伸和过分地做潜水动作，否则会造成大波浪和上下起伏而产生阻力，影响前进速度。然后，手和前臂内旋向侧下方抓水，两臂逐渐向内屈臂划水。从划水动作看，前臂和手掌是划水的主要对水面。为了形成更有利的对水面，在手臂进入划水时就应屈肘，并保持较高的位置。随后，做抱水和加速划水的动作。特别应该注意的是，上臂内旋和逐步加大屈臂动作是同时进行的，并且贯穿在划水的前半部分过程中。上臂内旋不仅有利于充分发挥背部肌肉的力量，而且有利于推水和提肘。提肘的动作是借助增加手臂内旋肌的力量，增加手臂下压肌的划水力量，使运动员在更有效的角度内向后划水，以增加推进力。

当划到距离水面约 30 厘米时，两手的距离最宽，并逐渐向内加速划水，前臂、上臂所构成的角度逐渐减小。划到肩的下方时，前臂、上臂约屈成 90°—100°。然后，继续加速后划，前臂、上臂的角度逐渐增大。划到腹下时，两手距离最近。划到髋的两侧时，利用推水的惯性，提肘出水。两臂出水后，迅速经空中向前移。前移时，肘要稍高于手，前臂放松，摆至肩前入水。

（4）臂和呼吸的配合技术

游蝶泳时，借助两臂划水后部推水时的惯性，大幅度地伸展颈部后部的肌肉，把头抬到嘴露出水面吸气。因为需伸展肌肉，肩部仍可保持在水中，头的位置容易提高。

蝶泳的呼吸时机很重要，它对于身体的平稳、呼吸的节奏、两臂配合的协调性和两臂划水的持续关系很大。蝶泳时，一般是臂划一次，做一次呼吸动作。

（5）臂和腿的配合技术

合理的、完善的配合技术，是保持蝶泳速度均匀、提高运动员成绩的基础。上文已经详细论述了两臂和呼吸的配合技术，至于手臂、腿、呼吸三者的配合，是以保持身体的流线型、加快频率和连贯性为原则，因此一般都采用 2:1:1 的配合方法。这种方法速度均匀，节奏协调，每次打水的间歇时间大致相同。

配合的方法是：两臂入水时，做第一次打水。抓水时，腿向上。两臂划水至胸腹下方时，开始做第二次打水。手臂推水结束，同时打水也结束。

五、实用游泳

1．踩水

踩水是一项实用价值较大的游泳技术，可以作为学游泳者必须掌握的一种方法，也可以在日常生活中应用，如持物过河、通过逆流、救溺等，在军事上应用也很广泛。

踩水技术类似蛙泳，身体在水中与水平面的角度比蛙泳要大，接近于直立，头部始终在水外，下颏接近水平面。

(1) 腿的技术

腿的技术有两种：一种是两腿交替蹬夹水。运用这种方法时，身体在水中起伏不大，大腿动作幅度较小，蹬夹水时先屈膝，小腿和脚向外翻，然后膝向里扣压，用小腿和腿内侧向内侧下方蹬夹水，当腿尚未蹬直时往后上方收小腿，同时另一腿开始做蹬夹水的动作，两腿交替进行。脚的蹬水路线和回收路线基本上是椭圆形。另一种方法是与蛙泳腿一样蹬夹水，但是大腿动作的幅度较小，两腿不蹬直并拢，否则会使身体下沉。蹬夹水时先屈膝，小腿和脚向外翻，然后两膝向里扣压，用小腿和脚内侧向侧下方蹬夹水，当两腿还未完全蹬直时收腿，动作要连贯。

(2) 臂的技术

两臂弯屈，手和前臂在胸前做向外、向内的摸水动作，手臂动作不宜过大。向外摸水时掌心稍向外，向内摸水时掌心稍向内，手掌要有压水的感觉。两手摸水路线呈弧形。

(3) 腿臂的配合技术

腿和臂的动作配合要连贯，一般是两腿各蹬夹一次水，或是两腿同时蹬夹一次水，两手做一次摸水动作。采用两腿交替蹬夹水的配合时，通常是腿和手同时不停地进行。采用两腿同时蹬夹水的配合时，两腿做蹬夹水动作，两手几乎同时做向外的摸水动作。

踩水时，随腿、臂动作的节奏自然地呼吸。用踩水技术游进时，身体要略前倾，腿稍向侧后蹬水，两臂向后拨水。也可以采用侧向向前的技术，这时后腿应较为用力。

2. 水上救护

开展群众性游泳活动，要有周密的组织和安全措施，游泳救护工作也是不可缺少的。参加救护工作的人员，必须树立舍己为人的思想。

由于水域不同，出现事故的情况也不同，所以对不同情况应采取不同措施。

(1) 间接救护技术

间接救护是救护者利用救生器材，对较清醒的溺者施救的一种技术。游泳场所一般都应备有救生圈、竹竿、木板及输氧设备等。下面介绍几种常用的救护器材和使用方法。

救生圈：最好在救生圈上系一条绳子，当发现溺者时，可将救生圈掷给溺者。如在江河里，就向溺者的上游掷去，溺者得到救生圈后，将他拖带到岸边。

竹竿：溺者离岸（船）较近时，可用竹竿将他拖至岸边。

绳子：在绳索的一头系一漂浮物，将绳子盘成圆形，救护者握住绳的另一端，然后将盘起来的绳子掷在溺者的前方，使他能握住绳子上岸。

木板：在没有其他救护器材的情况下，木板也可作为救护器材。将木板掷给溺者，亦可扶木板游向溺者，然后将他拖带上岸。

（2）直接救护技术

直接救护技术是救护者不借助任何救生器材，徒手对溺者施救的一种技术。它大致可分为入水前的观察、入水、游近溺者（包括解脱）、拖运、上岸（包括抢救）等阶段。

入水前的观察：入水前，对周围环境要作简单的观察，如辨别水流方向、水面的宽窄等。救护者要遵循入水后尽快游近溺者进行施救的原则，迅速选择入水地点。

入水：要快，并且要注意目标。在熟悉的水域或游泳池，可用头先入水的出发动作，动作要快。在不熟悉的水域，可采用脚先入水的动作。起跳后，两臂侧前举，一腿前伸微屈，一腿稍向后屈。当身体接近水面时，两腿夹水，手臂迅速压水。这种入水方法不会使身体下沉过多，并能防止碰到石头或暗桩，而且从起跳到开始游泳能始终看到目标。

游近溺者（包括解脱）：一般采用速度较快的抬头爬泳，亦可采用头不入水的蛙泳，以便观察溺者的情况。当游到离溺者3—5米处，深吸气潜入水中，游到溺者前方，两手扶住他的髋部，将他转至背向自己，然后进行拖运。另一种方法是正面游近溺者后，用左（右）手握住他的左（右）手，用力向左（右）边一拉，借助惯性使溺者的身体转至背向着自己，然后进行拖运。

拖运：一般采用侧泳或仰泳进行拖运。

侧泳拖运法是救护者侧卧水中，一手扶住溺者，一手在体侧划水，两腿用侧泳剪水的动作。侧泳的拖运法有两种：一种是一臂伸直托住溺者的后脑，一手在体侧划水，两腿用侧泳蹬剪水的动作。另一种是左手从溺者的背后沿左肩通过溺者的胸前，握住右腋窝后面的肩胛骨，右手在体侧划水，腿用侧泳蹬剪水前进。

仰泳拖运法是救护者仰卧水面，两臂伸直，两手扶住溺者的两颊，或以两手的四指挟住溺者的两腋窝下，大拇指放在溺者的肩胛骨上，以反蛙泳腿动作使身体前进。

上岸：遇到处于昏迷状态的溺者时，将他拖运到岸边后，还需要将他弄上岸以便抢救。这在浅滩或斜坡的河岸比较方便，如在游泳池或陡坡，上岸就比较困难。现介绍两种在游泳池上岸的方法。

池边上岸方法：救护者用右手握住溺者的右臂，并将其右手先放在岸边。随后，用左手将溺者的右手压在岸边，用右手和两腿的力量支撑上岸。然后，迅速用右手拉住溺者的右手腕，再用左手拉住溺者的左手腕，再将溺者沉入水（头不要没入水中），借溺者身体向上的浮力，把他提拉上来，并立即进行抢救。

扶梯上岸方法：将溺者拖运至梯前，搭在自己的右肩上，两手握住扶梯，稳步上岸。当溺者的臀部够到池边时，慢慢放下，随后将右脚踏在池边上，右手托住溺者的颈部，左手抓住扶梯，弯腰向前，慢慢将溺者放倒，立即进行抢救。

抢救：将溺者救上岸后，要尽快进行抢救，如溺者已昏迷、呼吸很弱或已停止呼吸，应立即进行人工呼吸。

在进行人工呼吸前，先要清除溺者口鼻中的淤泥、杂草和呕吐物等，使上呼吸道通畅。如有活动的假牙，应取出，以免堕入气管内。如溺者牙关紧闭，救护者从他后面，用两手大拇指由后向前顶住他的下颌关节，并用力向前推。同时，用两手的食指与中指向下搬颌骨，就可搬开溺者的牙关。

在迅速做完上述处理后，可进行空水，将溺者呼吸道中的水排出，以便进行人工呼吸。空水的方法是：救护者一腿跪着，另一腿屈膝，将溺者腹部放在屈膝的大腿上，一手扶着他的头，使他的嘴向下，另一手压他的背部，使水排出。

排出水后，要立即进行人工呼吸。实践证明，口对口吹气的效果比较好，而且简便易行。操作方法：使溺者仰卧，救护者在他的身旁，用一手捏住他的鼻子，另一手托着他的下颏，深吸一口气，然后用嘴对紧他的嘴将气吹入。吹完一口气后，离开溺者的嘴，同时松开捏鼻子的手，并用手压一下他的胸部，帮助他呼气。如此有规律地反复进行，每分钟约做 14—20 次。开始时可稍慢，以后可适当加快。

在抢救已经停止呼吸的溺者时，需要很长时间，因而最好有两人以上轮流进行。

间接救护与直接救护也可结合进行。救护者发现溺者时，可先掷一救生器材给他，然后再跳入水中，利用器材将他拖带上岸。

3. 自我救护

在游泳中，身体各部位肌肉都可能发生抽筋现象。经常发生抽筋的部位有小腿和大腿，手指、脚趾甚至胃部也会发生抽筋。抽筋的原因，通常是下水前没做好准备活动、身体过于疲劳、突然遇到寒冷的刺激、水温过低、过分紧张以及动作不协调等。

发生抽筋时，必须保持镇静，不要慌张，可呼救，也可自救。抽筋后，一般不要继续再游，应立即上岸，擦干身体，按摩抽筋部位，注意保暖。

在水中自我解救抽筋部位的方法，主要是拉长抽筋的肌肉，使收缩的肌肉松弛和伸展。自救方法如下：

手指抽筋：将手握拳，然后用力张开，这样迅速反复做几次，直到抽筋消除为止。

小腿脚趾抽筋：先吸一口气仰浮水上，用抽筋肢体对侧的手握住抽筋肢体的脚趾，并用力向身体方向拉，同时用同侧的手掌压在抽筋肢体的膝盖上，帮助抽筋腿伸直。

大腿抽筋：可同样采用拉长抽筋肌肉的办法解救。

第十七章 板 球

第一节 板球运动的起源与发展

板球运动是一项在世界很多国家受到欢迎的体育运动,全世界有一百多个国家开展板球运动。

板球运动起源于英国,起初只是一些牧羊人和农夫所玩的游戏。板球运动的发源地相传是英国的东南部。文献记载,最早在13世纪,在英国的肯特郡,英王爱德华一世曾参与过类似板球运动的叫做“creag”的活动。1598年的资料显示,位于吉尔福德的皇家文法学校里已有学生参与板球运动。这通常被认为是板球在英文中首次被提及。“板球”(cricket)一词似乎有许多来源,可能由早期的“板球球棍”一词衍生而来:古法语“criquet”(意为某种短棍),或者佛兰芒语(Vlaams)“krick(e)”(意为棍、棒),或者古英语“cricc”“cryce”(意为仗、杆)。另外,法语“criquet”似乎由意为教堂内供人跪着祈祷的长矮凳的佛兰芒语“krickstoel”衍生而来,象征早期板球运动使用的仅有两个直立门柱且长而矮的三柱门。

由17世纪中叶开始至18世纪,板球从儿童游戏逐渐转变为成年男性之间进行的赌博运动。早期的两根门柱与一根长横木,在肯特郡的塞文奥克斯板球俱乐部发展成为三柱门,即三根门柱和两根横木。民间传说的原因是曾有一位投手不断地将球投入两门柱之间,由于速度太快,无人能够防住。萨里郡的老寇斯顿举办了第一场使用三柱门的板球比赛。充满自信的寇斯顿和凯特兰队旨在击败英格兰的任意十一人,于1731年举办了日益火暴的擂台挑战赛。1750年左右,汉普郡的翰伯顿建立了一支板球俱乐部。1788年,马利邦板球俱乐部(Marylebone Cricket Club, MCC)制定了第一套规范英格兰各郡之间板球比赛的板球规则。该俱乐部成为世界上唯一有权对板球规则作任何修改的专门机构,其制定的板球规则已经历了两百多年的考验,世界各地的板球队员均尊重板球的精神并遵守有关规则。

1844年,第一场板球国际比赛是在美国新泽西州举行的,参赛的是来自加拿大和美国的两个队。

1877年,第一场国际板球实验赛在澳大利亚墨尔本举行,澳大利亚以45分的优势击败英国。从此以后,许多英殖民地国开始正式发展自己的板球运动,世界其他国家也逐渐介入板球运动。

1963年,英格兰各郡为迅速结束比赛而改良了比赛规则,即每场比赛有严格限制的投球轮数,由此板球运动进入新纪元。1971年,出现新的单日国际板球赛赛制(One-Day International, ODI)。第一场板球国际一日赛在澳大利亚墨尔本举行,该场比赛以澳大利亚战胜英国而结束。国际板球理事会(International Cricket Council)迅速采用了新的赛制。1975年,第一届世界男子板球世界杯(一日赛)在英国举行,西印第安群岛队击败澳大利亚队获胜。在钟情于原有赛制的球迷惊愕失措之时,以牺牲较长时间赛制比赛为代价的ODI赛事却得到了大众的青睐。直到2000年初,较长时间赛制板球才有了持续的复苏。2003年,马利邦板球俱乐部在咨询了所有成员国后,公布了最新版本的板球法规——《板球裁判法·2003》。

我国的板球运动可以追溯到1851年成立的香港木球会。它是除英格兰外建立的第一批板球俱乐部。1858年,上海举行了有记载的我国首场板球比赛。1863年,上海板球俱乐部成立。它和香港木球会之间的比赛从1866年开始,直到1948年。

孙中山可以算是第一代参与板球运动的中国人。他当年在香港西医书院学医(香港大学前身),课余时间曾跟恩师康德黎博士打过板球。康博士还通过板球给孙中山讲解西方民主、英国议会制度、政党轮替等理念。2005年9月,由亚洲板球理事会推动,在北京举办了第一期中国板球教练员培训班,正式开始了现代板球运动在我国的普及。

第二节　板球运动的国际组织机构与比赛

一、板球运动的国际组织机构

1. 国际板球理事会(International Cricket Council, ICC):管理各国板球组织,宣传及发展板球运动。

图17-1　国际板球理事会标志

该协会组建于1909年6月,由英国、澳大利亚和南非三国组成,总部设在英国。2005年,国际板球理事会将其办公室迁移到阿拉伯联合酋长国。国际板球理事会是板球运动的国际主管团体,在10个锦标赛国家设有代表处,并由推选出的小组代表非锦标赛国家。每个国家均有规范本国板球赛事的国家板球委员会。该委员会通常挑选国家队并组织国家队主客场比赛。

目前,国际板球理事会实行三种会员制:

(1) 正式成员:会员国代表队有资格参加年度的国际比赛,包括实验赛以及一日赛、五日赛等。

(2) 挂钩成员:会员国的板球运动已有相当发展,其代表也有资格参加世界杯比赛,如果取得资格,只能参加一日赛。

(3) 附属成员:由国际板球理事会注册,根据板球法规发展板球运动,但是还不具备参加国际比赛的资格。

目前,国际板球理事会有 10 个正式成员国、32 个挂钩成员国及 54 个附属会员国。10 个正式成员国分别为:澳大利亚、英国、南非、印度、新西兰、西印第安群岛、巴基斯坦、斯里兰卡、津巴布韦和孟加拉。挂钩成员国和地区有:阿根廷、比利时、加拿大、丹麦、法国、德国、爱尔兰、以色列、意大利、日本、肯尼亚、科威特、马来西亚、安德列斯群岛、新加坡、泰国、美国、阿拉伯联合酋长国和中国香港地区等。附属成员国有:奥地利、巴西、智利、中国、芬兰、希腊、印度尼西亚、墨西哥、挪威、菲律宾、韩国、西班牙、瑞典和瑞士等。

2. 亚洲板球理事会(Asian Cricket Council,ACC):管理亚洲板球组织,宣传及发展亚洲板球运动。

图 17-2 亚洲板球理事会标志

亚洲板球理事会成立于 1983 年,其总部设在马来西亚首都吉隆坡。该理事会有 9 个正式会员及 12 个挂钩会员。正式会员为:孟加拉、印度、马来西亚、尼泊尔、巴基斯坦、斯里兰卡、新加坡、阿拉伯联合酋长国和中国香港地区。挂钩成员为:阿富汗、巴林、不丹、文莱、中国、伊朗、科威特、马尔代夫、阿曼、卡塔尔、沙地阿拉伯和泰国。

中国板球协会(Chinese Cricket Association, CCA)在 2004 年加入亚洲板球理事会成为挂钩成员,并且是国际板球理事会的附属会员。

二、板球运动的国际性赛事

1. 板球锦标赛(Test Cricket)始于1876/77届英格兰板球队澳大利亚巡回赛的一种国际板球比赛形式。首届锦标赛于1877年3月15日开始,规定每个投球手每轮投6个球。3月19日,此次锦标赛以澳大利亚胜出45分结束。在两队第九次交手之后,英格兰和澳大利亚之间举行的板球系列锦标赛被称为“骨灰杯”(The Ashes)。此项系列赛的奖杯是一座小而易碎的陶质骨灰瓮。此奖杯是在1882/83届英格兰板球队在澳大利亚获胜之后,一群墨尔本妇女向当时的英格兰队长艾弗·布莱(Ivo Bligh)赠送的,据说里面装有两队在第二届锦标赛时使用的一块三柱门横木和一只板球的灰烬。随后,全世界举办过超过1700场的锦标赛。自孟加拉国于2000年首次登场,成为最新获得锦标赛资格的国家之后,参加锦标赛的国家也增加至10个。如今的锦标赛是双局比赛,每轮投6个球,并且延续5天或以上。

2. 单日板球赛(One-day Matches):也称“有限轮比赛”或“板球快赛”(Instant Cricket),由传统的英式板球发展而来,用以提高比赛上座率。单日赛在20世纪60年代开始出现,所需时间较锦标赛短,场面则更为激烈。单日赛首场比赛于1971年举行。当英格兰队在澳大利亚巡回比赛时,一场锦标赛因雨终止,单日赛从此便大受欢迎。1975年诞生的板球世界杯更增强了这一趋势。英文缩写“ODI”(One-day International)或“LOI”(Limited-Overs International)通常用以称呼国际单日板球赛。单日赛中,每队只有一个限定投球轮次的击球局(Innings),在国际赛事中通常为50局。虽然被称做单日比赛,但是如果比赛因雨中止,则将会延续到第二日。昼夜比赛通常会将比赛延续至夜间。使用彩色球衣、更为频繁的赛事以及更加注重比赛结果等创新使得ODI比赛更为激烈,令人紧张和兴奋,因此拥有众多支持者。一些如快速得分、非正规的接球方式和精准的投球等策略则使得这种比赛形式较锦标赛更加充满活力。

3. 一级比赛:一种在天然草坪(相对于人工草坪)上进行至少3天以上的高水平国际或国内比赛。一场比赛的级别取决于本场比赛中参赛队伍的级别。所有锦标赛国家都可以参加一级比赛,包括它们的地区、国家、省或郡队。肯尼亚是一个非常重要的非锦标赛国家,它和其他一级比赛队伍之间的比赛被认为是一级赛事,而它的国内赛事却并非如此。通常来说,只有在比赛双方都是一级比赛级别的时候,本场比赛才被确定为一级赛事。因此,一场两支锦标赛国家队之间、ICC完全会员国(除肯尼亚之外)的国内队伍之间,或一支锦标赛国家队和另一支锦标赛国家的国内队之间的比赛,都可以被认为是一级比赛。锦标赛可以被当做一级比赛,单日比赛除外。一级板球比赛的诞生时期以前被认为是1815年,即拿破仑战争的尾声,近来被提前到1801年。

4. 其他形式比赛:板球运动还产生了一系列规则改良以吸引更多球迷的比赛。以“二十20”(Twenty 20)规则为例,由于这种比赛规定每局20轮,使得比赛异常短促,但是却引起极大的关注。这种比赛并不被ICC认可为正规比赛。为青年选手创造的版本有“双日”比赛等。其他各种类型的比赛通常会使用如沙滩或冰等不同的球场。

在20世纪70年代一日赛成功的基础上,板球在许多国家受到普遍欢迎。1975年,第一届国际板球一日赛世界杯在英国举行。参赛国有澳大利亚、英国、印度、巴基斯坦、新西兰、西印第安群岛、斯里兰卡、东非,西印第安岛国获得该届比赛冠军。男子板球世界杯赛每四年举办一次,1979年和1983年的赛事也是在英国举行的。1983年以后,男子板球世界杯轮流在各会员国举行。女子板球世界杯与男子相似,队员来自有资格参赛的国家。女子国际板球世界杯和男子一样也是打一日赛,首次世界杯赛是在英国举行的,东道主获胜。在2005年4月的女子国际板球世界杯中,澳大利亚队击败印度队获得冠军。参加此次赛事的有澳大利亚、英国、印度、南非、爱尔兰、新西兰、斯里兰卡及西印第安群岛。

板球运动自五百多年以前在英国出现后,开始只是在英联邦国家进行,以后逐渐发展延伸到近一百个国家,遍及世界五大洲。现在,板球运动开始在中国起步,这是世界板球运动的一大新发展。我们相信,在国际板球理事会及亚洲板球理事会的大力支持下,板球将会找到一个新的家,为广大中国百姓所了解并喜爱。

第三节　板球运动的常用术语与基本装备

板球是以击球、投球和接球为主的运动。参与者分两队比赛,通常每队11人,一队作攻击,另一队作防守。攻方球员为击球手,比赛时每次只可派两人上场,一人负责击球取分,另一人配合夺分。守方11位球员同时上场比赛,一人为投球手,负责把球投中击球手身后的三柱门,力图将他赶出局;其他球员为外野手,负责把击球手打出的球接住,防止攻方得分。攻方的击球局完结后,两队便会攻守对调,得分较高的队为胜方。

一、板球运动的常用术语

1. 球场(the Field)(图17-3)

板球比赛是在一片大圆形或椭圆形的草地上进行的。球场面积的大小并没有明文规定,通常是在场中的球道以大约64米至68.6米为半径画一个圆形为边界。板球场比篮球场(28.65米 x 15.24米)大约三十多倍。

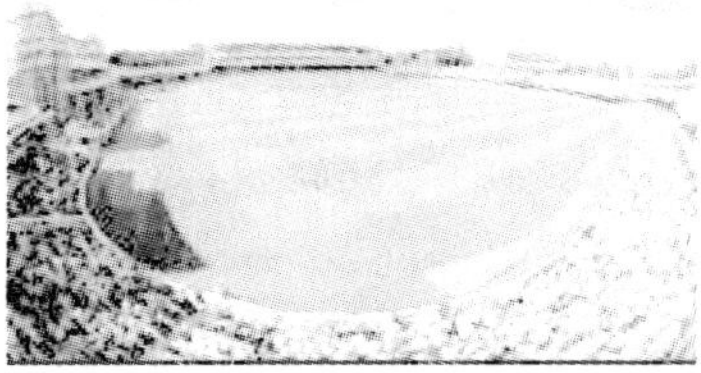

图 17-3　板球比赛场地

2. 球道(the Pitch)(图 17-4)

单位：厘米

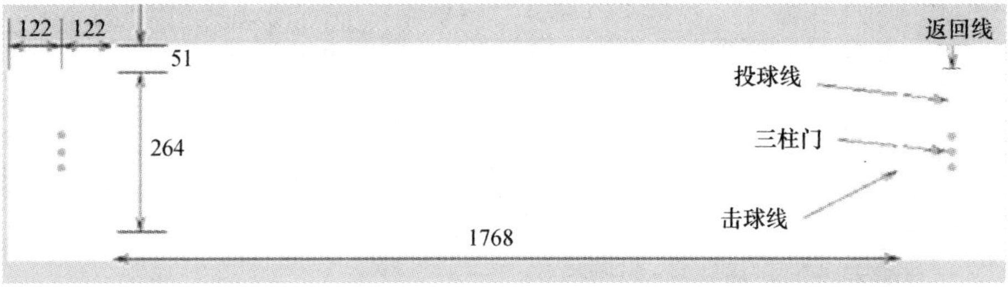

图 17-4　长方形球道

尽管板球场地会因不同球场而大小不一,但在场中的长方形球道却有法定的面积规范。在球道的两端会分别放置一组三柱门,两组三柱门的距离是20.12 米(22 码),而球道的阔度是3.05 米(10 尺)。

小贴士:帽子戏法

帽子戏法源于刘易斯.卡洛尔的童话《爱丽斯漫游奇境记》。书中说到一位制帽匠能够出神入化地用帽子变戏。自有板球以来,凡进板球场观赛的球迷都严格遵守着一条规矩:一迈进球场大门便须脱帽,这意味着对球场上所有球员、裁判和观众的尊重。在这里,帽子就代表了尊重。后来,英国板球协会给连续三次击中门柱或横木、使对方三人出局的每个投手奖帽子一顶,作为一种至上的荣誉象征,以显示其出神入化的投球技巧,而且观看比赛的观众也会脱下帽子向选手致意。这叫做"帽子戏法"。简言之,帽子戏法的本意就是板球手连续用三个球得分而获得一顶帽子的鼓励。由板球比赛到橄榄球比赛、足球比赛,以及其他一些比较类似的球类比赛,"帽子戏法"就这样用开了。现在,在体育竞赛场合,如果有独中三元的表现,就叫做"帽子戏法"。"帽子戏法"的说法,在我国流行较晚,大约始于中译本《贝利自传》的问世。在1958年"世界杯"巴西对法国的半决赛中,贝利一人连入三球,淘汰了法国队,《贝利自传》将此次辉煌辟为一章,题目就叫"帽子戏法"。

三柱门坐落的位置叫投球线，距离三柱门前 1.22 米的线是击球线，而距离三柱门中央 1.32 米、两边与投球线和击球线成直角的线则称为返回线。

球道通常是一块平的硬泥地。在不同的气候地区，有些球道会有较多草滋长，有些则干竭多裂缝。球道地质的湿硬软快，对选取投球策略有极大的影响。

3. 开局(the Start)

比赛开始前，两队的队长会用掷硬币方式决定哪方先击球或先防守。先击或先守的决定通常会根据他们的排阵、球道和天气状况决定。

4. 击球局(Innings)

击球局代表击球队所用的击球时间。一日国际赛(One Day International, ODI)只有两局击球局，即对垒双方各有一局击球局，有点像足球赛事的上、下半场。每局击球局由 50 个回合组成。每位投球手投出 6 个好球(坏球不计)便是一个回合，因此一个击球局可以有起码 300 球投出。每个击球局大约需三个半小时完成。两个击球局加中场半小时的休息，整场赛事大约需 8 小时完成。赛事可以是日赛，由早晨到下午；也可以是日夜赛(Day & Night, D/N)，由下午到晚上。

击球局有以下几种终结的途径：

(1) 完成了 50 个回合。

(2) 击球队 11 名击球手中有 10 名被判出局。

(3) 击球队所得的分数超越了防守队上局所得的分数。

(4) 击球队宣告终结(通常只出现在五日测试赛中)。

5. 击球手 (Batsman/Batter) (图 17-5)

图 17-5　击球手(来自 ICC 官方网站)

比赛时，球道两端的三柱门位置，一端会定为击球端，另一端会定为投球端。两名击球手会分别站在两端的击球线内。如图 17-6 所示，站在上方三柱门前的击球手为迎球者，负责迎击从下方三柱门投球手投来的球；站在下方三柱门前的击球手为非迎球者,负责配合取分。击球手可将球打向任何方向,目的就是将球打得越远越好,取分越多越好。同时,击球手又需要小心保卫三柱门,以避免出局。

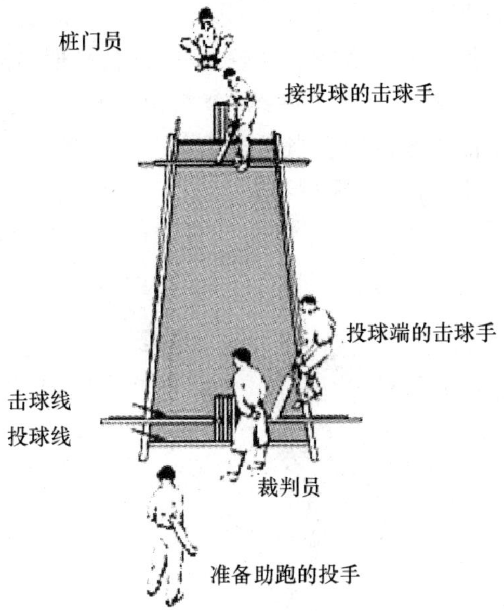

图 17-6　击球手位置

若场内其中一名击球手被判出局,他便须离场,且不能在这个击球局中再次击球,一名新击球手会进场接替他的位置。规则规定,击球队须派两名击球手比赛,若全队 11 名击球手中的 10 名被判出局,场内只剩 1 名击球手,击球队的击球局亦因此终结。

6. 投球手(Bowler)(图 17-7)

图 17-7　投球手(来自 ICC 官方网站)

比赛时,防守队的 11 名队员会同时上场比赛。每一个回合都会有一名防守队员担任投球手,他可以在球道外助跑投球,投球时脚不可越过投球端的击球线,手要过头,手臂伸直。

投球手的任务是把球投中击球手身后的三柱门,赶他出局,或使击球手难以得分。投球手每回合需要投出 6 个好球,若投出坏球,他便要在这回合多投 1 球。一名防守队员不能连续两回合当投球手。

7. 捕手(Wicket Keeper)(图 17-8)

图 17-8 捕手(来自 Cricket Australia 官方网站)

防守队会有一名队员专任捕手,他会站在击球端的三柱门后负责接球。若投来的球擦过击球手的板边,捕手就有责任把球接住。捕手亦需要把外野手的传球接住,尽量减少击球手得分,甚至要令击球手出局。另外,捕手还需要把击球手打失的球接稳,而他更是唯一可戴手套的防守队员。

8. 外野手(Fielder)(图 17-9)

图 17-9 外野手(来自 Cricket Australia 官方网站)

除投球手和捕手外，其余9名防守队员都是外野手，他们会根据击球队的攻势分散围住球道进行布阵。图17-10中的白点，便是外野手常站的位置。

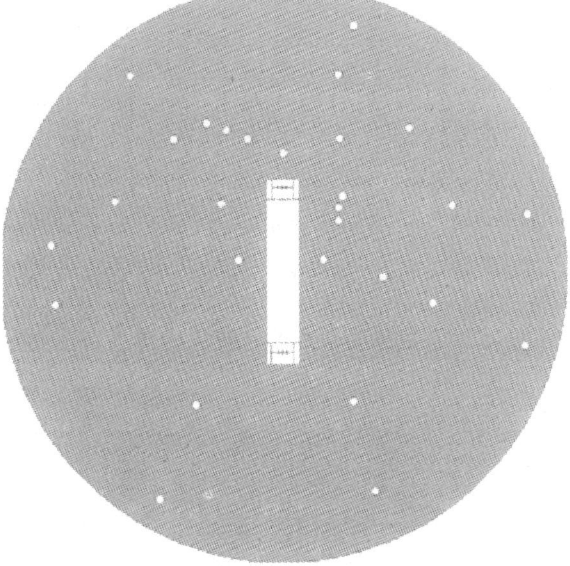

图17-10　外野手常站的位置

外野手的任务是把击球手打出的球直接接住，令击球手出局；或将球截停，防止球滚出边界；或将球尽快传给捕手或投球手，从而阻截击球手取分。

9. 后备(the 12th Man)

每队其实有第12位队员，他是后备球员。若正选队员受伤，他便可以入替。但是，他只能当外野手，不能当投球手或击球手。

10. 出局方法(Ways of Getting out)

比赛中，防守队负责防止击球队取分，最佳的做法就是令击球队的队员出局。以下便是击球手被判出局的简介：

(1) 接杀(Caught)

接杀是最常见的出局情况。投球手投出好球，击球手用球板或手套打中球，在球未落地前，防守队员用手将球接稳，击球手便会被判出局。

(2) 投杀(Bowled)

投球手将球投中击球手身后的三柱门，并把横卧在三柱门上的小横木弄跌，投出的球应是好球，就算击球手打失，或球是擦过击球手的身体或球板才弄跌小横木的，击球手都会被判出局。

(3) 跑杀(Run out)(图17-11)

两位击球手跑分时，两边击球线中间的区域就是危险区，危险区两端外的区

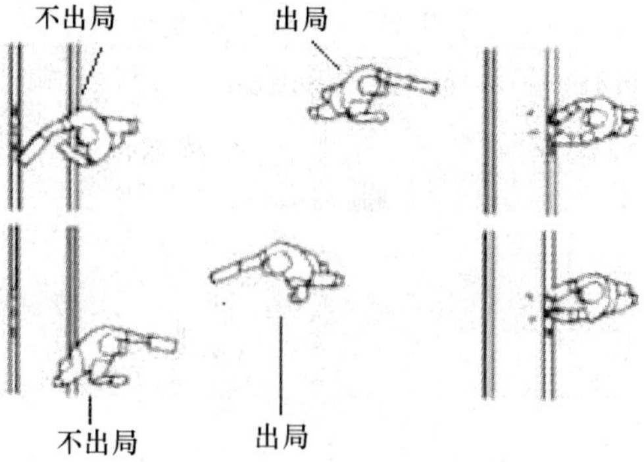

图 17-11　跑杀

域就是安全区。若击球手在危险区,而防守队员将球打跌三柱门的小横木,击球手就会被判出局。

被判出局的这次跑分将被作废。例如,击球手在第三次跑分时被判出局,第三次的跑分就被作废,即击球手只取得两分。

11. 门前脚 (Leg Before Wicket, LBW)(图 17-12)

图 17-12　门前脚

球投中击球手的护脚垫而被截停了,若裁判认为球本应能投中三柱门,但是因击球手的护脚垫阻挡了球路,便可判击球手出局。还有一些因素需要留意:球须是好球、击球手曾尝试过击球、球没有碰过击球手的球板和手套、投球手还须向裁判提出申诉。门前脚就像足球赛事的越位,是较具争议的裁决。

12. 捕杀(Stumped)(图 17-13)

击球手若走出击球线外(危险区)击球,捕手将球接妥,再用球弄跌三柱门上的小横木,击球手便会被判出局。

13. 摆乌龙(Hit Wicket)

当击球手击球时,他的身体或球板误把三柱门上的小横木弄跌,便会被判出局。

图 17-13　捕杀(来自 Cricket Australia 官方网站)

14. 手球(Handled the Ball)

击球手击球后,为防止球会滚向三柱门,可以用脚把球扫走。但是,若他用手拿球,便会被判出局。

15. 两次击球(Double Hit)

击球手故意将球击打两次,便会被判出局。

16. 延时(Timed Out)

击球手被判出局后,另一名击球手须在三分钟内到位迎球,否则便会被判出局。

17. 防守受阻(Obstructing the Field)

若裁判认为击球手故意阻拦防守队员接球,便可判其出局。

18. 取分方法(Scoring Guide)

比赛中,击球队负责取分,越多越好,而防守队则负责防止击球队取分。

(1) 四分球 (Four Runs):球滚出或弹地出边界,击球队便可得四分。

(2) 六分球 (Six Runs):击球手将球直接打出边界,即击球后,球没有接触过地面飞出边界,击球队便可得六分。

19. 击球跑分 (Runs off the Bat)(图 17-14)

击球跑分是最常见的取分方法。击球手把球打出后,球未能穿越边界,球道两端的击球手互相跑越对方的击球线或将球板着地越过击球线,他们便可得一分,依此类推。

在跑分过程中,其中一位击球手未能将身体或球板触越击球线地面,便是漏跑,此分不计。

得分是单数(1 或 3),原先的副击球员便会成为击球员,负责迎击下一球。

20. 坏球 (No Ball)

在有些情况下,投球手投出的球可被判为坏球,击球队因此可获赠一分。在

图 17-14 击球跑分(来自 ICC 官方网站)

这一回合,投球手须多投一球。如果击球手将坏球直接打出边界(六分球),他便总共取得七分。

最常见的坏球情况是:投球手投球时,他的前脚跨越击球线;若他的后脚踏着返回线或在其外,亦属坏球。以下情况都可被判为坏球:

(1) 投出的球没有弹地而高过击球手的腰。

(2) 投出的球弹地后高过击球手的肩。

(3) 投出的球是滚地球,或弹地多过两次,或在击球手前停了下来。

(4) 投出球时,投球手的手臂屈曲。

21. 宽(歪)球 (Wide Ball)

投球手投出的球太过偏左或偏右,超出击球手正常的挥板范围,而击球手的球板与球没有任何碰触,裁判便可判此球为宽(歪)球,击球队因此可获赠一分。在这一回合,投球手须多投一球。

22. Leg Byes

当投手投球时,球首先触碰到击球员的身体,击球员尝试运用其球板击球,或尝试避开免被球触碰。如果裁判同意上述的其中一种情况,以及球未触碰到球板,击球员的跑动得分。

23. Byes

若击球手曾尝试击球,但是打失,即击球手的身体及球板都没有碰触过球,两位击球手的跑动得分。

二、板球运动的装备

1. 护具 (Clothing)(图 17-15)

图 17-15-1　运动员装备

图 17-15-2　头盔

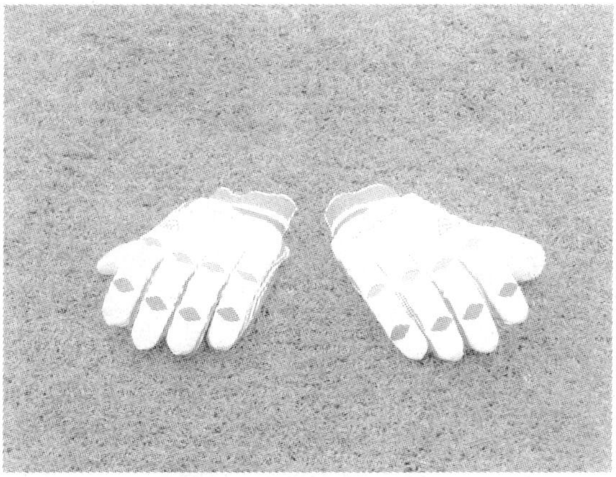

图 17-15-3　击球手手套

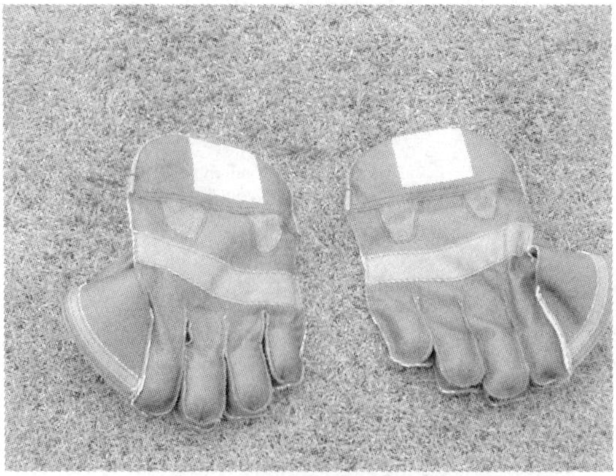

图 17-15-4　捕手手套

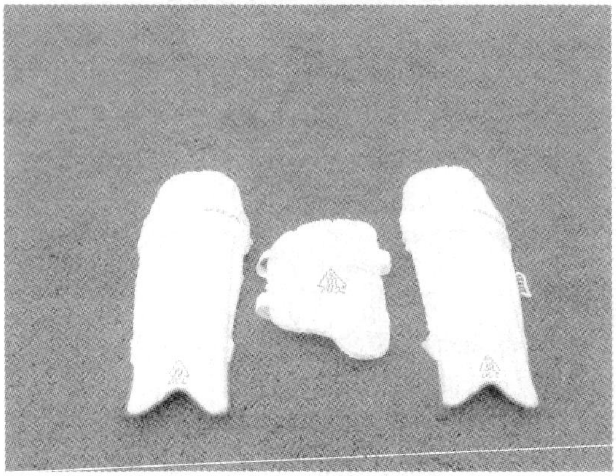

图 17-15-5　护脚垫和护胸

击球手可选穿手套、护脚垫和护胸、头盔、护肘、护腕和钉鞋。近球道的外野手可穿护脚垫、护胸和头盔,但是不能穿手套。捕手可穿护垫、头盔和双层手套。

2. 球 (Ball)(图 17-16)

图 17-16　球

板球由实心软木外加两块或四块皮包着缝成，所缝位置叫线缝。职业投球手惯常使线缝先落地，以便球弹起时改变方向，令击球手难于掌握球路。五日赛多数用红色板球，而一日赛则用白色板球。板球的圆周是 22.86 公分（9 寸），重量大约 163 克。

3. 板球板（Bat）（图 17-17）

图 17-17　板球板

板球板多数用英国或克什米尔的柳木制成。板球板不能长过 96.52 公分（38 寸），不能宽过 10.8 公分（4.25 寸）。

4. 三柱门（Wicket）（图 17-18）

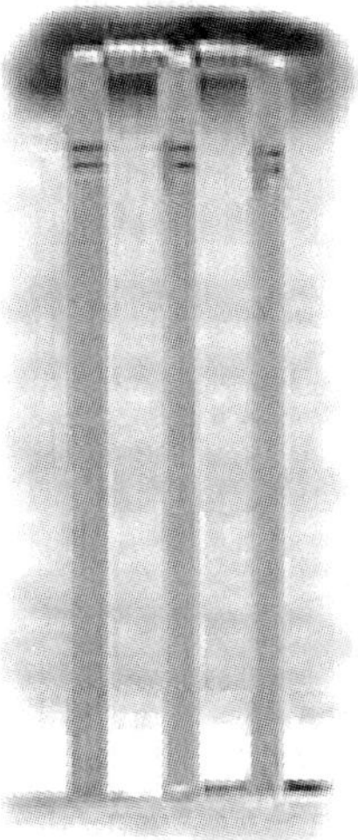

图 17-18　三柱门

三柱门，顾名思义就是三根圆柱形的木条，外加两条横卧在圆柱上的小横木。

三柱门的圆柱用木制成，圆柱底部是圆锥形，再锤打进球道里。有些三柱门的中柱装有迷你相机和收音器。圆柱离地高 71.11 公分（28 寸），边柱相隔 22.86 公分（9 寸）。门柱上的小横木长 4 寸。大风的赛日，裁判可以选用较重的小横木。

比赛时，若投球手将球投中击球手身后的三柱门，导致其中一条小横木跌下，击球手便会被判出局；而若两条小横木没有跌落，击球手便无须出局。

第四节　基本姿势和步法简介与教学

一、站立姿势

两脚平行站立，膝关节微弯屈，降低重心，下盘稳定而灵活，目的是方便快速、灵活地移动和保持上身的稳定性，作好迅速起动的准备。（图 17-19、图 17-20、图 17-21）

图 17-19　击球手的站立姿势

图 17-20　外野手的站立姿势

图 17-21　捕手的站立姿势

二、场上队员的移动

1．起动

起动就是突然加速，一般用右脚蹬地，左脚迈出第一步，突然加速。

2．跑

击球手的跑动速度直接关系到得分的多少。（图 17-22）板球场上的各种跑与通常的跑区别不大，关键是要随时注意场上的球、对手、队友等的情况变化，及时出现在最需要、最合适的位置。

3．跳

跳主要指向各个方向的助跑及原地起跳等。与通常的跳跃不同的是，板球场上需要随时随地能向各个方向（前、后、左、右、垂直）跳起及助跑起跳接杀。（图 17-23）

图 17-22　击球手的移动(来自 ICC 官方网站)

图 17-23　外野手的鱼跃接杀(来自 ICC 官方网站)

第五节　传接球技术简介与教学

一、接球

接球方法:两手手指张开,形成一个半球状,手腕和手指放松。(图 17-24、图 17-25、图 17-26)接球时,眼睛盯住球,并顺势缓冲来球的冲击力量。身体正前方来球,向怀里抱;身体两边来球,双手接球后顺势向身体两侧后撤,以缓解来球的冲击力。

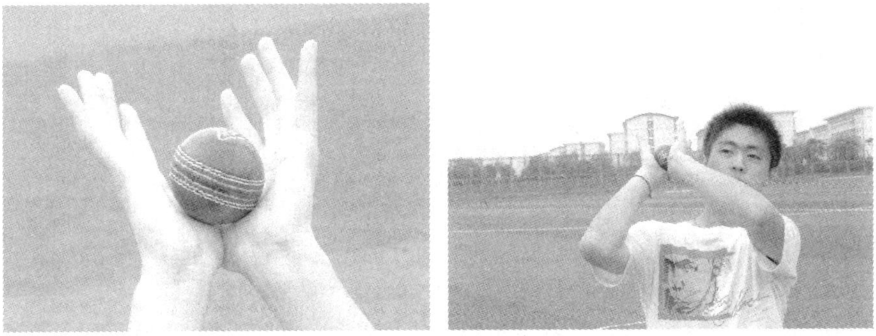

图 17-24 肩上接球手型

图 17-25 接高球手型

图 17-26 接地滚球手型

1. 体前接球

图 17-27　体前接球技术分解示意图

2. 向左侧接球

图 17-28 向左侧接球技术分解示意图

3. 向右侧接球

图 17-29 向右侧接球技术分解示意图

4. 头上接球

技术要领:判断球落的位置,迅速跑位,两脚站稳后,两手手指张开,手心向上,拇指侧相靠,形成一个半球状,手腕和手指放松。接球时,眼睛盯住球,并顺势缓冲来球的冲击力量。(图 17-30)

图 17-30　头上接球技术分解示意图

5. 地滚球接球

技术要领:与头上接球同。(图 17-31)

图 17-31　接地滚球技术分解示意图

二、传球

1. 下手传球

技术要领：单手握球，手心向上，手臂向后方引伸，臂伸直，向前方迅速挥动，把球向前方指定方向传出。（图 17-32）

图 17-32 下手(低手)投球技术分解示意图

2. 上手传球

技术要领:单手握球,身体侧转,手臂从身体下方向后方引伸,手心向下,执球手臂伸直,不执球手向前方摆动,两臂成水平伸直。执球手臂弯屈,以鞭打动作向前方迅速挥动,不执球手臂同时向下压,身体转向前方。在把球向前方指定方向传出时,身体顺势向另一侧转动。(图 17-33)

图 17-33　上手投球技术分解示意图

第六节　守桩技术简介与教学

1. 准备姿势(图 17-34)

(1) 两脚分开与肩宽,体重均匀分布在两前脚掌;

(2) 保证对投球区的投手有清楚的视野;

(3) 采用退后姿势在腰部高度接球;

(4) 得球时,两手套成杯状向上;

(5) 保持手套在两眼前部附近;

(6) 手指向上、向下或向侧方,永远不要对着球。

图 17-34　准备姿势

2. 正面接球(图 17-35)

3. 向左接球(图 17-36)

4. 向右接球(图 17-37)

图 17-35　正面接球

图 17-36　向左接球

图 17-37　向右接球

第七节　击球技术简介与教学

击球技术要领如下：

第一步：准备姿势。

握拍方法：左手握住拍柄的后端，右手与左手相对，握住靠近拍柄和拍子的结合部，右手放松。（图 17-38）

图 17-38　握拍方法

击球准备姿势：两脚分开与肩同宽，脚尖平行，侧向前方站立，上体前倾，双手持拍，拍头放于右脚前端，头保持端正，转向击球方向，眼睛看来球方向。(图17-39)

图 17-39　击球准备姿势

第二步：引拍。

动作要领：以拍柄头为轴，使拍子向后方旋转，拍头向上，双臂与拍子组成一个倒“9”字形，左脚向击球方向迈一小步，右脚以脚掌为轴转动。(图 17-40)

图 17-40　引拍

第三步：击球。

动作要领：以垂直于两肩锁骨组成的平面的矢状轴为轴，身体向前方转动，

以腰带动肩,然后是手臂和拍子。在击球时,拍子要垂直于地面,用靠近拍子顶端1/4左右的位置正击来球。(图17-41)

图17-41　击球

第四步:顺势挥拍。

击球后,拍子要继续挥动,手腕放松,拍头自然摆动到头后。(图17-42)

图17-42　顺势挥拍

1. 前跨击球(图 17-43)

图 17-43　前跨击球技术动作示意图

2. 后退防守击球

技术要领:成击球准备姿势站好,引拍向后上方,后腿向后跨一步,手臂靠近身体,头保持正直,前腿向后退一步,挥拍成竖直方向,用拍面挡球。拦击球时,两脚站稳。击球后,身体保持不动。(图 17-44)

图 17-44　后退防守击球技术动作示意图

3. 后退进攻击球

技术要领:成击球准备姿势站好,引拍向后上方,后腿向后跨一步,手臂靠近身体,头保持正直,前腿向后退一步,挥拍击球。击球时,两脚站稳,顺势挥拍向前上方。(图 17-45)

图 17-45　后退击球技术动作示意图

4. 后撤击球(图 17-46)

图 17-46　后撤击球技术动作示意图

第八节 投球技术简介与教学

1. 手型(图 17-47、图 17-48)

图 17-47 投快球手型

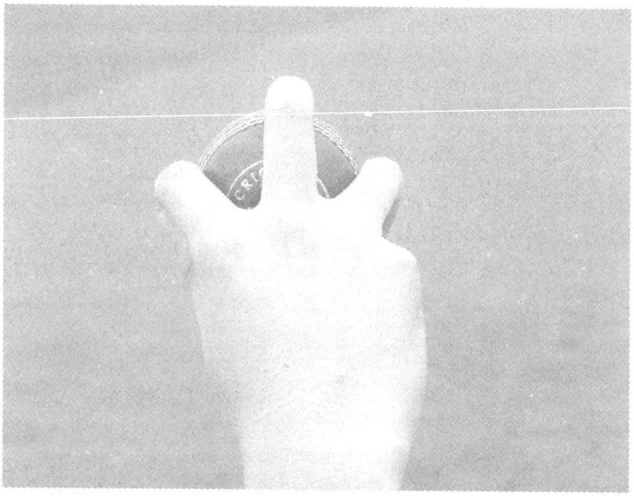

图 17-48 投旋转球手型

2. 一步投球

技术要领:执球手靠近身体,球靠近下颌,不执球手臂上举,同侧腿抬起。前腿落地,执球手臂直臂向后、向上再向前挥动,不执球手臂向前、向下压,身体保持正直。转肩,执球手臂迅速向前抛球。球出手后,手臂经过体前,向身体对侧

挥动。眼睛注视目标,身体跟着向前顺势移动。(图 17-49)

图 17-49 一步投球技术分解示意图

3. 三步投球

步法:不执球手臂同侧腿先迈出一大步,另一条腿向前上方抬起,脚横向落地,第三步落地时的脚尖朝向投球方向。(图 17-50)

图 17-50　三步投球步法示意图

第十八章 健身瑜伽

“瑜伽”一词已家喻户晓，成为“养生”与“健身”的同义词。从欧美到东南亚，年轻一辈都把它奉为都市生活的最佳减压之道。瑜伽是世界上公认最古老、最实效的亚洲式健身美体修炼术。练习瑜伽，不仅可以消除紧张、缓解压力，使人的精神与身体进入纯净的境界，更能有效地完美体态，焕发生命潜能。

第一节 概 述

一、瑜伽的起源

瑜伽起源于印度，流行于世界。它是东方最古老的强身术之一。它产生于公元前，是人类智慧的结晶。同时，它也是印度先贤在最深沉的观想和静定状态下，从直觉了悟生命的认知。

传说在古印度高达8000米的圣母山上，有人修成圣人，亦有人成为修行者，他们将修炼秘密传授给有意追求者，因而沿传至今。瑜伽修持者开始只有少数人，一般在寺院、乡间小舍、喜马拉雅山洞穴和茂密森林的中心地带修持，由瑜伽师讲授给那些愿意接受的门徒，后来逐步在印度普通人中间流传开来。

“瑜伽”一词源于梵文音译，有“结合、联系”之意。这也是瑜伽的宗旨和目的，是为达到冥想而集中意识之义。那么，究竟是什么同什么“结合”？瑜伽是指明人类本能从较低到较高的“结合”，用同样的方式也可从较高到较低的“结合”或同自我结合。这也意味着与最高的宇宙万物之灵相同化，使自己从痛苦和灾难中获得解脱。修炼瑜伽能把散乱的精神集中并使之平静下来。瑜伽修炼首先着眼于身体的强健，然后要求身心融合为一。在此基础上，引导修持者进入无上完美的境界。在瑜伽修炼过程中，修持者逐渐深化自己的内在精神，从外到内，从感觉到精神、理性，而后到意识，最后使自我同内在的精神融合为一，达到天人合一。

二、健身瑜伽的现状

而今的瑜伽，已经是印度人民几千年来从实践中总结出的人体科学的修炼法，再也不是只限于少数隐居人的秘密。目前，瑜伽作为一种健身方法已在全世界广泛传播，是一套从肉体到精神极其完备的锻炼方法。它超越了哲学和宗教的范畴，具有更广泛的含义，是一项集健身、美容和健心于一体的时尚运动。瑜伽有多个门派，当今世界最盛行的是以呼吸法与体位法为中心的体动健身瑜伽。健身瑜伽是由呼吸法、体位法、冥想法所构成的协调身心平衡的养身法则，通过深层的呼吸、筋骨的伸展及平静的心探索和观看自己的身体，以达到身心平衡协调的发展。下面简要介绍当前经常采用的瑜伽练习方法：

1. 呼吸法

呼吸法是指有意识地延长吸气、屏气、呼气的时间。吸气是接受宇宙能量的动作；屏气是使宇宙能量活化；呼气是去除一切思考和情感，同时排除体内废气、浊气，使身心得到安定。练习呼吸法的时候，要求心情平静，注意力相当集中，抛开所有的烦恼与疲劳，全身心投入呼吸中。

2. 体位法

体位法是姿势锻炼，它能净化身心、保护身心、治疗身心。体位法种类不可胜数，它们分别对肌肉、消化器官、腺体、神经系统和肉体的其他组织起良好的作用，不仅可以提高身体素质，还可以提高精神素质，使肉体、精神达到平衡。发明瑜伽体位法的灵感来自于大自然的动物及天象。古代印度的瑜伽修行者常常在大自然中作息、静坐、调息、冥想，借此学会控制身体的活动及情绪，进而使自我与大自然融为一体。在修行的过程中，他们观察各种动物在患病时医治自己的行为，从中领悟了大自然中动物的求生法则，更领悟了一套获得健康的人类健身方法。通过模仿动物活动、松弛、睡眠等本能的习性，以及动物生病时利用自然的方法治疗疾病的动作（如蛇式、兔式），修行者创造了瑜伽体位法。因此，瑜伽中有很多用动物名称命名的动作。例如，修行者发现猫科动物经常会有耸动肩膀或是将胸部平贴地面的姿势，仔细推敲后发现这样的动作可以让身体伸展开来，同时因为牵扯的关系，按摩了肺、胃等内脏器官，无形中达到了对腰部神经、骨骼、肌肉的刺激，可以说是连环效应。

三、练习健身瑜伽的益处

瑜伽练习对一个人的肌肉系统、精神系统、内分泌系统、消化系统都非常有益。瑜伽练习可以使肌肉放松下来，帮助舒展肌肉线条；可以帮助人的体形变得更为匀称、线条优美；同时还有安静神经的功效，不少人练后都会减少疲劳。重在练内的瑜伽还可以平衡身体中的各种腺体，使之从生理到心理都得到舒缓。瑜伽动作中大量的前弯、后仰、扭动、斜腹、挤压等动作，可以按摩人的内脏器官，对消化是非常有益的。有些瑜伽姿势还可以治疗胆结石、腰肌劳损等疾病。

虽然没有强拉韧带，瑜伽对身体的柔韧性却很有帮助。不同年龄、性别的人只要常做瑜伽伸展，将它当成一种生活方式，几个星期后就会发现身体的变化。修身之外，瑜伽还讲究修心，对平和心境、增强生活耐力颇有帮助。

第二节 瑜伽的体系分类

瑜伽产生过众多的流派，当今主要的流派有智瑜伽、业瑜伽、信仰瑜伽、哈达瑜伽、王瑜伽、昆达里尼瑜伽、阿斯汤嘎瑜伽、高温瑜伽等。按照瑜伽的真正意义是不可分的，因为不管是何种瑜伽，对于修习者来说都是通往精神世界的工具。不同的瑜伽体系，练习的方法也不同。但是，所有瑜伽体系的目的是相同的，就是追求心理的宁静和无边的喜悦，感悟生命和生活的方法。

1. 智瑜伽

智瑜伽是指通过学习关于世界本源的知识，包括瑜伽冥想，深入感知大自然的最本质奥秘。智瑜伽认为，知识有低等和高等之别，寻常人所说的“知识”仅仅局限于生命和物质的外在表现。然而，智瑜伽所寻求的知识则要求瑜伽练习者转眼内向，透过一切外在事物的本质，去体验和理解创造万物之神——梵。瑜伽师凭借瑜伽实践提升生命之气，打开头顶的梵穴轮，让梵进入身体获得无上智慧。

2. 业瑜伽

业瑜伽主张所有的事物都是因果循环的现象。“业”是“行为”的意思。业瑜伽认为，行为是生命的第一表现，比如衣食、起居、言谈、举止等等。业瑜伽倡导将精力集中于内心的世界，通过内性的精神活动，引导更加完善的行为。瑜伽师通常采取极度克制的苦行，历尽善行，崇神律己，执著苦行，净心寡欲。他们认为，人最好的朋友和最坏的敌人都是他本身，这全由他自己的行为决定。只有完全地奉献和皈依，才能使自己的精神、情操、行为达到与梵合一的最终境界。

3. 信仰瑜伽

人类在大自然面前奇小无比，个人更是沧海一粟，他们经常做太阳礼拜。一个人只要保持着虔敬的信仰，就能最终得到解脱和超越。信仰瑜伽认为，智、业、信仰是相互联系的，知识是生活的基础，行为是生活的表现。一个人如果没有知识，会陷入极大的盲目性，行为也失去了依托。但是，无论是知识还是行为，都应该受到信仰之心的指导，否则知识便成了粗朴无用的知识，行为便成了低劣愚昧的行为。信仰瑜伽师奉行“以仁爱之心爱人，以虔诚之心敬神”，出没于山林或身居闹市，终身目的是纯洁自己的灵魂，杜绝杂念，把精神寄寓于梵中。

4. 哈达瑜伽

哈达瑜伽主张人与自然的结合、阴阳结合，学会控制自我的思想、思维、意念。“哈”代表太阳，“达”代表月亮，“哈达”意思是平衡，即灵性与养生的平衡、解脱与现实的平衡。身体是灵魂的殿堂，没有愉悦的心情，就没有宁静的境界。哈达派瑜伽创造了大量的体式动作，凡是以姿势为主的瑜伽是哈达瑜伽。

5. 王瑜伽

王瑜伽又称“八支分法瑜伽”，它在众多的瑜伽派中历史最早，是所有的瑜伽中最高级、最机密的瑜伽。王瑜伽是通往精神世界的必由之路，通常使用莲花坐等一些体位法进行冥想，注重对内在精神活动、深层思想的控制。瑜伽冥想方法很多，体位姿势大都采用莲花坐，练习冥想时通过意念感受实体的运动，控制气脉在体内流通，产生不同的神通力。一点凝视法是瑜伽练习者喜爱的一种冥想练习，这通常是在环境幽静的地方，将注意力集中在某一固定的实体中，比如蜡烛或是流水等等，使自己的精神完全沉浸在无限深邃的寂静中。

6. 昆达里尼瑜伽

昆达里尼瑜伽又称“蛇王瑜伽”，它注重对气脉、穴位的探索与运用。昆达里尼瑜伽证明了人体周身存在72000条气脉、七大梵穴轮、一根主通道和一条尚未唤醒而处在休眠状态的圣蛇。通过打通气脉，可以唤醒那道灵蛇，由此进入神秘莫测的三摩地。由于这一流派的理念多有神秘性，入门深奥难行，经常有练习数十年之久的瑜伽者也没有获得任何神通力或是三摩地境界。昆达里尼瑜伽是瑜伽中较为难以练习的方法，非持之以恒难见成效，因此现在练习者较少。

7. 阿斯汤嘎瑜伽

阿斯汤嘎瑜伽是呼吸、姿势、意识的完美结合，是力量、稳定性、柔韧性的平衡统一。它锻炼了身体的力量、柔韧度和耐力，也被称为“力量瑜伽”。阿斯汤嘎瑜伽练习严格分为基础级、中级、高级三种级别，每种级别的动作编排是固定不变的，都以五遍太阳祈祷式开始，中间有大量的体位练习，最后以倒立和休息术作为结束。这样连续不断练习的目的在于消耗大量热量，以清洁身体，排除毒素。只有学习哈达瑜伽到比较高的程度，或是身体强壮、柔韧性好的人适合练习。

8. 高温瑜伽

高温瑜伽是在室内38—42度的条件下，在60分内进行的一套共有26种体式的练习方法。其原理是通过高温的环境，提高身体的温度，加速排汗，从而推进血液循环及排除体内毒素，增加肌肉弹性。

第三节　瑜伽练习的基本注意事项

瑜伽是一门内外兼修的锻炼方法，对练习时的心情、呼吸的方法与节奏都有要求。要想通过练习瑜伽达到极好的锻炼效果，应该注意以下几个事项：

1. 认清目标，持之以恒

练习瑜伽的效果不是短时间内就能获得的，只有持之以恒地练习，才能收到预期的成效。现代人生活紧张、杂事缠身，常为意外的牵绊而中断练习。然而，练习的时间其实不在长，而在专一。每日进行一次练习，即使时间较短，也比每周进行一次有效得多。

2. 不要勉强，不可急躁

练习瑜伽时，多数通过反关节姿势对腹部等身体部位起到按摩与刺激作用，所以做任何姿势都应该按部就班、顺其自然。特别是初学者，千万不要贪图快点进步，勉强达到某一种姿势，这样十分容易造成运动损伤。

3. 加强自信，不可灰心

练习瑜伽是为养生健体，只要自己感觉好，今天比昨天有进步，就是胜利。刚开始进行练习时，身体的柔软度绝对不如自己想象得好，应多给自己一些时间适应，不要轻易灰心；同时，可以借助椅子、墙壁等外物支撑，经过一段时间的练习，逐渐达到平衡后，再放弃辅助工具。

4. 感觉不舒服，立即停止练习并休息片刻

练习瑜伽时，一旦感觉不舒服，就应立即停止，并静躺几分钟。静躺时，全身尽量放松，双目闭合，双足分开与肩同宽，双手掌心向上，配合缓慢的深呼吸（运用"意识性呼吸法"，先将气体引至丹田，然后吐气，切记吐气应比吸气长），直到感觉恢复正常，才可以继续练习，或经专业老师指导后再练习。

5. 练习场地不宜太硬或太软

瑜伽涉及许多柔软动作，练习时难免有挤压肢体、肌肉的状况，所以应避免在坚硬的地板或太软的弹簧床上练习，否则容易造成擦伤或因失去重心而受伤。在家做瑜伽时，最好是在地毯上进行；若家中没有地毯，也可在地板上铺块毛毯或大毛巾进行练习。

6. 不宜穿着太紧身的服饰练习瑜伽

练习瑜伽并没有固定的服装要求，较为宽松舒适、适合运动的衣服，如休闲服、运动装或韵律服等皆可。此外，练习瑜伽时，不必穿鞋，且避免穿戴紧束的饰物，如腰带、皮带、手表、项链和耳环等。

第四节　健身瑜伽呼吸法

呼吸是人最重要的机能，人的身体状况在很大程度上依赖于呼吸的规律性，甚至呼吸方式可以高度地反映出一个人的情绪情感。当人们心烦意乱的时候，例如沮丧、悲痛或抑郁，呼吸就变得很慢和没有规律；而在狂怒、焦虑和紧张不安时，呼吸则变得迅速、表浅和混乱。连续不规律的呼吸，不仅损害神经系统，而且妨碍内分泌系统的固有功能，最终使体质变得虚弱。在日常生活中，由于人为的因素，我们的呼吸一般是任意和不规律的，大多数人呼吸浅短且缺乏规律，这样

会使身体神经系统逐渐受损害,内分泌系统不能正常发挥作用,身体丧失力量和活力,从而产生经常性的疲劳和沮丧的感觉。

瑜伽认为,人一生的呼吸量是有一定限度的,呼吸又快又匆忙,人一定会早逝;相反,呼吸缓慢,犹如在品尝空气的人,可获得长寿。例如,脾气暴躁的猴子,呼吸频率极快,寿命不长;而鹤与龟,则以缓慢、温和的长息呼吸法而长寿。自古有“千年鹤”“万年龟”的说法,足见缓慢呼吸是长寿的关键。深长呼吸对健康也同样十分重要,它可使人头脑灵活,体力充沛,感觉越活越年轻。普通人每分钟的呼吸为15—16次,坐禅中的呼吸达到5—6次,修持得法每分钟1—2次,甚至可以像龟蛇一样微呼微吸,不消耗能量。

调整呼吸,是我们生存的基本因素,也是健康的必要基础。呼吸通常有三种方式:胸呼吸、腹呼吸、有控制的呼吸。一般人都是胸式呼吸(即浅短的呼吸),这种呼吸仅是一种胸部运动。腹式呼吸是横膈膜向下降的运动,应成为我们生存的方式。以下介绍两种瑜伽的呼吸方法:

1. 横膈膜呼吸法

可取随意的姿势,仰卧、静坐、站立均可。卧或站,双脚适度分开,双眼轻闭,一手置于胸部,另一手置于腹部上方,以便感觉横膈膜以及腹肌的活动。

首先以鼻腔缓慢、细长地吸气和呼气,不可出声振动或停息,然后加大正常呼吸的过程。当呼气时,尽量把气吐尽,分多次吐,然后有意使腹肌向内瘪,并温和地收缩肺部,将气呼出。接着,再吸满气,使腹部恢复原状。吸气时,会发觉腹壁和肋骨下部向外推出,胸部只有些微移动。这种呼吸是借助横膈膜的收缩和下压形成吸气动作。

2. 循环呼吸法

将右手轻松放于大腿上,左手食指与中指置于印堂处,拇指放在左侧鼻孔,无名指与小指放在右侧鼻孔处。然后,用无名指与小指将右侧鼻孔压紧,让气体缓慢从左鼻孔吸入。止息时,拇指、无名指和小指压紧两侧鼻孔。吐气时,拇指持续压紧,放开无名指和小指,使气体由右侧鼻孔缓慢吐出。

第五节　健身瑜伽体位法

一、健身瑜伽体位法

瑜伽体位法的梵文为“Asana”,其意为在某一个舒适的动作或姿势上维持一段时间。利用一些扭转、弯屈、伸展的静态动作,以及动作间的止息时间,刺激腺体,按摩内脏,有松弛神经、伸展肌肉、强化身体、镇静心灵的功效。

二、瑜伽体位法的命名

瑜伽体位法命名的形式有以下四种：

(1) 依动物的姿势模仿得来的体位法，如蛇式。

(2) 依该动作的功效命名的体位法，如增延脊柱伸展式。

(3) 依姿势架构特性命名的体位法，如双腿脊部伸展式。

(4) 依该动作的发明者命名的体位法。

三、瑜伽体位法的健身功能

1. 瑜伽体位法对生理健康的影响

瑜伽体位法通过对腺体的影响，使练习者达到身体健康协调的发展。人的身体可以说完全受各种腺体的荷尔蒙分泌所控制，每一个器官、细胞都直接受这些荷尔蒙的影响。所以，荷尔蒙分泌正常，人体才能正常成长；若有任何一种腺体分泌不平衡，就会引起身、心两方面不同程度的疾病。瑜伽动作能使各个腺体的分泌作用趋于平衡。瑜伽动作的扭转或弯曲姿势通常需维持相当一段时间，在这段时间中所给腺体的压力正可以强化这些腺体，使其分泌正常，从而帮助祛除疾病，使身体正常发展。瑜伽体位法还可以柔软筋骨，促进血液循环。

2. 瑜伽体位法对心理健康的影响

当身心完全放松，专注于伸展肢体时，体内会产生一种让人心情愉快的物质——内啡呔。它可以安定心绪，使心神达到镇静与平和，逐步释放负面情绪，达到“身松心静”与“身心合一”的境界。

四、身体不同部位的塑身瑜伽体位法

(一) 纤细手臂的塑身瑜伽体位法

1. 单手勾式(图 18-1、图 18-2)

练习步骤：

(1) 慢慢将左手放在背部，左肘弯屈，左手背沿着背部向颈部上伸，将手背紧紧贴着脊柱，左手指朝上。做这个动作时，左手要用力。

(2) 自右肘部弯屈右臂，向上抬起右肘，右手掌放在右肩上。然后，努力用左手指触到右手指，把两手伸到最大限度，并且停留在这个位置上。两手指要略微弯屈相扣，手指勾紧牵拉在一起。

(3) 两手扣合之后，努力使右肘向上抬起，脊柱要保持正直、稳固，目视前方，正常呼吸。保持这一双手扣合的姿势 10 秒。双手不能扣合者，应尽量把手伸到最大限度，并保持这一姿势 5 秒。这是双腿跪坐、两手扣合的姿势。

图 18-1

图 18-2

（4）保持上述姿势10秒后，放松紧扣的手指，慢慢松开双手扣合的状态。然后，逐渐把两手放在大腿上，做两次正常的呼吸。休息之后，再按照上述方法，双手交替练习几遍（右手改放在背后，再抬起左手臂肘）。

2. 美臂式

练习步骤：

（1）跪坐，腰背挺直，做深呼吸。

（2）吸气，双手合十往头上方伸直，同时慢慢将气体呼出，双手互握。

（3）再次吸气，上体慢慢后仰，吐气，停留数秒钟。

（4）缓慢还原成原姿势，调整好呼吸。

注意事项：

美臂式的重点是：在练习时，可将意念力集中在双手臂上；在尽力伸直手臂时，可将注意力集中到后背。

图 18-3

（二）健美胸部的塑身瑜伽体位法

1. 吉祥骆驼式（图18-3）

美胸的重点是以扩胸姿势伸展背肌，扩展胸部，锻炼大胸肌。

练习步骤：

（1）双腿跪在地上，两大腿与双脚略分开，脚趾朝向后方。

（2）吸气，按左右手先后抓住脚跟，伸出下巴，尽量挺胸。呼气的同时，上体重心移至两臂，头部尽量后屈，颈部拉伸，双眼仰视后方，胸部高高挺起,当后仰到最大限度时,把气全部呼出,要感受到颈部、胸部和腹部慢慢地在伸展,腰部最大限度地在后弯。

(3)保持30秒后,头慢慢还原,调息5秒左右。以上动作重复3次。

2. 猫式(图18-4、图18-5)

练习步骤:

(1)跪撑于地面,慢慢吸气,同时慢慢拱背,腹部向内缩起,下巴尽量靠近胸部。

(2)维持上述动作,闭气8—16秒后放松。

(3)慢慢将气呼出,同时将头慢慢抬起到后仰,腰背慢慢下沉,尽量将全部气体呼出来。

图　18-4

图　18-5

3. 鱼式

练习步骤:

(1)身体坐正,双脚并拢,上身慢慢平躺下来,调整好呼吸。

(2)吸气,用双手的肘部顶住地板,上体离开地面,头尽量后仰,呼出气体,保持姿势做3—5次全腹式呼吸。

(3)将上体缓慢还原成平躺姿势,然后调整好气息。

(4)重复以上动作数次。

注意事项:当完成此式时,意念力可完全集中在颈部,感受颈部由下巴开始直到胸前肌肉有被拉紧的现象,或将意识集中于头顶处,感受头顶有被压迫按摩的感觉。练习过程中,同时要注意保持顺畅的呼吸。

(三)纤细腰部的塑身瑜伽体位法

1. 扭转式(图18-6)

练习步骤:

(1)身体正坐,背部挺直,两脚向前伸直,弯屈右膝,将右脚跟放在左大腿跟部。

(2)左脚交叉跨过右腿成"山"型,置于右大腿侧方,脚掌着地。

(3)右臂越过左脚膝盖外侧,并用右手握住左脚大拇指,同时左手绕过背尽量往远伸。

（4）头部尽量往左转，向左后方看，调整呼吸，保持姿势 30 秒。

（5）将头慢慢回转，身体放松，四肢恢复到起始动作。

（6）左右换边，步骤同前，重复数次。

2. 三角伸展式（图 18-7）

练习步骤：

（1）身体站立，两脚分开，略比肩宽，脚尖应略朝外。

（2）两臂侧平举，与地面平行，调整好呼吸。

（3）慢慢呼气，同时慢慢向右侧弯腰，在弯腰过程中保持两臂与躯干成 90°，两臂形成一条直线。

（4）尽量向右侧弯屈，然后保持姿势 15 秒以上，自然地呼吸。

（5）吸气，慢慢回到正中。

（6）在左边重复同样姿势。

图 18-6

图 18-7

（四）平坦腹部的塑身瑜伽体位法

船式（图 18-8）

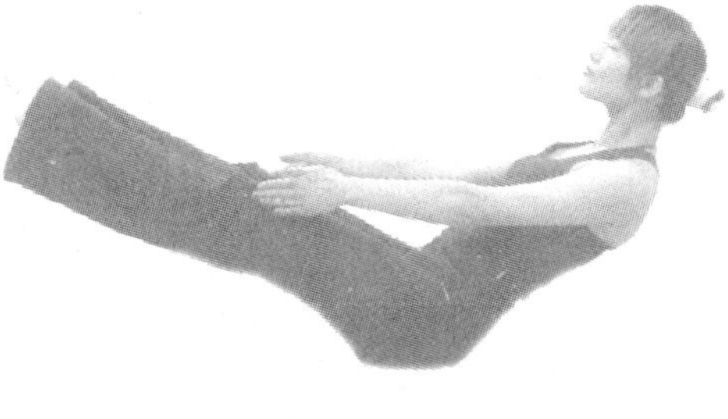

图 18-8

练习步骤：

（1）身体仰卧平躺，两腿伸直，两臂平放体侧，掌心向下。

（2）吸气时，上体与下肢同时上抬 45°，头部、颈部、上身躯干要在一条直线上，双臂前平举。屏住呼吸，尽量长久地保持这个姿势。

(3) 一边逐渐把双腿和躯干放回地面，一边慢慢呼气，调整呼吸，放松全身。然后，重复做这个练习数次。

(五) 美化臀部的塑身瑜伽体位法

1. 反弓式(弓式)(图 18-9)

练习步骤：

(1) 身体俯卧，腹部贴地平躺，双臂在身体两侧伸直，一侧面颊贴地，两腿和脚踝并拢。

(2) 慢慢吸气，同时将两腿弯屈，脚跟接近臀部，左右两手分别向后抓住同侧脚踝或脚趾。

(3) 双手尽量拉动双腿，使之靠近头部，同时胸部、颈部和头部向上抬起，目视天空，膝盖可以分开，屏住呼吸，保持姿势 10 秒。

(4) 呼气，同时头和胸部向地面放下。

(5) 头部接触地面，用一侧面颊贴地，放开脚踝，使其慢慢地还原到地面，调整呼吸，全身放松。

图　18-9

2. 桥式(图 18-10)

练习步骤：

(1) 身体仰卧，双手放在体侧，做深呼吸。

(2) 吸气，双膝弯屈，双手靠近脚跟，吐气。

(3) 吸气，将臀部慢慢向上推高，推到极限，吐气，同时将臀部肌肉缩紧，停留数秒，调整呼吸，缓慢还原。

图　18-10

注意事项：当姿势完成时，要将意念力完全集中在臀部肌肉处，体会臀肌因受力而产生的酸痛感。

(六) 修长双腿的塑身瑜伽体位法

1. 半月式

练习步骤：

(1) 身体保持正直站立，目视前方，双手侧平举。

(2) 慢慢呼气,将重心移到右脚,上体缓缓向右侧弯曲,与右腿成 90°,同时慢慢抬起左脚,使左腿尽量和地面平行,手指着地,注意保持平衡。

(3) 头尽量往左手方向看,屏住呼吸,保持 6—8 秒。

(4) 慢慢恢复站立姿势,调整好呼吸。

(5) 反方向重复上述动作。

2. 平衡式

练习步骤:

(1) 右腿保持站立,左腿自膝盖处弯屈,后抬左脚跟贴靠到臀部。

(2) 左手抓住左脚脚趾,右手侧平举至缓慢向上举,上举时掌心朝向前方,身体保持正直。

(3) 保持平衡姿势 10 秒,按照下列步骤恢复到预备姿势:将抬起的手臂慢慢放下,手掌始终保持绷紧;然后放下左腿,着地。

(4) 调整呼吸,反方向换腿练习,重复数次。

(七) 其他的塑身瑜伽体位

1. 顶峰式(三角山式)

练习步骤:

(1) 双膝跪地,脚尖点地,同时用两手撑地。

(2) 吸气时,逐渐伸直双腿,升高臀部,保持脚跟着地,双臂、背部、颈部要在一条直线上,与双腿形成一个三角形姿势。

(3) 自然呼吸,保持姿势 30 秒,呼气时,尽量让双肩靠近地面,使背部得到充分的拉伸。

(4) 收回双腿,恢复到站立姿势,调整好呼吸。

2. 蛇式

练习步骤:

(1) 身体俯卧,双肘弯曲靠近身体,手掌撑地与肩齐,双脚脚跟并拢,脚趾平贴地面绷紧,调整呼吸。

(2) 慢慢吸气,头部轻轻向后上方仰起,同时胸部向上抬起,抬到最高位置,腹部保持贴地,两腿也保持贴地。

(3) 仰望天空并保持姿势,屏住气息 6—8 秒。

(4) 慢慢呼气,恢复到原来姿势,平静心情和呼吸。

第六节　练习瑜伽损伤的预防与处理

1. 练习健身瑜伽体位法造成损伤的原因

练习健身瑜伽体位法能刺激穴位、内脏和拉伸肌肉、韧带,有强身健体的功效，但是若练习方法不当，也容易造成一定的运动损伤。引起损伤的原因有以下几个方面：第一，练习者心理压力太大。练习瑜伽要求心平气和，动作缓慢，注意力集中，如果压力过大，易导致情绪波动，注意力无法集中。第二，练习负荷过大。瑜伽的练习需要循序渐进，不可急于求成。要选择自己适合的练习负荷，才能达到事半功倍的效果。第三，没有做好准备活动。练习瑜伽时，要充分做好热身运动，要有步骤地慢慢加大练习的动作幅度，只有当身体处在唤醒状态下练习瑜伽，才不易受伤。

2. 损伤后处理的具体步骤

如果练习瑜伽时受到损伤，可按照以下步骤处理：

(1) 马上停止练习，避免在受伤部位继续施加压力。

(2) 及时在受伤部位进行冷敷处理，减慢血液循环速度，减轻疼痛。

(3) 在损伤的24小时后，可以采用按摩和穴位刺激进行治疗，以便加快受伤部位恢复运动能力的速度。如果条件允许，也可以用针灸进行治疗。

3. 损伤后重回瑜伽练习的注意事项

练习瑜伽受到损伤后，练习者心理上很容易产生畏惧感，所以很容易放弃练习。其实，正确的对待方法是尽可能早地返回练习。这既可以保证练习效果得以保持，又可以使受伤部位得到积极恢复。在恢复练习时，要注意以下事项：选择不致患处疼痛的练习姿势，待损伤痊愈后再做一些伸展动作并强化练习；避免练习动作太多、太快，否则很容易造成再次损伤。所以，要缓慢地重建损伤部位的力量及肌肉弹性，在此基础上逐步增加技巧及静坐练习。特别要注意的一点是，在短期内要避免同一损伤部位重复受伤，否则对恢复相当不利。

第七节　健身瑜伽的食物观

饮食在瑜伽体系中占有十分重要的地位，它会影响练习的效果。练习者如果将正确的饮食方式与持之以恒的练习相结合，练习效果会很快地显现出来。为何饮食对练习瑜伽有如此大的影响？因为食品的种类和质量直接影响人的肌体和精神状况。下面我们了解一下健身瑜伽的食物观，从而更好地练习瑜伽。从瑜伽的角度，可把食物分为惰性食物、变性食物、悦性食物三类。

1. 惰性食物

惰性食物是指容易引起疾病和心灵迟钝的食物。此类食物对身体无益，而且容易使人产生惰性。据说在印度王室的饭桌上，通常要摆放五六十种经过煎炸、烘烤的菜肴，有些使用了咖喱粉做调料，味道很浓郁。这类食物对瑜伽练习者是极不合适的。因为这种食物易使身体发胖，增加额外的体重，进食后的较长一段时间内，身体会有积滞感，而且长期食用还会使性情易于激动暴躁。惰性食物包括肉类、蛋类,以及具有刺激性气味的蔬菜如洋葱、芥末、葱蒜等,还有一些腌制食物和麻醉型饮料、烟草等不健康食品。

2. 变性食物

变性食物是指能够给身体提供能量、有益身体健康但不利于心灵的食物,经常食用会引起心情浮躁不安。例如浓茶、可可、汽水、巧克力、强烈调味品、辣椒等,凡喜爱这类食物的人,大部分脾气暴躁,容易激动。所以,这类食物同样不适合瑜伽练习者。

3. 悦性食物

悦性食物色香味美,营养丰富,烹饪方法简单,很少选用香料和调料。食用这些食物,既可以使身体变得健康、轻松、精力充沛,又可以使心灵宁静而愉快,有益身心。这类食物包括一切水果、大部分的蔬菜、一切的豆制品、牛奶和乳类制品、坚果、温和香料以及适度的绿茶和全部的谷类制品等。

了解瑜伽练习者的食物观后,我们可以对食物的属性有一个全面的分类。除了在种类上区分外,我们还应该依据烹饪的方法分析食物属性。例如,属于悦性食物的蔬菜由于烹饪方式选择不当,也可能变成惰性食物,如薯片等。所以,我们在选择健康食品的同时,也要选择健康的烹饪方式。总之,要按照瑜伽饮食观安排自己的生活,瑜伽练习者要多吃悦性食物,少吃变性食物,完全不吃惰性食物,这样才能使自己身体健康,心灵平静。

第十九章　体育游戏

第一节　体育游戏的产生与发展

要对体育游戏有一个较为全面和深刻的了解，首先应对游戏有所认识。尽管游戏在广大群众中的开展极为广泛，但是人们对它的认识却是不完全一致的。

司马迁在《史记·庄子传》中把游戏解释为“游乐、嬉戏”，并说：“我宁游戏污渎之中自快，无为有国者所羁，终身不仕。”

《辞海》上说，游戏是体育的重要手段之一，是文化娱乐的一种。它有智力游戏，如下棋、积木、填字、猜谜语；有活动性游戏，如捉迷藏、老鹰抓小鸡、搬运接力；有竞技性游戏，如足球、乒乓球。游戏一般都有规则，对发展智力和体力有一定作用。

《体育词典》则这样解释：游戏是体育手段的一种，亦为文化娱乐之一，以一定形式反映人类社会劳动、军事、文化、生活等方面的活动。

在国外，对游戏还有一些解释。例如，英语中的“game”一词就译为“游戏”，同时又译为“运动”“玩耍”“娱乐”“玩笑”“比赛”“技巧”“赌博”“花招”等。“paly”一词也译为“游戏”，同时还译为“比赛”“剧本”“戏剧”“运动”“活动”“竞技”“扮演”等。

从古今中外人们对游戏的理解和解释中可以看到，游戏有着非常丰富和复杂的内涵和外延。因此，确定游戏的概念是相当困难的。但是，随着社会的发展，随着人们对游戏研究的不断深入，人们对游戏的认识也逐渐统一，现在较为普遍的解释为：游戏是指各种有规则的、具有体力开发和智力开发价值的自身娱乐或集体娱乐活动的总称。

进入20世纪80年代以后，随着经济和体育的发展，游戏已得到广泛的传播。特别是在中小学、幼儿园中，游戏已被列入基础教材，成为对学生进行体育教育的重要内容。

现在不少公园、少年宫、俱乐部、儿童活动中心等文化娱乐场所，都有较好的设备。近年还出现了各种电子游戏，如电动玩具、飞船、火车、模拟器等。这表明了现代信息社会科学技术的新发展。所以，在一定程度上，游戏也是社会进步和人类生活方式的反映。今后，随着社会的不断发展，将会创造出更多、更好、更新颖的游戏。

第二节　体育游戏的主要特点

体育游戏既是游戏的组成部分，又属于体育活动，同时还具有相对的独立性。所以，它除具有游戏和体育的一般特点外，还有自身固有的特点，主要体现在以下几个方面：

1. 体育游戏具有明确的目的性

体育游戏能加快参与者体内的新陈代谢，促进骨骼和肌肉的生长，调节大脑神经系统，从而增进体质，提高活动能力，促进身心的健康发展，使人们有充沛的体力和精力投入到学习和工作之中，提高工作效率，延年益寿。在创编游戏的时候，创编人员首先要考虑的就是游戏活动对增进健康的效果，使体育活动的方式、活动的距离和路线、动作重复的次数等具有更加科学的规定。

2. 体育游戏具有很强的娱乐性

体育游戏与生产劳动的根本区别就在于它的娱乐性。生产劳动的目的在于创造生活价值，参加者的动机和意识在于对社会的责任，他们的行为在某种程度上具有一定的强制性。体育游戏不同于竞技体育，它在充分发展人的潜力、完善个体、实现自我等方面有着重要作用。它并无直接指向外在的功利目的，仅仅是为了消遣和娱乐。竞技体育的运动员和教练员则不是为了消遣和娱乐，他们的行为给他们带来的是高度的紧张和心理上的压力。特别是职业化的竞技体育，已被人们公认为一种劳动（工作）。

3. 体育游戏具有很大的变通性

体育游戏中的动作、路线、规则可以根据参赛者的具体情况作一些相应的变化，场地、器材也可以根据实际情况选用。例如，在选择动作时，可以是正常的走、跑、跳、投，也可以是变异的走、跑、跳、投；可以徒手进行，也可以利用各种器械；可以提出严格的动作规范要求，也可以淡化动作规范要求。这与竞技体育完全不同，体现了较大的变通性。

4. 体育游戏能较好地体现公平性原则

体育游戏可以使不同的人群都能公平地参加活动。这是由体育游戏的根本属性决定的。体育游戏的活动轻松活泼，形式多样可变，对规则、场地、器材的要求又有很大的伸缩性。所以，社会上不同性别、不同年龄、不同文化程度、不同身体条件、不同职业的人群，都可以在体育游戏中获得收益、找到乐趣。

体育游戏使大多数人都能参加，这本身就体现了人们参与的公平性，使人们在不知不觉中受到教育，在增强体质的同时重新发现自我。

5. 体育游戏具有一定的竞争性

体育游戏和其他游戏一样，也具有一定的竞争性。但是，体育游戏的竞争与一般竞技体育的竞争又有所区别。竞技体育的竞争规则严格，只有那些身体好、技战术水平高超的人才有机会获胜。体育游戏由于活动方式有较大的变通性，尽管游戏也是以分出胜负而告终，但是它的获胜因素是多种多样的，可以因体力强而获胜，也可以因技巧高而领先，还可以因计谋深而夺冠，甚至也不排除有因运气好而登上领奖台的。因此，它可能出现多种多样的结果，让人无法预知。体育游戏的这种竞争性，可以使弱者有成功获胜的希望，能给强者提出更新的挑战，只要全力以赴，游戏参加者都有夺魁的可能。同时，在游戏中可以更好地挖掘人的潜力，做到各显神通。也正是由于体育游戏有了这样的竞争性，它对广大青少年才有了更大的吸引力。

6. 体育游戏具有巨大的趣味性

体育游戏由于具有较大的变通性，使创编人员能较好地考虑到游戏的灵活性，从而赋予游戏引人入胜、精彩纷呈的色彩。体育游戏的随机性和获胜的偶然性，使参加者产生了浓厚的兴趣和出乎意料的愉快感，满足了其情绪、情感上的需求，使其产生了愉快的情绪体验。

体育游戏能使参加者轻松、自如、平等地参与活动，免去了心理压力，可以把注意力集中到动作过程的乐趣上，获得充分发展自我的机会，拥有一种轻松愉快的心境。所以，趣味性是体育游戏的又一个显著特点。也正是由于有了这一特点，体育游戏才能吸引成千上万的各种人群踊跃参与其中。

7. 体育游戏对设备条件要求的廉价性

体育游戏对场地、器材的要求极低，可以根据实际情况因地制宜。几乎所有的地方都可以成为游戏的场地，所有的生活用品、小生产工具都可以成为游戏的道具。

当然，拥有良好的场地和先进的器材，有助于游戏更好地开展。但是，事实上，就是经济发达的国家和地区也不一定能完全做到这一点。所以，我们认为，体育游戏对场地、器材条件要求的廉价性是它备受人们青睐的重要原因之一。

体育游戏的这些主要特点，使它具有极大的发展活力。体育游戏将会愈来愈受到人们的喜爱，它在人们的社会生活中将会发挥其独特的功效。

第三节　体育游戏的主要功能

随着社会生产力和社会文化的发展，体育游戏的特殊功能正逐渐为人们所认识，并在社会活动中为人们所接受。

1. 体育游戏具有教育和改善人际关系的功能

“学而时习之”是孔子的名言。这里的“学”和“习”都与游戏有关。人类在文字产生之前主要通过游戏向儿童传授生存和生产的技能，即使在文字出现后，游戏也仍作为学习技能的有效教育手段。

体育游戏是在一定规则的约束下进行的。规则不仅保证了游戏井然有序地进行,而且也调节和约束着参与者的行为和相互关系,从而使游戏在公平、合理、安全的情况下进行。因此,体育游戏是对培养青少年遵守社会生活准则的一个教育过程。另外,体育游戏是在一个社会公共场所进行的,在活动过程中,个人之间、个人与集体之间的相互交流较为频繁,在频繁的交流活动中加深了彼此间的了解和沟通。体育游戏提倡团结合作,讲求发挥集体的力量,不计较个人的一时功过,为青少年进行自我教育和接受教育、改善人际关系、提高社会适应能力提供了契机。例如,有两位女同学为一点小事发生了口角,从此两人见面互不打招呼。在一次团组织活动中,有一项游戏叫“背人往返接力”。组织者有意识地将她俩分配为一组。开始时,两人有点尴尬地互相说:“我先背你吧!”“不,我先背你!”随着游戏的进行,两人的交流渐渐增多,感情逐渐改善。游戏结束后,两人成了好朋友。

体育游戏就是这样,让参与者在欢乐中受到教育,改善相互之间的关系。

2. 体育游戏具有健身的功能

体育游戏是一种以身体活动为基本手段的游戏。经常参加体育游戏活动,对改善人体状况、发展身体素质、提高各种基本活动能力和对自然环境的适应能力都有较大益处。

少年儿童处于长身体的关键时期,体育游戏中有大量适合他们的内容和形式,对帮助他们掌握正确的走、跑、跳、投等基本技能非常有益,对他们今后的发展和身心健康有着特殊的价值。

中年人经常参加体育游戏,可以改善体内新陈代谢的平衡,对防止各种疾病的发生有着十分重要的意义。中年人往往工作特别紧张,家务负担沉重,如果经常参加体育游戏,既可以互乐,又可以自乐,在游戏中使自己的情绪有所放松,在欢乐中排除烦恼。所以,参加体育游戏是中年人进行身体锻炼的最佳选择。

对于退休后的老人来说,保持头脑的清醒、手脚的灵便十分重要,让他们适当参加一些活泼、运动量较小的体育游戏具有延年益寿的良好效果。

3. 体育游戏具有改善人们心理素质的功能

现代人类社会发展的一个显著特点就是,生活节奏逐渐加快,竞争越来越激烈。在这种环境中,人们难免会心理失衡,导致承受压力甚至打击的水平下降。这种心理状态的不稳定和心理素质水平的低下,都可能对学习、工作、生活造成潜在的威胁。体育游戏对于改善心理状况、提高心理素质水平有着良好的作用。

体育游戏轻松愉快的气氛、激昂的情趣,使参加者欢乐自由、激情荡漾,对由于各种原因产生的暂时心理失衡、情绪的沮丧产生缓冲和宣泄的作用,对情感起到积极的调节作用。许多青少年往往期望值过高,一旦遇到不顺利或不能随自己心愿的事，就会陷入困惑而失去信心。体育游戏以其丰富的活动形式，使参加者在各种成功的鼓舞和失败的磨炼之中，能正确地对待成功与失败，重新认识自我，充分发挥自己的潜力，提高自信心和承受挫折的能力。

体育游戏不是单纯的活动性游戏，它经常是以体力活动结合智力活动，全面发展人们身心的教育手段。体育游戏的规则不像竞技体育那样严谨，单靠体力并不足以取胜，往往还要靠灵活的、有创造性的思维活动辅佐，这就有利于培养参与者的形象思维能力。

青少年的注意力容易分散，一些集中注意力的游戏对提高他们的心理素质水平可起到事半功倍的效果。

4. 体育游戏具有娱乐的功能

体育游戏简单易行，趣味无穷，能使参与者感到轻松快乐，它的娱乐功能越来越受到人们的重视。

随着人类社会的发展、生产力的提高，特别是电子时代的到来，人们的业余闲暇时间逐渐增多，因而对文化娱乐的需求也越来越大。如何安排这些闲暇时间，成了一个社会问题。通过参与体育游戏活动，可以使人们产生自信、自尊，满足人们交往、合作的需要，使过剩的精力得到宣泄，使高强度工作带来的紧张和压抑得到消除。

体育游戏有着各种不同的形式和特点，使参与者在活动中有不同的情绪体验，使心理情绪得到调节，使生活质量得到提高。所以，体育游戏是一种积极健康的娱乐方式。作为人类的一种具有特殊意义的活动，随着时代的发展、人们需求结构的不断改善和提高，体育游戏的功能还将会有更进一步的发展，为人们所认识、挖掘。

第四节　体育游戏的分类

分类是按一定原则进行的，人们往往根据需要选用不同的原则进行分类。体育游戏也可以根据不同的原则分成若干个小类。由于体育游戏的方法多种多样，分类的原则各异，所以结果也不一样。概括起来，体育游戏主要有以下几种分类方法：

1. 按人体基本活动能力分类

人体基本活动能力主要是指走、跑、跳、投、攀登、悬垂、负重等。体育游戏按这些基本活动能力分类，可以使人一目了然地了解活动过程中动作的基本特征，可以很容易地满足以发展某种基本活动能力而选择某些游戏的要求。但是，这样的分类也存在一定的不足。那就是，它难以体现体育游戏活动中可能产生的效果和适用的场所及人群。

2. 按身体素质的作用分类

身体素质是人体在活动过程中所表现的各种机能能力。体育游戏按照身体素质分类,其着眼点是在活动过程中对提高某项身体素质可能产生的作用。

按发展身体素质的作用进行分类,体育游戏可以分为速度类、速度耐力类、灵敏类、力量类、弹跳类、柔韧类等。这样的分类把体育游戏直接与提高某种素质挂钩,可以使参与者在选择游戏时目的性更明确。但是,这样的分类有时可能会导致参与者忽视游戏的智力性内涵。

3. 按运动项目分类

各个运动项目都是从游戏中发展而来的,体育游戏的活动方式、使用场地等都或多或少与其相对应的运动项目有关。根据运动项目分类,可以使体育游戏活动的方式、场地和器材的使用较为明确。

按运动项目进行分类,体育游戏主要分为篮球类、排球类、足球类、田径类、体操类、武术类等。这种分类明确揭示了游戏活动的特征,比较容易使体育游戏成为某个项目的辅助手段。但是,有些体育游戏由于形式的多变性、动作的多样性,有时难以确定它完全属于哪一个运动项目,因而造成难以归类。为了解决这一问题,在不少的游戏分类中,只好另设一类"综合性"游戏。

4. 按活动场地分类

体育游戏按活动场地进行分类,着重反映了在不同场地内适合开展哪些体育游戏。

按活动场地分类,体育游戏主要分为篮球场类、足球场类、田径场类、沙滩类、室内类等。此外,水上类、冰上类、空中类也可算是按活动场地分类。

5. 按活动形式分类

活动形式是指体育游戏的外在表现,它一般都有较强的特异性。

按活动形式分类,体育游戏主要可分为角力类、追拍类、接力类、综合类等。这样的分类可以清楚地展示某种体育游戏活动中所采用的形式。

综上所述,体育游戏有着多种多样的分类方法。除上述几种外,还有按年龄、负荷等分类的。现在多数采用基本活动能力和体育项目相结合的方法分类。本章就是按照这样的方法进行分类的。

第五节　体育游戏的分组方法、场地和器材的准备以及裁判工作

1. 体育游戏的分组方法

在体育游戏中,合理地分组能使游戏的竞争性得到最大发挥,提高参与者的兴奋性和积极性。如果分组不合理,就会降低他们的积极性,影响游戏的效果。

分组时，首先要根据参加者人数的多少确定组数。每组的人数过多或过少都不利于游戏的开展。分组时，还要考虑他们的身高、体重、技术水平等影响胜负的因素。一般而言，分组的方法有以下几种：

（1）按原有班级、宿舍分组

这种分组方法有利于激发集体荣誉感，往往可使游戏气氛活跃热烈；不利的是很难使各组实力相等，一旦落后就很容易泄气。

（2）用报数的方法分组

这种分组方法简单快捷，但是有时实力很难相等，同时也缺乏向心力。

（3）队长“点将”分组法

这种分组方法能使各组间实力尽可能接近，但是最后被挑选的人往往自尊心受损，影响其积极性。另外，这种分组方法由于挑选人需进行比较，所以所用的时间也较长。

（4）由组织者指定分组

这种分组方法可减少分组时间和埋怨情绪，不利的是参加者缺少自主性，向心力也差。

不论采用哪种分组方法，其目的都是使各组之间的实力尽可能相等，提高游戏的竞争性。

2. 场地和器材的准备

从理论上讲，体育游戏对场地的要求不高，而这并不意味着准备场地工作就不重要。认真做好场地和器材的准备工作是提高游戏质量、达到理想效果的重要条件之一。游戏时，参与者的兴奋性较高，动作速度快，如果场地周围或场内存放着一些物体，都可能成为伤害事故的诱发原因。所以，一定要做好场地和器材的清理准备工作，使场地与建筑物有一定的距离。场内需画的界线要鲜明，以便于学生辨认；所需用的器材和标志物也要提前准备妥当。为了培养学生的劳动观点和组织工作能力，场地和器材的准备工作也可以在教师的指导下，由学生完成。

3. 体育游戏中的裁判工作

体育游戏中，裁判员要严肃、公正、准确、客观地评价游戏的结果，正确地监督遵守规则的情况，这样才能保证游戏的顺利进行，否则就会影响参与者的情绪，甚至导致游戏不能进行下去。

体育游戏中的裁判员通常由组织者担任。如果参加游戏的人很多，活动形式又比较复杂，也可以另请2—3人担任裁判工作。另外，所选的裁判员可以是不能参加游戏的多余人员，也可以由双方各指派一名队员担任。无论由哪类人员担任裁判员，组织者都要事先对他们讲解清楚每个人的职责范围，要求他们公正执法，认真工作，按照规定准确地进行裁决，不应受外界干扰而影响裁判工作。

同时,既要对裁判提出明确要求,也要明确要求各个参加游戏的人员绝对服从裁判员的裁决,支持裁判员的工作。

在组织大型游戏活动时,也可以成立裁判组,组长一般由组织者担任。当发生争议或难以裁决的时候,裁判长要及时给予仲裁。

第六节 各类体育游戏简介

1. 传球接力

游戏目的:

提高学生的控球和传球能力,增强学生的灵敏性和协调性。

游戏准备:

足球场一块,足球、标枪若干,秒表和皮尺各一个。

游戏方法:

将参加者平均分成若干组,每组一球,然后每组再分成两排,每排学生按规定距离相向而立,如图 19-1 所示:

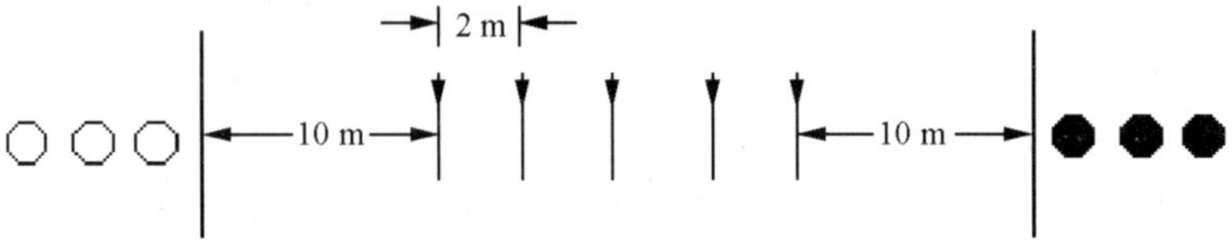

图 19-1

游戏开始后,由左方排头队员先带球前进,然后带球绕杆,过完规定杆后马上将球传给右方排头队员,然后沿侧自动排在右方排尾。接球后的右方排头队员依上述方法继续比赛,依此循环,直至所有队员经最少轮次返回赛前原位。当球依旧控制在第一位队员脚下时,比赛结束。哪组所用时间最少,哪组获胜。

游戏规则:

(1) 必须以"S"形绕杆。

(2) 漏绕要重绕,杆倒需扶起后再继续。

(3) 带球过杆时必须一脚传球给接球队员,且得球前接球队员不得超越限制线。

教法提示:

对运球技术好的学生可增加杆数,缩短杆与杆之间的距离,以提高难度。

2. 抢球和护球

游戏目的:

培养学生机智、灵活的能力,提高学生对球的控制能力。

游戏准备：

半个或整个篮球场大小的场地，每组一个篮球或足球。

游戏方法：

三人一组，手拉手成圆圈，如图 19-2 所示：

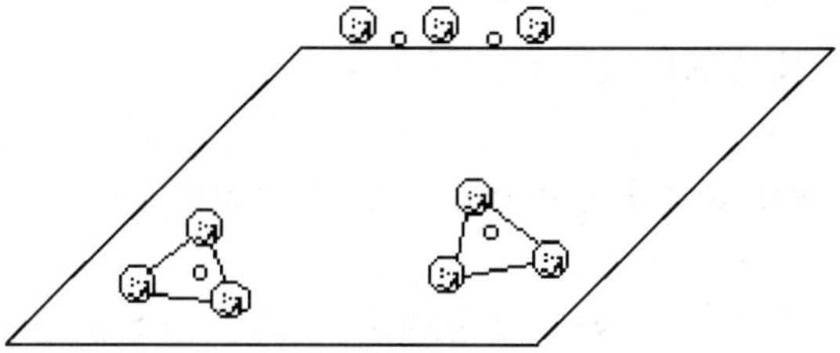

图 19-2

将球放于每组圈内，用脚控制球。听到口令后，可在不失球的情况下靠近其他小组，用脚掏别人的球，同时防止其他小组的人掏自己的球。

一旦某小组得到两球于圈内，由两人控制球，全组迅速跑至边线，成一列横队站定，属获胜队。失球小组应在场内继续掏别组的球。

游戏规则：

（1）抢球者不得踢对方身体，护球者只许靠三人相互传球和移动逃开。

（2）小组成员必须始终手拉手而不得散开，手散开组为犯规，判为失败。

教法提示：

（1）在场地上可设“休息营”供暂时商量战术或休息用，抢球者不得冲进“休息营”。

（2）人数多时可以分几块场地进行。

3. 瞎子抱球接力赛跑

游戏目的：

提高学生的本体感觉，培养学生的集体主义精神。

游戏准备：

手绢四条，场地一块，在场地上标出起点和终点，篮球四只。

游戏方法：

把参加者分成人数相等的两队，成纵队排列。两队的排头队员抱球，眼睛用手绢蒙住，听到发令声后立即向前奔跑，听到终点裁判说“到”时再迅速往回跑。第二名队员接球前的瞬间把眼睛蒙住，按同样的方法把球传给第三名队员，这样依次进行，直到把球传给排头队员为止。最后，先完成的一队为优胜队。

游戏规则：

（1）手绢不能透明，要把眼睛蒙住。

（2）只能用传递的形式把球传给下一名队员，不得抛球。

教法提示：

跑动距离不宜太长，队员可用语言提示跑动者方向。

4. 多余的球

游戏目的：

提高学生动作技巧的稳定性和控制能力，增强学生的临场应变能力。

游戏准备：

足球两只，足球场或篮球场分为三等份，中间为中立区，两端为击球区。

游戏方法：

把参加者分为两队，分别列于两击球区内，阵式由本队自定，但是必须排列成行。例如，每阵五人，可排成三二或二三的阵容。如图 19-3 所示：

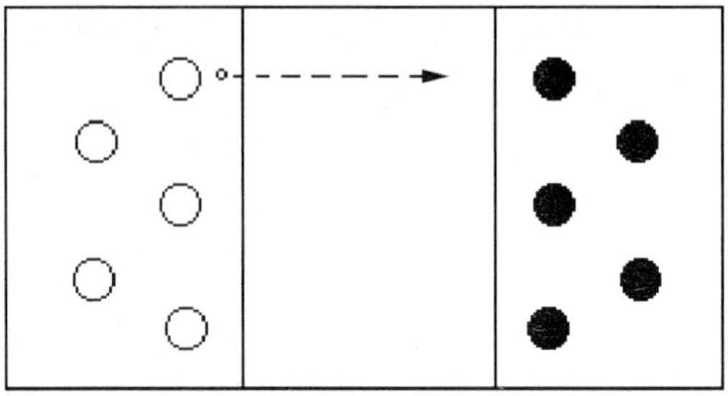

图 19-3

（1）发球：各队前排左角的人首先发球，按次序轮流，每人发球一次，发球都在自己的位置上。发球时，把球放在地上，用脚踢出，为攻球。

（2）击球：比赛者对攻来的球（发球或反攻球），可用身体的任何部分反击（为反攻击）。击球限一次攻入对方区内，空中飞去或地上滚去的球均不犯规。

（3）球出界：发出的球和反击的球飞过空中，落于场外地面，为球出界（包括停留在中立区的球）。

（4）死球：每次判每队输一分后成死球，重新发球，继续比赛。

（5）多余的球：在比赛进行中，两个球同时在一个击球区的地面上出现，为"多余的球"。

（6）比赛开始：发令后，两队发球者同时踢球攻入对方区内。

（7）计分：出现"多余的球"的队判输一分，发球、击球出界者判输一分，击球不中者判输一分。

游戏规则：

不能过线踢球或用手臂击球。

教法提示：

（1）一切以安全为主，杜绝猛踢、猛击，注意力要集中。

（2）为了降低难度，增加比赛的连续性，也可规定一个队可击球两次。

5．跳绳传接球

游戏目的：

提高学生的传接球技术和协作精神。

游戏准备：

篮球场一个，篮球两个，长跳绳四条。

游戏方法：

把学生分为人数相等的两队，每队选出四人摇绳，每两人摇一条长绳，其余队员分成两组在相距五米的两条平行标志线后成45°角相向站成纵队，排头持一球。如图19-4所示：

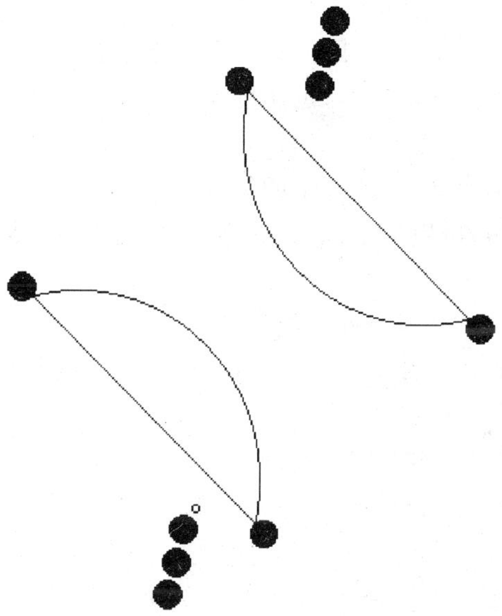

图19-4

“预备”时，摇绳者将绳向场心方向开始连续轮摇，注意节奏要一致，不能太快。“开始”后，持球队员迅速跑上跳一次绳，立即把球传给对侧准备跳绳的队员，然后跑至对侧队尾，对侧同伴接球后同样跳一次绳并把球传给另一准备跳绳的同伴，如此循环进行，直到：

（1）每队每人轮一次，先完成的队为胜。

（2）在规定时间内跳一传累加次数多的队为胜。

（3）在规定时间内连续跳一传次数多的队为胜。

游戏规则：

(1) 双方队员必须在不停顿的跑进中完成过绳和传接球，不得连续跳绳两次以上。

(2) 如发生传接球失误或绊绳现象，即判该队员淘汰出局。

教法提示：

可改为每三人一组，两摇一跳，两组不间断地传接球。

6. 运球贴膏药

游戏目的：

发展学生的奔跑能力，提高学生的灵活性，使学生熟悉球并提高运球能力。

游戏准备：

篮球场一块，篮球一个。

游戏方法：

(1) 参加者围成一个圆圈，圈内有两名同学甲、乙，甲运球跑动，乙抢球。

(2) 当甲运球到丙身前时，可迅速传球给其他人，如丁。丁接球后迅速运球跑动，闪躲乙的抢球。

(3) 丙在甲贴上以后，迅速补丁的位置。

(4) 若乙触及球，则甲追乙，乙运球跑躲，依上述方法继续进行。

游戏规则：

(1) 运球者必须到队员身前才能传球。

(2) 丁接到球以后不能立即传球，可运球到相邻的其他队员身前传球。

教学提示：

素质较差的同学经常被触及，所以应采取一些措施加以补救。

7. 运球接力

游戏目的：

发展学生的灵敏性和协调性，提高学生的快速跑能力。

游戏准备：

篮球场或足球场一块，篮球或足球若干。

游戏方法：

将参加游戏的学生分成人数相等的两队，分别成纵队站在起跑线后。“预备”时，两队第一名学生腋下持两球，脚下停一球。“开始”后，第一名学生用脚运球到转折线后转身运球回本队起跑线处，将球交给本队第二位同学，直至各队全部完成运球。最后，以全队先完成者为胜。

游戏规则：

(1) 在运球过程中，如球滚出比赛区域，应在捡球回原地后继续运球。

(2) 运球必须至转折线才能将球带回,运至起跑线才能传给第二名队员。

教法提示:

(1) 在比赛中,球滚后必须自己捡回。

(2) 可以要求跑1—2步运一次球,以免一脚将球踢回。

8. 看谁传得快

游戏目的:

提高学生的快速传接球技术。

游戏准备:

空场地一块,球一个(篮球、足球、排球均可)。

游戏方法:

把参加游戏的学生分成人数相等的两队,互相交错站成一个圆圈,圆圈半径尽量拉大到5—6米,每队选一人站在圈中间,圈中人各持一球,背对背站立,如图19-5所示:

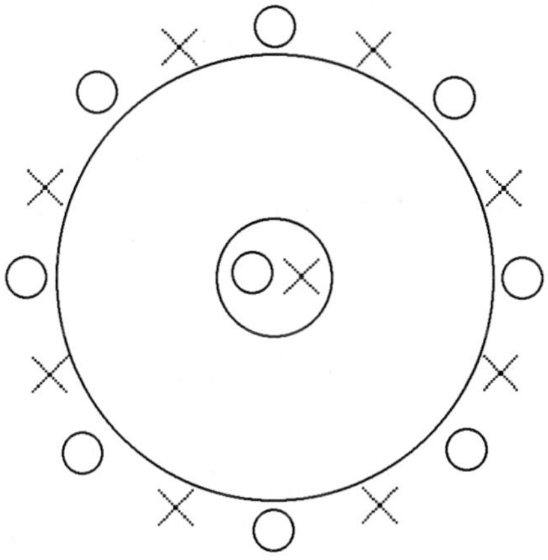

图 19-5

游戏开始后,圈中人按同一方向依次传球给本队同伴,同伴接球后把球回传给圈中人,依次往返传球,两队互相赶超,超越对方的队为胜。

游戏规则:

(1) 圈中人只能在圆心直径为1.8米的小范围内移动,而且必须依次传给本队同伴,不得间隔。

(2) 必须用规定的传球动作,不得托、推、仍和抛掷。

(3) 传接球时,所有人都不得脚踩内、外圈的界限。

(4) 如果传球失误,要从失误人那里继续传球。

(5) 任何人都不许故意干扰对方传球。

(6) 违反上述规定,一次扣一分。

教法提示：

(1) 要根据学生的篮球技术水平分组。

(2) 传球动作可根据具体情况而定，在游戏时先后也可有所变化。

9. 双人运球接力

游戏目的：

提高学生的控制球能力和运球技术。

游戏准备：

一块空场地，短绳数根，篮球（或其他类型的球）数个，标志杆一个。

游戏方法：

将参加游戏的学生分为两组，每组排成两路纵队，相对应的两名同学用绳分别将内侧手套住，每两人一个篮球，用被绳套住的手运球，绕过 20 米处的标志杆后运球回来，将球传给下一对同学，比哪一组快。

游戏规则：

(1) 两人只能运球，不能拿球跑，否则要返回起跑线重新开始。

(2) 如果运球失误或出界，要从出错处继续开始。

(3) 绕杆时，两人身体任何部位触杆，要从起跑线重新开始。

教法提示：

运球返回传给下一组时，可用递交的方法。

10. 运球触人

游戏目的：

提高学生的球感、协调能力以及相互协作精神。

游戏准备：

篮球场分成相等的八个区域，篮球八个。

游戏方法：

从参加游戏的学生中抽出八人站在八个区域内，每人一球在区域内运球，剩余的学生从底线开始穿过八个区域至对面后再返回。每个区域的运球队员想方设法边运球边触及进入本区域的每一个队员，不让其顺利通过。若在哪一区域中被运球队员触及，则两人交换。

游戏规则：

(1) 通过区域的学生只能由一个方向开始，同时限定一分钟内必须通过。

(2) 换人后，队员继续从被触区域开始。

(3) 运球队员只能在连续运球过程中触及越区者。

教法提示：

运球技术熟练后，可要求运球队员采用各种不同的运球方法，但是要尽量避免出现两次运球违例现象。

11. 顶球入门

游戏目的：

发展学生的灵敏性和协调性，培养学生的互相协作精神。

游戏准备：

场地一块（最好铺有地毯），篮球一只，球门两个。

游戏方法：

比赛场地可以篮球场或排球场的大小作参照，两端设球门，每队5—10人。由一个队在中圈开球，各队队员只能跪地爬行，用肘、膝关节和头顶球、传球。除肘、膝、头外，身体其他部位不得触球，否则在触球点由对方罚任意球。攻入对方球门得一分，全场时长10—15分钟，得分多的队获胜。

如时间已到，双方为平局，则各队选人在距球门四米处射门决定胜负（射门次数可定为五次以上）。

游戏规则：

（1）球只能在地上滚动，违者由对方发球。

（2）每队队员须站在离球门两米以外射门，不得有守门员。

（3）比赛中不能用脚、腿故意阻拦，动作幅度不得过大。

教法提示：

（1）本游戏对场地要求较高，最好在体操房或有地板的篮、排球场地进行。

（2）球门和场地大小可根据参加人数多少而定。

12. 护球突破

游戏目的：

提高学生的灵敏性，培养学生的集体合作精神。

游戏准备：

排球一只，场地一块。

游戏方法：

在场地中画一圆圈，参加者分成甲、乙、丙三队。开始时，甲队在圈中，其中一队员拿球。乙、丙两队队员分散站在圈外，进行防守。待甲队拿球队员冲向圈外时，防守队员可用身体、手臂阻截。没有冲出机会时，甲队队员间互相传球，从乙、丙两队防守薄弱区护球冲出。乙、丙两队队员看球传至哪个方向，即团结起来，相互协作防守甲队拿球队员冲出。如图19-6所示。

游戏规则：

（1）防守队员不可踏入圈内，也不可推拉对方队员，只能用身体阻挡。

（2）突围队员只有抱球后才能突围，且在防守队员触球后不得再强行冲出。

（3）无球队员不能出圈，抢球队员突出后才能将球传给圈内无球队员，继续突围；突围队员若有意将球脱手传出圈外，判为失误。

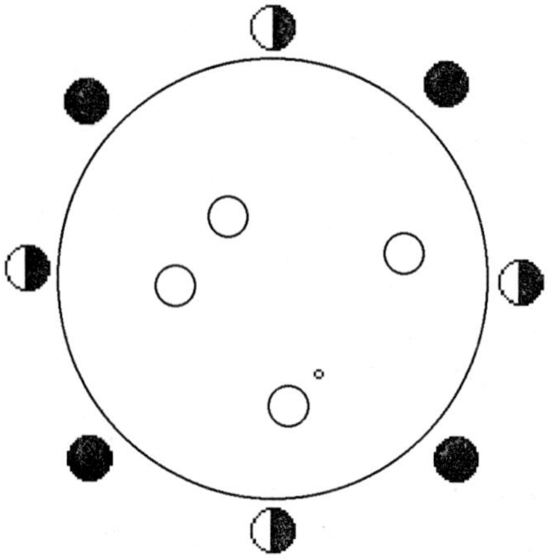

图 19-6

(4) 时间规定:每队三分钟左右,若甲队突围未突出规定人数即轮换为防守,由乙队或丙队进攻。

(5) 突围人数超过半数以上即为胜利。

教法提示:

(1) 启发学生通过传球寻找突围空挡。

(2) 为了增加交换次数,也可规定两分钟为一局。

13. 对墙垫球

游戏目的:

提高学生的协调性和正面双手垫球技术。

游戏准备:

砖墙一面,排球若干只。

游戏方法:

将参加者分成人数相等的几个队,分别成纵队站立在离墙约 1.5 米处。发令后,各队排头将球对墙抛出,然后对墙垫击反弹球,一个接一个进行垫击,以累计垫球次数多的队为胜。

游戏规则:

(1) 用正面双手垫球,垫球有一定的高度。

(2) 持球、连击或失败不计垫击数,从零重新记数。

(3) 垫完球后,队员应按照一致的顺序退回队尾。

14. 传、垫球投篮赛

游戏目的:

训练学生传、垫球的准确性。

游戏准备:

篮球场一块,排球两只。

游戏方法:

将参加者分为每三人一组,两组在半场内进行比赛,胜者休息,输者继续在场上比赛。

从中圈将球抛入场内,上场队员用传、垫球技术皆可,但是不得持球。每一方触球不得超过三次,最后一次用传球投篮,如没有投中,抢篮板球后继续比赛,得球队为进攻队。

游戏规则:

(1) 可以用猜拳等方法决定发球权。

(2) 攻方持球或击球满三次,由对方在罚球线自抛自传罚球一次。

(3) 规定时间内进球多者为胜方。

(4) 无球一方在对方进攻时不得用身体干扰接触对方,否则判攻方获罚球一次。

教法提示:

对排球基础差的对象可放宽持球尺度,同时也可以增加击球次数。

15. 综合运球接力

游戏目的:

提高学生的各种运球技术。

游戏准备:

篮球场一块,篮球若干。

游戏方法:

把全体学生分为人数相等的四个队,各队分开站在端线外,听信号开始运球。第一名队员至第一条罚球线做背后运球,至中线做转身运球,至第二条罚球线做胯下运球,至对面端线做运球急停转身,返回时直线快速运球,然后把球交给第二名队员。

游戏规则:

(1) 返回后传球给下一个队员时,必须脚踩端线。

(2) 必须按规定动作,在规定的区域内完成,否则不计名次。

(3) 运球失误后,从失误处继续进行。

教法提示:

运球技术动作可根据学生的技术水平作不同规定。

16. 双手运球接力

游戏目的:

提高学生运球的协调性,增强学生的控制能力。

游戏准备:

篮球场一片,篮球若干只。

游戏方法:

将全体学生分为人数相等的四个队,从端线开始用地滚球运球至中线,返回时用双手同时运球至端线外交给第二位同学,继续进行。

游戏规则:

(1) 地滚球必须是双手运球,一步拍打一次,球不得离开地面。

(2) 返回后须踩线,把球交给下一位。

(3) 运球失误时,要从失误处重新开始。

教法提示:

对运球技术不好的学生,可要求用左、右手完成各种运球动作。

17. 跛子滚球接力

游戏目的:

提高学生对篮球的控制能力,增强学生的腿部力量,发展学生的灵敏性。

游戏准备:

较为平整的场地一块,篮球若干只,立柱若干根,小绳套或小手帕若干条。

游戏方法:

将参加者平均分成若干组,每组一球,每人按规定的距离站立,每一组的第一名学生需要把自己的同侧手脚用绳套或手帕套牢在脚踝上。如图 19-7 所示:

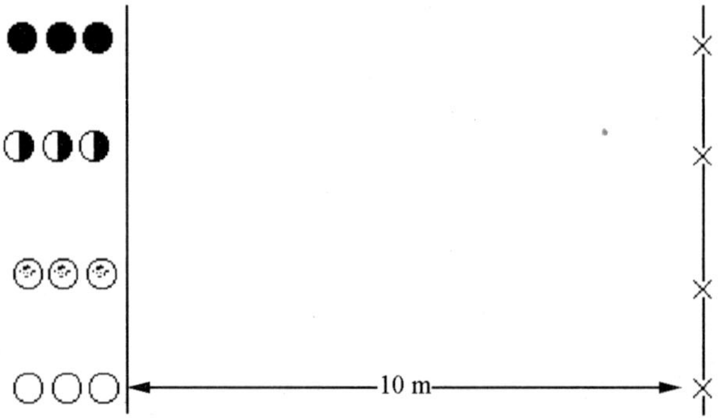

图 19-7

游戏开始,由第一名学生用跛子走的方式,而另一侧的手同时滚球至立柱处,用同样的方法折回到原处将球和绳套递交给第二名学生。依此循环,直至所有队员均参加一次,最后球和绳套回到赛前原位上,比赛结束,哪一组先完成即获胜。

游戏规则：

(1) 每一个参赛学生均须绕立柱而折回。

(2) 同侧手脚套住绳或手帕，不能松掉。

(3) 同侧手脚用绳或手帕套在脚踝处（左、右侧均可）。

教法提示：

(1) 对球控制能力较好的组，可以把另一侧的滚球改为运球。

(2) 若参赛队的学生下肢力量较强，可以把跛子走改为单足跳和运球。

18. 抛球比准

游戏目的：

提高学生对球的控制能力和抛球准确性，增强学生的上肢力量和全身协调性。

游戏准备：

较平整的场地一块，足球、排球或篮球若干只。

游戏方法：

将参加者平均分成若干组，每组一球，按规定距离站立，如图 19-8 所示：

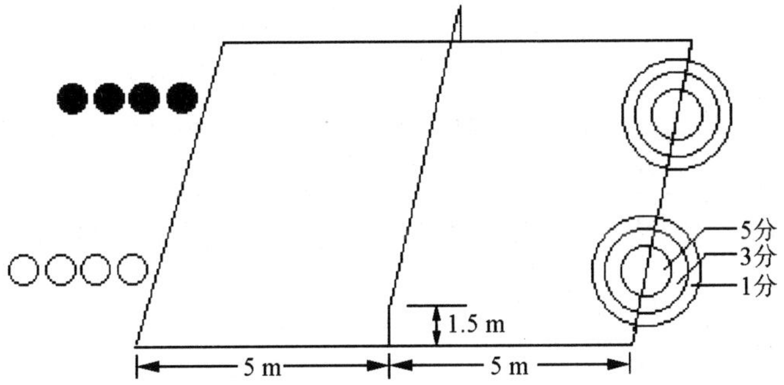

图 19-8

游戏开始，由排头学生持球，把球抛向（过网或绳后）地上的圆靶上，然后把球捡回交给第二位同学，依上述方法继续比赛。依此循环，直至所有参赛者均完成一次，比赛结束，得分多的一组获胜。

游戏规则：

(1) 抛球必须过网（或绳）才能抛向圆靶，否则中靶不予计分。

(2) 线包括在内圈内。

教法提示：

(1) 可以组织团体赛或个人赛。

(2) 若是个人赛，可以适当增加抛球比赛次数，然后以每次抛球命中得分累积相加决定名次。

19. 传准比赛

游戏目的：

提高学生传球的准确性，增强学生的快速横步移动能力，同时增强学生的上肢力量和动作协调性。

游戏准备：

室内场地一块或室外墙一面，篮球若干只。

游戏方法：

将参加者平均分成若干组，按规定距离站立，如图 19-9 所示：

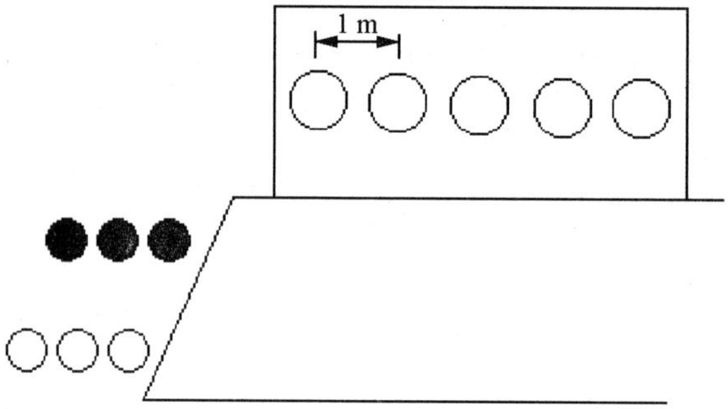

图 19-9

游戏开始，由某组的排头对墙上的圆圈传球一次，传中即得分，尽量在规定时间内完成，往返传完后交给本组的下一位同学，依上述方法继续进行。依此循环，参赛者均完成一次，比赛结束，在规定时间内命中得分相加，累积分多者获胜。

游戏规则：

(1) 每人往返传十次。

(2) 一个圈只能作一次传球，若多次传一个圈，命中不得分。

(3) 命中一个圈得一分，在规定时间内完成得两分，每人所得累积分相加，然后把全队所有参赛学生的分数相加，总分多者获胜。

教法提示：

(1) 圆圈大小和圆圈间距离、往返一次所需的时间可以根据参赛队的水平高低而定。

(2) 可以组织进行团体赛，也可以组织进行个人赛。

(3) 若举行团体赛，可以一组全部赛完后，再换另一组比赛，然后计算总分，决定名次；也可以以交叉形式进行比赛，如甲组先出一名进行比赛，然后乙组也出一名进行比赛，轮换进行。待比赛全部结束，计算总分决定名次。

20. 地滚球击球

游戏目的：

提高学生对球的控制能力和击准技术，发展学生的上肢力量和全身协调性。

游戏准备：

平整场地一块，篮球或足球若干。

游戏方法：

将参加游戏者平均分成若干组，每组一球，每排学生按规定距离站立，如图 19-10 所示：

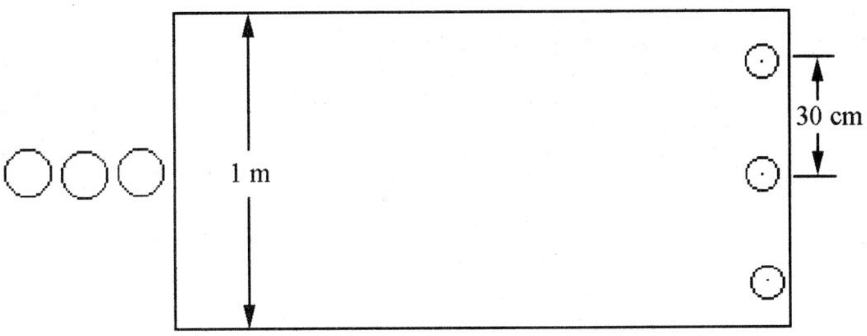

图 19-10

游戏开始，由每组排头持球在规定范围内用滚、抛、掷的方法，击或碰向放在固定地方的球（共放三个球），然后由裁判员捡球滚给赛前站立的第二名学生，同时捡回被击碰滚远的球，使之复位。学生持球依上述方法连续进行，击中球数多即得分多的一组获胜。

游戏规则：

（1）抛、击或掷出去的球必须在规定区域内。

（2）击中一球得一分，二球得二分，三球得三分，只要球被碰到就算击中得分。

（3）出手前，脚不能踩线。

教法提示：

（1）距离可以根据参赛队员水平高低而定。

（2）可以选用篮球进行比赛，也可以选用排球、足球或铅球等进行比赛。

（3）可以组织进行团体赛或个人赛。

（4）若举行团体赛，可以一组全部赛完后，再轮换另一组比赛，比赛结束，计算总分，决定名次；也可以采交叉形式进行比赛，如甲组先出一名学生进行比赛，然后轮到乙组的一名学生进行比赛，轮换进行，比赛结束，计算总分，决定名次。

（5）若条件许可，可以多设几个场地，让参赛的若干组同时进行比赛，但是要相应地增加裁判员。

21. 齐心协力

游戏目的：

提高学生对篮球的控制能力和运球技术，增强学生团结友爱、齐心协力的精神。

游戏准备：

平整场地一块，篮球若干只。

游戏方法：

将参加游戏者平均分成若干组，每组再分成两排，每排学生按规定距离站立，如图 19-11 所示：

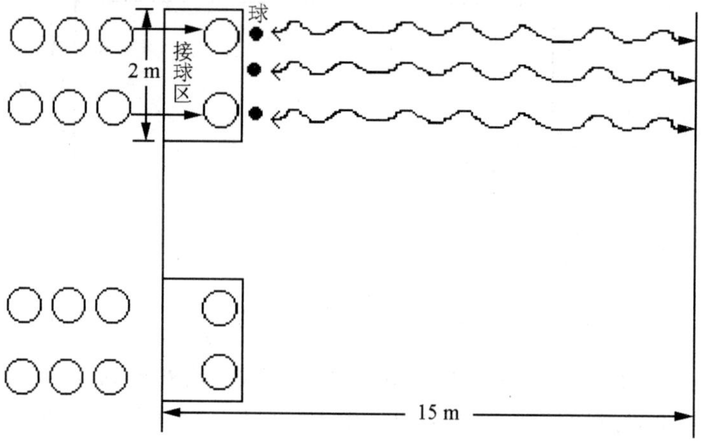

图 19-11

游戏开始，由排头的两名学生用相对的各一只手运球，同时两人交替运中间的一个球，运至踩到另一端线后折回，继续再往回运到交接球区时，把球交给下一组的两位同学依上述方法继续进行比赛。依此循环，直至所有参赛者完成一次，运球回赛前原位，比赛结束，哪组先完成即获胜。

游戏规则：

(1) 必须在接球区内交接后才能继续比赛。

(2) 运球至另一端踩线后（两人均要踩到线）才可以折回运球继续比赛。

(3) 运球失误时，必须把球捡回原处，继续运球进行比赛。

教法提示：

(1) 视参赛队的水平高低选择这一游戏，若有难度，则改为两人携手各用相对手运球进行比赛。

(2) 中间互相交替运球的次数可以根据参赛队的运球技术水平而定，可以一人拍球一次，进行交替运球，也可以拍两次、三次，视具体情况而定。

22．抛球接力

游戏目的：

提高学生对篮球的控制能力和起动跑技术，增强学生的下肢力量和灵巧性。

游戏准备：

平整场地一块，篮球若干只。

游戏方法：

将参赛者平均分成若干组，每组一球，每排学生按规定距离站立，如图19-12所示：

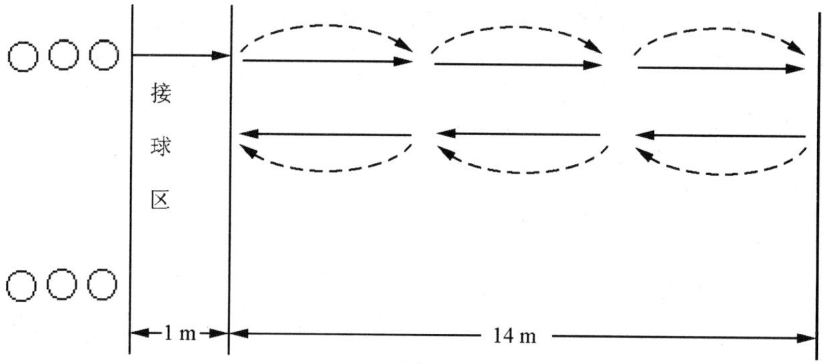

图 19-12

游戏开始，由排头学生持球向上或向远处抛去，然后快速起动跑把未着地的球接住，一直抛接，直至另一端线后折回，继续做上述抛接动作直至接球区后，才能把球传给本组的下一位同学，依上述方法继续进行比赛。依此循环，直至全组参赛者均完成一次，比赛结束，先完成者获胜。

游戏规则：

（1）必须在球着地前把球接住，否则要持球退回原处继续进行比赛。

（2）交接球必须在接球区内完成。

（3）抛球前助跑不能超过三步，若超过，则要退回原处继续进行比赛。

教法提示：

要根据自己起动跑的快慢决定抛球的远近，否则欲速则不达，会影响全队士气和比赛胜负。

23．点将抢投

游戏目的：

提高学生对篮球的控制能力和投篮的准确性。

游戏准备：

篮球场一块，篮球一只。

游戏方法：

把游戏参加者分成人数相等的两队，分别站在两边线，按顺序报数，背对场内站好，如图 19-13 所示：

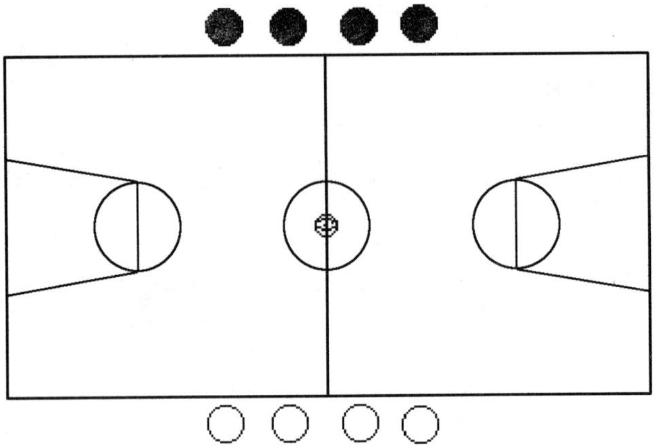

图 19-13

游戏开始，教师任意叫号（一个或两个），两队相同号数的同学迅速跑到中圈抢球，抢到后立即向对方场地运球（或传球）、投篮，投中者得一分，得分多者获胜。

游戏规则：

(1) 双方队员都必须站在边线外，背对球场。

(2) 严禁动作粗野，对于严重犯规者判罚球一次。

(3) 其余规则同篮球规则。

教法提示：

(1) 提示参加者运用已学过的动作技术，注意动作要领。

(2) 本游戏适于有较好的篮球基础者使用。

24. 袋鼠运球

游戏目的：

发展学生的上下肢协调性、下肢弹跳力以及运球熟练性，培养学生的集体合作精神。

游戏准备：

绳子若干条，篮球场一块，篮球两个，立柱十根，在距端线两米处依次每隔两米排五根立柱，另一侧也依此法。

游戏方法：

将学生分成人数相等的两队，分别排在两行立柱后的端线上，如图 19-14 所示：

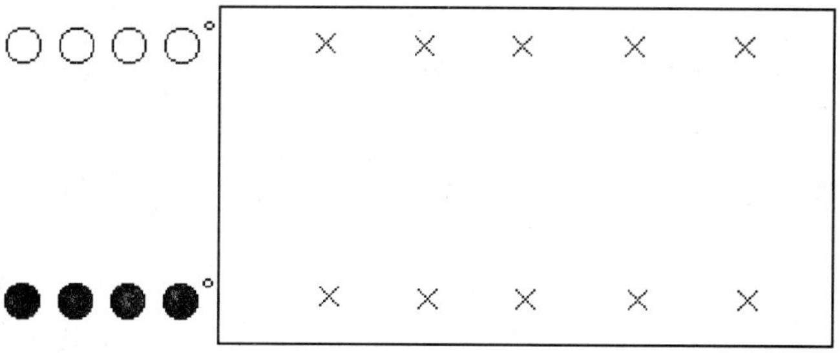

图 19-14

游戏开始，各队第一个队员持球，双脚用绳绑在一起，跳着运球，以“S”形路线绕过五根立柱，再绕回交给第二个队员继续，直至本队所有队员完成。

游戏规则：

必须跳着运球，球若脱手，必须捡回从脱手的地方继续运球，先完成的队获胜。

25．“五角星”传接球

游戏目的：

提高学生在快速移动中连续传接球的技术。

游戏准备：

篮球场一块，篮球两个。

游戏方法：

如图 19-15 所示：

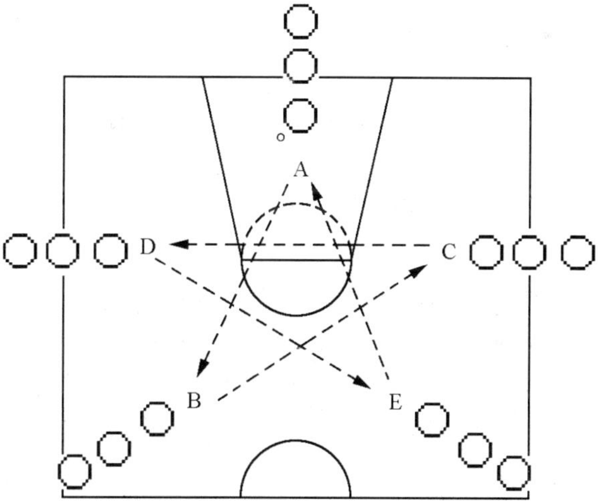

图 19-15

在球场的两个半场内各标出 A、B、C、D、E 五个点，使这五个点相连成一个五角星，再把学生分为人数相等的两队，分别用一个半场，把两队的队员平均分到所属五角星的五个点上，各队在 A 点上的排头队员手持一个球。

游戏开始，两队持球队员在跑动中按以下规定方向和路线传球：A—B—C—D—E—A，每传一个点后立即起动跑到该点的队尾，如此反复进行，直到有一个队首先出现失误，以不失误的队为胜。

游戏规则：

(1) 必须五点连续传接，即五点之间每传一次算一次，若出现失误，则前面所传累加次数取消。

(2) 必须用“跨步接球，上步出手”的跑动中传接球动作规范地完成动作，且上步出手的最后一步不得超越五角星的标志点，否则算失误。

(3) 球落地、传错点或传接球时走步均为失误。

26. 传球比多

游戏目的：

提高学生在对抗中快速传接球的能力，培养学生的相互协作和集体主义精神。

游戏准备：

篮球场一块，篮球一个。

游戏方法：

把学生分为人数相等的两队，比赛中以中圈跳球开始，得球一方在同队队员之间连续传接球十次不被对方抢断，即得一分；如传接球未到规定次数而被对方抢断或自己失误，则取消已传次数，直到该队重新得球再从头记起，在规定时间内得分多的队为胜。

游戏规则：

(1) 有球一方只能传球，不得运球或投篮，不得带球走，否则算被对方抢断，球交对方在违例处重新开始比赛。

(2) 抢断球时不得有犯规动作，否则断到球无效，球交对方在犯规处重新开始比赛。

(3) 同队两人间传接球不得连续进行，否则算违例。

(4) 判争球时，争球双方在就近圆圈内跳球继续比赛。

(5) 同队队员之间传接球已超过规定次数，而球尚未被对方抢断，可继续传接得分。

教法提示：

(1) 可根据参加游戏的人数多少决定场地的大小。

(2) 可根据参加者的水平规定传接球的次数。

(3) 也可不规定具体次数而规定时间，在规定时间内传接球次数多的队为胜。

（4）也可规定三局两胜制或五局三胜制。

27. 传球射门

游戏目的：

提高学生的快速传接球能力，培养学生的相互配合意识。

游戏准备：

篮球场一块，篮球一个。

游戏方法：

以篮球场两边端线外的篮架（若无篮架，可在球篮下方的端线外竖两根标杆代替）为“球门”，把学生分为人数相等的两队，每队选一名“守门员”。游戏开始，两队各出一人在中圈跳球，获球队以各种方式传球向前推进，并设法持球射门，进一球得一分；另一方则积极抢断组织反击，在规定时间内得分多的队为胜。

游戏规则：

（1）获球队不得运球、投篮，否则判给对方发球权。

（2）除守门员外，其余的双方队员均不得进入三秒区。

（3）守门员可用身体各部分挡球。

（4）其他规则可按篮球规则执行。

28. 变化传递球

游戏目的：

使学生学习和掌握双手接球和持球动作，发展学生的灵活性和柔韧性。

游戏准备：

篮球场或平整的空地一块，篮球两个。

游戏方法：

把学生分为人数相等的两队，队员间距离一臂左右成纵队站在场内，排头手持一球。游戏可以下列任一种方式进行：

（1）第一个人用双手把球从头上传递给第二个人，第二个人接球后用双手把球从胯下传递给第三个人，如此按次序一个从头上、一个从胯下，把球传递至队尾。

（2）第一个人双手持球向左转体把球传递给第二个人，第二个人双手接球后向右转体把球传递给第三个人，如此按次序一个向左、一个向右，直至把球传递至队尾。

（3）队员分腿、弯腰把球从排头由队员胯下滚至排尾，排尾队员接到球后，马上抱球快跑至排头，分腿、弯腰再次把球从胯下滚到排尾，如此按次序滚球、抱球快跑，直至全队每人轮完一次。

(4) 把队员的距离再拉大一臂，第一个人持球转身把球抛给第二个人，第二个人用双手接球动作把球接住并转身抛给第三个人，第四个人用同样的方法接第三个人的来球后再抛给第五个人，如此按次序抛球直至排尾。

游戏规则：

(1) 严格要求动作规则和传递球顺序，否则以失败算。

(2) 不得主动缩短队员间的距离，否则以失败算。

教法提示：

(1) 如果参加游戏的人数多，可多分几个队同时进行，以计分方法定胜负。

(2) 可采用定时的方法计算各队轮转次数，然后分出胜负。

29. 传球触人

游戏目的：

提高学生快速传接球的能力和躲闪的灵活性。

游戏准备：

篮球场或平整的空地一块，篮球一个。

游戏方法：

参加游戏者分散在场内任意跑动，指定两人传球，在不准走步、运球的情况下，传球人通过传球追逐并及时用球去触及场上跑动的人，被触到者加入到传球人的行列，最后看谁没被触到。

游戏规则：

(1) 徒手队员不准超出规定的场地线，否则算被触到。

(2) 传球人只能用传球去“触及”徒手队员，否则无效。

教法提示：

(1) 可根据参加人数的多少决定开始时的传球人数。

(2) 开始时可先在半场内传球，随着传球人数的增加可扩大至全场。

(3) 可根据学生的水平规定传球方式，如双手、单手、反弹传球等。

30. 传球跑垒

游戏目的：

提高学生的传接球技术，特别是长传球技术的运用能力和快跑速度。

游戏准备：

并排的篮球场两片或平整的空地一块，篮球或小篮球一个。

游戏方法：

在场地上画一个边长为 12—15 米的正方形，四角再各画一个边长为 40 厘米的正方形，分别命名为本垒、一垒、二垒和三垒，在本垒与二垒的对角线上距本垒约 6—7 米处画一条长约 80 厘米的横线，以此为投球线。如图 19-16 所示：

把学生分成人数相等的甲、乙两队，甲队为防守队，出四人分别站在四个垒

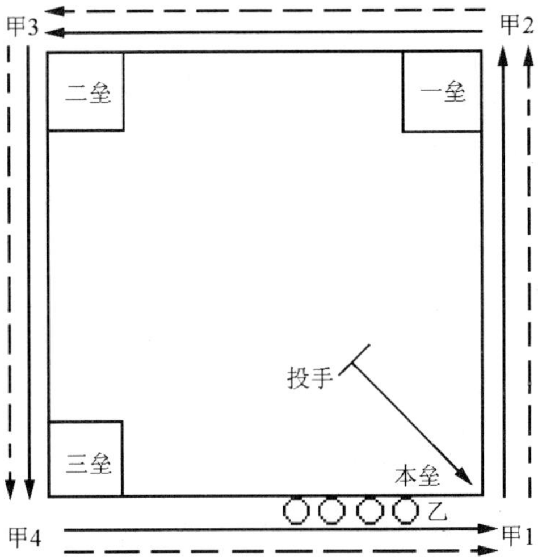

图 19-16

外一步远的地方做守垒员，再出一人持球站在投球线上担任投手；乙队为进攻队，排头单脚踏垒准备跑垒，其余队员成横排站在本垒后方。

游戏开始，甲队从投手开始依次按本垒、一垒、二垒、三垒的顺序传球给本方的守垒员，乙队排头则在甲队投手的球离手的瞬间立即起动，依次跑向一垒、二垒、三垒，每到一个垒必须踏及该垒的垒区，然后再向下一垒跑去，如比甲队的传球先返回本垒，则得一分；反之，若球先返回本垒，则跑垒员出局；若攻方有三人先后被判出局，则双方互换攻守。双方在进行完规定的局数后，以积分多的队为胜。

游戏规则：

(1) 投手投出球后，跑垒员方能起动，跑垒时必须依次经过并踏及各垒区。

(2) 守垒员接球后必须踏入垒区，才能依次把球传给下一垒的同伴。

(3) 守垒员不得阻挡、推、绊跑垒员，也不得用球掷击跑垒员。

(4) 违反上述各点，若是攻方，则不得分并被判出局；若是守方，则直接判给对方一分。

教法提示：

(1) 场地大小可根据学生的实际情况进行调整。

(2) 若参加人数多，可多分几个队，或在两个半场上同时进行，或采取淘汰制。

31. 只传不运擂台赛

游戏目的：

提高学生在快速奔跑和对抗中的传接球能力，培养学生的传球意识。

游戏准备：

篮球场一块，篮球一个。

游戏方法：

把学生分成三人一队的若干队，其中两队首先比赛。采用篮球比赛的方法，在中圈跳球，然后展开全场范围内的三对三攻守对抗，进攻一方每投进一球得一分，但是不得运球。在规定时间内得分多的一队为胜，负方被打下"擂台"，另换一队上场与胜方进行新的比赛。

游戏规则：

(1) 比赛过程中，进攻队不得运球，否则算违例，由对方掷界外球继续比赛。

(2) 其他规则按篮球规则执行。

32. 圆圈追传球

游戏目的：

提高学生的传球速度和准确性，发展学生的观察和反应能力。

游戏准备：

篮球场或平整的空地一块，篮球两个。

游戏方法：

把学生分成人数相等的甲、乙两队，相互交错并相隔两臂距离成圆圈站立，两个篮球分别交给对称站立的甲、乙队各一名队员。游戏开始，持球的两队队员根据教师伸出的左手或右手，同时向该方向的下一名同队队员依次传球，教师不断改变方向，传球方向也随之不断改变，直到一个队的球追上另一队的球为止，追上的队为胜。

游戏规则：

(1) 必须按教师规定的方向依次传球，不得间隔传球。

(2) 传球失误时，必须由失误人把球拾起后从失误处继续依次进行。

(3) 双方队员不得以任何方式干扰对方的传球。

教法提示：

(1) 可先规定一个固定方向传球，再变换方向。

(2) 也可按规定传球方式进行。

(3) 可采用不分队的方法比赛，全体站成一个圆圈，根据教师指定的方向传球，直到两个球集中到一个人手上，游戏即告结束。

33．传球击“弹”

游戏目的：

提高学生移动中传接球的技术运用能力和准确性。

游戏准备：

篮球场一块，篮球一个，练习用的手榴弹四个。

游戏方法：

把四个手榴弹分别竖放在球场两方罚球线的两个端点上，把学生分为人数相等的两队，各自分散站立于本方罚球线后，每队选出一名“工兵”。游戏开始，两队队员在中圈跳球，获球一方用传球、运球等方法向对方半场推进，并寻找机会把球传给本方的“工兵”，并由他把对方罚球线上的手榴弹击倒，如有一方先把对方的两个手榴弹击倒，则算该方获胜。

游戏规则：

（1）所有传、接、运、投等动作都必须按篮球比赛规则执行。

（2）必须是被指定为“工兵”的队员把手榴弹击倒才有效，否则要把手榴弹重竖起来。

34．引爆“地雷”

游戏目的：

培养学生的快速传接球能力。

游戏准备：

篮球场一块，练习用的手榴弹四个，篮球两个。

游戏方法；

在场地内画一个直径10米左右的圆圈，把四个手榴弹当做“地雷”放在中间，把学生分为人数相等的甲、乙两队，甲队先当“工兵”，持两球站在圆圈外，乙队先当“守卫”，出两人在圆圈内守卫手榴弹。游戏开始，甲队在圆圈外用传球、运球调动防守，伺机用球击打“地雷”；乙队的两名守卫则用手、脚阻挡来球，不让它击中地雷。地雷被击中三次，即由守方换两人防守，直至规定时间到，甲、乙两队互换攻防。一个回合结束，计算双方换人次数，换人次数少的队为胜。

游戏规则：

（1）只准用球打“地雷”，不得用球打守卫者，否则判为犯规。

（2）守卫者只能用手、脚阻挡来球，不得用身体掩盖“地雷”，否则判为犯规。

（3）进攻者犯规，必须立即替换，不得再参加比赛，并算入防守替换次数中；防守者犯规，算其守卫的“地雷”被击中三次，继续比赛。

35. 攻地堡

游戏目的：

提高学生在移动中传接球的能力，培养学生的配合意识。

游戏准备：

平整的场地一块，小篮球或手球、足球一个。

游戏方法：

在场地上画三个直径分别为1米、8米、12米的同心圆，把学生分为人数相等的甲、乙两队，指定甲队为进攻队，队员分散在大圆圈线外，其中一名队员手持一球作好进攻准备；乙队为防守队，选出其中一名队员站在小圈与中圈之间的位置上防守，其余队员分散于大圈与中圈之间的地区进行防守。游戏开始，进攻队在圈外利用传球调动防守，寻找空当，把球打入小圈的地面上；守方则利用快速移动防止对手打球攻入小圈地面。攻方把球打到小圈地面得一分，直至规定时间到，双方互换攻守继续游戏，最后以积分多的队为胜。

游戏规则：

（1）站在小圈与中圈之间的防守队员可以用手或脚阻止球落入小圈内，但是不得踩线或以身体任何部位触及小圈地面，否则算对方击中得分。

（2）站在中圈与大圈之间的防守队员可以采用任何方式阻止对方把球投入小圈内，但是不得推人、拉人、顶人、绊人，也不得出大圈或进入中圈，否则算对方得分。

（3）进攻队员之间可用各种方式快速传球，调动防守，捕捉战机，还可跳起来把球投入小圈内，但是不得进入大圈，否则球进入小圈无效。

（4）进攻队员不得用球投击防守队员，否则将被判罚离场。

教法提示：

（1）三个同心圆之间的距离、圆圈的大小可根据学生的具体情况进行调整。

（2）可改为进攻队用两个球，以增加游戏难度。

36. 端线篮球

游戏目的：

提高学生快速移动中的传接球能力。

游戏准备：

篮球场一块，篮球一个。

游戏方法：

在距球场端线约1米的地方各画一条与端线平行的直线，该线与端线共同构成双方的禁区；双方各派一名队员站在对方禁区内作为接球人，另派一名队员在本方禁区内作为防守人。

把学生分为人数相等的两队，双方各派一人在中圈跳球，其余队员分散在场内。接到中圈跳球的队为进攻队，他们以快速传接球向对方禁区推进，并设法把球传给站在对方禁区内的本方接球人，对方位于此禁区内的防守队员则设法阻挠进攻方的接球人接球，接球人接到球得一分，由对方在端线外重新组织进攻。如此攻防交替，直至规定时间到，得分多的队为胜。

游戏规则：

（1）只准传球，不准运球，否则判给对方掷界外球继续比赛。

（2）进攻队不得采用高抛球的方法把球直接抛给接球人，否则得分无效。

（3）双方接球人和防守人均不得离开禁区，其他队员不得进入禁区，否则违例。若一方违例，由对方在就近边线外掷界外球继续比赛；若双方违例，由双方在中圈跳球继续比赛。

（4）其余规则按篮球比赛规则执行。

教法提示：

参加游戏的人数不宜太多，每队以 7—8 人为宜。

37. 角篮球

游戏目的：

提高学生在快速移动中传接球技术的准确性和运用能力。

游戏准备：

篮球场一块，篮球一个。

游戏方法：

在球场四角分别画两条平行线，使四个角成为四个大三角形，其中内线与外线相距约 1 米，该四角被视为禁区。把学生分为人数相等的两队，每队 7—10 人，另外每队各选出四人分别站在四个角上，每角双方各一人交错站立。如图 19-17 所示：

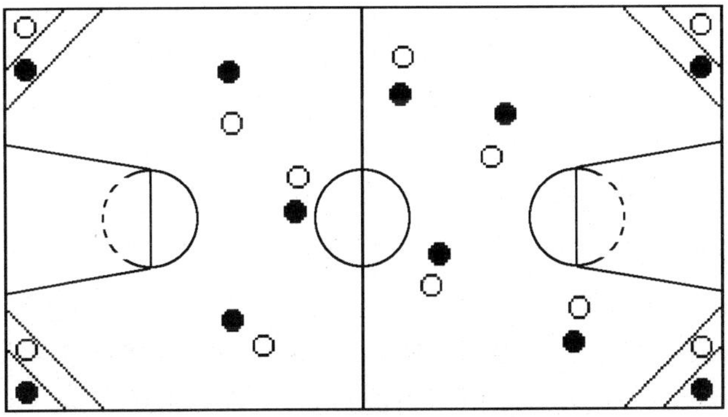

图 19-17

游戏开始，双方各一人在中圈跳球后，得球的一方通过相互传球组织进攻，力求把球投给站在四个角禁区内的本方队员，在该角上的对方队员则可用各种防守方法协助本队同伴，不让有球一方把球“投”给该角上的对手。得球一方在角上的队员每得一球得一分，得分后由对方掷端线界外球继续比赛。如果球被对方在角上的队员获得，则由得球队员在原地（场角）掷球继续比赛。在规定时间内，以得分多的队为胜。

游戏规则：

（1）只准传球，不得运球，否则球交对方掷任意球继续比赛。

（2）除规定在场角上的队员外，双方任何队员不得进入划定的禁区，否则攻防双方得分或得球无效。

（3）有球一方四个角的队员只要接到从场内投来的球均有效，而若从球场界线外把球投给该队队员，则判其违例，由对方掷界外球继续比赛。

（4）不准用推、拉、拦、绊、抱等动作阻拦对方以获得球，否则判其犯规。

（5）凡出现违例，则由对方在违例地点掷界外球继续比赛；凡出现犯规，直接判给对方一分后，由犯规队掷界外球继续比赛。

教法提示：

（1）可改为四个队各占一个场角进行比赛。

（2）如参加人数多，可多分几支队轮流进行比赛。

38. 打“野鸭子”

游戏目的：

提高学生快速传接球的准确性，扩大传球视野，培养协同配合意识。

游戏准备：

篮球场一片，篮球两个。

游戏方法：

把学生分为人数相等的甲、乙两队，指定甲队先为“猎人”，队员分散在半场的界线外，其中两人各手持一球；乙队先为“野鸭子”，队员分散在半场的范围内任意移动。游戏开始的信号发出后，界线外的甲队队员设法用快速传球把半场内的“野鸭子”驱赶到一起，然后用球做“子弹”打半场内的“野鸭子”，凡被击中者必须退至场外。直至规定时间到，双方交换角色重新进行游戏。最后，以击中“野鸭子”数量多的队为胜。

游戏规则：

（1）“野鸭子”的活动范围不得超出球场的半场，否则算被对方击中。

（2）“猎人”不得进入半场范围内击打对方，否则击中无效。

（3）“猎人”用球打场内队员时，不得打其腰以上部位，否则击中无效。

教法提示：

（1）可根据学生的实际情况扩大或缩小“野鸭子”的活动范围。

（2）可允许场外的“猎人”在原地或行进间传接球中寻找时机，只要不进入场内。

39．“冻人”

游戏目的：

提高学生快速移动中的传接球能力和视野。

游戏准备：

篮球场一块，篮球一个。

游戏方法：

把学生分为人数相等的两队分散于球场内。游戏开始，跳球，获球的一方为进攻队，他们可在场内运用各种传球触及对方任何一个队员，被触及的队员必须原地不动，称为被“冻住”；“冻人”如果在原地接到球，则被“解冻”，可以继续参加游戏。直至规定时间到，先计算防守队被“冻住”的人数多少，然后双方互换攻守。最后，以被“冻住”人数较少的队为胜。

游戏规则：

（1）获球人只能通过移动中传接球触及对方，不得运球，否则击中无效。

（2）持球人只能用球触及对方，不得抛掷球打对方，否则击中无效。

（3）被“冻住”的人不得走动，在未“解冻”前只能原地接球，否则将被请出场外。

（4）双方只能在球场范围内移动，守方走出球场为被“冻住”，攻方触及则为无效。

40．投篮升级比赛（一）

游戏目的：

改进和提高学生的原地投篮技术动作，提高命中率。

游戏准备：

篮球场一块，篮球两个。

游戏方法：

在半场的篮下，在同一半场的跳球圈、虚线、罚球线、罚球区的弧顶四处正对球篮的地方各画一个标志，从篮下的标志算起，分别为一级、二级、三级、四级。把学生分为人数相等的两队，各成纵队面向球篮，在篮下的第一级标志上站立，两队排头各手持一个篮球。如图 19-18 所示。

游戏开始，两队从排头起依次按下述规定投篮，然后排回队尾继续，直到完成规定的投中次数后，移至第二级再进行：

（1）投篮方式：可规定为原地单手肩上投篮、原地双手胸前投篮、原地双手头上投篮、原地跳投等，也可不规定。

（2）升级条件：可规定全队每人投中若干球，或全队累加投中若干球，或全

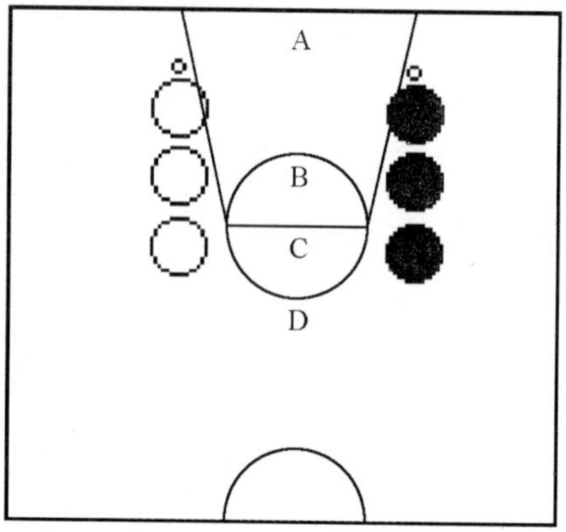

（A：一级；B：二级；C：三级；D：四级）

图 19-18

队连中若干球，或每人连中若干球等。

（3）中篮有效的条件：可规定所有的中篮必须是不碰板、不碰筐的空心篮或在某一级必须是空心篮，其余的可不计，或其他条件投中才算有效等。

游戏规则：

（1）必须按规定方式或条件逐级投篮，不得越级，否则取消前面所投数。

（2）必须在规定距离的标志后投篮，不得越过标志，否则投中无效。

教法提示：

如果参加游戏的人数多，可多分几个队，或在两个半场同时进行，或采用淘汰赛、擂台赛。

41．投篮升级比赛（二）

游戏目的：

帮助学生在不同角度的投篮中改进技术动作。

游戏准备：

篮球场一块，篮球两个。

游戏方法：

以球篮中心到地面的交接点为圆心，以此圆心到罚球线的距离为半径，画两个半圆弧线，构成投篮升级比赛区线。在此区线上画 A、B、C、D、E 五个标志点，与球篮成 0°、60°、90°，除 90°标志点外，其余四点均为左、右两侧对称分布，为“升级点”。把学生分为人数相等的两队，分别成纵队站立于左右两边的 0°标志线上，排头各持一球。如图 19-19 所示。

游戏开始，两队自排头起依次按规定的要求投篮，逐一投完五个点，先回到原起点的队为胜。

游戏规则：

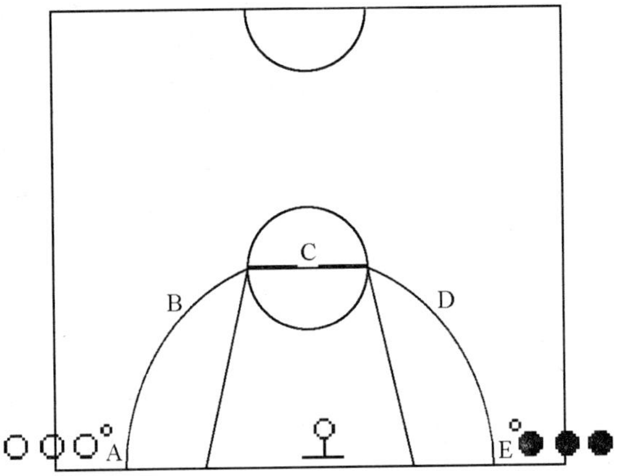

图 19-19

（1）只能按规定的要求（例如投篮的动作方式、命中次数、规定时间等）投篮，否则投中无效。

（2）只能脚踩标志点或在标志点后投篮，否则投中无效。

教法提示：

（1）如参加的人数多，可多分几个队，或在两个半场同时进行，或采用淘汰赛、擂台赛的方法进行比赛。

（2）可规定或不规定具体投篮方式。

（3）可规定每个点上的投中次数、连中次数或全队累加次数为投篮的具体要求。

42．圆圈运球追逐

游戏目的：

提高学生的行进间运球技术和控制球能力。

游戏准备：

篮球场一块，篮球九个。

游戏方法：

把学生分为人数相等的甲、乙、丙三队。游戏开始，球场每个圆圈上甲、乙、丙三队各出一人（即各队一次共出三人），分别位于圆圈上三个方向成三角形站立，每人手上各持一个篮球。如图 19-20 所示。

先按顺时针方向进行甲追乙、乙追丙、丙追丁的运球追逐，听到教师哨音后立即急停——转身进行逆时针的反追逐；再听到哨音后再次急停——转身进行顺时针方向的追逐。在追逐过程中，凡追到前面的运球者，即在其背后轻拍一下为得一分。直到教师鸣哨结束一个回合的比赛，计算每个圈每个人的得分，然后累计三个圈三个同队队员的得分，得分多者名次暂时列前。然后，

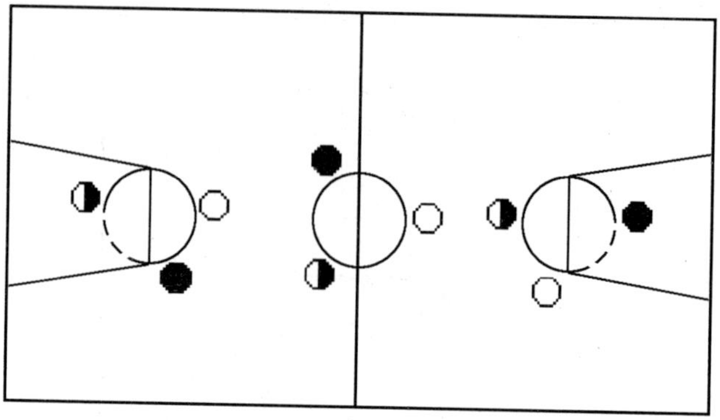

图 19-20

各队换人进行第二轮同样的比赛。最后，全队每人轮一次，统计各轮次的累计分，积分多者获胜。

游戏规则：

（1）只能在球场圆圈外运球追逐，不得踩线或进入圈内。凡出现一次踩线者，算被对方拍到一次；凡进入圈内者，算被前后两人各拍到一次。

（2）必须用远离圈线的外侧手运球，即队员所运的球不能进入圈内，否则拍到前方的人无效，并算被后方的人拍到一次。

（3）运球失误时，必须把球拣起来在失误处继续，此时拍到前方的人无效。

教法提示：

（1）如参加游戏的人数少，可只分两队进行对抗。

（2）如参加游戏的人数少，可在球场的其他地方画几个同样大小的圆圈同时进行。

43. 夺运球

游戏目的：

提高学生的控制球能力。

游戏准备：

篮球场一块，一人一个篮球。

游戏方法：

选出参加游戏人数的2/10—3/10为夺球者，他们均为徒手队员，其他人每人一个篮球，在全场内任意运球活动，防止球被夺球者夺走。游戏开始，夺球者在运球者中选定目标，运用堵截、夹击、抢打球等方法把球从运球者手中夺走，并立即运球上篮，这时夺球者变为运球者，而失球者则加入到夺球者队伍。最后一名控制住球而未被夺球者把球夺走的队员为胜，游戏重新开始。

游戏规则：

（1）夺球者不准有犯规动作，否则夺球无效。

（2）运球者不得停球、两次运球或带球跑，否则判球被夺走。

（3）夺球者夺到球后，可到任何一侧球篮上篮，其他未夺到球的队员可对他进行防守和夺球。

教法提示：

可根据参加游戏的人数多少规定在全场或半场某个区域内进行。

44. 边运边滚球

游戏目的：

提高学生的运球技术，发展学生的下肢力量。

游戏准备：

篮球场一块，篮球四个。

游戏方法：

把学生分为人数相等的两个队，各成纵队面向场内，站在同一端线后，两队排头各持一球。游戏开始，持球者用一手运球，另一手推滚球前进，至中线后返回，把球交给本队下一人，然后回到队尾。依此循环，直到全队轮完，以先完成的队为胜。

游戏规则：

（1）左、右手运球均可，另一手推滚球时，必须保持球在身边，球不离地，手不离球，否则运球无效，罚其重运。

（2）运、滚球时必须有一脚踏中线才能返回，返回时必须有一脚踏端线方能把球交给下一个人，否则运球无效，罚其重运。

教法提示：

（1）可改为设置几个标志物进行曲线运、滚球。

（2）也可规定用不灵活的一只手运球，以提高左右手运球能力。

45. 运球占圈

游戏目的：

提高学生运球中突然快速起动和抢占位置的速度。

游戏准备：

篮球场一块，每人一个篮球。

游戏方法：

场地布置：围绕中圈画若干个直径为 1 米的小圆圈，其数目应比参加游戏的人数少一个，每个圆圈内按 1、2、3 的顺序写上相应的数字（仅写此三个数字即可）。一名学生站在中圈内，其他学生分别各占一个小圆圈。所有学生在各自圆圈内原地运球，如图 19-21 所示。

游戏开始，位于中圈的学生在 1—3 的数字内任意喊一个数字，则所有在该

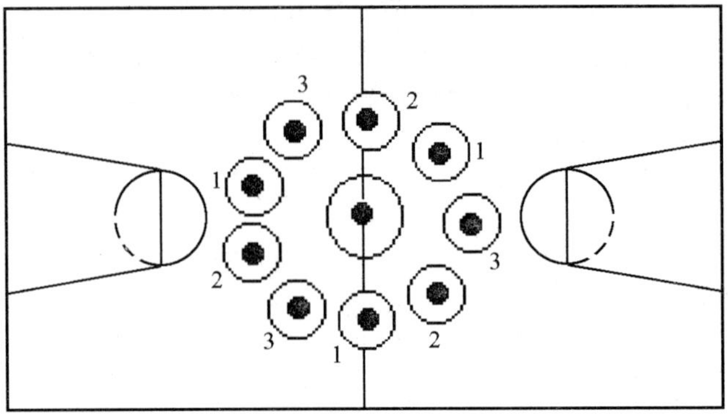

图 19-21

数字圈内运球的队员马上运球起动离开该圈,迅速占据其他已无人的同样数字的圆圈,中圈的人也同样去抢占一个圆圈,最后未抢到圆圈的人则在中圈进行同样的游戏。直至规定时间到,游戏结束。

游戏规则:

(1) 运球始终不能停下来,否则视为未抢到圆圈。

(2) 不得带球跑、两次运球,否则视为未抢到圆圈。

(3) 只有喊出数字的相应圆圈内的队员才能起动去抢,起动错了作未抢到处理。

教法提示:

(1) 如参加人数多,可多分成人数相等的几队,改为分队对抗或同场对抗。

(2) 每次间隔时间不宜过长,连续、紧凑能使游戏难度提高。

(3) 写在各圈内的数字可根据学生的实际情况作出变换。

46. 换球比快

游戏目的:

提高学生在快跑中捡地面球后快速运球的能力。

游戏准备:

篮球场一块,篮球四个。

游戏方法:

把两个篮球分别放在中线两端,另两个篮球分别放在前场端线两端。学生分为人数相等的两队,在同一侧端线外成纵队站立。

游戏开始,两队排头快速起动跑至中线,单手抄起地面上的球,向放球的端线快速运去,在端线上交换运的球与放在那里的球,把换后的球再快速运回中线放好,然后跑回原出发处击下一名同伴的手。以后每个队员均按同样的方法和路线进行,直到全队每人完成一次,先完成的队为胜。

游戏规则：

(1) 每次都必须用单手把放在中线上的球抄起来，否则重抄。

(2) 在端线换球时，必须把球放好，若球滚离端线，则由放球人返回重新放好，其他队员不得帮忙，否则判该队为负。

47. 地滚球赛

游戏目的：

提高学生的兴奋性，培养学生的相互配合意识。

游戏准备：

篮球场一块，两端线中间设一球门。

游戏方法：

把学生分成人数相等的两队。“预备”时，双方队员在中圈周围站好位置，跳球队员进跳球圈内准备。教师抛球“开始”，抢到球的队员应以地滚球、低姿拨球跑以及低传球向对方球门推进，将球滚射入门，另一队防守抢断球，进球后在中圈重新开球。将球滚出界外，由对方在出界处发界外球。如犯规，由对方在犯规地点发球。计时结束，计得分多少定胜负。如图 19-22 所示：

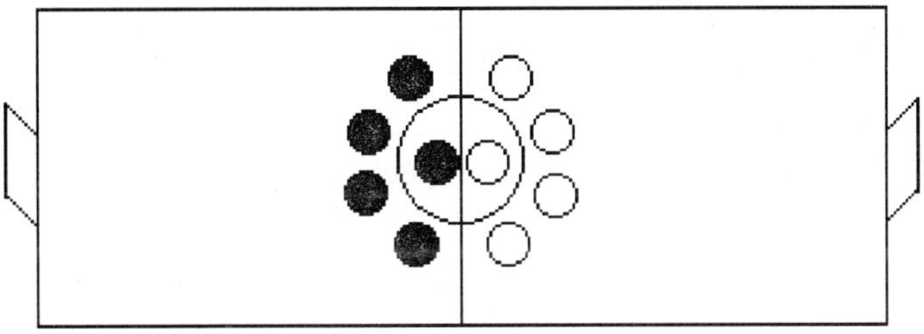

图 19-22

游戏规则：

(1) 任何情况下，球不得高于膝关节，否则犯规。

(2) 不得推、撞、绊、拉对方队员，情节严重的，如对方倒地，裁判可判罚“点球”。在罚球线处罚“点球”，犯规方可派一名守门员守门，守门只许用手，不准用脚踢。

(3) 球门宽 2.5—3 米，高 0.5 米左右，可用两个栏架并排。

教法提示：

(1) 可改为带球过“得分线”的办法进行游戏。

(2) 可改为累计传球次数的办法进行游戏，即场内互相传球，无射门。

48. 直棍球赛

游戏目的：

提高学生的兴奋性，发展学生的奔跑和对抗能力。

游戏准备：

人手一根体操棍，足球场一块，小足球或排球一个。

游戏方法：

把学生分成人数相等的两队，“猜币”决定发球方。“预备”时，发球队员将一个小足球或排球置于开球点上，其他队员站好位置准备。教师鸣哨“开始”，双方队员模仿曲棍球运动的方式进行比赛。结束时，计进球多少定胜负。

游戏规则：

（1）只许用棍触球，身体任何部位均不准触球。

（2）进球后由对方在中圈发球，攻出端线时由守门员手抛球发球。

（3）双方争抢时，不准挥棍大力击球或扫球，只准采用拨、挑、推、点的方法进行，进入禁区后，棍高不得高于肩（截击高空球时除外）。

教法提示：

（1）场地小时，可改为计同队传球次数定胜负。

（2）为增加进球机会，可加宽球门两侧或增加球门数，如在边线外设门。

49．乒乓“篮球赛”

游戏目的：

提高学生的兴奋性和快速反应能力。

游戏准备：

人手一个乒乓球拍，篮球场一块，乒乓球一个。

游戏方法：

将学生分成人数相等的两队。“预备”时，双方队员在中圈外准备，教师手持一乒乓球准备开始，两队争球队员准备跳球。教师抛球“开始”，争球队员用不持球拍的手争球，此后双方队员均用球拍进行传、接、运、投，争取进篮得分。计时结束，计得分多少判胜负。

游戏规则：

（1）除跨步上篮时可用另一只手协助持球外（投篮时仍必须拍击球），均不得用手触球。

（2）对方运球时，只许拦截，不得用球拍挥、击、拍、抢。

（3）其他规则同篮球规则。

教法提示：

人数较多时，可在场地中间放置一个大球筐，分成四队，在两个半场内同时进行游戏（中圈为禁区，不得进入防守）。

50．“两人三腿”篮球赛

游戏目的：

提高学生练习腿部力量的趣味性。

游戏准备：

篮球场一块，篮球一个，宽布带若干条。

游戏方法：

按人数均等的原则分成两队，用宽布带捆住两人的大腿。跳球后，按篮球比赛方法进行，五分钟一局，三局两胜。

游戏规则：

除无"带球跑"违例外，其他规则参照篮球比赛规则执行。

教法提示：

（1）可变为"双脚跳"式的比赛，即队员均用宽布带在膝关节上将两大腿捆住。

（2）可变为半场比赛，当防守队抢到篮板球后，应传出"三秒区"，重新组织进攻。

51．"马球"赛

游戏目的：

提高学生的负重奔跑能力和平衡技巧。

游戏准备：

空地一块，体操棒一根。

游戏方法：

按身高相近原则，以二大一小搭配分成四组，每组在场角出发区站好。两人双手互握，一人坐于其上并手握体操棒。听到"开始"信号后，四组同时去抢场中央的实心球，"马上"的人用棒发球，射入四个门中任何一个得一分。射门得分后，由本组同伴继续进行，多次反复后以全组累计总分定名次。如图 19-23 所示：

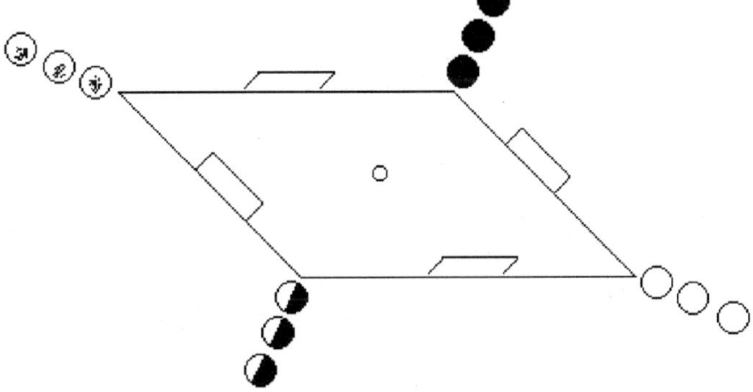

图 19-23

游戏规则：

(1)“马”不许脚踢球,否则判罚出场。

(2)围抢中不许有意大力撞人,允许挤推。

(3)只有“骑手”用棒拨球入门才得分。

教法提示:

(1)可改为二队对抗赛,以便配合射门。

(2)可减少两个门,场地改成长方形。

52. 传球射木桩

游戏目的:

提高学生的足球传球和射准技术。

游戏准备:

空地一块,木柱一个,足球一个。

游戏方法:

四人一组,三传一防,按专项技术相近原则搭配。三人来回传球,可用各种脚法,也可用头球方式。一人既要保护中央的木柱,又要力争断球。规定传球次数,交换防守。最后,以个人射中木柱次数排名次。如图 19-24 所示:

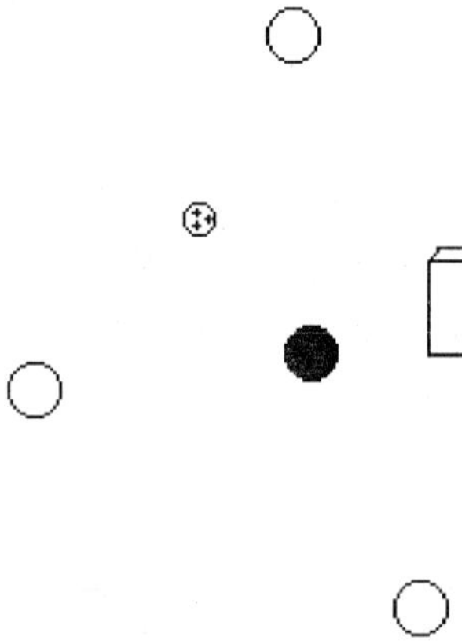

图 19-24

游戏规则:

(1)传球过程中停球不得超过三秒。

(2)在传球或射靶时,被防守者抢断球,小罚传球的三人;如传球满十次或射中木柱,小罚防守者。

教法提示:

(1)可改三传一防为三传二防或四传二防。

(2)可以用实心球代替木柱。

(3)可在中央用栏架设门,练习射门。

53. 截击投篮球

游戏目的：

提高学生控球和把握投篮时机的能力。

游戏准备：

篮球场一块，篮球若干个。

游戏方法：

将学生按身高和专项技术相近原则分成两组，一组在篮筐下，一组在罚球线后，都排成纵队。两组成两两相对形式。投篮者力图把握时机将球投入篮内，截击者力图用球将对手的球击落。两组交替进行，累计击中和投中的次数，击中得一分，投中得三分，积分多者为胜。

游戏规则：

(1) 投篮者必须在信号发出后三秒内投篮出手。

(2) 截击者可选择任何时机出手，但是当球开始下落后就不得再去击球，否则按投中记分。

教法提示：

(1) 可换用排球，规定双方均用上手传球。

(2) 为提高截击难度，可变换两组间的距离和角度(0°—180°)，还可要求在跑动中截击。

54. 颠球追逐

游戏目的：

提高学生的注意力分配能力。

游戏准备：

每人一个乒乓球拍，一个乒乓球，一块篮球场。

游戏方法：

学生两人一组，相距两米面对面站立，一人为追逐者，一人为被追者，追逐者手持球拍和球。教师发令后，追逐者将球颠起追被追者，将球击到被追者身上，就算追到。三分钟后，追逐者与被追者互换，追到的次数多者为胜。

游戏规则：

(1) 不许跑出规定的场地，拿球或拍着球去追击为犯规。

(2) 颠球者的球掉了，可以拣起球再颠着去追。

(3) 追逐者必须用球拍将球打在被追者身上，不许用手扔球或脚踢球去击被追者。

55. 踢门球

游戏目的：

提高学生的弹跳力。

游戏准备：

画一个边长为10米左右的正方形，在每条边的中点向内1米的地方画一点，再向内距这个点0.3米处画一点，两点之间为球门。此外，准备同样重量的小沙包四个。如图19-25所示：

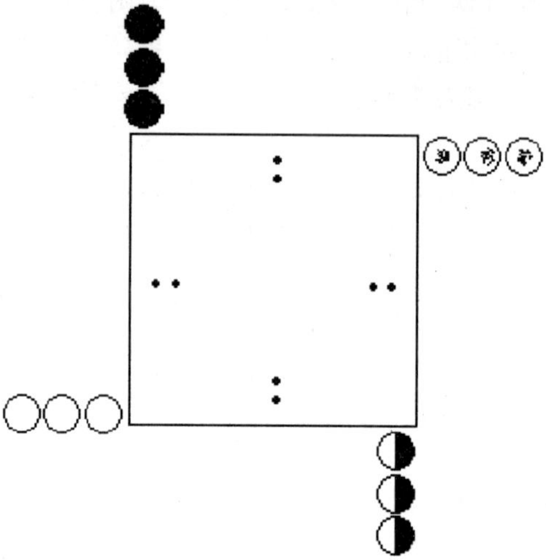

图 19-25

游戏方法：

把学生分成人数相等的四个组，每组对准一个球门在边线外成一路纵队站立。每组第一个人前的边线上各放一个沙包。听到"开始"的口令后，每组第一个人用单脚跳的方法按逆时针方向用跳动的脚向前踢沙包，在依次踢进四个球门后，再把沙包踢到本队前，由第二个人继续，依此循环，先做完的队为胜。

游戏规则：

(1) 向前移动时，必须用单脚跳的方法，且只能用跳动的脚踢沙包。

(2) 沙包从组成球门的两点之间按逆时针方向穿过为进门。

(3) 若沙包被踢出场外，可将其踢进场继续进行。

教法提示：

(1) 场地和球门的大小可根据学生的实际情况而定。

(2) 若学生身体素质较差，踢进1—2个门后可换脚。